FALTPLAN

»Schreiben Sie uns!

Wir hoffen, dass Ihnen dieser Reiseführer gefällt und er Ihnen ein guter Begleiter auf einer außergewöhnlichen und spannenden Reise ist.

Weil ein Reiseführer von Erfahrungen lebt, sind wir an Ihren Erlebnissen interessiert: Haben Sie im Buch ein Restaurant entdeckt, das es nicht mehr gibt, eine Sehenswürdigkeit, die wir noch nicht aufgeführt haben, oder eine falsche Adresse? Dann schreiben Sie uns!

Wir nehmen jeden Hinweis und jede Kritik ernst und arbeiten kontinuierlich daran, die Bücher aktuell zu halten und immer weiter zu verbessern. Auch wenn wir nicht jeden Wunsch erfüllen können, machen wir uns immer Gedanken über Ihre Anmerkungen.

Schreiben Sie an: info@reise-know-how.de oder Reise Know-How Verlag Peter Rump GmbH, Postfach 140666, 33626 Bielefeld

Wenn sich Ihre Infos direkt auf das Buch beziehen, bitten wir um die Angabe der Seitenzahl und der Auflagennummer bzw. des Erscheinungsjahres. Besonders hilfreiche Beiträge belohnen wir mit einem Sprachführer Ihrer Wahl aus unserer „Kauderwelsch"-Reihe.

Herzlichen Dank und gute Reisen
Ihr Reise Know-How Verlag

Diesem Buch wurde hier ein herausnehmbarer Faltplan be
Sollte er beim Erwerb des Buches nicht mehr vorhanden sein, fr

Liebe Leserin, lieber Leser,

ein unabhängiger Verlag für unabhängig Reisende – das sind wir, der Reise Know-How Verlag aus Bielefeld, eines der letzten Familienunternehmen in der Branche. Obwohl wir zu den größten Reiseführerverlagen Deutschlands gehören, ist der familiäre Umgang miteinander in allen Bereichen des Verlagslebens zu spüren: In der Geschäftsführung in zweiter Generation, in einer wertschätzenden Arbeitsatmosphäre, in der Nähe zu unseren frei arbeitenden Autorinnen und Autoren, im engen Austausch mit unseren Leserinnen und Lesern – und auch in der Zusammenarbeit mit Druckereien in Deutschland, in denen wir ausschließlich und regional unsere Bücher produzieren. Die sollen schließlich erst mit Ihnen auf große Reise gehen.

Alles, was wir in unsere Bücher und Landkarten stecken, soll Ihnen eines ermöglichen: Auf Ihre ganz eigene, individuelle Weise die Welt zu entdecken. Wir wünschen Ihnen viel Freude und unvergessliche Erlebnisse mit diesem Reiseführer.

Es grüßen herzlich
Peter Rump & Wayan Rump

Die Schöne am Tejo

Vor Lissabon, wo einst die portugiesischen Seefahrer zu ihren Entdeckungsreisen aufbrachen, zieht das Mündungsdelta des Tejo bis heute Zugvögel an. In Höhe der Torre de Belém schwammen im Pandemiejahr 2020 Delfine, als die Kreuzfahrtschiffe und der Touristenandrang ganz unerwartet ausgeblieben waren. Die Metropole nahe der Bade- und Surferstrände am Atlantik hielt den Atem an – und wurde noch schöner. Im Zentrum öffnete sie sich noch weiter dem Flussufer. Ein 30-Millionen-Euro-Projekt verlängerte die Tejo-Promenade 2021 zur Doca da Marinha (s. S. 131). Das von portugiesischen Architekten restaurierte Terminal Sul Sueste, ursprünglich von 1932, informiert jetzt über die traditionelle Flussschifffahrt, die Gezeiten und die Fauna. Von hier starten nun viele historische Ausflugsboote.

Natürlich sind die Miradouros und Rooftop-Bars in der City für ihre herrliche Aussicht (s. S. 78) bekannt, doch fantastisch ist auch der Blick vom gegenüberliegenden Ufer in Cacilhas (s. S. 101).

Wer in stylisher Umgebung unter einem Dach shoppen und genießen möchte, ist im JNcQUOI Maison (s. S. 98) an der Avenida de Liberdade richtig. Im Viertel Príncipe Real ist im neoarabischen Palácio Ribeiro da Cunha eine Galerie für portugiesische Produkte, Mode, Küche und Kunst zu Hause – das Embaixada (s. S. 96). Die LX Factory (s. S. 54) wiederum zieht ein alternatives Publikum an. Neben Shops und Bars gibt es dort Street-Art und einen sehenswerten Buchladen in einer ehemaligen Druckerei zu entdecken.

Viele weniger betuchte Kreative und Studenten sind inzwischen nach Marvilla umgezogen, ein Viertel hinter dem Museo Nacional do Azulejo, nicht weit vom Kulturzentrum Fábrica Braço de Prata (s. S. 93). Kunsthandwerk und Galerien in alten Lagerhäusern lohnen Streifzüge. Authentisch und einheimisch geht es immer noch an den günstigen Kiosk-Pavillons (s. S. 76) zu. Besonders schön und erfrischend ist es im Sommer an dem Quiosque im Jardim da Estrela (s. S. 51).

Die Autorin

Petra Sparrer arbeitet als Journalistin, Verlagslektorin und Übersetzerin in Köln. Das ist zwar auch eine Stadt am Fluss, doch ihr Sehnsuchtsort ist Lissabon. Für diesen CityTrip erkundete sie wochenlang jeden Winkel der Tejo-Metropole, tauchte in die Fado-Szene ein, fotografierte unermüdlich und schloss Freundschaften. Für den Reise Know-How Verlag schrieb sie auch den CityTrip Porto sowie weitere Reiseführer zu Frankreich und Spanien.

158lb Abb.: ps

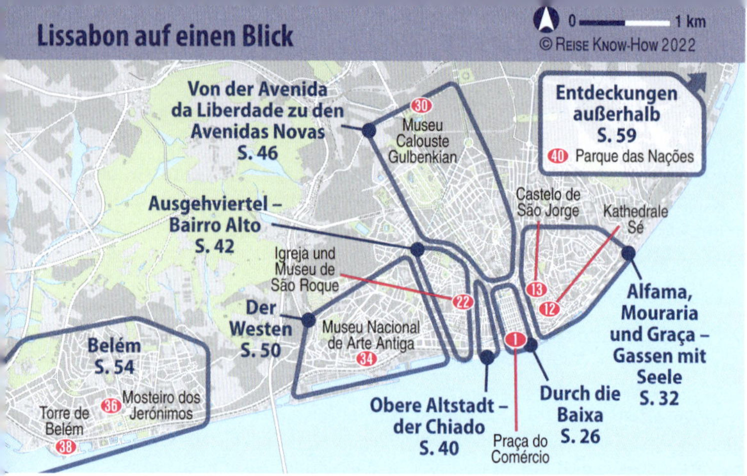
Lissabon auf einen Blick
0 1 km
© Reise Know-How 2022
Von der Avenida da Liberdade zu den Avenidas Novas S. 46
30 Museu Calouste Gulbenkian
Entdeckungen außerhalb S. 59
40 Parque das Nações
Ausgehviertel – Bairro Alto S. 42
Castelo de São Jorge
Kathedrale Sé
Igreja und Museu de São Roque
22
13
12
Der Westen S. 50
Museu Nacional de Arte Antiga
34
Alfama, Mouraria und Graça – Gassen mit Seele S. 32
1
Belém S. 54
Mosteiro dos Jerónimos
36
Torre de Belém
38
Obere Altstadt – der Chiado S. 40
Durch die Baixa S. 26
Praça do Comércio

Inhalt

Cleveres Nummernsystem

Die Sehenswürdigkeiten sind im Text und im Kartenmaterial mit derselben **magentafarbenen ovalen Nummer** ❶ markiert. Alle anderen Lokalitäten wie Geschäfte, Restaurants usw. tragen ein **Symbol und eine fortlaufende rote Nummer (1)**. Die Liste aller Orte und die Zeichenerklärung befinden sich im Anhang.

Der Schmetterling ...

... zeigt an, wo man Angebote im Bereich des nachhaltigen Tourismus findet.

Bewertung der Sehenswürdigkeiten

★★★ nicht verpassen
★★ besonders sehenswert
★ wichtig für speziell interessierte Besucher

Planquadrat im Kartenmaterial

[A1] Orte ohne diese Angabe liegen außerhalb unserer Karten. Ihre Lage kann aber wie die aller Ortsmarken mithilfe der begleitenden Web-App angezeigt werden (s. Anhang).

Vorwahlen
- **für Portugal:** 00351
- **für Lissabon:** ist Teil der jeweils im Buch angegebenen Nummer

Straßenbezeichnungen
- Av. = Avenida
- Cç. = Calçada
- Lg. = Largo
- Pr. = Praça
- R. = Rua
- Tv. = Travessa

Updates zum Buch
www.reise-know-how.de/citytrip/lissabon22

☐ Wind und Wellen: Segelschiff vor der Hängebrücke Ponte 25 de Abril (Foto: 001lb Abb.: ps)

NICHT VERPASSEN!

❶ Praça do Comércio [W22]
Lissabons weitläufiger Prunkplatz am Tejo ist das alte und neue Herz der Hauptstadt (s. S. 26).

⓬ Kathedrale Sé [X21]
Die Kathedrale des Bischofssitzes besticht durch Schlichtheit. Sie hat ein romanisches Kirchenschiff und einen gotischen Chorumgang (s. S. 34).

⓭ Castelo de São Jorge [X20]
Lissabons Burg hoch über der Alfama bietet einen erstklassigen Panoramablick über die Stadt bis hin zum Tejo, u. a. zu sehen durch ein Periskop (s. S. 35).

㉒ Igreja und Museu de São Roque [U20]
Sakrale Kunst aus der Renaissance spiegelt in Kirche und Museum den Wohlstand des Goldenen Zeitalters der Seefahrt wider (s. S. 43).

㉚ Museu Calouste Gulbenkian [S13]
Die Sammlung des Ölmilliardärs ist ein Highlight für Kunstliebhaber. Zur Stiftung gehören ein gepflegter Park und ein Museum für moderne Kunst (s. S. 48).

㉞ Museu Nacional de Arte Antiga [Q23]
Lissabons Tempel für alte Kunst hat auch einen schönen Skulpturengarten zu bieten (s. S. 52).

㊱ Mosteiro dos Jerónimos [G25]
Der Kreuzgang des Hieronymus-Klosters ist ein Paradebeispiel für die einzigartige manuelinische Architektur (s. S. 54).

㊳ Torre de Belém [D26]
Der einstige Leuchtturm mit Audienzsälen und Gefängnis ist eines der unter Manuel I. entstandenen Wahrzeichen Lissabons (s. S. 57).

㊵ Parque das Nações [f4]
Das moderne Viertel am Tejo mit Kasino, Messe, Aquarium und der Seilbahn entstand zur Weltausstellung im Jahr 1998 und lohnt einen Ausflug (s. S. 59).

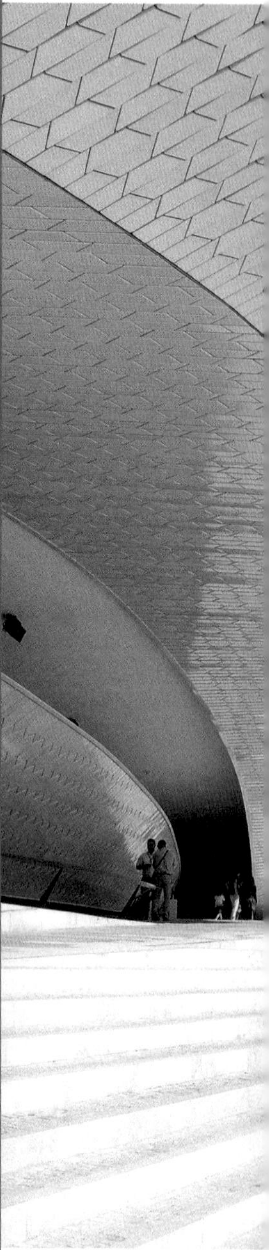

LISSABON ENTDECKEN

130lb Abb.: ps

Willkommen in Lissabon

Es macht Spaß, sich in den Gassen der Tejo-Metropole mit ihren verwinkelten Treppen zu verlieren. Heillos verlaufen kann man sich nicht, denn irgendwo unten fließt als Orientierungshilfe immer der Fluss. Von der Mündung in den Atlantik im Westen über Belém bis zum Parque das Nações im Osten erstreckt sich die Stadt über ca. 25 km. Straßenbahnlinien, Busse, Standaufzüge und die Metro machen das Cityhopping – zumindest tagsüber – leicht. Das Metroticket gilt auch für die Fähren ans andere Tejo-Ufer und den Zug zu den Stränden von Estoril und Cascais (s. S. 62). Radfahren kann man am Tejo und im großen Stadtpark Monsanto am Stadtrand. Flaneure kommen ebenso auf ihre Kosten, allerdings nur mit bequemen Schuhen.

Das **dekorative Mosaikpflaster** Lissabons ist tückisch. Häufig fehlt das eine oder andere Steinchen – und das ist nicht nur auf High Heels eine Stolperfalle. Selbst mit guten Sohlen sind die weißen, von vielen Schritten glatt polierten Kalksteine rutschig. **Bergauf und bergab** kann es ratsam sein, auf dem trittfesteren Granit der Fahrbahn zu gehen, statt auf den Bürgersteigen. Wer mit Pumps in die Bars des Bairro Alto oder die Fado-Häuser der Alfama will, braucht Übung und ein wenig Leidensfähigkeit. Lissabon will erobert werden und verlangt modebewussten Frauen dabei besonders viel ab – so jedenfalls sieht es die Künstlerin Joana Vasconcelos. Mit Erfolg: Ihre Konstruktion eines überdimensionierten Schuhs mit spitzen, hohen Absätzen aus Stahlkochtöpfen wurde auf einer Londoner Auktion für 500.000 Pfund versteigert. Wer ihre 7 m hohe **Skulptur „Néctar"** aus Eisen und Glasflaschen vor dem Eingang des **Museu Berardo** (s. S. 65) in Belém sehen möchte, kann vom Cais do Sodré aus am Tejo entlang bequem **mit dem Fahrrad** dort hinfahren oder die Tram nehmen. Außer am Tejo, im **weitläufigen Belém** und im **Parque das Nações** 40 im Osten ist Lissabon aber zum Radfahren eher ungeeignet. Und das nicht nur wegen der Hügel. Radwege gibt es nicht. Wenn eine Tram vorbeifährt, haben selbst Fußgänger kaum Platz. Oft wurden die Bürgersteige verkleinert, um die Fahrbahn zu verbreitern. Wer nicht laufen möchte, hat neben der **legendären Tram 28** und anderen, weniger überfüllten öffentlichen Verkehrsmitteln noch mehr Alternativen: eine Fahrt mit der Pferdekutsche durch Belém, eine Hop-on-Hop-off-Tour im offenen Doppeldeckerbus oder eine Gokart-Fahrt mit Audioguide. Im Bairro Alto und in der Alfama warten Tuk-Tuks mit Elektroantrieb oder man düst bei einer Segway-Führung die steilen Gassen hoch (s. S. 130). Wie in anderen Städten stehen zahlreiche **E-Roller** bereit, die sich per App entsperren lassen (s. S. 139).

Zum **Flanieren** auf weitgehend steigungsfreien Straßen ist die **Unterstadt (Baixa)** ideal. Hier erstrecken sich die **repräsentativen Plätze** Praça do Comércio 1, da Figueira 8, Rossio 6, dos Restauradores 7 und die elegante Avenida da Liberdade 26. Von der Fußgängerzone Rua Augusta 3 aus kann man die **schachbrettartigen Straßen** durchstreifen, in der Rua dos

◁ *Vorseite: Das MAAT (s. S. 67) der britischen Architektin Amanda Levete zeigt zeitgenössische Kunst am Tejo*

091lb Abb.: ps

Douradores auf den Spuren Fernando Pessoas wandeln und mit dem Aufzug Santa Justa 5 bequem in den Chiado hochfahren. **Verwinkelte, steigungsreiche Stadtviertel** wie die **Mouraria** oder die **Alfama** verlangen dem Fußgänger einiges an Energie ab.

Zu Fuß lässt sich sogar das Lissabonner Wasserversorgungssystem (s. S. 44) verstehen. Man kann oben über den **Aquädukt** spazieren und die Aussicht genießen, die Aussichtsplattform des Wasserreservoirs Mãe d'Água am Endpunkt des Aquädukts im Stadtteil Amoreiras besuchen oder sich vom Jardim do Príncipe Real aus durch einen unterirdischen Kanal in das Reservatório da Patriarcal 24 führen lassen.

Blick über die Rua Augusta, die Lebensader der Baixa, vom Triumphbogen 2 aus

Kurztrip nach Lissabon

Das einzigartige Ambiente der Tejo-Metropole erschließt sich schnell, auch bei einem Kurzbesuch: etwa bei einer **Fahrt mit der alten Straßenbahnlinie 12** um den Burgberg oder mit der **legendären Tram 28**.

Wer ankommt, bummelt am besten zuerst durch die **Fußgängerzone Rua Augusta** 3 zum Platz **Praça do Comércio** 1. Die Stadt an der westlichsten Spitze Europas öffnet sich hier zum Wasser, zeigt dem Hinterland den Rücken und träumt von fernen Kontinenten. Auch König Dom José I. blickt von seinem Pferd in der Platzmitte Richtung Fluss. Auf den Treppen zu seinen Füßen oder am **Cais das Colunas** (Säulenkai) [W22] sitzen bei warmem Wetter immer Leute und genießen die Aussicht.

Lange Treppen am Fluss und grüne Wiesen entlang der Uferpromena-

007lb Abb.: ps

de an der Av. Ribeira das Naus [V22] bis zum Cais do Sodré [U22] laden zum Sonnen am Fluss ein.

Abends lohnt ein Besuch der **Time-Out-Markthalle im Mercado da Ribeira** (s. S. 96), um Weine und Spezialitäten zu probieren. Auch die Gassen zwischen den niedrigen Häusern des immer noch dörflich anmutenden **Bairro Alto** füllen sich mit Nachtschwärmern. Zwischen Rua da Rosa und Rua do Norte kann man sich von Bar zu Bar treiben lassen.

Erster Tag

Morgens

Mit der Tram oder zu Fuß geht es in Lissabons ältestes Stadtviertel unterhalb der Burg, die **Alfama.** Von den zinnenbewehrten Mauern der Festung **Castelo de São Jorge** 13 ist der Ausblick über die Stadt herrlich. Für das weitläufige Gelände braucht man ca. 2 bis 3 Stunden Zeit. Lissabons **Kathedrale Sé** 12 kann man auf dem Weg zum romantischen Aussichtspunkt **Miradouro de Santa Luzia** 14 besuchen. Von hier aus lohnen Streifzüge durch die engen Gassen der Alfama. Im Sommer werden Sardinen gegrillt, schon mittags erklingen Fado-Gitarren, Kinder spielen Ball. Früher hatte man hier bisweilen das Gefühl, in einem Bergdorf zu sein, doch inzwischen wurde umfassend saniert und das Viertel ist das touristischste der Stadt.

Mittags

Wer samstags seinen ersten Tag in Lissabon verbringt, darf sich den Besuch von Lissabons **Flohmarkt Feira da Ladra** (s. S. 96) nicht entgehen lassen. Günstige Gerichte gibt es in den einfachen Bar-Restaurants am unteren Ende der Straße Campo de Santa Clara. Gute Küche und eine exzellente Sicht über die Alfama bietet das Restaurant **Faz Figura** (s. S. 84).

Blick von der Burg São Jorge 13 *über Lissabon und den Tejo*

Manuelinik in der Kirche: im Inneren des Hieronymus-Klosters 36

Nachmittags

Die Sammlung europäischer Malerei des **Museu Nacional de Arte Antiga** 34 ist einer der bedeutendsten Touristenmagneten der Stadt. **Shoppen** kann man bis 20 Uhr in der Unterstadt **Baixa**, an der **Avenida da Liberdade** 26 oder im Altstadtviertel **Chiado**. Die Einkaufstour im Chiado lässt sich hervorragend mit einem Besuch der Kirchenruine **Convento do Carmo** 20 und einer Fahrt mit dem **Elevador de Santa Justa** 5 verbinden. Von der Plattform dieser Eisenkonstruktion eines Schülers von Gustave Eiffel bietet sich eine grandiose Aussicht über Lissabon.

Abends

Auf der Terrasse des Cafés A Brasileira (s. S. 77) kann man sich, neben dem bronzenen Ebenbild des Dichters Fernando Pessoa, auf den Abend einstimmen. Über die **Praça Luís de Camões** 18 geht es weiter zur steilen **Rua da Bica** [U21], ein Mikrokosmos für sich mit einigen Bars und Restaurants, die auch bei den Bewohnern des Viertels beliebt sind. Unterhalb schließt sich das **Ausgehviertel am Cais do Sodré** [U22] an. Ein Tipp ist das Pensão Amor (s. S. 88).

Wer **Fado in authentischem Ambiente** hören möchte, ist ab 21 Uhr im Clube de Fado (s. S. 90) oder im Mesa de Frades (s. S. 91) in der Alfama an der richtigen Adresse. In dieser ehemaligen Kapelle mit Kachelwänden beginnen die Fado-Konzerte nach dem Essen. Je später der Abend, desto spannender, denn viele Profi-„Fadistas“ treffen sich nach ihrem eigentlichen „Arbeitsauftritt“, weil sie Lust haben, gemeinsam Musik zu machen. Während des Konzerts ist die Tür angelehnt oder geschlossen, aber in der Pause werden Zuhörer eingelassen. Wer zu später Stunde Klänge vernimmt, sollte ruhig ein bisschen warten oder mal anklopfen – dann öffnet sich so manche Tür zu einzigartigen Fado-Erlebnissen.

Zweiter Tag

Morgens

Das weitläufige Stadtviertel **Belém** verzeichnet die höchste Museumsdichte der Stadt. Auch Meisterwerke manuelinischer Architektur wie das **Hieronymus-Kloster** (Mosteiro dos Jerónimos) 36 und den **Torre de Belém** 38 kann man nur hier besuchen. Am Tejo setzt das **MAAT** (s. S. 67) in Form einer weißen Welle ein innovatives Zeichen für zeitgenössische Kunst. Treppenstufen laden zum Sonnen ein.

078lb Abb.: ps

Das gibt es nur in Lissabon

- Von einem **Burgturm des Castelo de São Jorge** 13 aus en détail sehen, wie die Menschen auf der Praça do Comércio 1 gekleidet sind: Ein Periskop macht es möglich, wenn auch nur bei gutem Wetter.
- **Capilé,** ein Erfrischungsgetränk aus Sirup nach einem Rezept von 1870 mit Extrakten aus Frauenhaarfarn und Orangenblüten, erhältlich in Flaschen oder am Kiosk, z. B. an der Praça Luís de Camões 18.
- **Fado an so vielen verschiedenen Orten,** z. B. in den Gassen der Viertel bei den sommerlichen Festen, in der Audiodatenbank des Fado-Museums (s. S. 67), in den Fado-Tavernen der Alfama und der Mouraria, und ab und zu auf der Bühne der Zirkusschule Chapitô (s. S. 82).
- Das ausgelassene **Fest zu Ehren des hl. Antonius von Padua** (s. S. 102), oder Santo António de Lisboa, wie die Portugiesen sagen, ist ein Highlight mit Umzügen, Kostümwettbewerb, Volkstänzen, Fado und Sardinengrillgelagen auf den Straßen. Für Bewohner und Besucher sind dies unvergessliche Festtage im Juni.

Eine zentrumsnahe Alternative ist das **Museu Calouste Gulbenkian** 30. Ein Abstecher in das östliche Lissabon führt Kachelliebhaber ins **Museu Nacional do Azulejo** (s. S. 68) in einem früheren Kloster.

Mittags

Wer wieder ins Zentrum zurückkehrt, kann Fisch und Meeresfrüchte im Sea me (s. S. 81) im Chiado probieren. Snacks bekommt man günstig an den **Kiosken,** etwa am Aussichtspunkt **Miradouro de Santa Catarina** (s. S. 101) mit traumhaftem Rundblick über den Tejo. Hier oder auf den Liegen im Garten weiter oben, vor dem Restaurant Pharmacia (s. S. 82), lässt es sich optimal ausruhen. Im Chiado bieten sich gleich mehrere Restaurants an, darunter das Bairro do Avillez (s. S. 82).

Nachmittags

Highlights sakraler Kunst sind in der **Kirche** und dem **Museu de São Roque** 22 sowie im **Klostermuseum des Convento dos Cardaes** 23 zu sehen. Sonntags sind auch die Einkaufszentren geöffnet. Shoppen und Flanieren am Tejo lässt sich auf dem ehemaligen Expo-Gelände, dem **Parque das Nações** 40, kindgerecht miteinander verbinden. Hier gibt es Kinderspielplätze, ein Aquarium 41 mit Pinguin-Becken und eine **Seilbahn** direkt am Tejo-Ufer.

Abends

Mit etwas Glück kann man eine Vorstellung in Lissabons **Zirkusschule Chapitô** (s. S. 82) in der Alfama miterleben. Restaurant und Bar bieten eine außergewöhnlich schöne Aussicht.

Eine große Auswahl an Bars, Kneipen und Restaurants gibt es im Hafengebäude der **Docas de Santo Amaro** am Ufer des Tejo an der roten Brücke Ponte 25 de Abril. Brasilianisches Flair und regelmäßig Livemusik bietet das B. Leza (s. S. 91), Jazzfans zieht es in den Hot Clube de Portugal (s. S. 91).

Stadtspaziergänge

Spaziergang 1: Baixa, Tejo-Ufer und Chiado

Auf diesem Stadtspaziergang lernt man die flache Baixa kennen, das weitläufige Zentrum zwischen den Hügeln und dem Tejo. Ab dem Prunkplatz Praça do Comércio 1 geht es am Tejo-Ufer entlang zur Markthalle (s. S. 96). Der Ascensor da Bica katapultiert seine Passagiere in die Oberstadt mit dem Shoppingviertel Chiado, den Ausgehgassen des Bairro Alto und dem Largo do Carmo 19, wo 1974 Portugals Diktatur endete.

› **Startpunkt:** Metro Restauradores [V19]
› **Endpunkt:** Elevador do Carmo [V20]
› **Dauer:** 2–3 Stunden (ohne Museumsbesuche)
› **Länge:** 4 km

Startpunkt ist die **Praça Restauradores** 7 am Südende der Avenida da Liberdade, einer der repräsentativen Plätze in der Baixa (Unterstadt) mit ihren im Schachbrettmuster angelegten Straßen aus der Zeit nach dem Großen Erdbeben von 1755. Auf dem weißen Kopfsteinpflaster des sich anschließenden **Rossio (Praça de Dom Pedro IV)** sind in Schwarz die Wellen des Atlantiks nachempfunden. Am Kopfende residiert das **Nationaltheater** (s. S. 93). Von seinem Säulenportal sind es nur ein paar Schritte zu der beliebten kleinen Bar **A Ginjinha** (s. S. 74) am **Largo São Domingos** 9, wo die Leute ab dem frühen Abend Schlange stehen, um Lissabons berühmten Sauerkirschlikör zu trinken. Über allem wacht in 23 m Höhe auf einer Säule mitten auf dem Rossio die Statue von König Pedro IV. Der Blick reicht bis zum Convento do Carmo 20 in der Oberstadt. Am Rossio kann man sich, um Leute und Ambiente zu beobachten, auf die Terrasse des alteingeses-

Erfrischende Brunnenfontänen am Rossio 6

125lb Abb.: ps

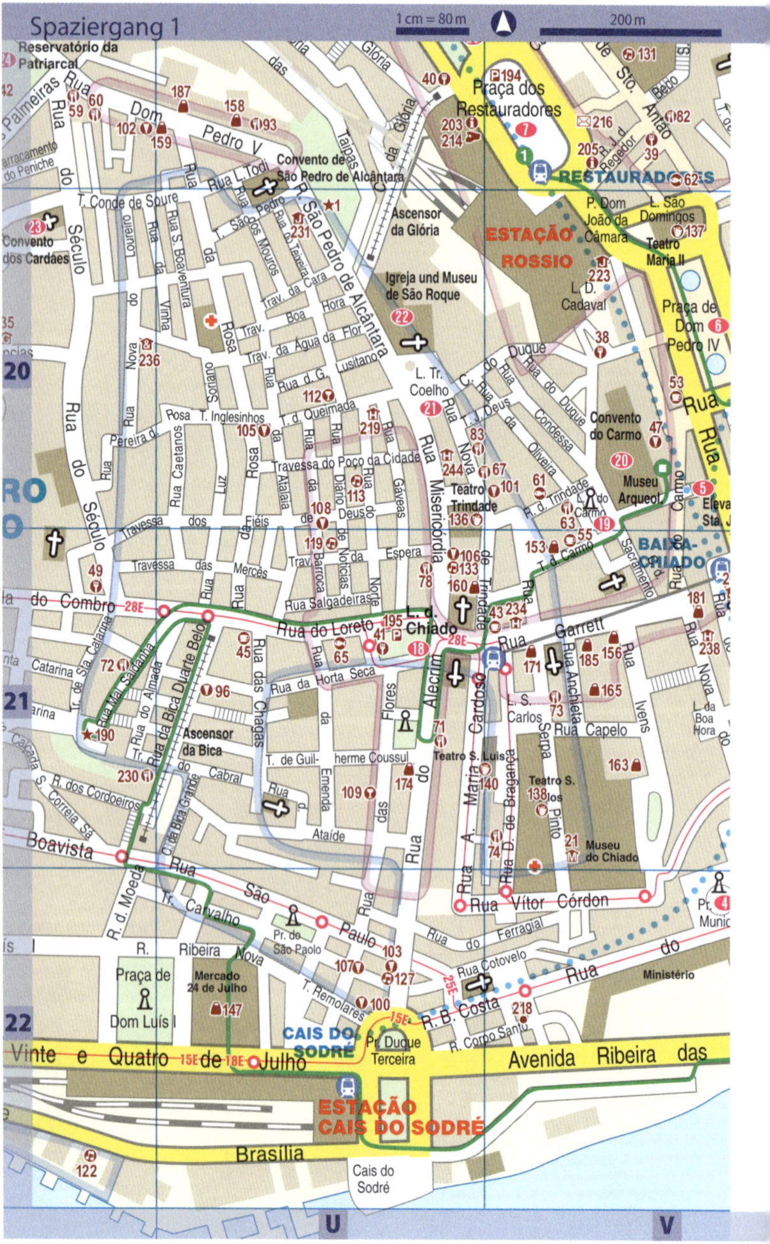

Spaziergang 1
1 cm = 80 m
200 m
Reservatório da Patriarcal
Rua Dom Pedro V
Convento de São Pedro de Alcântara
R. São Pedro de Alcântara
Ascensor da Glória
Calçada da Glória
Praça dos Restauradores
RESTAURADORES
ESTAÇÃO ROSSIO
P. Dom João da Câmara
L. São Domingos
Teatro Maria II
Praça de Dom Pedro IV
L. D. Cadaval
Igreja und Museu de São Roque
L. Tr. Coelho
Convento dos Cardaes
Rua do Século
T. Conde de Soure
Rua da Rosa
Rua S. Boaventura
Rua da Vinha
Rua do Loureiro
Rua Nova do Loureiro
Rua Luz Soriano
Rua Caetanos
T. Inglesinhos
Travessa do Poço da Cidade
Rua do Diário de Notícias
Rua da Atalaia
Rua das Gáveas
Rua da Misericórdia
Teatro Trindade
Convento do Carmo
Museu Arqueol.
L. do Carmo
Rua do Carmo
Rua Nova da Trindade
Rua da Condessa
Rua do Duque
BAIXA-CHIADO
Travessa dos Fiéis de Deus
Travessa das Mercês
Rua da Espera
Rua Salgadeiras
Trav. Barroca
Rua do Norte
Calçada do Combro
Rua do Loreto
L. d. Chiado
Rua Garrett
Rua Anchieta
Rua Capelo
Rua Ivens
L. da Boa Hora
Rua Nova do Almada
L. S. Carlos
Rua Serpa Pinto
Teatro S. Carlos
Teatro S. Luís
Museu do Chiado
Rua António Maria Cardoso
Rua D. de Bragança
Rua do Alecrim
Rua das Flores
Rua da Horta Seca
Rua das Chagas
T. de Guilherme Coussul
Rua Emenda
Rua do Ataíde
Rua Marechal Saldanha
Rua do Almada
Rua da Bica Duarte Belo
Ascensor da Bica
Calç. da Bica Grande
Tr. do Cabral
Rua de Sta. Catarina
Calçada S. Correia Sá
R. dos Cordoeiros
Boavista
Rua São Paulo
Tr. Carvalho
Pr. de São Paulo
R. d. Moeda
R. Ribeira Nova
Praça de Dom Luís I
Mercado 24 de Julho
T. Remolares
Rua Cotovelo
R. B. Costa
R. Corpo Santo
Rua do Ferragial
Rua Vítor Córdon
Rua do Arsenal
Ministério
CAIS DO SODRÉ
Pr. Duque Terceira
Vinte e Quatro de Julho
Avenida Ribeira das Naus
ESTAÇÃO CAIS DO SODRÉ
Brasília
Cais do Sodré
28E
15E
18E
25E
20
21
22
U
V

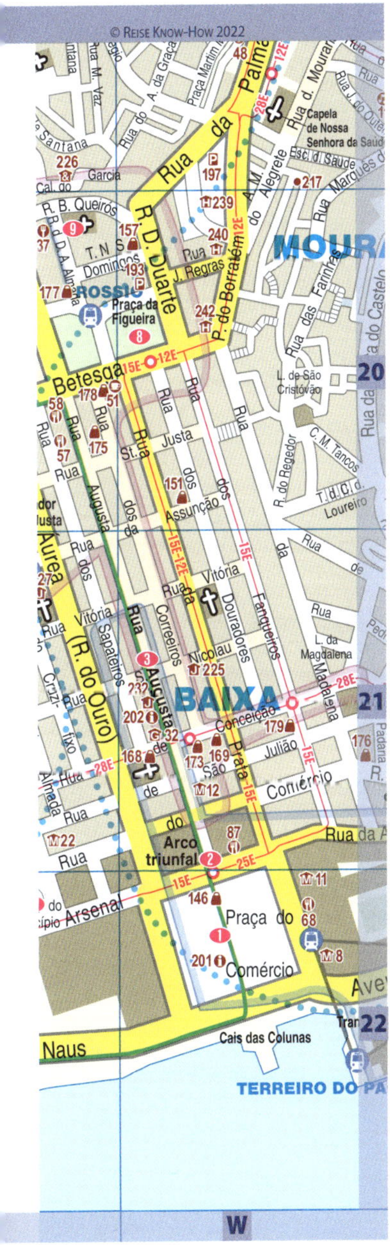

senen Cafés **Nicola** (s. S. 79) setzen, das bereits seit 1929 existiert. Oder man lässt die Eindrücke auf sich wirken, die man bei einem Streifzug über die Plätze im Herzen der Baixa gewinnt, z. B. auf der nahen **Praça da Figueira** 8. In der Platzmitte erinnert die Reiterstatue von Dom João I. von Portugal an den ersten portugiesischen König aus dem Hause Avis. Köstliches portugiesisches Gebäck verkauft die sehenswerte **Confeitaria Nacional** (s. S. 79).

Weiter geht es durch die Fußgängerzone **Rua Augusta** 3 Richtung **Arco triunfal (Triumphbogen)** 2. Dahinter öffnet sich die großzügige, an drei Seiten von Arkadengängen gesäumte **Praça do Comércio** 1 zum Tejo. Unter den Arkaden ist sonntags traditionell Kunsthandwerkermarkt. Der Platz dient als Bühne für Events, sportliche Wettkämpfe und Demonstrationen und die Treppen zu Füßen des Reiterdenkmals und hinunter zum Tejo sind beliebte Lissabonner Treffpunkte und Selfie-Spots. Zum Weiterflanieren am Tejo-Ufer lädt westlich die Avenida **Ribeira das Naus** [V22] mit Treppen zum Fluss, Snackbars und Kiosken ein. Sie erstreckt sich bis zum **Cais do Sodré** [U22], Verkehrsdrehkreuz für Metros und Fähren. Dahinter reihen sich Nightlife-Spots und Restaurantterrassen am Fluss.

Nächstes Ziel des Spaziergangs ist der **Mercado da Ribeira** (s. S. 96). In einer Hälfte der historischen Markthallen hat **Time Out** einen Foodcourt eingerichtet und renommierte Feinkost-, Weinhändler und Gastronomen eingeladen, Stände zu eröffnen. Bis in den späten Abend trifft sich hier ein genussorientiertes Publikum, um lokale Produkte zu probieren. In der oberen Etage arbeiten junge Kreative in einem Co-Working-Space. Hinter der Markthalle ist der Platz vor der barocken **Kirche São Paulo** das nächste Ziel. Linkerhand führt dann die Rua de São Paulo zum **Ascensor da Bica.** Dieser Aufzug befördert seine Passagiere über eine der steilsten Straßen der Altstadt. Oben führt ein Abstecher über die Rua Marechal-Saldanha zum **Miradouro de Santa Catarina** (s. S. 101) mit tollem Blick zur **Ponte 25 de Abril** (s. S. 109). Über die Calçada do Combro [T21] kommt man in das elegante Viertel **Chiado** (s. S. 40). Mittelpunkt ist die **Praça Luis de Camões** ⑱ mit der Statue des Nationaldichters und einer Haltestelle der Tram 28. Oberhalb beginnen die Gassen des Ausgehviertels **Bairro Alto** (s. S. 42).

Gegenüber der Metrostation Baixa-Chiado sitzt Fernando Pessoa als Statue verewigt vor dem **Jugendstil-Café A Brasileira** (s. S. 77). Ein Abstecher durch die Rua do Alecrim führt zum **Palácio Chiado** (s. S. 82), einer ehemaligen Residenz des Marquês de Pombal, die heute mehrere Restaurants auf zwei sehenswerten Etagen beherbergt.

138lb Abb.: ps

Vom Largo do Chiado ⑱ sieht man am Ende der Rua Garrett die **Armazéns do Chiado** (s. S. 100), ein Kaufhaus, das beim Wiederaufbau nach dem Brand von 1988 von Álvaro Siza Viera aus Porto gestaltet wurde. Man kann es im Obergeschoss betreten, einen Aufzug nehmen und es unten in der Baixa wieder verlassen. Der Spaziergang führt jedoch weiter über die Rua Nova da Trindade [U20–V21] und Rua d. Carmo [V21], wo sich für Genießer ein Gastro-Zwischenstopp im **Bairro do Avillez** (s. S. 82) lohnt. Dann geht es auf einen der gemütlichsten Plätze der Oberstadt, die **Largo do Carmo** ⑲ vor dem **Karmeliterkloster,** das seit dem Großen Erdbeben von 1755 eine Ruine ist und heute das **Archäologische Museum** ⑳ beherbergt. Hinter dem Kloster am Hang bieten gleich mehrere Terrassen einen weiten Blick auf die Baixa und den filigranen Elevador Santa Justa ❺. Wer kostenlos in die Unterstadt möchte, biegt vor dem Aufzug links zur großen Terrasse des Topo (s. S. 78) ab, geht an den Liegestühlen eine Etage tiefer vorbei und nimmt am Ende der Terrasse den Aufzug (10–21 Uhr). Unten öffnet sich die Tür in einem kleinen Korkgeschäft in der Rua do Carmo, direkt gegenüber vom Elevador Santa Justa.

◁ Palácio Chiado (s. S. 82): Bar vor Wandfresken in einem ehemaligen Adelspalast

Spaziergang 2: Alfama und Burgberg

Die Alfama mit der Feira de Ladra, dem berühmten Markt der Diebinnen, vielen Fado-Häusern, Treppen, alten Stadttoren, Brunnen und schönen Aussichtspunkten zieht jede Menge Touristen an, verfügt aber immer noch über verschwiegene Gassen („becos") und lauschige kleine Plätze („largos"). Über allem thront der Burgberg. Vom Aussichtspunkt Miradouro da Graça lässt sich im Anschluss an diesen Spaziergang ein Bummel durch Graça und/oder ein Abstieg durch die Mouraria zur Praça Martim Moniz (Spaziergang 3, s. S. 19) anschließen.

Vom Traditionscafe **Martinho da Arcada** (s. S. 85) am oberen Ende der **Praça do Comércio** (1) folgt man der Rua da Alfândega und biegt links in die Rua da Madalena [W21] ab. In Nr. 34 der Rua dos Bacalhoeiros reicht das Straßenpflaster in der über 80-jährigen Fischkonservenhandlung der **Conserveira de Lisboa** (s. S. 99) bis an die Holztheke. Nächste Station ist die **Casa dos Bicos** (10), Sitz der Stiftung des Nobelpreisträgers José Saramago. Die kuriose Fassade, ein Relief aus Rauten, stammt aus dem 16. Jh. Lissabons Bewohner glaubten früher, darin seien die Diamanten des reichen ersten Besitzers versteckt. Links neben dem Haus führen Gassen und Treppen hinauf bis vor die **Kathedrale Sé** (12). Gegenüber steht die Kirche des heiligen Antonius (Igreja de Santo António (11)). Den Gleisen der Tram bergan folgend, kommt man an einem über 800-jährigen Gummibaum

126lb Abb.: ps

⊡ *Alfama-Flair und Blick zum Miradoura da Graça (s. S. 101)*

> **Startpunkt:** Metro Praça do Comércio [W22] (Abkürzung mit der Tram 28 möglich, z. B. Start an der Haltestelle vor der Kathedrale Sé [X21])
> **Endpunkt:** Metro Santa Apolonia [Z20]
> **Dauer:** ca. 3 Stunden (ohne Museumsbesuche)
> **Länge:** 4 km

vorbei zum **Miradouro de Santa Luzia** (14). Eine kleine Kirche, ein Garten mit Springbrunnen und Bougainvillea, Azulejos-Wände, ein Pergolagang mit Panoramablick über den Tejo – ein so fotogener Ort zieht jede Menge Touristen, Maler, Musiker und Verkäufer an.

Weitere Aussichtspunkte locken in Höhe des **Museu de Artes Decorati-**

vas Portuguesas ⓯. Auf dem trubeligen Platz davor steht eine Statue des Lissabonner Schutzpatrons São Vicente. Hinter ihm reicht die Sicht bis zu den Türmen der **Klosterkirche São Vicente de Fora** ⓰ und zum Terminal der Kreuzfahrtschiffe zu Füßen der Alfama. Auf den Aussichtsterrassen spielen oft Straßenmusiker, farbenfrohe Tuk-Tuks drängen sich am Straßenrand und laut bimmelnde Trams rattern vorbei. Die Caféterrasse des **Miradouro das Portas do Sol** ⓮ lädt zu einer Pause ein. Einige Hundert Meter weiter kreuzen sich die Schienen der Trams 12 und 28. Mit der Tram 28 gelangt man von hier bequem zur Kirche São Vicente de Fora ⓰ (siehe auch Spaziergang 3, S. 19).

Der Spaziergang führt jedoch weiter auf den **Burgberg.** Von der Rua São Tomé geht es links in die Rua dos Cegos [X20]. Eine Infotafel weist auf den früheren Verlauf der Stadtmauer hin und schon steht man auf dem Pátio de Dom Fradique mitten in den Ruinen ehemaliger Wohnhäuser. Júlio, ein obdachloser Künstler, hat sie in eine Open-Air-Galerie verwandelt und die Idee lebt weiter. Die von Touristen geknipsten Impressionen haben diesen Ort im Herzen Lissabons international bekannt gemacht. Oben schließt sich das Luxushotel **Palácio Belmonte** (s. S. 136) an, das zwei Türme der historischen Stadtmauer integriert, zwischen denen man durch einen Bogen hindurchgehen kann. Vorbei an der Terrasse vor dem Café des Hotels geht es Richtung Rua de Santa Cruz do Castelo zur Burg (ausgeschildert). Souvenirshops und Restaurants säumen den Weg. Vor dem Ticketschalter drängen sich stets viele Menschen. Den Schildern „Junta de Freguesia Ste. Maria Maior“ folgend, kommt man zu einem weniger bekannten Aussichtspunkt, dem **Miradouro do Recolhimento** mit Kinderspielplatz (Parque Infantil) und herrlichem Blick über Alfama und Tejo.

Nach dem Abstecher auf den Burghügel geht es noch einmal durch den Pátio de Dom Fradique mit den Graffiti und die Rua dos Cegos wieder hinunter zur Rua São Tomé. Wer nun durch die Calçada da Graça zum **Miradouro da Graça** hochgeht, kann den Blick über die Baixa auf der anderen Seite des Hügels genießen. An-

127lb Abb.: ps

sonsten folgt man der Rua da Salvador [X20] hinab durch die Gassen der Alfama. Oben an der Straße lädt das **Café do Electrico** zu einer Kaffeepause ein. Am Largo do Salvador führt die Rua de Guilherme Braga zur barocken **Stefanskirche (Igreja de Santo Estévão)** mit romantischem Tejo-Blick vom Vorplatz. Der Beco de Carneiro mündet in die Rua de São Miguel, eine der pulsierenden Lebensadern der Alfama mit Shops und Restaurants. Fado-Häuser versuchen, Gäste für den Abend anzuwerben. Über den Vorplatz der **Igreja de São Miguel** ist die Rua de São Pedro erreicht, die zum Largo do Chafariz do Dentro hinabführt. Der gleichnamige Brunnen auf dem Platz versorgte die Alfama schon im Mittelalter mit Wasser. Die inzwischen renovierten Häuser strahlen weiß in der Sonne. Gegenüber steht das **Fado-Museum** (s. S. 67). Durch die Rua dos Remédios mit der **Fado-Kapelle Mesa de Frades** (s. S. 91) und die Calçada do Forte kann man auf dem kleinen Umweg zum Bahnhof Santa Apolonia, wo dieser Spaziergang endet, weiter Alfama-Flair genießen.

Spaziergang 3: Mouraria und Graça

Die Mouraria, die Wiege des Fado, ist nach wie vor ein vernachlässigtes Viertel. Viele Häuser zeigen deutlichere Spuren des Verfalls als in der Alfama. Aber auch hier entstanden Hotels, Restaurants und kleine Hotspots des Nachtlebens. Graça, ein altes Arbeiterviertel hoch oben auf dem Hügel mit Wohnhäusern aus der Zeit der frühen Industrialisierung, bietet gleich zwei Miradouros mit fantastischem Blick. In dem beliebten Viertel geht das Alltagsleben gemütlich seinen Gang. Über die Calçada da Graça oder die Rua da Voz do Operário lässt sich der Spaziergang in der Alfama (Spaziergang 2, s. S. 17) fortsetzen.

- **Startpunkt:** Metro Martim Moniz [W19]
- **Endpunkt:** Tramhaltestelle São Vicente de Fora [Y20]
- **Dauer:** 3 Stunden (ohne Pausen)
- **Länge:** 4 km

Auf der weiten **Praça Martim Moniz** [W19] sorgen Wasserfontänen für Kühle und im Sommer Stände mit internationaler Küche für Leben. Den Ausblick über Platz, Mouraria und Burg kann man vor der **Rooftop-Bar Topo** (s. S. 78) auf dem Dach eines chinesischen Einkaufszentrums genießen. Dann geht es zur weißen **Capela de Nossa Senhora da Saúde** auf der anderen Platzseite, die 1505 zu Ehren des heiligen Sebastian erbaut und im 18. Jh. nach dem Erdbeben erneuert wurde. Deckenfresken und historische Azulejos lohnen einen Blick.

Ein Stück weiter, hinter der in rosa Stein gehauenen Fado-Gitarre in der Rua do Capelão, beginnt die **Mouraria.** Im 12. Jh. vertrieb König Dom Henrique die Mauren, die sich hier außerhalb der Stadtmauern ansiedeten. Heute öffnen sich manchmal hölzerne Fensterläden und alte Frauen verkaufen frischen Fisch. Die Gentrifizierung hat auch hier begonnen: Seit Mitte der 2010er-Jahre eröffnen immer mehr Shops und trendige Craftbeer-Kneipen.

‹ Terrasse mit Blick zur Klosterkirche São Vicente 16 de Fora

Spaziergang 2 und 3

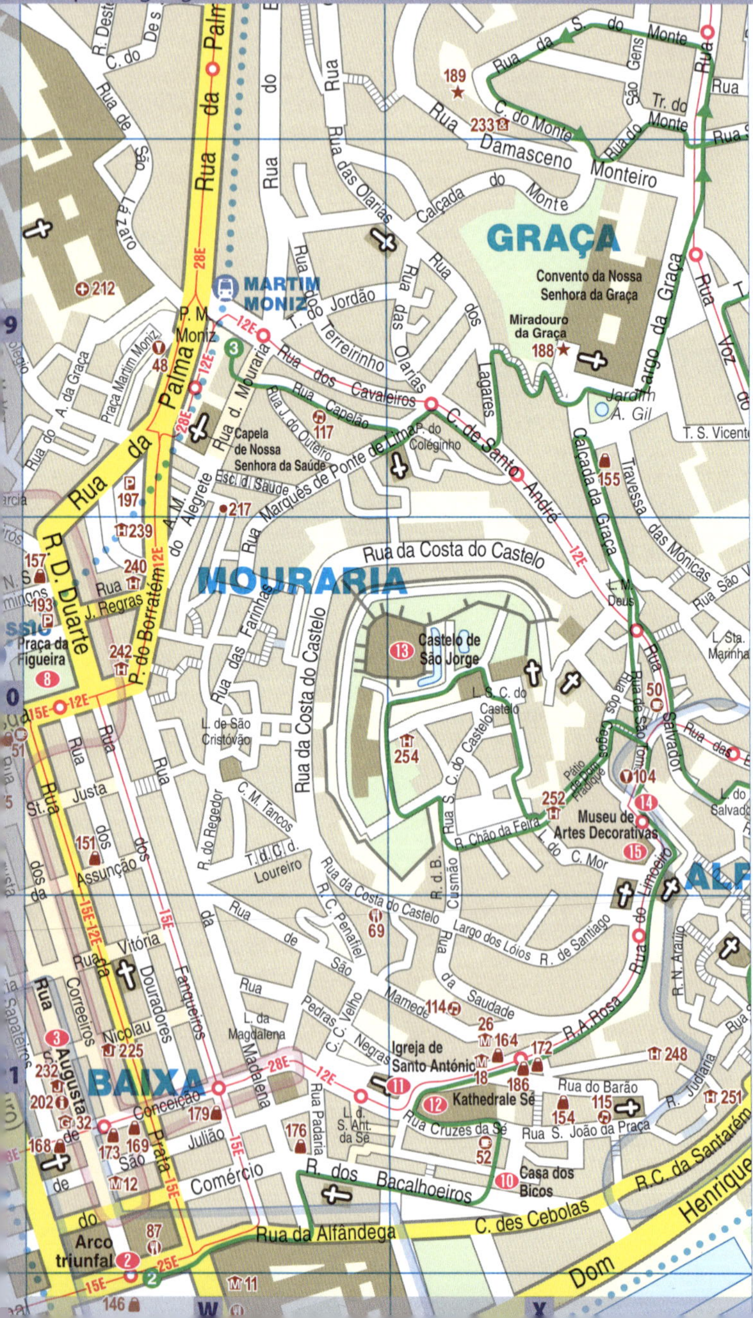

1 cm = 75 m
200 m
© Reise Know-How 2022
Beatas
Glória
T. S. António
Bela Vista á Graça
T. Olival
António
Rua do M. Gros
R. Rui Barbosa
R. F.
Rua
Magalhães
Washington
Sol á Graça
Vila Berta
Rua de S. Engrácia
Rua Leite de Vasconcelos
Rua D.
R. C. S. Apolo
Couto
da Pereira
Rua Entremuros do Mirante
Rua da Verónica
T. do Rosário
T. das Freiras
Tribunal Militar
R. do Mirante
Santa Clara
Campo de Santa Clara
Pr. Dr. B. A. Gomes
C. Cesteiros
R. do B. da Sapato
143
Cascão
Operário
28E
Arco Grande de Cima
16
Kirche und Kloster São Vicente de Fora
C. de São Vicente
17
Panteão Nacional
Paraíso
Rua dos C. Ferro
207
ESTAÇÃO SANTA APOLÓNIA
Henrique
Rua São Vicente
T. do Meio
Rua do
85
C. do Forte
L. dos C. de Ferro
Calç. da
R. das Escolas Gerais
do Tijolo
118
Rua d. M. d. Artilharia
Museu Militar
Dom
SANTA APOLÓNIA
Escolas Gerais
Sequeira
116
Rua do Vigário
120
Remédios
Igreja de Santo Estêvão
Rua dos
Rua Jardim do Tabaco
Infante
Regueira
Alfândega
Avenida
Rua São Miguel
L. do C. de Dentro
23
São Pedro
R. T. do Trigo
Museu do Fado
Tejo
Y
Z
1
2

128lb Abb.: ps

Schwarz-Weiß-Porträts an den Hauswänden erinnern an Fado-Sänger. In der Rua Capelão [W19] wurde 1933 der Fado-Star **Fernando Mauricío** geboren, am Largo da Severa wohnte einst die legendäre Fado-Sängerin und Prostituierte **Maria Severa Onofriana.** Sie starb 1846 mit nur 26 Jahren: ob an Tuberkulose oder durch Selbstmord nach einer unglücklichen Affäre mit einem Grafen, bleibt ungeklärt. Ihr Leben inspirierte den Dramatiker Júlio Dantas 1901 zu dem Schauspiel „A Severa", das 1931 das Sujet für den ersten portugiesischen Tonfilm lieferte. In ihrem ehemaligen Wohnhaus hat das Museu do Fado die **Fado-Bar Maria da Mouraria** eingerichtet (s. S. 91). Hier spielen und singen junge Nachwuchstalente authentischen Fado. Die Bewohner gehen gern in sehr einfache Restaurants in der Rua Marqués Ponte de Lima. Von der nun folgenden Igreja de Nossa Senhora do Socorro sieht man den **Miradouro de Graça** (s. S. 101) hoch oben auf dem Hügel bereits.

Nun geht es nach rechts in die Calçada de Santo André mit ihren Straßenbahnschienen der Tram 28. Hier zweigt links die Rua dos Lagares [X19] ab, dann führen rechts Treppen und ein Weg, auf dem gerne Jogger laufen, steil zum Miradouro hinauf. Unterhalb des Aussichtspunkts bietet eine als Terrasse angelegte **Grünanlage mit Kiosk** ebenfalls einen schönen Blick. Sie ist weniger überfüllt als der Miradouro, ein traumhafter Ort über den Dächern, an dem sich scharenweise Touristen sammeln.

Das ehemalige Kloster ist heute Sitz des Militärs, die große barocke **Igreja da Graça** und der Kreuzgang können besichtigt werden. Geht man entlang der Kirchenwand weiter, fällt hinter einer Grünfläche mit Springbrunnen, Bänken und Skulpturen die blau gekachelte Fassade der **Vila Sousa** am Largo da Graça auf. Sie wurde 1890

Der Aussichtspunkt unter Bäumen vor der Igreja da Graça ist einer der schönsten der Stadt errichtet und beherbergte neben Eigentumswohnungen für Familien auch Mietwohnungen für Arbeiter.

Weiter geht es über den Largo de Graça an der Tramhaltestelle vorbei über Graças Hauptstraße mit kleinen Läden und Restaurants. Die Rua Senhora do Monte führt linkerhand zu Lissabons höchstem Aussichtspunkt, dem **Miradouro da Senhora do Monte** (s. S. 101), dem die Baixa regelrecht zu Füßen liegt. Die Marienstatue und die kleine Kapelle prägen den Wallfahrtsort. Schwangere Frauen setzen sich in der Kapelle auf den steinernen Thron des Lissabonner Bischofs São Gens und beten für eine leichte Geburt.

Der Rückweg führt über die Calçada do Monte und die Travesa do Monte. Dann überquert man Graças Hauptstraße, die Rua da Graça, und gelangt über die Rua do Sol a Graça zur Siedlung **Vila Berta.** Das Ensemble aus stattlichen Häusern ließ der Metallfabrikbesitzer Joaquim Francisco Tojal zwischen 1902 und 1908 für seine Angestellten errichten. Durch das Art-déco-Tor und einen langen Tunnel fuhren einst die Kutschen zum Haus des Industriellen vor. Am Ende hält man sich rechts und erreicht die Rua da Voz do Operário. Markant ist das nach dem gleichnamigen Arbeiterverein benannte große Gebäude aus dem 19. Jh. (Nr. 13). Es steht schräg gegenüber von **São Vicente de Fora** 16, einem Kloster mit Museum. Dienstags und samstags sind die richtigen Tage für einen Besuch auf dem großen, bunten **Flohmarkt Feira da Ladra** (s. S. 96). An der Tramhaltestelle kann man in Richtung **Kathedrale Sé** 12 und **Praça do Comercio** 1 zurück- oder in die andere Richtung bis zur **Praça Martim Moniz** [W19] fahren.

Spaziergang 4: Belém

Von Belém aus brachen im 15. Jh. portugiesische Seefahrer wie Vasco da Gama und Magellan zu ihren Entdeckungsreisen auf. Aus jener Zeit stammen manuelinische Meisterwerke wie der Torre de Belém 38 *und das Mosteiro do Jerónimos* 36*, heute UNESCO-Welterbe. Moderne architektonische Akzente setzen das postmoderne Kulturzentrum CCB (s. S. 93), das MAAT (s. S. 67) und das Kutschenmuseum (s. S. 68). In Belém, dem historischen Viertel der portugiesischen Monarchie, lässt sich leicht ein ganzer Tag verbringen. Diese Tour kann man in Belém beginnen und dann am Tejo entlang bis zum MAAT schlendern. Ebensogut kann man sich bei einer Radtour die Tejo-Brise um die Nase wehen lassen.*

Es fahren zwar Busse nach Belem, z. B. Nr. 15, aber am schnellsten ist ab dem Cais do Sodré [U22] der Zug nach Cascais. Wer eine Radtour bevorzugt: Räder kann man in Belém oder z. B. am Cais do Sodré ausleihen, wenn man die Radtour am Cais do Sodré entlang der Tejo-Promenade beginnen möchte.

Von der Bahnstation Belém führt eine Brücke in Höhe des Kutschenmuseums über die Gleise und die

- **Startpunkt:** Haltestelle Belém, Cascais-Linie [I25]
- **Endpunkt:** Haltestelle Belém oder Alcântara-Mar, Cascais-Linie [I25]
- **Dauer:** 3–4 Stunden
- **Länge:** 3 km

Der Verlauf dieses Spaziergangs ist in der Karte in der hinteren Umschlagklappe eingezeichnet.

160lb Abb.: ps

Avenida da India Richtung Fluss. Am Flussterminal von Belém setzen Fähren zum Fischerhafen Trafaria und nach Porto Brandão ab, einem Dorf mit Fischrestaurants auf der anderen Seite des Tejo.

Erste Station des Spaziergangs ist das moderne **Kutschenmuseum** (s. S. 68) der Architekten Paulo Mendes da Rocha und Ricardo Bak Gordon, das eine riesige Kutschensammlung beherbergt. Auch die mit historischen Deckenfresken dekorierte ehemaligen Königliche Hofreitschule an der Praça Alfonso do Albuquerque gehört zum Museu Nacional dos Coches. Vorbei am rosa gestrichenen **Palácio Nacional de Belém**, dem Sitz des portugiesischen Staatspräsidenten nebenan, zieht sich die lange Rua de Belém mit vielen kleinen Tavernen, Konditoreien und Restaurants durch das Viertel. Warteschlangen bilden sich oft vor der berühmten **Antigua Casa dos Pastéis de Belém** (s. S. 79), wo täglich Tausende frisch gebackene, mit Eiersahnecreme gefüllte Blätterteigtörtchen über den Tresen gehen. Es sollen die besten ganz Lissabons sein, aber inzwischen wetteifern Anbieter überall in der Stadt mit guter Qualität – eine Art portugiesische Ehrensache!

Die Straße führt direkt zum **Mosteiro do Jerónimos** 36, dem Kloster des heiligen Hieronymus, ein eindrucksvolles Beispiel der Manuelinik, in dem Vasco da Gama ruht. Es verfügt über einen wunderschönen Kreuzgang. Das **Marinemuseum** (s. S. 67) und das **Centro Cultural de Belém** (s. S. 93) mit dem Museum für zeitgenössische Kunst streift man auf dem Weg zum Tejo. Ein Tunnel führt auf die andere Straßenseite der Avenida Brasilia, wo am Tejo weitere Attraktionen warten, die an das Goldene Zeitalter Portugals als Land der Entdecker erinnern: das **Padrão dos Descobrimentos** 37, nachgebaut zum 500. Todestag von Heinrich dem Seefahrer (1394–1460), und der **Torre de Belém** 38, Wahrzeichen des ganzen Landes. Auf dem Rückweg vom Padrão dos Descobrimentos aus pas-

Mit dem Boot auf dem Tejo – wie die Entdecker, die einst vom Torre de Belém aus starteten

siert man den Jachthafen von Belém. Wenige Hundert Meter hinter dem Flussterminal bilden das ehemalige Elektrizitätswerk **Central Tejo**, heute ein sehenswertes Industriekulturmuseum, und das **MAAT** (s. S. 67) ein spannendes Ensemble. Beide betreibt die Stiftung des Energieversorgers Energias de Portugal (EDP). Die britische Stararchitektin Amanda Levete gestaltete eine Kunsthalle mit einer spektakulären Fassade aus weißen 3-D-Kacheln. Das Ganze wirkt wie von einer Welle ans Flussufer gespült. Lange Treppen am Fluss laden zum Verweilen ein. An das begehbare Dach schließt sich eine Brücke über die breiten Lissabonner Ausfallstraßen nach Belém an.

Am MAAT endet der Spaziergang, aber es bietet sich an, entweder zu Fuß bis zu den Docas de Santos am Tejo entlang weiterzugehen oder zurück zur Haltestelle Belém zu spazieren und mit der Cascais-Linie eine Station bis Alcânta-Mar Richtung Stadt zu fahren. Dort kann man sich z. B. mittags zum Fischessen auf eine **Restaurantterrasse über dem Jachthafen** an den Docas de Santos setzen. Von hier ist auch das **Museo do Oriente** 35 zu Fuß zu erreichen. Abends verwandeln sich die Bars und Restaurants in lebhafte Nightlife-Locations. Von der Bahnhaltestelle Alcântara-Mar führt eine Unterführung voller Graffiti zum Tejo-Ufer. Wer stattdessen ab der Haltestelle an der Avenida da India geradeaus geht, kommt zum **Aufzug auf die Ponte 25 de Abril**, mit einer kleinen Aussichtsplattform oben auf der Brücke und der interaktiven **Ausstellung Experiência Pilar 7** im Brückenpfeiler (s. S. 69).

Tipp: Wer sich die Bars, Cafés, Restaurants, Shops und die Street-Art in der angesagten **LX Factory** (s. S. 54) ansehen möchte, muss von Alcântara-Mar den ein wenig längeren Fußweg durch die Rua Rodriguez de Faria in Kauf nehmen. Mit Kindern ist in Belém auch das Straßenbahn-Museum **Museu da Carris** (s. S. 66) eine Option für einen Abstecher.

Mein Tipp

Abstecher zum Palacio da Ajuda

Lissabons Königspalast, der **Palacio da Nacional da Ajuda** (www.palacioajuda.gov.pt), ist seit 1968 Museum. Seit der Flucht der Königsfamilie nach Brasilien 1910 ist die Rückfront unvollendet. Künftig soll hier ein zeitgenössisch designter Glasbau des Architekten João Carlos Santos angeschlossen werden. Der neue Palastflügel wird als **Ausstellungsort der portugiesischen Kronjuwelen** und einer 6300 Stücke umfassenden Juwelensammlung eine neue Attraktion in Belém (Eröffnung frühestens Ende 2022). Wer vom Tejo-Ufer zum Palacio möchte, erklimmt ab der Rua do Belém vorbei am tropischen Botanischen Garten die Calcada Galvão, biegt oben vor dem zweiten Botanischen Garten rechts ab und geht an der anderen Seite zum Palacio hoch. Dies ist nach einer Besichtigung von Belém möglich, aber recht mühsam und zeitaufwendig. Die Tram 18 fährt vom Zentrum direkt zum Palácio de Ajuda. Nach dem Besuch kann man bergab nach Belém gehen, ggf. mit einem Umweg zur Igreja da Memoria [H23] (Calçada Memória 18), der Grabstätte des Marquês de Pombal (s. S. 26) mit weitem Blick vom Hügel hinab zum Tejo. Wer möchte, kann ab dem Mosteiro de Jéronimos neben dem subtropischen Botanischen Garten dann den Stadtspaziergang 4 anschließen.

Durch die Baixa

Dreh- und Angelpunkt des Einkaufs-, Geschäfts- und Bankenviertels ist die Fußgängerzone Rua Augusta zwischen den Plätzen Rossio und Praça do Comércio. Wer heute an Restauranttischen und Straßengauklern vorbei über die kunstvoll gesetzten schwarz-weißen Pflastersteine schlendert und den Blick von hellgelben Fassaden zu Arkaden und Statuen schweifen lässt, kann sich kaum vorstellen, dass weite Teile der Baixa wie Venedig auf Holzpfeilern in Tejo-Wasser ruhen.

Repräsentative Plätze und großzügige breite Straßen prägen Lissabons Unterstadt, die Baixa. Hier pulsierte vor dem Großen Erdbeben von 1755 das Herz einer der reichsten Städte des Abendlands. Seit ihrem kompletten **Wiederaufbau im Schachbrettmuster** unter Marquês de Pombal heißt die Baixa de Lisboa Baixa Pombalina.

Überreste aus römischer Zeit, denen das Erdbeben nichts anhaben konnte, dienen bis heute als solide, stützende Unterwelt der Baixa. Einmal im Jahr, am Tag des offenen Denkmals im September, bilden sich lange Schlangen vor einem Gulli zwischen den Straßenbahngleisen in der Rua da Conceição [W21]. Dann dürfen Interessierte in die römischen Kellergewölbe und Galerien hinabsteigen, die vielfach erst nach dem Erdbeben wiederentdeckt wurden und noch im 19. Jh. als Trinkwasserzisternen dienten.

⊡ Der Triumphbogen, Symbol der einstigen Seefahrernation, mit Aussichtsplattform

1 Praça do Comércio ★★★ [W22]

Kuschelig-gemütlich ist das „Wohnzimmer" der Tejo-Metropole nicht. Dafür lassen hier Großzügigkeit und Weite aufatmen. Bars, Restaurants und Geschäfte säumen den Platz. Von der Flussseite weht selbst im Hochsommer eine frische Brise. Zum Tejo hin öffnet die unverstellte Sicht den Horizont. Der Blick folgt dem Strom und den Schiffen, die Stadt und ihre Geschichte im Rücken.

Vom **Cais das Colunas** am Ufer des Tejo führen Treppen ins Wasser. Touristen und Städter kommen gern hierher, um sich die Füße abzukühlen. Auch die Treppen des **Reiterdenkmals von König Dom José I.** (Joseph I.) in der Platzmitte laden zum Verweilen ein. Der renommierte Bildhauer Machado de Castro schuf die symbolische, 14 m hohe Bronzeskulptur 1775 zum Geburtstag des Königs. Sein Pferd tritt mehrere Schlangen nieder, zum Zeichen des Sieges über das Böse. Der Elefant am Sockel des Denkmals steht für das portugiesische Weltreich. Das Medaillon an der Vorderseite erinnert an den **Marquês de Pombal.** Ihm hatte der König für den Wiederaufbau Lissabons nach dem Großen Erdbeben von 1755 (s. Exkurs S. 108) freie Bahn signalisiert. Josés Tochter und spätere Königin Dona Maria I., die den Marquês für intrigant und brutal hielt, ließ das Medaillon später abhängen, aber seit 1833 ist es wieder an seinem alten Platz.

Die Bewohner Lissabons nennen die Praça do Comércio noch immer **„Terreiro do Paço" – Schlossplatz.** Und so heißt auch die Metrostation, obwohl der Königspalast Paço da Ribeira aus der Zeit vor dem Großen

Erdbeben nur noch auf historischen Stichen und Kachelbildern zu sehen ist oder als Modell im Stadtmuseum (s. S. 66).

Die frischen, gelb gestrichenen Fassaden mit einheitlich großen Fenstern und **langen Arkadengängen** strahlen Harmonie und Ruhe aus und die riesige Fläche davor bietet sich als elegante Bühne für Großveranstaltungen an. Die großen Terrassen der Bars und Restaurants laden zum Verweilen ein. Sonntags bauen Kunsthandwerker ihre Stände unter den Arkaden neben dem Triumphbogen auf.

2 Arco triunfal (Triumphbogen) ★★ [W21]

„Die Tugenden der Größten allen zur Lehre“ steht als lateinische Inschrift auf dem monumentalen Torbogen zwischen Praça do Comércio und Rua Augusta. Von der Aussichtsplattform reicht der Panoramablick weit über die Stadt.

Seit 1873 krönen **allegorische Figuren** den Triumphbogen: Gloria in der Mitte mit Genius zur Linken und der Tapferkeit zur Rechten. Die an Neptun erinnernden Skulpturen zu beiden Seiten des Bogens verkörpern die Flüsse Tejo (links) und Douro (rechts), die beiden bedeutendsten Ströme Portugals.

Vier **Marmorstatuen neben dem Wappen des Königshauses** erinnern an historische Persönlichkeiten. Von links nach rechts sind es Viriathus, der Anführer der Lusitaner beim Kampf gegen die Römer, der Entdecker Vasco da Gama, der Marquês de Pombal, der den Triumphbogen in Auftrag gab, und Nuno Álvarez Pereira, der Anführer des portugiesischen Heeres in der Schlacht von Aljubarrota 1385 gegen die Kastilier, in der die Portugiesen ihre Eigenständigkeit behaupteten. Im Inneren erinnert eine Ausstellung an die Geschichte des Triumphbogens, aber das Schönste ist die Aussicht. Ein Aufzug fährt bis zur Plattform hoch (tgl. 10–19 Uhr, 3 €, Kinder bis fünf Jahre frei).

159lb Abb.: ps

3 Rua Augusta ★★ [W21]

In der Rua Augusta, Lissabons Einkaufs- und Flaniermeile zwischen Rossio und Triumphbogen, reihen sich im Sommer zwischen den Geschäften die Caféhausstühle unter großen Sonnenschirmen aneinander.

Die hellen Pflastersteine reflektieren das Licht zwischen *Pastelarias*, Kiosken und Blumenständen. Historische Fotos erinnern an frühere **Traditionsgeschäfte.** Einige der ältesten noch erhaltenen Kurzwarenläden gibt es in der Querstraße Rua da Conceição zu bestaunen.

0331b Abb.: ps

Ein Beispiel für gelungene Sanierung ist das **Design- und Modemuseum MUDE** (s. S. 65). Der während der Salazar-Diktatur 1964 entstandene Bau war einst Sitz einer Bank.

Wer vom Shopping genug hat, kann sich in der **Fundação Millennium** (s. S. 69) zu einer Führung zu archäologischen Funden aus phönizischer Zeit anmelden. Nicht weit entfernt liegt die Querstraße Rua Santa Justa, die spektakuläre **Sichtachse** zu dem fotogenen Standaufzug Elevador de Santa Justa.

4 Praça do Município ★ [V22]

Auf dem Rathausplatz zwischen Praça do Comércio 1 und Cais do Sodré [U22] wurde zwar einst Geschichte geschrieben, aber heute geht es hier meist ruhig zu.

Vom Balkon des Rathauses *(Câmara Municipal)* an der Praça do Município wurde am 5. Oktober 1910 die Republik ausgerufen. Der letzte König, Dom Manuel II., floh daraufhin ins Exil nach England. Der neoklassizistische Bau stammt aus dem Jahr 1880. In der Mitte des Giebels ist das Stadtwappen zu sehen. Die **Säule in der Platzmitte** symbolisierte einst die Stadtrechte und war auch der Pranger. Die Eisenhaken, an denen die Verurteilten zur Abschreckung aufgehängt wurden, hat man später entfernt.

5 Elevador de Santa Justa ★★ [V20]

Lissabons bekanntester Standaufzug, 1902 nach einer Idee von Gustave Eiffel erbaut, ist heute eine der beliebtesten Touristenattraktionen der Stadt. Die Planung und Realisierung übernahm Eiffels Schüler Raoul Mesnier de Ponsard. Das Panorama von der Aussichtsplattform ist umwerfend.

Zwei Kabinen mit Platz für 24 Personen und den Fahrstuhlführer pendeln in der **filigranen Gusseisenkonstruktion** mit Messingbeschlägen zwi-

Die Rua Augusta 3 – ideal zum Shoppen und Flanieren

Gusseisernes Wunderwerk der Technik: der Aufzug Santa Justa

schen Unter- und Oberstadt. Jeweils vier neogotische Bögen in sechs Etagen übereinander gewähren während der Fahrt freie Sicht auf die Dächer der Baixa. Nachts fährt der Aufzug nicht, ist aber effektvoll beleuchtet. Die **Aussichtsplattform in 45 m Höhe** erreicht man über eine kleine Wendeltreppe. Ihre untere Etage ist durch einen Übergang mit dem Platz vor der Klosterruine Convento do Carmo (20) verbunden. Daher ist der Aufzug bei den *Lisboetas* auch als **Elevador do Carmo** bekannt. Wer sich die Fahrt sparen möchte, kann vom Largo do Carmo aus zu Fuß bis zum Aufzug gehen und bezahlt für die Aussicht von der Plattform nur 1,50 €.

› R. do Ouro, Metro: Rossio, tgl. 7.30–21, im Sommer bis 23 Uhr, Auf- und Abfahrt plus Aussichtsplattform 5,30 €, nur Aussichtsplattform 1,50 €. Das Guthabenticket 7 Colinas/Viva Viagem oder Lisboa Viva ist gültig (s. S. 138).

(6) Rossio (Praça de Dom Pedro IV) ★★ [V20]

Alle Wege führen irgendwann über den Rossio. Auf Steinbänken verweilend, lässt sich die Aussicht auf die Hügel genießen oder mit den Augen über das Wellenmuster der anfangs von Sträflingen gelegten Pflastersteine hinweggleiten.

An dem zentralen Platz kreuzen sich zwei Metrolinien und an seinem oberen Ende sind es nur ein paar Schritte über die Straße zum Bahnhof Rossio, wo die Züge nach Sintra abfahren. An den Längsseiten des Rossio laden **traditionsreiche Cafés** zum Sitzen und Schauen ein. Verkäufer bieten je nach Saison Kirschen oder Kastanien feil. Anfang Oktober kann es vorkommen, dass die Erstsemester in den **beiden Springbrunnen aus Bronze**, die den Platz seit dem 19. Jh. verschönern, ihre kalte Taufe erhalten.

Seinen zweiten Namen Praça de Dom Pedro IV verdankt er **König Dom Pedro IV.**, dem früheren brasilianischen Kaiser Pedro I., der in 23 m Höhe auf der Säule in der Platzmitte thront. Pedro regierte Portugal ab 1826 und reiste 1828 mit seinen Streitkräften aus Brasilien an, um die liberale Verfassung seiner Heimat gegen seinen Bruder Miguel zu verteidigen. Pedro „dem Ehrlichen" wurden fortan Eigenschaften wie Gerechtigkeit, Klugheit, Stärke und Mäßigung zugeschrieben, dargestellt durch die weiblichen Figuren am Sockel der Säule. Seine Tochter und Nachfolgerin Dona Maria II. heiratete Ferdinand II. von Sachsen-Coburg und Gotha. Nach ihr ist das **Teatro Nacional D. Maria**

034lb Abb.: ps

ll mit den Caféhausstühlen zwischen neoklassizischen Säulen an der Stirnseite des Platzes benannt. Es stammt von 1842, die **Säule zu Ehren Pedros** wurde erst 1870 aufgestellt.

Einst war der Rossio **Schaubühne für Stierkämpfe und Volksbelustigungen**, aber auch für Hinrichtungen und Verbrennungen auf Geheiß des Inquisitionsgerichts. Nach dem Erdbeben von 1755 (s. Exkurs, S. 108) ließ der Marquês de Pombal den zerstörten Platz als mondäne Visitenkarte der Monarchie komplett neu errichten.

Wer den **Jugendstilbogen Arco da Bandeira** zur Rua dos Sapateiros durchschreitet, steht vor dem Gebäude des **ältesten Kinos der Stadt**, dem Animatógrafo de Rossio von 1907, wo heute Peep-Shows gezeigt werden. Den berühmten rauchenden Frosch auf einer Kachel in dem Tabakladen neben dem Café Nicola (s. S. 79) schuf der Karikaturist Bordalo Pinheiro.

⌃ Der Rossio 6 mit dem Teatro Nacional D. Maria II (s. S. 93)

⌄ Historische Größe: König Dom João I. zu Pferd auf der Praça da Figueira

7 Praça dos Restauradores ★ [V19]

Der rechteckige, verkehrsumtoste Platz mit dem Bahnhof Rossio am unteren, westlichen Ende und einem Obelisk in der Mitte gibt dank seiner Architektur Aufschluss über Etappen der Stadtgeschichte.

Die beiden **Hufeisenbögen am Eingang zum Bahnhof Rossio** mit ihren maurischen, zopfartig gedrehten Tauen aus Stein sind das architektonische Schmuckstück der Praça. Mit dem Bau aus dem Jahr 1887 im **neomanuelinischen Stil** ließ Architekt José Luís Monteiro den Geist des goldenen 16. Jh. wieder aufleben. Fünf Jahre später errichtete Monteiro auch das Hotel Avenida Palace, eines der ersten Luxushotels Lissabons.

Der **Obelisk** in der Platzmitte erinnert an die Befreiung von der 60-jährigen spanischen Herrschaft im Jahr 1640. Hier sind die Daten der sogenannten Restaurationskriege eingemeißelt, daher der Name „Restauradores". An den Aufstand der Adeligen erinnert alljährlich eine Gedenkfeier am 1. Dezember, dem portugiesischen Nationalfeiertag. Die Statuen am Obelisk symbolisieren Unabhängigkeit und Sieg. Das dominante **Hotel Eden** mit seiner Art-déco-Fassade war Anfang des 20. Jh. noch ein Kino, ebenso wie der modernistische Bau des heutigen Hard Rock Café.

8 Praça da Figueira ★ [W20]

Im Jahr 2000 rückte die Bronzestatue von König Dom João I. aus der Platzmitte Richtung Südwesten, damit sie durch die Straßenachsen und von den anderen Plätzen aus besser zu sehen ist. Zu Füßen des Denkmals warten etliche Tuk-Tuks auf Fahrgäste.

Bis zum Erdbeben von 1755 stand hier Lissabons größtes Krankenhaus, umgeben von **Gärten mit Feigenbäumen**, die dem Platz seinen Namen gaben. Von 1849 bis 1949 boten Händler in einer überdachten Markthalle ihre Waren feil. Zu den Traditionsadressen zählen die Manteigaria Silva (s. S. 99) und die Confeitaria Nacional (s. S. 79). Regelmäßig kreuzen Busse und die historischen Straßenbahnen 12 und 28 den Platz.

„Wenn ich die Welt in der Hand hätte, würde ich sie, dessen bin ich sicher, gegen eine Fahrkarte zur **Rua dos Douradores** eintauschen", legt Fernando Pessoa einer seiner Figuren, dem Hilfsbuchhalter Bernardo Soares, in den Mund. Von der Praça da Figueira aus ist das nicht nötig, denn in die ruhige Straße, die der Dichter so sehr liebte, sind es von hier nur ein paar Schritte.

MEIN TIPP

„Bacalhau" und Delikatessen

Die **Manteigaria Silva** (s. S. 99) ist ein gut sortierter Delikatessenladen für Schinken, *bacalhau* (Stockfisch), *salpicão* (Wurst), Käse, Wein und *Ginjinha* (Sauerkirschlikör) aus Alcobaça. Das Geschäft zählt zu den ältesten und preiswertesten in Lissabon. Den im *Bacalhoeiro* gestapelten getrockneten Kabeljau darf man auch gern fotografieren. Historische Schwarz-Weiß-Fotos erinnern an die Anfänge der Fischerei.

036lb Abb.: ps

9 Largo und Igreja de São Domingos ★ [V20]

Am Largo de São Domingos trinken die „Lisboetas" seit 1840 gern ihren „Ginjinha" (s. S. 74). Die Igreja de São Domingos zählt zu den ungewöhnlichsten Kirchen der Stadt.

„Lissabon, Stadt der Toleranz" steht in 34 Sprachen auf einem Denkmal an der Nordseite des Platzes. Bei der Enthüllung 2008 bat das Patriarchat von Lissabon um Vergebung für das **Pogrom des Jahres 1506**, bei dem 2000 Juden getötet wurden.

MEIN TIPP

Kultige Konserven

Fischkonserven aus dem Supermarkt? Das gleicht in Lissabon einem Sakrileg. Im Traditionsgeschäft für Fisch in Dosen, der **Conserveira de Lisboa** (s. S. 99), werden die eigenen, seit 1942 registrierten Marken Tricana, Minor und Prata do Mar über den Holztresen verkauft – Thunfisch, Tintenfisch, Muscheln, Makrelen und Sardinen in nostalgisch designten Dosen, die je nach Vorliebe auch mit Pfeffer, Nelken oder Curry gewürzt werden. Die Mitarbeiter packen den Einkauf liebevoll in dickes Papier ein. Das Unternehmen besteht seit 1930. Zum 80-jährigen Jubiläum gab es ein mit Sardinendosen beklebtes Herz für die Inhaberin Maria Manuel Cabral Ferreira, das nun im hinteren Ladenteil an der Wand hängt. Sie bietet auch *groselha* an, ein Erfrischungsgetränk aus Stachelbeer- oder Johannisbeersirup.

Das Morden begann in der Igreja de São Domingos, als ein Sonnenstrahl auf das Gesicht einer Jesus-Skulptur fiel und eine rasende Menge dies als Zeichen verstand, die Juden als vermeintliche Sündenböcke für Hunger, Pest und Dürre zu bestrafen. Die Kirche war ab dem 13. Jh. Teil des Dominikanerklosters um das Krankenhaus an der Praça da Figueira. Nach dem Erdbeben von 1755 wurde sie in barockem Stil prunkvoll neu errichtet und 1959 nochmals durch einen Brand zerstört. Der riesige Raum mit pastellrosa gestrichener Decke wirkt heute ungewöhnlich morbide. Die Wände wurden gesäubert, aber nicht mehr mit Holz verkleidet oder vergoldet; an einigen Stellen sind noch Brandspuren zu erkennen.

› **Igreja de São Domingos,** Lg. de São Domingos, Metro: Rossio, tgl. 9–18 Uhr

Alfama, Mouraria und Graça – Gassen mit Seele

Die labyrinthischen Straßen in der Alfama, Lissabons ältestem Viertel unterhalb der Burg, erinnern an eine nordafrikanische Kasbah. Der heutige Name geht auf das arabische Wort „Al-Hama" („Quelle") zurück. Die alteingesessenen Bewohner treffen sich auf Bänken, in Lebensmittelläden, zum Fernsehen in kleinen Sportklubs oder in den im oberen Teil des Viertels versteckten Fado-Lokalen. Ab 23 Uhr ist Schlafenszeit – dann mögen es die Alfama-Bewohner in ihren Gassen am liebsten still.

Das Kloster São Vicente wurde einst außerhalb der Stadtmauern errichtet. Oberhalb ächzt die Tram 28 bergauf durch das Arbeiterviertel **Graça.** Ganz in der Nähe, am Miradouro da Graça (s. S. 101), öffnet sich ein traumhaftes Panorama über die Dächer der Mouraria bis zum Tejo und zu den Hügeln auf der anderen Seite der Baixa.

Wie die Alfama ist auch die **Mouraria** maurischen Ursprungs. In ihren unübersichtlichen Gassen sorgten einst Prostituierte und Fado-Sängerinnen für Aufregung. Bis heute leben hier vorwiegend arme Bevölkerungsschichten und obwohl sich einiges gebessert hat, gilt die Mouraria noch immer als sozialer Brennpunkt.

Wer von der Baixa aus zu Fuß in die Alfama geht (siehe Spaziergang 2 auf S. 17) oder an der Metrostation Santa Apolónia aussteigt, nähert sich dem Viertel von unten. Noch ohne Steigungen zu überwinden, erreicht man dann leicht die Casa dos Bicos und das Museu do Fado (s. S. 67).

095lb Abb.: ps

Fado: in der Alfama auch als Graffiti an den Hauswänden

⑩ Casa dos Bicos ★★ [X21]

Der Sohn des Vizekönigs von Indien, Brás de Albuquerque, ließ das „Haus der Spitzen" 1522 am Fuß des Alfama-Hügels errichten. Die Fassade aus Steinquadern in Diamantenform galt in der Frührenaissance als hochmodern. Heute informiert hier das Museum der Stiftung „Fundação José Saramago" über Leben, Werk und Nachlass des portugiesischen Literaturnobelpreisträgers.

Der sanierte Bau schließt römische Ausgrabungen im Erdgeschoss (Eintritt frei) und den Torbogen der einstigen Stadtmauer auf der verglasten Rückseite ein. Im Obergeschoss sind die zahlreichen Übersetzungen der Bücher des Erfolgsautors Saramagos zu sehen, der erst mit Mitte 40 zu schreiben begann. Besonders interessant: **handschriftlich korrigierte Manuskripte**, historische Fotos, u.a. mit Susan Sontag und Gabriel García Márquez, die Nobelpreis-Medaille und ein Video mit seiner Dankesrede. In der **Bibliothek der Stiftung** kann man sich ein Video über Saramagos Haus auf Lanzarote ansehen. Dorthin zog er 1993 mit seiner Familie nach dem Kirchenskandal um sein Buch „Das Evangelium nach Jesus Christus" und aus Protest gegen die konservative Regierung Portugals. Auf der spanischen Insel starb er schließlich am 18. Juni 2010 mit 87 Jahren.

Saramagos 25 Jahre jüngere Frau Pilar del Río setzte seine Asche ein Jahr nach seinem Tod unter einem **100-jährigen Olivenbaum** vor der Casa dos Bicos bei. Der Baum, den Saramago aus seiner Kindheit kannte, wurde aus seinem Geburtsort Azinhaga in der Provinz Ribatejo nach Lissabon verpflanzt.

› 10 R. dos Bacalhoeiros, Tram 18E u. 12 bis Sé, www.josesaramago.org, www.museudelisboa.pt, Tel. 218802040, Mo.–Sa. 10–18 Uhr, Eintritt 3 €, Kinder bis 12 Jahre frei

⑪ Igreja de Santo António ★ [X21]

Der Kult um den heiligen Antonius, dessen Bilder und Statuen bis heute besonders in der Alfama als Glücksbringer verehrt werden, hat seine Ursprünge in dieser kleinen barocken Kirche gegenüber der Kathedrale.

Die Kirche steht über dem Geburtsort des späteren Antonius von Padua (1195–1231). Kinder sollen die Groschen auf der Straße gesammelt haben, um den Neubau der Kirche nach dem Großen Erdbeben zu finanzieren. Weil der Heilige als Glücksbringer für die Liebe und Ehe (s. S. 102) gilt, geben sich die *Lisboetas* in dieser Kirche gern das Jawort.

Die **Statue auf dem Altar** wird am 13. Juni bei Prozessionen zu Ehren des Heiligen durch die Straßen getragen. Das kleine **Museu de Lisboa – Santo António** neben der Kirche zeigt Gemälde, liturgische Gegenstände und Keramiken rund um die Antonius-Verehrung.

› Lg. de Santo António da Sé, Tram 28 u. 12 bis Sé, Tel. 218860447, **Kirche:** tgl. 8–19.30 Uhr, **Museum:** www.museudelisboa.pt, Di.–So. 10–17.30 Uhr, Eintritt 3 €

☐ *Von außen beinahe eine Festung: Lissabons Kathedrale*

038lb Abb.: ps

⑫ Kathedrale Sé ★★★ [X21]

Vor der Kathedrale, auch bekannt als Igreja de Santa Maria Maior, stehen oft mehrere Straßenbahnen der Linien 12 und 28 im Stau. Das älteste Gotteshaus der Stadt ist auch das meistbesuchte.

König Dom Afonso Henriques ließ die Kathedrale ab 1147 nach der Rückeroberung Lissabons von den Mauren auf den Fundamenten einer Moschee errichten. **Wie ein Siegessymbol** ist sie seit einem Erdbeben von 1344 mit zwei trutzigen Türmen und Festungszinnen bewehrt. Im 18. Jh. erhielt sie zeitweise zwei barocke Turmspitzen. Erst unter Salazar ließ man die Türme wieder so wie zuvor umbauen. Die *Lisboetas* nennen die Kathedrale fast liebevoll ihre „Sé". Offiziell heißt sie **Sé Patriarcal,** übersetzt „Kathedrale des Patriarchats". Diesen Titel verlieh der Papst dem Erzbistum Lissabon im Jahr 1716.

Es ist faszinierend, sich von außen die bei mehreren Wiederaufbauten verwendeten **Steine verschiedener Epochen** anzusehen. Teilweise stammen sie noch aus der Zeit vor den Mauren. In Portalnähe ist ein Stein mit einem jüdischen Symbol versehen, um die Ecke Richtung Tejo wurde ein westgotischer Fries in die Wand integriert. Das schlichte, lichtdurchflutete, dreischiffige Kircheninnere stammt aus romanischer Zeit; der Chorumgang mit zehn Kapellen ist gotisch. Im Chor stehen die Sarkophage von König Dom Afonso IV. und Königin Dona Beatriz sowie von einem seiner Kreuzritter und dessen Frau. Links vom Eingang pilgern viele portugiesische Besucher zum **Taufbecken des heiligen Antonius.** Die Azulejos in der Taufkapelle zeigen

Johannes den Täufer. Als Kachelbild dargestellt ist auch die Predigt des heiligen Antonius an die Fische. In einer weiteren Kapelle steht die Weihnachtskrippe des Bildhauers Machado de Castro von 1766. Sakristei, Orgel und Hauptaltar weisen barocke und neoklassizistische Stilelemente auf. Der Kreuzgang stammt aus dem 13./14. Jh. Hier sind Mauerreste und Funde aus römischer und maurischer Zeit ausgestellt. Die Schatzkammer birgt den **Kirchenschatz des Patriarchats.** Dazu gehört der mit über 4000 Edelsteinen verzierte Reliquienschrein des heiligen Vinzenz.

› Lg. da Sé, Tram 28 u. 12 bis Sé, www.quovadislisboa.com/en/place/se-patriarcal, Kathedrale Mo.–Sa. 9–20, So. 9–19 Uhr, Kreuzgang 10–17, Schatzkammer 10–17 Uhr, Eintritt in die Kirche frei, Schatzkammer 2,50 €. Der Kreuzgang war im Dez. 2021 bis auf Weiteres geschlossen.

Blick von Graça über die Mouraria zur Burg São Jorge

13 Castelo de São Jorge ★★★ [X20]

In 110 m Höhe thront auf der Spitze des Alfama-Hügels das Kastell. Das 6000 m² große Burggelände lässt sich auf eigene Faust oder während einer Führung erkunden. Die Aussicht über Lissabon ist ohnehin exzellent, aber das Periskop in einem der Türme macht noch mehr Lust, gewissermaßen zum Voyeur zu werden.

Die erste Burg stammte von den Römern (ca. 132 v. Chr.). Auch die Westgoten (5. Jh.) und Mauren (8. Jh.) wählten den **Ort mit dem besten Rundumblick** für ihre Verteidigungsanlagen. Erst der christliche Rückeroberer König Dom Afonso Henriques benannte seine im 13. Jh. ausgebaute Festung nach **Georg, den Drachentöter,** und ließ die Maurenmoschee durch eine Kirche ersetzen. Das Königshaus residierte hier, bis Manuel I. seinen Palast 1511 in die Baixa, direkt an den Tejo, verlegte.

Über die Treppen der insgesamt **zehn Türme der Wehrmauer** kann man ein Stückchen in die Unterstadt hinabsteigen. Salazar ließ die steile Wehrmauer ab 1938 rekonstruieren. Auf der Fläche des heutigen archäologischen Museums, des Burgcafés und des Restaurants Casa do Leão stand früher der mittelalterliche Königspalast. Am Eingang des Museums lässt eine Illustration erahnen, wie es hier früher ausgesehen hat. Das Museum zeigt Funde aus der inzwischen teilweise überdachten archäologischen Ausgrabungsstätte auf dem Gelände.

Faszinierend ist ein Besuch der **Dunkelkammer des Torre de Ulisses.** Bei gutem Licht und wenig Wind werden hier mittels eines großen Parabolspiegels nach dem Prinzip der Camera obscura Szenen aus den Straßen der Unterstadt auf eine Leinwand projiziert. Erstaunlich, wie nah sich Menschen, Autos, Fähren und Fassaden mit dieser alten Technik heranzoomen lassen.

Durch die grüne Anlage mit **Pergolen, Bänken und romantischen Plätzen** zwischen Mauern und Türmen führen hübsch angelegte Wege. Gerade im Sommer sollte man sich für die Erkundung ein paar Stunden Zeit nehmen. Die Burg zählt zu Lissabons touristischen Highlights und an man-

Mein Tipp

Feira da Ladra, der Markt der Diebin

Lissabons Flohmarkt Feira da Ladra (s. S. 96) ist berühmt-berüchtigt. Portemonnaies und Taschen, die Touristen in der Tram 28 gestohlen wurden, seien hier käuflich zu erwerben, so heißt es immer noch. In jeder Legende steckt ein Funken Wahrheit, aber dennoch nimmt man am besten die Tram 28 und steigt am Convento de São Vicente de Fora 16 aus. Entlang der Seitenwand der Kirche warten die ersten Verkäufer mit Gürteln, CDs und allerlei Trödel. Bei den Antiquitätenhändlern am oberen Ende der Markthalle am Campo de Santa Clara schlägt noch das Herz des alten Lissabon. Historische Bilder und nostalgische Objekte erinnern an vergangene Tage. In der Halle gibt es portugiesische Feinkost und Biowaren. Nach Kleidung, Fado-CDs, Elektroartikeln und einem Sammelsurium ausrangierter Dinge lässt sich in Richtung Panteão Nacional weiter stöbern. Viele Händler – darunter auffällig viele Frauen – sprechen Englisch oder Französisch. Feilschen wird geradezu erwartet, also nicht schüchtern sein.

Viel Ambiente und vielleicht ein Kleid zum Schnäppchenpreis

040lb Abb.: ps

chen Tagen bilden sich vor der Kasse lange Schlangen. Am **Largo de Santa Cruz do Castelo** steht die gleichnamige Kirche. Die **Igreja do Menino Deus** stammt von 1711 und überdauerte das Erdbeben. Kinder können sich sonntags auf dem Burggelände über mittelalterliche Shows freuen. Im Sommer beleben samstags ab 22 Uhr Lichtprojektionen das Gemäuer.

› **Castelo de São Jorge,** R. de Santa Cruz do Castelo, Tram 12 u. 28 bis Miradouro Santa Luzia, www.castelodesaojorge.pt, Tel. 218800620, März–Okt. tgl. 9–21 Uhr, Nov.–Feb. tgl. 9–18 Uhr, **Periskop:** 10–17.20 Uhr alle 30 Min., Eintritt 10 €, erm. 5 €

› **Restaurant Casa do Leão** €€€, tgl. 12.30–15 u. 20–22.30 Uhr

14 Miradouro de Santa Luzia und Miradouro das Portas do Sol ★★ [X20]

An den Pergolen des Miradouro de Santa Luzia leuchten Bougainvilleen als pinke Farbtupfer. Maler bauen gern ihre Staffelei vor der fotogenen Kulisse auf: Von hier reicht der Blick über die roten Ziegeldächer der Alfama bis zum Tejo und die Kloster- und Kirchtürme rundherum glänzen weiß in der Sonne.

Leise plätschert das Wasser der Springbrunnen. Ein Kachelbild an der Wand der kleinen Kirche des Malteserordens Santa Luzia zeigt Lissabon vor dem Erdbeben (s. Exkurs S. 108) und den Ritter Martim Moniz als Kämpfer bei der Rückeroberung der Burg.

Von hier bis zu dem **Miradouro das Portas do Sol,** der nächsten **Aussichtsterrasse,** verlief einst die *Cerca Moura,* die **maurische Stadtmauer,** deren Reste heute ein solides Fundament bilden. An den Portas do Sol hatte die Mauer ein dem Sonnenaufgang zugewandtes Stadttor. Auf dem Platz steht eine **Statue des heiligen Vinzenz.** Er ist der **Schutzpatron Lissabons** und der Seefahrer. Aufgrund einer Legende wurde er zur Schlüsselfigur des **Lissabonner Stadtwappens:** Es zeigt das Schiff, auf dem seine Leiche in die portugiesische Hauptstadt transportiert wird, und zwei Raben. Der Heilige starb zur Zeit der Maurenherrschaft in der spanischen Stadt Valencia. Christen brachten seinen Leichnam nach Portugal zurück, strandeten aber an der Südküste, der Algarve, wo sie eine Kapelle errichteten. Hier hielten fortan zwei Raben über den heiligen Vinzenz Wache. Als er nach Lissabon geholt werden sollte, fand man die Grabstelle, weil Raben über ihr kreisten. Zwei Raben begleiteten das Schiff auf seinem Heimweg, so die Legende. In Blickrichtung der Statue steht auch das Kloster São Vicente de Fora, in dem der Stadtheilige bis heute ruht.

› **Miradouro de Santa Luzia,** Tram 28 u. 12 bis Miradouro de Santa Luzia

› **Miradouro das Portas do Sol,** Tram 28 u. 12 bis Lg. Portas do Sol

15 Museu de Artes Decorativas Portuguesas ★★ [X20]

Der Palast mitten in der Alfama beherbergt das Museum für angewandte Kunst des 17. bis 19. Jh. Es gibt einen guten Einblick in die Wohnkultur des portugiesischen Adels.

Im Palácio Azurara, einem **restaurierten Adelspalast aus dem 17. Jh.,** zeigt das Museum für angewandte Kunst die Sammlung des reichen Bankiers Ricardo do Espírito Santo Silva (1900–1955). Er kaufte den Palast 1947 und initiierte eine Stiftung zur Verwaltung seines Nachlas-

ses. Bei einem Rundgang durch die Räume kann man original wiederaufgebaute Schlaf-, Kinder-, Ess-, Musik- und Wohnzimmer des 17. bis 19. Jh. bewundern. Filigrane, aus wertvollem Holz geschnitzte Möbel, Tafelsilber, Porzellan, Wandteppiche, Keramikwände und Deckenfresken zeugen von **kunsthandwerklicher Blüte** und dem Geschmack der Oberschicht vergangener Zeiten. Zu sehen sind auch historische Gemälde. Das Mobiliar stammt teilweise aus dem Besitz von König Dom José I. und seiner Frau Dona Maria. Auch die Kutsche im Untergeschoss gehörte dem König. Das schöne Café im Innenhof des ersten Stocks lädt zu einer von Straßenhändlern unbehelligten Pause ein.

› Lg. das Portas do Sol, 2, Tram 28 u. 12 bis Lg. das Portas do Sol, www.fress.pt, Tel. 218814600, Di.–So. 10–17 Uhr, Eintritt 4/2 €, Führung 8 €

⌃ *São Vicente de Fora: Kachelschmuck und gute Aussicht*

› *Dienstags und samstags ist hinter dem Pantheon Flohmarkt*

16 Kirche und Kloster São Vicente de Fora ★★ [Y20]

Das Kloster ist die Grabstätte des Königshauses von Bragança (1640–1853). Über 50 Könige und Familienmitglieder der letzten portugiesischen Dynastie sind im Refektorium in steinernen Sarkophagen aufgebahrt. Von der großen Dachterrasse bezaubert die Aussicht auf Lissabon und den Tejo über den mit Azulejos verzierten Kreuzgang hinweg.

Im Jahr 1147 legte Portugals erster König Dom Afonso Henriques den Grundstein für die Kirche zu Ehren des heiligen Vincent, und zwar außerhalb der Stadtmauern – daher der Namenszusatz *de Fora* („von draußen"). Philipp II. von Spanien ließ Kirche und Kloster 1582 errichten, die **größten und höchsten Sakralbauten der Stadt.** Nach dem Großen Erdbeben von 1755, bei dem das Kuppelgewölbe hinabstürzte und Betende erschlug, wurden sie in prunkvollem Barock wiederaufgebaut, doch die harmonische Symmetrie der **Renaissance-Fassade** blieb erhalten. In einer Seitenkapelle ruht ein deutscher Kreuzritter, Henrique Alemaõ, der bei der Rückeroberung von den Mauren mitkämpfte.

Azulejo-Fans ist ein Besuch des **ehemaligen Augustinerklosters** nebenan zu empfehlen. Die Fliesenbilder aus dem 18. Jh. zeigen die Einnahme Lissabons durch die Mauren, Könige und Jagdszenen. Kurios sind die Motive aus den Tierfabeln des Franzosen Jean de La Fontaine, die in den Klostergängen in Blau-Weiß auf Kacheln illustriert und mit englischen Erläuterungen beschriftet sind.

› Lg. de São Vicente, Tram 28 bis S. Vicente, tgl. (außer Mo.) 10–18 Uhr, letzter Einlass 17 Uhr, Eintritt in die Kirche frei, Kloster 5 €

17 Panteão Nacional ★★ [Z20]

Die markante weiße Kuppel des Pantheons prägt die städtische Skyline. Von der Aussichtsterrasse eröffnet sich ein kilometerweiter Blick. Neben Staatspräsidenten, Künstlern und Schriftstellern ruht hier auch die Fado-Legende Amália Rodrigues.

Im 16. Jh. stand an der Stelle des Pantheons die **Igreja de Santa Engrácia.** Und damit beginnt auch schon eine **Verkettung von Legenden und Skandalen.** Die Kirche wurde abgerissen, weil ein konvertierter Jude aus der Sakristei geweihte Hostien gestohlen haben soll. Vielleicht hatte er nur ein Rendezvous mit einer jungen Novizin? Jedenfalls prophezeite der unschuldig zum Tode Verurteilte, die Bauarbeiten an der Kirche würden niemals enden. „Obras de Santa Engrácia" galt in der Umgangssprache fortan als geflügeltes Wort für das recht zähflüssige Voranschreiten so mancher Dinge. Der erste Neubau stürzte 1681 ein und bis das nächste Bauwerk fertig wurde, sollte es mehr als 280 Jahre dauern. Die vom ersten Architekten geplante Kuppel wurde erst Mitte des 20. Jh. gebaut.

0421b Abb.: ps

Der 1916 zur **Begräbnisstätte für nationale Helden** erklärte Bau wurde letztendlich nie als Gotteshaus genutzt. An Heinrich den Seefahrer, Vasco da Gama, den Poeten Luís de Camões und den Entdecker Brasiliens, Pedro Álvares Cabral, erinnern monumentale Kenotaphe – leere, rein symbolische Sarkophage –, während am Sarg der 1999 verstorbenen Fado-Sängerin Amália im Raum rechts neben dem Eingang immer frische Rosen liegen.

› Campo de Santa Clara, Tram 28 bis S. Vicente, Bus 734 bis Campo de Santa Clara, www.panteaonacional.gov.pt, Di.–So. 10–13, 14–18, Okt.–März bis 17 Uhr, letzter Einlass 20 Min. vorher, Eintritt 4 €

Obere Altstadt – der Chiado

Im Chiado gibt sich Lissabon mondän, künstlerisch und natürlich zugleich. Elegante Geschäfte, Galerien und Antiquariate verlocken an der Rua Garrett und in ihren Seitenstraßen zum Shoppen. Fernando Pessoa sitzt als Skulpur wie eh und je vor dem Jugendstil-Eingang des Cafés A Brasileira (s. S. 77). Kulturliebhaber kommen in der Oper und in den Theatern auf ihre Kosten, das Museu do Chiado (s. S. 67) zeigt aktuelle Kunstausstellungen. Auch einige der besten Hotels und Restaurants haben sich im Chiado angesiedelt.

18 Largo do Chiado und Praça Luís de Camões ★★ [U21]

Die beiden benachbarten Plätze im Herzen des Chiado sind beliebte Treffpunkte nach dem Shoppen oder vor dem Start ins Nachtleben.

Eine lange Rolltreppe führt zum Ausgang der Metrostation Baixa-Chiado mitten auf den Largo do Chiado. Der Platz liegt zwischen der **barocken Kirche Igreja do Loreto** der italienischen Kaufleute und der **Igreja da Encarnação im Rokoko-Stil.** Auf dem Steinsockel gestikuliert mit einem Arm ein Original aus dem 16. Jh. – **António Ribeiro:** Mönch, Volksdichter, Bauchredner und Stimmenimitator mit dem Spitznamen *Chiado* (Piepser), nach dem der Platz benannt ist.

Vom Kiosk an der Praça Luís de Camões schaut man über den ganzen Platz Richtung Rua Garrett hinab. In der Platzmitte steht die **Bronzestatue des Nationaldichters Luís de Camões** (1524–1580), Poet des Goldenen Zeitalters der Entdecker und Eroberer. Nach dem Vorbild von Vergil verfasste er das bedeutende Volksepos der Renaissance, „Die Lusiaden“. Den hohen Sockel auf Treppenstufen umringen Statuen weiterer acht bedeutender portugiesischer Literaten. Zum Essen, Kaffeetrinken oder um die Restaurant- und Barkultur zu bewundern lohnt ein Abstecher in die Rua do Alecrim 70 zum **Palácio Chiado** (s. S. 82).

> **Igreja da Encarnação,** Lg. do Chiado, Metro: Baixa-Chiado, tgl. 9–18 Uhr
> **Igreja do Loreto,** Lg. do Chiado, Metro: Baixa-Chiado, nur bei Messen geöffnet

19 Largo do Carmo ★★ [V20]

Der kleine Platz mit Brunnen vor dem Convento do Carmo lädt zu einer Pause an Cafétischen ein. Vor der Polizeikaserne endete am 25. April 1974 Portugals Diktatur.

Die putschenden Militärs umzingelten das **Hauptquartier der Nationalmiliz,** im dem sich der Diktator Marcelo Caetano versteckt hielt. Der Platz füllte sich mit Schaulustigen, die stundenlang Parolen riefen, bis sich Caetano geschlagen gab und mit einem Panzer abtransportieren ließ. Zivilisten steckten als Symbol der friedlichen Revolution Nelken an Uniformen und in Gewehrläufe. Am Largo verloren aber später noch vier Menschen ihr Leben, als die Miliz als Antwort auf die Forderung, politische Gefangene freizulassen, Schüsse abgab. Auf dem heute friedvollen Platz sitzt man im Sommer angenehm im Schatten der Jacaranda-Bäume und kann dem Plätschern des Springbrunnens lauschen. Nebem dem Convento do Carmo führt ein Übergang mit Caféterrasse zum Elevador de Santa Justa 5. Die Dachterrasse Topo (s. S. 78) lädt mit Blick auf den Aufzug und die Dächer der Baixa zum Verweilen ein.

20 Convento do Carmo mit Archäologischem Museum ★★★ [V20]

Das gotische Kirchenschiff des Karmeliterklosters Convento do Carmo, seit dem Erdbeben von 1755 (s. Exkurs S. 108) eine Ruine, ist im Sommer manchmal eine bezaubernde Kulisse für Konzerte.

An der Kasse bekommt man eine Liste mit den Skulpturen und Exponaten in der Ruine, größtenteils archäologische Funde aus Portugal, aber auch aus England und der Schweiz. Ein aufgestellter Spiegel ermöglicht originelle Fotoperspektiven in der **dreischiffigen Kirchenruine** mit den erhaltenen gotischen Gewölbebögen.

Zum **Museu Arqueológico do Carmo** gehören auch die restaurierten Räume (14./15. Jh.) des ehemaligen Refektoriums und der Konventsbibliothek. Die Ursprünge der Sammlung gehen auf den Klostergründer **Nuno Álvares Pereira**, einen Heerführer und Adeligen aus dem 14. Jh., zurück, der dem Karmeliterorden angehörte. Im Jahr 1389 veranlasste er auch den Bau der Klosterkirche. So erfüllte er ein Gelübde zum Dank dafür, dass er 1385 in der Schlacht von Aljubarrota die Unabhängigkeit Portugals von Kastilien erringen konnte und damit König Dom João I. den Weg an die Macht bereitet hatte. Ausgestellt sind u. a. Sarkophage, Ausgrabungsfunde aus Portugal und Südamerika, Mumien, Schrumpfköpfe und ein Modell, das zeigt, wie die Kirche vor dem Erdbeben ausgesehen hat.

› Lg. do Carmo, 4, Elevador de Santa Justa, Metro: Baixa-Chiado, www.museuarqueologicodocarmo.pt, Tel. 213460473, Mai–Sept. Mo.–Sa. 10–19, Okt.–April 10–18 Uhr, Eintritt 5 €, Kinder bis 14 Jahre frei

☐ *Das Convento do Carmo (links), Mahnmal einer Naturkatastrophe, und der Largo do Carmo (rechts)*

043lb Abb.: ps

140lb Abb.: ps

Ausgehviertel – Bairro Alto

In den Gassen zwischen Rua da Atalaia und Rua do Norte reihen sich Bars, Klubs und Geschäfte. Tagsüber erholen sich die Bewohner vom Trubel des Nachtlebens. Doch das Viertel ist weit mehr als eine Partymeile. Es bietet grüne Oasen wie den Park Príncipe Real, den Miradouro de São Pedro de Alcântara (s. unten) und den botanischen Garten. Auch Kunstliebhaber können hier echte Entdeckungen machen.

21 Largo Trindade Coelho ★ [U20]

Wer an diesem Platz das große Los zieht, hat dies einer kirchlichen Wohltätigkeitsorganisation zu verdanken. Also unbedingt die Statue des Losverkäufers fotografieren und nebenan beten, dass es klappt, mit dem Los.

An der Grenze zum Chiado streichen Einheimische dem **glücksbringenden Losverkäufer** über den Arm oder die

MEIN TIPP

Romantische Aussichten

Im Schatten der Bäume plätschert am **Miradouro de São Pedro de Alcântara** das Brunnenwasser. Eine Büste erinnert an Eduardo Coelho, den Gründer der Tageszeitung *Diário de Notícias*. Das Bairro Alto war lange Zeit Sitz vieler Verlage und in den Bars des Viertels trafen sich die Journalisten. Zwei Etagen einer geometrischen Gartenanlage bieten eine weite Sicht über die Unterstadt bis zum Burgberg, nach Graça und über den Triumphbogen zum Tejo. Die zweite Ebene, so heißt es, wurde errichtet, um die zahlreichen Selbstmorde aus großer Höhe zu verhindern. Parkbänke und Stühle am Kiosk laden zum Ausruhen ein. Wer aber meint, am schönsten Aussichtspunkt der Stadt angekommen zu sein, sollte noch den Miradouro de Santa Catarina besuchen (s. Übersicht über alle Miradouros auf S. 101).

★1 [U20] **Miradouro de São Pedro de Alcântara,** Metro: Restauradores, dann Ascensor da Glória

Einmaliger Rundblick am Miradouro de São Pedro de Alcântara

044lb Abb.: ps

Schulter, bevor sie ihre Lose kaufen. Ein Teil der kleinen Investition in den Traum vom großen Glück geht an soziale Einrichtungen. Schon seit 1783 bessert die katholische Wohltätigkeitsorganisation Santa Casa da Misericórdia de Lisboa am Platz mit der ersten nationalen Lotterie ihr Budget auf. Ihr gehört seit 1786 auch die ehemalige **Jesuitenkirche São Roque**.

22 Igreja und Museu de São Roque ★★★ [U20]

Die prunkvolle Kirche ist dem für Wunderheilungen an Pestkranken verehrten heiligen Rochus von Montpellier geweiht. Die Jesuiten ließen sie ab 1566 von dem italienischen Renaissancebaumeister Filippo Terzi aus Bologna planen. Ein Highlight ist die Kapelle Johannes des Täufers. Auch das Museum ist erstklassig.

Blickfang in der einschiffigen Kirche ist die **Kassettendecke aus Holz**, bemalt mit einem manieristischen Trompe-l'œil. Aus der Kapelle des Vorgängerbaus sind vier Holztafeln eines Altaraufsatzes mit Szenen aus dem Leben des heiligen Rochus erhalten. In den acht Kapellen glitzert es nur so von vergoldetem Schnitzwerk.

Das wertvollste Zeugnis aus der Renaissance ist die **Kapelle Johannes des Täufers** (vorne links). Die Kapelle ließ König Dom João V. 1742 in Rom fertigen, vom Papst weihen und auf drei Schiffen nach Lissabon bringen. Zu den zahlreichen an der Gestaltung beteiligten Italienern gehörte auch Nicola Salvi, der Bildhauer des Trevi-Brunnens in Rom. Verwendung fanden Marmor, Jade, Lapislazuli und Elfenbein, finanziert mit Gold aus den Kolonien.

Neben der Kirche lohnt ein Besuch des **Museu de São Roque** im ehemaligen Jesuitenkloster und späteren Armenhaus mit Findelkindstation der Santa Casa da Misericórida de Lisboa. Es zeigt sakrale Kunst, darunter Skulpturen des heiligen Antonius, der heiligen Katharina, einen Reliquienschrein aus Japan und Gemälde. Das Museum bietet auch englischsprachige Führungen (samstagnachmittags) durch die **Kirche und die Grabkapelle des Convento de São Pedro de Alcântara** (2,50 €, ohne Führung gratis), schräg gegenüber in der Rua São Pedro de Alcântara 85. Dekoration und Gemäldesammlung aus dem Kloster von Mafra stammen aus dem 17. Jh.

› Lg. Trindade Coelho, Metro: Baixa-Chiado, https://mais.scml.pt/museu-sao roque, Tel. 213235444, **Kirche:** Di.–So. 10–18, Messe So. 12.30 Uhr, Eintritt frei, **Kapelle des hl. Johannes:** Eintritt 1,50 €, **Museum:** Di.–So. 10–18, Eintritt 2,50 €, So. bis 14 Uhr frei

23 Convento dos Cardaes ★★★ [T20]

Das Kloster zeigt eine faszinierende Kunstsammlung.

Im Kreuzgang von 1677 sind die Gräber der letzten Barfüßigen Karmeliterinnen mit Ziffern gekennzeichnet. Nach der von der Königin angeordneten Schließung der Klöster im Jahr 1834 durften die Klausurnonnen bis zu ihrem Tode bleiben. Heute verwaltet der Dominikanerorden das Kloster. Einige wenige Nonnen leben noch hier, kümmern sich um behinderte Mädchen und verkaufen eigene Produkte online und im Laden.

Die Witwe und Gründerin Dona Luísa de Távora (1609–1692), damals eine der reichsten Frauen Lissabons, vererbte dem Kloster ihr Vermögen und veranlasste ihren Neffen, die 1703 vollendete Klosterkirche prunkvoll auszustatten. Bis in 3,40 m Höhe sind die Wände mit **Fayencefliesen** aus der Rotterdamer Werkstatt des Fliesenmalers Jan van Oort geschmückt. Insgesamt sind **über 6200 einzelne Kacheln** zu sehen. Sieben der Wandbilder stellen Szenen aus dem Leben der heiligen Teresa von Ávila dar. Besonders reizend ist die Darstellung der spielenden, ringenden oder musizierenden Putten. Hinter dem Eisengitter im oberen Chor nahmen die Nonnen ungesehen am Gottesdienst teil. Dieser Raum ist mit portugiesischen Kacheln aus dem 17. Jh. ausgekleidet, die im Vergleich zu den holländischen opulenter gestaltet sind. Ein Kuriosum ist die **Reliquie eines Pilgers**, dessen Körper niemals verweste. Die Holzskulptur des vom Kreuz in Marias Schoß fallenden Jesus auf der Treppe zu den Museumsräumen ist so vom Holzwurm angefressen, dass die Körperteile einzeln abzufallen drohen.

Das Museum zeigt sogenannte *Freiráticos*, filigrane Handarbeiten aus vergoldetem Papier, eine Mode des 17./18. Jh. Ausgestellt ist auch ein **tragbarer Altar für Schiffsreisen.**

Viele Exponate weisen Einflüsse anderer Kulturen auf, die in die sakrale Kunst integriert wurden. So kann man sich über eine Elfenbeinfigur der Maria mit Mandelaugen wundern. Eine andere Marienfigur besitzt die schlangenhaft-bewegliche Pose einer indischen Tänzerin.

› R. do Século, 123, Bus 758 bis Príncipe Real, Tel. 213427525, www.conventodoscardaes.com/visite, gewöhnlich Mo.–Sa. 14.30–17.30 Uhr (bitte Website konsultieren), Di. (außer im Aug.) deutsche Führungen, sonst auf Englisch, Eintritt 5 €

24 Reservatório da Patriarcal ★★ [T19]

Ein Ausflug in die Unterwelt Lissabons lässt sich unter dem beliebten Park Príncipe Real unternehmen – und zwar im wahrsten Sinne des Wortes. In der Mitte des Parks führt eine Treppe hinab in einen riesigen Wasserspeicher aus dem 19. Jh.: den Reservatório da Patriarcal.

Das heutige Museum bietet Führungen durch das **unterirdische Kanalsystem.** Es reicht kilometerweit bis zum Aquädukt (s. unten). Die im Sommer angenehm kühlenden Führungen enden nach ca. 40 Minuten auf der oberen Plattform des Miradouro de São Pedro de Alcânta-

Wasser für Lissabon

Über ihren Aquädukt reden die „Lisboetas“ gerne. Mit Vergnügen geben sie folgende **Legende** zum Besten: Zum Zeichen ihrer Liebe formte eine Wirtin für den Architekten mit beiden Händen ein Herz. Er sah die Bögen seines künftigen Bauwerks vor seinem inneren Auge und bestellte in einer Pastelaria ein Modell aus Zuckerzeug, um den König von seiner Idee zu überzeugen. Ob dies die Ursprünge für eine für das 18. Jh. enorme Ingenieursleistung sind? Jedenfalls war das Wasser knapp und es musste etwas getan werden.

Den Bau des **Aqueduto das Águas Livres** („Aquädukt der freien Wasser“), der dem Großen Erdbeben (s. Exkurs S. 108) standhielt, realisierte ab 1731 Cláudio Gurgel do Amaral nach den Plänen des italienischen Architekten Antonio Canevari. Von 1748 bis 1967 floss das Wasser über die neue Wasserleitung aus dem 19 km entfernten Queluz in den Stadtteil Amoreira (s. S. 42). **Galeria Loreta** heißt die **Verbindung bis zum Reservatório da Mãe d'Água das Amoreiras** an der Praça das Amoreiras. Nasse Füße bekommt man nicht, denn die Brunnen im Bairro Alto und im Chiado werden nicht mehr über diese Galerien gespeist. Über 9 m hohe Säulen stützen den Raum des Reservoirs unter dem Príncipe Real, eine versteckte, aber fantastische Kulisse für Ausstellungen, Konzerte und kulturelle Events.

Die Bewohner des Bairro Alto kommen gern zum Lesen und Schwatzen in den **Jardim do Príncipe Real** oberhalb des Wasserresevoirs. Der Kiosk im Schatten einer jahrhundertealten Zeder ist ein beliebter Treffpunkt.

› **Reservatório da Patriarcal,** Jardim do Príncipe Real, Metro: Rato u. Restauradores, Ascensor da Glória, Bus 758 bis Príncipe Real, www.epal.pt (über „Museu da Água"/„informações-úteis"), Tel. 218100215, Mi.–Fr. 10–16, Sa., So. 10–14 Uhr, Führungen Galeria de Loreto Fr. um 15 Uhr und 1. und 4. Sa. im Monat 11 Uhr (5 €), telefonische Anmeldung unter 218100215 oder per E-Mail (mda.epal@adp.pt), Eintritt 3 €

25 Jardim Botânico ★ [T19]

Gegenüber vom Jardim do Príncipe Real liegt der 1878 angelegte Botanische Garten. Die Besucher dieser Oase der Ruhe treten sich wahrlich nicht gegenseitig auf die Füße. Der

ras. Dies war damals die geografisch am schwersten zu überbrückende Strecke für das **städtische Trinkwasser,** das bis heute der 100 km entfernte Rio Alviela liefert. Der höchste der 35 gotisch inspirierten Kalksteinbögen des Bauwerks ist 65 m hoch. Am spektakulärsten überspannt der Aquädukt auf 900 m Länge das **Tal von Alcântara.**

Heute können Besucher wie schon in Wim Wenders' Film „Lisbon Story" über den Aquädukt spazieren und die **Aussicht auf das ehemalige Ganovenviertel** genießen (Calçada da Quintinha, 6). Denn nun braucht hier niemand mehr Angt zu haben, von den Raubmördern bestohlen und ins Tal geworfen zu werden.

Am Ende des Aquädukts in Amoreiras fing die sogenannte **„Mutter des Wassers" (Mãe D'Água)** das Wasser in einem Speicher auf und verteilte es durch unterirdische Galerien auf rund 50 öffentliche Brunnen in der Stadt. Von hier trugen einst fleißige galizische Einwanderer das Wasser in Fässern auf dem Rücken zu den Haushalten. Der Reservatório da Patriarcal 24 in der Oberstadt entstand erst 1860.

Ende des 19. Jh. verbesserte ein dampfbetriebenes Wasserwerk, die Estação de Barbadinhos, die Wasserversorgung. Dort hat heute das **Wassermuseum** (Museu da Água, s. S. 66) seinen Hauptsitz. Das Nebengebäude beherbergt die moderne Technik der heutigen städtischen Wasserwerke.

› **Aqueduto das Águas Livres,** Eingang über Cç. da Quintinha, 6, im Stadtteil Campolide, Bus 702 bis Cç. dos Mestres, Di.–Fr. 10–16, Sa., So. 10–14 Uhr, 3 €

★2 [R18] **Reservatório da Mãe D'Água das Amoreiras,** Pr. das Amoreiras, 10, Metro: Rato, Bus 774 bis Jardim das Amoreiras, Tel. 213251644, Di.–Fr. 10–16, Sa., So. 10–14 Uhr, Eintritt 3 €

Garten erstreckt sich über 4 ha an einem steilen Hang bis zur Avenida da Liberdade 26 hinunter, hat aber dort keinen Ausgang. Die Palmen und der **subtropische Baumbestand** imponieren, es gibt auch **Gewächshäuser.** Viele Pflanzen brachten Seefahrer aus fernen Ländern mit, aber auch vorher war der Garten schon ein Ort der von Mönchen betriebenen Pflanzenforschung. Auf dem Weg zum Eingang kommt man an dem historischen Gebäude des **Museums für Naturwissenschaften** der Universität vorbei, wo ab und zu auch Sonderausstellungen zu sehen sind.

› R. da Escola Politécnica, 58, Metro: Rato, www.mnhnc.ul.pt, Di.–Fr. 10–17, Sa., So. 11–18 Uhr, Garten im Sommer bis 20 Uhr, Eintritt Garten: 3 €, Museum: 5 €, Kombiticket: 6 €, So. 10–13 Uhr Einritt frei

Von der Avenida da Liberdade zu den Avenidas Novas

Am Ende des Parque Eduardo VII bietet eine Aussichtsplattform einen Panoramablick zurück über die Avenida da Liberdade bis zum Tejo. Nicht weit entfernt liegen die Museen der Gulbenkian-Stiftung, Magnete für Kunst- und Kulturliebhaber. Die langen Achsen der Avenidas Novas, die sternförmig vom Platz Praça Marquês de Pombal ausgehen, entstanden Anfang des 20. Jh.

26 Avenida da Liberdade ★★ [U19]

Lissabons Champs-Élysées erstreckt sich von der Baixa über ca. 1,5 km bis zum großen Verkehrskreisel an der Praça Marquês de Pombal. Im Sommer laden Bänke an lichtdurchfluteten Platanenalleen zum Pausieren ein. Abends chillen an den Kiosken die Nachtschwärmer.

Kleine Brücken führen über einen Bachlauf, der noch von der ursprünglichen Gartenanlage aus dem 18. Jh. übrig geblieben ist. Rechts und links der Prachtstraße reihen sich **Nobelhotels und Schaufenster** renommierter Nobelmarkenanbieter aneinander. Mittags schwärmen die Angestellten in die zahlreichen Restaurants in den Seitenstraßen aus. Bei einem Abstecher lassen sich z. B. der **Jazzklub Hot Clube de Portugal** (s. S. 91), das **Filmmuseum Cinemateca Portuguesa** (s. S. 64) und die **Praça da Alegria** [U19] entdecken. Der hübsche Platz mit einem kleinen Park ist dem Komponisten der portugiesischen Nationalhymne „A Portuguesa" gewidmet: Alfredo Keil (1850–1907).

27 Casa – Museu Medeiros e Almeida ★★ [T18]

Schöne, kuriose und teure Dinge, die Königinnen und hohem Adel gehörten, sammelte der frühere Besitzer dieser Stadtvilla in einer Seitenstraße der Avenida da Liberdade offensichtlich wie ein Besessener.

Der **Bankier António de Medeiros e Almeida** (1895–1986) legte sein Geld mit Leidenschaft in Kunst und Antiquitäten an. 1972 gründete er eine Stiftung und verwandelte das Haus, in dem er 30 Jahre lang gelebt hatte, in ein Museum. Portugiesische

045lb Abb.: ps

Möbel, chinesisches Porzellan, Terrakottafiguren der Han-Dynastie, holländische und flämische Gemälde aus dem 16. und 17. Jh., Vasen, Gläser, Tafelsilber, Wandteppiche und Schmuck sind in 25 Räumen zu bewundern. Zum Haus gehören eine Kapelle und ein Klaviersaal und der ungewöhnliche, mit Azulejos von 1750 verzierte *Sala do Lago* (Raum des Sees) mit einem italienischen Marmorbrunnen in der Mitte. Vom Sammlerglück des reichen Bankiers zeugt auch die **Standuhrensammlung**, darunter eine Uhr, die einst Sissi von Österreich gehörte, und die mit einer Öllampe von innen beleuchtete Nachtuhr von Catarina de Bragança, der Frau des englischen Königs Karl II.

› R. Rosa Araújo, 41, Metro: Marquês de Pombal, www.casa-museumedeiros ealmeida.pt, Tel. 213547892, Mo.–Sa. 10–17 Uhr, Eintritt 5 €, bis 18 Jahre frei, Audioguide 2 €, englischsprachige Führungen 7,50 €

⌃ *Die Avenida da Liberdade ist im Sommer eine grüne Oase mit viel Schatten*

28 Parque Eduardo VII und Estufa Fria ★★ [S16]

Die ca. 25 ha große Grünfläche im Anschluss an die Avenida da Liberdade ist ab und zu Schauplatz für Konzerte. Der mit symmetrischen Hecken bepflanzte Park ist die grüne Lunge zwischen der alten und neuen Stadt.

Der Park erhielt seinen Namen nach einem **Staatsbesuch des britischen Königs Edward VII.** im Jahr 1903. Seine Hauptattraktion ist die *Estufa Fria* („Kaltes Gewächshaus"). Die Idee, in einem alten Steinbruch ein Gewächshaus und eine Landschaft mit Brunnen, Teichen und Grotten zu errichten, stammt von dem portugiesischen Maler Raul Carapinha. 1933 eröffnete das Kalthaus, das mithilfe einer Struktur aus Holz so schattig konstruiert ist, dass es im Sommer vor der Hitze schützt. Von hier führt ein Kiesweg zu zwei „wärmeren" Gewächshäusern für tropische Pflanzenarten und Kakteen.

Auf dem Hang an der gegenüberliegenden Parkseite steht der **Pavilhão Carlos Lopes**, ein 1932 für Sportveranstaltungen eröffneter Stadtpalast, benannt nach einem portugiesischen

Athleten. Er ist mit Kachelbildern mit Motiven zur Geschichte der Seefahrer geschmückt und seit seiner Renovierung Schauplatz von Konferenzen und Veranstaltungen.

› **Estufa Fria,** Parque Eduardo VII, http://estufafria.cm-lisboa.pt, Tel. 218170996, Okt.-März tgl. 10-17, April-Sept. tgl. 10-19 Uhr, Eintritt 3,10 €, erm. 2,33 €

29 Casa – Museu Dr. Anastácio Gonçalves ★ [U14]

Eigenwillige Architektur und erlesener Kunstgeschmack treffen hier zusammen. In seiner Jugendstilvilla sammelte Gulbenkians Augenarzt Gemälde und Antiquitäten.

Das Haus ist eine dezent mit Azulejos verzierte Jugendstilvilla von 1904 mit einem Eisentor in Schmetterlingsform und kunstvollen Bleiglasfenstern, die der erste Besitzer José Malhoa, ein Maler, in Paris bestellte. Bis 1965 wohnte hier der reiche Augenarzt und Sammler Anastácio Gonçalves. Als er starb, wurde das Haus ein staatliches Museum mit rund 2000 wertvollen Kunstobjekten. Im Atelier und in der Galerie hängen Gemälde aus dem 19. und 20. Jh., vor allem von Malhoa und befreundeten Malern. Kenner kommen wegen der bedeutenden Sammlung blau-weißen Porzellans aus China aus dem 16. und 17. Jh. Zu sehen sind zudem wertvolle Möbel, Skulpturen und Münzen.

› Av. 5 de Outubro, 6/8, Metro: Picoas, Bus 21, 36, 44, 49, 83, 90, 720, 727, 732, 738, 745, Tel. 213540823, Di.-Sa. 10-13, 14-16.30, So. 10-14, 15-16 Uhr, Eintritt 3/1,50 €

Museu Calouste Gulbenkian: ein Highlight für Kunstliebhaber

30 Museu Calouste Gulbenkian ★★★ [S13]

Hätte Lissabon den Ölmilliardär Calouste Gulbenkian nicht mit gastfreundlichen Armen aufgenommen, hätte die Stadt in Sachen Kunst wesentlich weniger zu bieten. Im Sommer verbringen viele „Lisboetas" gern ihre Mittagspause im weitläufigen Garten der Stiftung mit seinen Wiesen, Bänken und Ententeichen. Er ist eine grüne Oase mit Terrassencafé am Wasserbecken. Beliebt sind auch die Open-Air-Konzerte im Amphitheater auf dem Gelände der Stiftung.

Der Kunstmäzen Calouste Sarkis Gulbenkian, der 1869 als Kind armenischer Eltern nahe Istanbul geboren wurde und 1902 die britische Staatsangehörigkeit annahm, galt zeitweilig als einer der reichsten Männer der Welt. Er ging als **„Mr. Five Percent"** in die Geschichte ein: Vor dem Ersten Weltkrieg erwarb er auf dem Gebiet der heutigen Türkei die Ölbohrrechte und blieb fortan an allen Ölgeschäften mit 5 % beteiligt. In seinem Pariser Stadtpalast, wo er lange Zeit lebte, sammelte er Kunstschätze. 1942 versuchte die britische Regierung, sein Vermögen zu beschlagnahmen, und Lissabon gewährte ihm Asyl. In seinem Todesjahr 1955 gründete er die **Gulbenkian-Stiftung** und **vererbte der Stadt seine Kunstsammlung** und einen großen Teil seines Vermögens.

Die Stiftung hat ein eigenes Konferenzzentrum, eine Bibliothek, ein eigenes Orchester, vergibt Stipendien und unterstützt Filmproduktionen und Forschungsprojekte. Das **Museu Gulbenkian** eröffnete 1969, zum 100. Geburtstag des Stifters. In einem funktionalen Betonbau führt der Museumsrundgang zeitlich und geografisch geordnet durch 17 Abteilungen. Die ältesten Exponate (2800 v. Chr.) stammen aus Ägypten. Gulbenkian sammelte klassische Kunstwerke aus dem alten Rom und Griechenland und hatte ein **Faible für Kunst aus Armenien und dem Orient.** Ein Großteil der armenischen Kacheln, Vasen und Teppiche gehen auf das 12.–18. Jh. zurück. Zu bewundern sind auch chinesisches Porzellan, Lackwaren aus Japan und ein japanischer Paravent.

Die Säle 7 bis 17 sind der **europäischen Kunst** gewidmet. Zu den Highlights der Bildhauerei zählt eine Jungfrau mit dem Kind, die der Künstler Jean de Liège im Mittelalter für Karl V. angefertigt haben soll. Aus dem 18. Jh. stammt die schneeweiße marmorne Diana von Jean-Antoine Houdon. Gulbenkian besaß auch die Bronze von Jean d'Aire, Bürger aus Calais, an der Auguste Rodin elf Jahre gearbeitet hatte. Ausgestellt sind Werke von Rogier van der Weyden, Frans Hals, **Rubens, Rembrandt und van Dyck** ebenso wie von den **Impressionisten** Manet, Monet, Degas und Renoir. Im zentralen Raum mit dekorativer Kunst und Möbeln des 18. Jh. aus Frankreich und Flandern hängt ein **riesiger Wandteppich** mit tanzenden Putten aus Mantua von 1540. Mit Gold- und Silberfäden auf Holz sind Karikaturen von Giulio Romano, einem Schüler Raffaels, nachempfunden. In Paris gehörte René Lalique zu Gulbenkians Freundeskreis. Von ihm erwarb er den **exzentrischen Jugendstilschmuck**, den das Museum in Glasvitrinen ausstellt.

Die Stiftung erweitert ihre Sammlung kontinuierlich, engagiert sich in Kunst und Kultur und legt ihr Vermögen weiterhin gewinnbringend an. Ein Spaziergang durch den hübschen Garten führt am **Amphitheater**

047lb Abb.: ps

vorbei zum **Centro de Arte Moderna,** das 1983 eröffnete, bis 2021 saniert wurde und auf großzügigem Raum Wechselausstellungen zeigen soll.

› **Museu Calouste Gulbenkian,** Av. Berna, 45 A, Metro: S. Sebastião u. Pr. de Espanha, https://gulbenkian.pt/museu, Tel. 217823000, Mi.–Mo. 10–18 Uhr, Eintritt Kombiticket mit Centro de Arte Moderna 10 €, Sammlungen und Ausstellungen 14 €, So. ab 14 Uhr frei
› **Centro de Arte Moderna,** R. Dr. Nicolau Bettencourt, Metro: S. Sebastião u. Pr. de Espanha, Tel. 217823474, zum Zeitpunkt der Drucklegung (Anf. 2022) noch bis auf Weiteres **geschlossen.**

31 Praça de Touros do Campo Pequeno ★ [U11]

Lissabons **Stierkampfarena** belebt das moderne Stadtviertel. Sie hat eine traditionelle Form, ist aber eine moderne, multifunktionale Eventhalle. Auch Shops und ein Kino sind integriert. Nachdem die alte Stierkampfarena zu klein geworden war, wurde innerhalb von zwei Jahren bis 1982 aus roten Ziegeln eine größere im Neo-Mudéjar-Stil erbaut. Türkisfarbene Türme krönen den Bau. Im Sommer dient die runde Arena mit gut 40 m Durchmesser bis heute als Austragungsort für Stierkämpfe. Anders als in Spanien werden die Stiere in Portugal bei Stierkämpfen nicht getötet. Bei einer Renovierung 2006 bekam die Arena ein Dach. Die Tribünen bieten auch bei vielen anderen Veranstaltungen, etwa Konzerten, rund 10.000 Menschen Platz.

› Av. da República/Campo Pequeno, Metro: Entrecampos u. Campo Pequeno, Tel. 217998450, www.campopequeno.com, April–Okt. 10–13, 14–18/19 Uhr, Arenabesuch 3 €, plus Museum 5 €

MEIN TIPP

Traumhafter Stadtpalast für Azulejo-Fans

Wer für Kacheln schwärmt, sollte die Anfahrt zum **Palácio dos Marqueses de Fronteira** nicht scheuen. Detailgetreu und zuweilen fast wie ein Comic dokumentieren die Azulejo-Wände im *Sala das Batalhas* die Schlachten, die Portugal im 17. Jh. führte, um von Spanien unabhängig zu werden. Die Kacheln im Garten und auf der Terrasse zeigen Motive aus der griechischen Mythologie, die Jahreszeiten und vermenschlichte Fabeltiere. Der Nachkomme des Marquês wohnt noch im Palast.

★3 [M12] **Palácio dos Marqueses de Fronteira,** Lg. de São Domingos de Benfica, 1, Metro: Jardim Zoológico, dann Bus 770 bis Palácio Marquês de Fronteira, Tel. 217782023, www.fronteira-alorna.pt, vor dem Besuch telefonisch oder online anmelden, Juni–Sept. 10.30, 11, 11.30 und 12 Uhr, Okt.–Mai 11 und 12 Uhr, Eintritt Gärten 6 €, Audioguide Garten 3 €, Palast 11 €, nur mit Führung (auf Englisch)

Der Westen

Die Straßenbahn 28 ist das beliebteste Verkehrsmittel für einen Ausflug in den Westen Lissabons, zwischen Chiado und Campo de Ourique. Wer bis zum Palácio de São Bento (Parlamentsgebäude) fährt, kann in der Rua de São Bento neben Antiquitätenläden das Museum der Fado-Legende Amália Rodrigues (s. S. 64) entdecken. Der nächste Halt ist die reich mit Skulpturen geschmückte Kuppelkirche Basílica da Estrela. Es lohnt sich auch, eine Pause im Jardim da Estrela gegenüber einzulegen, einem der schönsten Parks Lissabons. Weiter den Hügel hoch führt die Straßenbahnlinie durch Campo de Ourique bis zum Friedhof Cemitério dos Prazeres. Mit der Cascais-Linie oder Tram 15 erreicht man weitere Highlights im Westen: das Museu Nacional de Arte Antiga, das Museu do Oriente und die Bars und Restaurants der Docas de Santo Amaro [M24] unter der roten Brücke Ponte 25 de Abril.

32 Basílica da Estrela ★★ [Q20]

Die Kuppel der Basilika der Königin Dona Maria I. ragt als Orientierungspunkt aus Lissabons Häusermeer heraus. Wer fit genug ist, sollte die Wendeltreppe im Glockentum erklimmen. Erholung verspricht der Jardim da Estrela gegenüber.

Schon von Weitem leuchten die helle Kuppel und die beiden **Türme aus weißem Alcântara-Kalksandstein** der Sternbasilika. Königin Maria I. ließ sie 1779 nach dem Tod ihres Mannes im spätbarocken Stil auf einem Hügel errichten. Die klassizistischen Elemente stammen von Reinaldo Manuel, der auch am Bau des Klosters von Mafra, nordwestlich von Lissabon, beteiligt war. Die **zahlreichen Marmorstatuen** an der Fassade und im Innern fertigte die Bildhauerschule von Machado de Castro. Eine der Krippen des Meisters gehört zu den Sehenswürdigkeiten der Kirche. Den Hochaltar gestaltete der italienische Maler Pompeo Batoni.

Bei ihrer Hochzeit mit ihrem Onkel Dom Peter III. im Jahr 1760 hatte Königin Maria I. um die Geburt eines Thronfolgers gebeten und versprochen, zum Dank eine große Kirche und ein Kloster für den Karmeliterorden bauen zu lassen. Sie weihte den Bau dem frommen Herzen Jesu, daher heißt die Basilika auch **Coraçao de Jesus.** Ihr Sohn Dom João starb 1792, zwei Jahre, nachdem die Kirche fertig war. Maria, die vor ihrem Tod im Jahr 1816 wahnsinnig wurde, liegt heute in ihrem Sarkophag im rechten Querschiff der Basilika.

Die **hohe Kuppel über dem Kreuzgang** lässt viel Licht in das mit weißem, grauem und rosafarbenem Marmor ausgekleidete Gotteshaus. Durch einen der Glockentürme kommt man über eine Wendeltreppe mit 114 Stufen bei einer Führung bis auf das Kirchendach.

Anschließend kann man sich auf den Wiesen am Ententeich im **Jardim da Estrela** (von 1852) ausruhen. Familien des Viertels verbringen Stunden auf dem Spielplatz und alte, tropische Bäume spenden Schatten. Am Musikpavillon gibt es ab und zu Konzerte. Der Kiosk am Teich mit großer Terrasse ist ein beliebter Treffpunkt.

› **Basílica da Estrela,** Lg. da Estrela, Tram 25 u. 28 bis Estrela, tgl. 8–13 u. 15.30–19 Uhr, bis 17 Uhr alle 30 Min. Führungen auf die Dachterrasse, Eintritt in die Kirche frei, Führung 6 €

› **Jardim da Estrela,** R. da Estrela, Tram 25 u. 28 bis Estrela, im Sommer tgl. 7–24, im Winter tgl. 7.30–22 Uhr

33 Casa – Museu Fernando Pessoa ★★ [Q19]

Der Schriftsteller Fernando Pessoa (1888–1935) verbrachte in diesem Gebäude seine letzten Lebensjahre.

Original erhalten sind Pessoas Brille, seine Schreibmaschine und 1200 seiner Bücher. Das architektonisch moderne Museum dokumentiert mit **Zitaten, historischen Fotos und Büchern** auf drei Etagen Pessoas Lebensweg und literarisches Schaffen. Es ist faszinierend, einige Identitäten der insgesamt 17 Heteronyme Pessoas zu entdecken: Persönlichkeiten, die der Schriftsteller erfand und zu Autoren und Erzählern einiger seiner Werke machte. So ließ er für Ricardo Reis und Ricardo Caeiro sogar ein Horoskop erstellen und gestaltete Visitenkarten für seine multiplen Fantasiegestalten. Die Bibliothek fasst ca. 20.000 Bücher, auch einige deutsche, sowie Liebesbriefe an Ophélia, Pessoas erste und einzige Geliebte.

› R. de Coelho da Rocha, 16, Tram 25 u. 28 bis R. Saraiva Carvalho, www.casafernandopessoa.pt/pt/cfp, Tel. 213913270, Mi.–Sa. 10–18 Uhr, letzter Einlass 17 Uhr, Eintritt 5 €, 13–25 J. 2,50 €, Führungen (online buchbar) 6 €

MEIN TIPP

Die Markthalle von Campo de Ourique

Die Markthalle des hübschen Arbeiterviertels, der **Mercado de Campo de Ourique** (s. S. 96), mit Baumalleen, Azulejo- und Art-déco-Fassaden ist ein beliebter Treffpunkt für Gourmets. Zwischen den traditionellen Marktständen kann man in Cafés und Bars Meeresfrüchte, Sushi, Delikatessen, Weine und Champagner probieren. Die 1951 erbaute Kirche gegenüber ist typisch für die Architektur unter Salazar.

MEIN TIPP

Prominentenfriedhof Cemitério dos Prazeres

Entlang den Alleen mit hohen Zypressen reihen sich auf dem Lissaboner Pendant zum Pariser Friedhof Père Lachaise kleine, kapellenartige Häuser aneinander. Sie sind die **Grabstätten reicher und bedeutender Lissabonner Familien** aus Politik, Wirtschaft und Kunst. Ihre Särge und Urnen kommen nicht unter die Erde, sondern in die langen Regale der Familienkapellen. Durch manche Glasfenster oder offene Türen kann man sie sehen. Oft stellen die Hinterbliebenen Fotos, Blumen und persönliche Erinnerungsstücke auf. Einige Tempel dieser Totenstadt sind auch unterkellert, weil die Begräbniskapellen sich als nicht groß genug erwiesen. Seit einer Choleraepidemie 1833 ist das weitläufige Gelände am Hang mit Tejo-Panorama ein Friedhof. Sein Name „Friedhof der Freuden" gibt Rätsel auf. Es heißt, der Cemitério dos Prazeres sei lange Zeit ein beliebter Picknickort gewesen.

★4 [O20] **Cemitério dos Prazeres,** Pr. São João Bosco, Tram 25 u. 28 bis Campo de Ourique, Tel. 213961511, Okt.-April tgl. 9-17, Mai-Sept. tgl. 9-18 Uhr

047lb Abb.: ps

34 Museu Nacional de Arte Antiga ★★★ [Q23]

Besuchermagnet sind das Altarbild „Die Versuchungen des heiligen Antonius" von Hieronymus Bosch, das Porträt des heiligen Hieronymus von Albrecht Dürer und Werke von Hans Holbein, Lucas Cranach, Diego Velázquez und Pieter Brueghel d. J. Auch Meisterwerke der portugiesischen Malerei und dekorative Kunst von Portugal bis Japan sind vertreten.

Sitz des Museums für Alte Kunst ist seit 1984 der ehemalige Palast des Grafen Alvor. Später gehörte das Haus der Familie des Marquês de Pombal. In das Untergeschoss des Neubaus aus den 1940er-Jahren, der sich an den alten Palast anschließt, wurde die mit Azulejos verkleidete, **barocke Kapelle des Karmeliterklosters** von 1584 integriert. Das Museum stellt rund 3000 Werke aus, die übrigen 37.000 lagern in den Archiven unter dem Gebäude. Sie stammen aus dem Besitz der Königsfamilie und des ehemaligen Klosters. Das Museum hat Richtung Tejo einen herrlichen **Skulpturengarten mit Café.**

Zu Beginn des Rundgangs erinnern niedrige Möbelstücke an den Einfluss maurischer Wohnkultur. Neben filigran gearbeiteten indoportugiesischen Möbeln, Tapisserien und kuriosen Behältern für Monstranzen (Hostiengefäße) sind die **japanischen Wandschirme** aus dem 16. Jh. sehenswert. Ein Glanzstück der Kunstfertigkeit portugiesischer Goldschmiede ist die **Monstranz aus dem Hieronymus-Kloster** 36. Interessant sind di-

◁ Blick vom Friedhof Prazeres zur Cristo-Rei-Statue (s. S. 102)

verse Modellvarianten für die Reiterstatue auf der Praça do Comércio ❶ – aus Gold, mit Löwen statt Elefanten etc. Der Marquês de Pombal ließ sie, wie seine eigene Statue, von der Bildhauerschule Machado de Castro anfertigen.

Das Museum widmet sich der Forschung und aufwendigen Erhaltung seiner wertvollen Gemäldesammlung europäischer Malerei des 14. bis 19. Jh. Ganze zehn Jahre dauerte z. B. die Restaurierung von **sechs Gemälden des Altars des hl. Vinzenz (15. Jh.)**, die ursprünglich im Kloster São Vicente de Fora ⓰ hingen. Forscher schreiben das Werk Nuno Gonçalves zu, dem Hofmaler von Dom Afonso V. Bemerkenswert sind die detailgetreuen Porträts der insgesamt 58 Figuren, die den Stadtheiligen umgeben – Mitglieder des Hofstaats, Adels und Klerus. Neben maurischen Rittern, dem Erzbischof von Lissabon, König Afonso V., Königin Isabel und Heinrich dem Seefahrer hat sich der Maler offenbar auch selbst dargestellt. Das Triptychon der **„Versuchungen des heiligen Antonius" von Hieronymus Bosch** beeindruckt nicht zuletzt durch den Kontrast des Gemäldes, das seinerzeit nur an besonderen Feiertagen zu sehen war, mit der nüchternen, schwarzweißen Rückseite der Altarklappen, die Kreuzigungsszenen aus Golgatha zeigt. Sehenswert sind auch die Bilder unbekannter portugiesischer Meister, z. B. das Gemälde „Hölle", auf dem entblößte Leiber in einem Kessel schmoren.

› R. das Janelas Verdes, Bus 713, 714 u. 727 bis R. das Janelas Verdes (Museu Nacional de Arte Antiga), Cascais-Linie oder Tram 15 bis Santos, www.museudearteantiga.pt, Tel. 213912800, Di.–So. 10–18 Uhr, Eintritt 6 €

㉟ Museu do Oriente ★★ [O23]

Das Orientmuseum an den Docks von Alcântara liegt in einem 100 m langen, modernistischen Gebäude, in dem früher Stockfisch und Obst lagerten. Viele Exponate zeigen den Einfluss der portugiesischen Seefahrt auf die fernöstliche Kunst. So ist z. B. auf einem japanischen Paravent abgebildet, wie die langnasigen Portugiesen ihre Schiffe verlassen.

Für den Bau des Museums investierte die 1988 gegründete **Fundação Oriente**, deren Einnahmen lange Zeit aus den Spielkasinos von Macao stammten, rund 30 Mio. €. Die von der Stiftung auf Auktionen und bei Antiquaren erworbene hauseigene Sammlung umfasst 1400 Ausstellungsstücke, vorwiegend aus **Indien, Macao, China, Japan und Osttimor** – unter anderem indoportugiesische Möbel, handbemaltes Porzellan, Seidengewänder, Holzmasken, Ritterrüstungen, Schwerter und Monstranzen aus der Zeit der Christianisierung Indiens. Alles ist auf Englisch beschriftet und wird in dunklen Sälen in gut ausgeleuchteten Vitrinen präsentiert.

Besonderer Stolz des Museums ist eine **Erstausgabe der „Lusiaden" von Luís de Camões** aus dem 16. Jahrhundert, ein Loblied auf die Eroberungsfahrten der Portugiesen im Stil von Homers Odyssee. Im zweiten Stock widmet sich die **Sammlung Kwok On**, die der französische Sinologe Jacques Pimpaneau zusammentrug, den asiatischen Religionen sowie dem Marionetten- und Schattentheater. Sie umfasst über 13.000 Exponate, gezeigt werden ca. 650 aus allen asiatischen Ländern von der Türkei über Java bis Japan.

› Av. de Brasília 352/Doca de Alcântara, Bus 712, 714 u. 728 bis Alcântara, Cascais-Linie bis Alcântara, www.foriente.pt, Tel. 213585200, Di.-So. 10-18, Fr. 10-20 Uhr, Eintritt 6 €, 6-12 J. 2 €, Fr. 18-20 Uhr Eintritt frei

MEIN TIPP

LX Factory

Die Gebäude und das Gelände einer **ehemaligen Textilfabrik** unterhalb der Ponte 25 de Abril **in Alcântara** sind ein alternativer Erlebnisort. Hier gibt es über 50 coole Designershops, Restaurants, Cafés und Bars, eine Kochschule (Kiss the Cook, s. S. 82), Galerien, Street-Art und die sehenswerte Buchhandlung El Devagar in einer einstigen Druckerei.

★**5** [M23] **LX Factory,** R. Rodrigues Faria, 103, 15 bis Alcântara, www.lxfactory.com, Tel. 213143399

153lb Abb.: ps

⊡ *Buchhandlung in einer ehemaligen Druckerei in der LX Factory*

⊡ *Manuelinische Säulen im Kreuzgang des Hieronymus-Klosters*

Belém

Statt großer Karavellen liegen in Belém heute Segeljachten vor Anker. An der weitläufigen Promenade am Tejo weht meist eine frische Brise. Erstbesucher kommen in Belém um einen Museumsmarathon kaum herum. Das Mosteiro dos Jerónimos (Hieronymus-Kloster) und der Torre de Belém gehören zu den Highlights des in Portugal einzigartigen manuelinischen Stils (s. S. 58). Eine Kutschensammlung (s. S. 68) und der Königspalast von Ajuda oberhalb von Belém erinnern an die Glanzzeiten der Monarchie. Moderne Kunst und kulturelle Events bieten das MAAT in einem fotogenen Bau am Flussufer und das postmoderne Kulturzentrum CCB (s. S. 93).

36 Mosteiro dos Jerónimos ★★★ [G25]

Das Kloster ist der bedeutendste manuelinische Bau Lissabons und seit 1984 UNESCO-Weltkulturerbe. Besonders die filigran verzierten Säulen im Kreuzgang bezaubern. In der Klosterkirche ruhen Vasco da Gama, der Dichter Luís de Camões und die Könige der Dynastie Avis. Elefanten aus Marmor tragen die königlichen Sarkophage. Fernando Pessoa hat man vom Friedhof in Prazeres in den Kreuzgang umgebettet.

Der Entdecker **Vasco da Gama** betete 1497, vor seiner Reise nach Indien, in einer kleinen Kapelle in Belém. Vier Jahre später ließ Dom Manuel I. das Hieronymus-Kloster **zu Ehren der portugiesischen Seefahrer** (s. S. 112) errichten. Der Bau zog sich rund 100 Jahre hin. Insgesamt vier Architekten waren daran beteiligt. König Dom Manuel erlebte die Fertigstellung nicht

049lb Abb.: ps

mehr. Der Westflügel, der heute **das Archäologiemuseum** (s. S. 68) und das **Marinemuseum** (s. S. 67) beherbergt, entstand erst im 19. Jh. Kirche und Kloster sind **dem heiligen Hieronymus geweiht,** dem Gründer des Hieronymitenordens. Die Mönche in Lissabon beteten für den König und gaben den Seeleuten, die vom Strand von Restelo zu ihren Expeditionen aufbrachen, ihren Segen.

Heute erstrecken sich die Fassaden von Kirche und Kloster rund 300 m lang vor der **Parkanlage der Praça do Império.** Damals aber lagen die Gebäude direkt am Tejo und boten den rückkehrenden Seeleuten eine **prunkvolle Kulisse.** Das reich mit Steinmetzarbeiten verzierte Südportal zeigt Szenen aus dem Leben des heiligen Hieronymus, die Jungfrau Maria mit dem Kind sowie Apostel und Engel. Das Westportal mit dem Eingang zur Kirche säumen Skulpturen von Dom Manuel I. und seiner zweiten Frau Maria von Aragón und Kastilien.

Das dreischiffige Kircheninnere ist in 25 m Höhe von einem **gotischen Netzgewölbe** überspannt und äußerst prunkvoll gestaltet. Im Hauptchor mit seinen geometrisch angeordneten Gemälden befindet sich das **Mausoleum der Dynastie von Avis.** Die Empore (über den Kreuzgang erreichbar) sorgt für eine optimale Sicht in die Kirche mit ihren imposanten Säulen und Buntglasfenstern.

Schlichter und charmanter wirkt die zweistöckige Galerie des Kreuzgangs um den **begrünten, quadratischen Innenhof.** Alle vier Seiten sind 55 m lang. Ornamente, Meerestiere, Fabelwesen, Kreuze und Königswappen schmücken Mauern und Säulen. Das Refektorium mit Netzgewölbe im Untergeschoss ist mit Kachelbildern zur „Speisung der Fünftausend" geschmückt. Im Kapitelsaal ist der Dichter und Historiker Alexandre Herculano (1810–1877) bestattet.

› R. dos Jerónimos, 3, Tram 15, Bus 727, 28, 729, 714 und 751 bis Mosteiro dos Jerónimos, Cascais-Linie bis Belém, www.mosteirojeronimos.pt, Okt.–April Di.–So. 10–17, Mai–Sept. Di.–So. 10–18.30 Uhr, **Kirche:** Eintritt frei, **Kloster:** 10 €, Familienticket: 5 €, **Kombiticket mit Torre de Belém:** 12 €

37 Padrão dos Descobrimentos ★★ [G26]

Monumental erinnert das weiße Betondenkmal am Tejo an die Goldene Ära der Seefahrer (s. Exkurs S. 112). Die Dachterrasse bietet einen brillanten Rundumblick. Von hier oben wirkt das Mosaik der Windrose auf dem Vorplatz mit einer Weltkarte in der Mitte besonders imposant. Es hat einen Durchmesser von 50 m und ist ein Geschenk aus Südafrika.

Das Salazar-Regime ließ das „Denkmal der Entdeckungen" 1960 zum 500. Geburtstag von Heinrich dem Seefahrer errichten. Hinter ihm an der Bugspitze stehen an beiden Seiten der Karavelle **33 bedeutende Persönlichkeiten Portugals:** Seefahrer, Entdecker, Schriftsteller, Astronomen und Missionare. Von vorn sieht das Denkmal aus wie ein Kreuz mit Schwert. Ein Aufzug führt auf die 50 m hohe Dachterrasse. Innen werden Ausstellungen zur Stadtentwicklung gezeigt.

› Av. de Brasília, Tram 15, Bus 728 oder 714, 727, 729, 751 bis Mosteiro dos Jerónimos, Cascais-Linie oder Tram 15 bis Belém, März–Sept. tgl. 10–19, Okt.–Feb. Di.–So. 10–18 Uhr, Eintritt 6 €

Museen in Belém

Am besten ist es, schon um 10 Uhr den Torre de Belém zu besuchen, sonst kann es auf den engen Treppen so voll werden, dass man warten muss, um wieder hinunterzukommen. Um Wartezeit zu sparen, sollte man die Tickets für den Torre de Belém 38 und das Mosteiro dos Jerónimos 36 zusammen **im Voraus online kaufen.** Dort finden sich evtl. auch günstige Kombitickets.

› https://bilheteira.patrimoniocultural.pt

Zuschauer der Tall-Ships-Regatta neben dem Denkmal Padrão dos Descobrimentos

MEIN TIPP

Pastéis de Belém

Je nach Tageszeit bilden sich in der Hauptsaison vor der Kasse lange Schlangen bis weit auf den Bürgersteig. Dann vielleicht doch lieber an einen Tisch setzen. **Lissabons wohl bekannteste Konditorei Pastéis de Belém** (s. S. 79) ist eigentlich eine Fabrik und bietet 500 Plätze. Der Ort, wo die Puddingtörtchen nach altem Rezept der Mönche des Hieronymus-Klosters 36 heute wie am Fließband frisch zubereitet werden, zählt zu den meistfotografierten der Stadt. Warm aus dem Ofen schmecken die Minitorten wunderbar, sind aber auch in Schachteln als Mitbringsel zu erwerben. Stilecht isst man sie mit Zimt und Puderzucker.

38 Torre de Belém ★★★ [D26]

Einlaufenden Schiffen wies der Turm früher mit Leuchtfeuern den Weg. Als architektonisches Beispiel für die späte Manuelinik (s. Exkurs S. 58) ist er seit 1983 UNESCO-Weltkulturerbe. Von der Turmterrasse eröffnet sich eine erstklassige Aussicht über den Tejo und zum Atlantik.

König Dom Manuel I. (1469–1521) ließ den Turm und die sechseckige **Bastion in Form eines Schiffsbugs** 1515 bis 1521 auf einer kleinen Insel errichten. Das trutzige Bauwerk überstand das schwere Erdbeben im 18. Jh. (s. S. 108). Allerdings veränderte Erdbebenschutt den Flusslauf – und heute führt ein Steg von der Promenade aus zum Eingang. Die frühere Einrichtung ist nicht erhalten, aber im Gouverneurs-, Königs- und Audienzsaal beeindrucken dicke Mauern. Im unteren **Gewölberaum** befanden sich Kanonen und im Keller, der ab der Eroberung 1580 durch die Spanier als Kerker genutzt wurde, standen die Gefangenen oftmals hüfttief im Wasser.

Baumeister Francisco de Arruda zählte zu den renommiertesten Architekten der **Manuelinik.** Typisch für diesen prunkvollen Baustil sind die zahlreichen Wappen, die kleinen Balkone mit Christusritterkreuzen und die **steinernen Taue,** die sich um den Turm winden. Löwen- und Widderköpfe schmücken die Turmkonsolen. Der **berühmte Nashornkopf am Westturm** ist schon etwas verwittert. König Dom Manuel I. bekam einst ein Nas-

Der Torre de Belém trotzt seit Jahrhunderten den Naturgewalten

horn aus Indien geschenkt, das als erstes urkundlich erwähntes Rhinozeros Europas in die Geschichte einging. Der Nachwelt ist es von einem Holzschnitt Albrecht Dürers bekannt. Der König ließ es gegen einen Elefanten kämpfen, um herauszufinden, welches Tier am stärksten ist. Angeblich ergriff der Elefant die Flucht. Dann wollte der König das Nashorn an Papst Leo X. weiterverschenken, doch es ertrank vor der Übergabe bei einer Schiffshavarie vor Italien.

Säulen, Spitzen und stilisiertes Blattwerk im manuelinischen Stil weisen auch die **Marienstatue** Nossa Senhora do Bom Sucesso (heilige Maria des guten Erfolgs) und der sie schützende Baldachin auf. Sie steht am Ort der ehemaligen Leuchtfeueranlage. Die **Hauptfassade** ziert das **portugiesische Wappen mit Krone und Armillarsphäre.** Dieses astronomische Gerät zur Darstellung der Bewegung von Himmelskörpern diente der Navigation. Sie wurde zur Insignie von König Dom Manuel I. und zum Symbol der Seefahrernation. Sie ist auch auf der portugiesischen Flagge abgebildet.

› Av. de Brasília, Tram 15 bis Pedrouços, Cascais-Linie bis Belém, www.torrebelem.pt, Okt.-März Di.-So. 10-17.30, April-Sept. Di.-So. 10-18.30 Uhr, Eintritt 6 €

Manuelinik: erst auf den zweiten Blick verspielt

Schiffstaue, die sich um schlanke Säulen winden, Korallen, Anker, Meeresschnecken – aufwendige, fantasievoll-filigrane Steinmetzarbeiten mit **Motiven aus der maritimen und floralen Welt** prägen den manuelinischen Baustil, auch Manuelismus genannt. Benannt ist er nach **König Dom Manuel I.** (1495–1521). Mit prunkvollen Bauten ließ der Herrscher der mächtigen Seefahrernation Portugal im 15. und 16. Jh. den kolonialen Reichtum des Landes zur Schau stellen. In Lissabon blieben bis heute nur zwei Beispiele dieses ureigenen portugiesischen Baustils erhalten: das **Hieronymus-Kloster** 36 und der **Torre de Belém** 38.

Die Manuelinik am Übergang zur Renaissance setzte der strengen spätgotischen Architektur ihrer Zeit Raffinement und Leichtigkeit entgegen und nahm Einflüsse aus Spanien, Flandern und Italien auf. Inspiration lieferten auch die Eindrücke der Entdecker und Seefahrer. Es lohnt sich, genauer hinzuschauen, denn verspielter Detailschmuck an Fenster- und Türrahmen, Säulen, Decken und Gewölben kontrastiert faszinierend mit schlicht gehaltenen, großflächigen Fassaden.

39 Palácio Nacional da Ajuda ★ [I22]

Nach dem Erdbeben von 1755 ließ König Dom José I. auf dem Hügel Ajuda zunächst aus Holz einen provisorischen Palast erbauen, der im Volksmund „Baracke des Königs" genannt wurde: „Real Barraca".

1796 initiierte König Dom João VI. nach einem Brand den Bau eines neuen Palasts aus Kalkstein. Er war noch nicht fertig, als die königliche Familie 1821 nach 14 Jahren Exil aus Brasilien zurückkehrte.

König Dom Miguel (1802–1866) zog daher in den Palácio das Necessidades, heute Sitz des portugiesischen Außenministeriums. Erst ab 1861 wurde Ajuda unter Dom Luís I. (1838–1889) zum **Wohnsitz der Kö-**

nigsfamilie. In den Sälen sind Ölgemälde, Skulpturen, wertvolles Mobiliar, Wandteppiche und Porzellan zu bewundern.

Im **Bankettsaal** finden bis heute **Staatsempfänge** statt. Das Deckenfresko stellt die Geburt von König Dom João VI. dar. Im neogotischen Zimmer von Luís I. stehen wertvolle geschnitzte Möbel.

Der ebenfalls sehenswerte luxuriöse, mit edlem **Meißener Porzellan** geschmückte Sala de Saxe ist ein Geschenk des Königs von Sachsen an Maria Pia von Savoyen, die König Dom Luís I. 1862 heiratete.

› Lg. da Ajuda, Tram 18E u. Bus 60 bis Cç. Ajuda (Palácio), www.palacioajuda.pt, Tel. 213637095, tgl. außer Mi. 10–18 Uhr, 5 €

Entdeckungen außerhalb des Zentrums

Im Park der Nationen, zur Weltausstellung von 1998 großzügig von vielen renommierten Architekten geplant, zeigt sich Lissabon futuristisch. Santiago Calatrava gestaltete den Bahnhof Oriente direkt gegenüber dem Einkaufszentrum Vasco da Gama. Unmittelbar vor den Toren Lissabons liegen einige schöne Strände. Estoril, Cascais und Sintra sind auch für die „Lisboetas" beliebte Tagesausflugsziele.

40 Parque das Nações ★★★ [f4]

Die **Expo 98** zum 500. Jubiläum der Entdeckungsreisen von Vasco da Gama (1469–1524) gab Lissabons Stadtentwicklung einen Schub. Verseuchte Böden mussten gereinigt und Milliarden investiert werden, um das neue Stadtviertel auf der Industriebrache einer Hafenanlage zu errichten. **Wasser und Seefahrt**, die zentralen Themen der Weltausstellung, prägten auch die moderne Architektur. Viele Wasserflächen und Springbrunnen lockern sie auf.

051lb Abb.: ps

Parque das Nações 40: Tejo-Ufer, Seilbahn und Hotel Myriad (s. S. 136)

Zwei 110 m hohe Büro- und Wohntürme sind nach den Schiffen Vasco da Gamas „São Rafael" und „São Gabriel" benannt. Neben dem 145 m hohen **Torre Vasco da Gama** am nördlichen Ende der Seilbahn prägt das Fünfsternehotel Myriad (s. S. 136) die Skyline. Dahinter schließt sich die große **Grünanlage Parque Tejo** an.

Der portugiesische Architekt Regino Cruz lieferte den Entwurf des **runden Pavilhão Atlântico**, heute die große Eventhalle **Altice Arena** (s. S. 92) mit 16.500 Plätzen. Ein langer Wasserlauf trennt den Pavillon von den Nordhallen, die Lissabons Messe beherbergen – die Feira Internacional de Lisboa. In dem überdimensionierten ehemaligen „Pavillon der Zukunft" befindet sich heute ein Kasino. Manchmal ist es Schauplatz für Livekonzerte. Kinder können mit den Eltern oder der Schule das **Wissenschafts- und Technikmuseum** besuchen.

Die Promenade am Tejo ist im Bereich der Gartenanlage **Jardim Garcia de Orta** vor dem Messegelände am schönsten. Gartenlauben mit Pflanzen aus fernen Ländern, Wasserläufe, Pergolen und Bänke laden zum Verweilen ein. 1998 wurde auch die knapp 18 km lange **Ponte Vasco da Gama** fertig, eine gigantische Brücke mit 160 Pfeilern, die Lissabon mit dem Südufer bei Montijo verbindet, dem Tor zum Alentejo.

Die Seilbahn **Telecabine Lisboa** pendelt auf der über 1 km lange Strecke zwischen dem Jachthafen in der Nähe des Ozeaneums (Passeio de Neptuno) und dem Torre Vasco da Gama im Norden des Parks (Passeio das Tágides). Wer in 20 m Höhe in einer Gondel am Tejo entlangschwebt, hat nicht nur eine gute Sicht, sondern mit ruhiger Hand auch beste Fotomotive.

› **Seilbahn,** Parque das Nações, Metro: Oriente, www.telecabinelisboa.pt/precos-horarios, Betrieb: 10.30/11–18, 19 oder 20 Uhr, je nach Jahreszeit (Details siehe Website), Hin- und Rückfahrt 8 €, einfache Fahrt 6,50 €, Kinder 4–12 J. 5,50 bzw. 4,50 €

41 Oceanário de Lisboa ★★ [g5]

Der amerikanische Architekt Peter Chermayeff ließ das Aquarium in ein früheres Hafenbecken bauen. Haie und Rochen schwimmen hautnah an den großen Fenstern des Hauptbeckens vorbei. Ebenso begeistern Pinguine und Otter in den draußen für sie geschaffenen Lebensräumen.

5000 m³ Wasser, 1000 m² Grundfläche, rund 8000 Bewohner und 450 Arten – so weit zu den Zahlen. Die meisten Besucher des Aquariums bleiben staunend vor dem **großen Becken in der Gebäudemitte** stehen. Haie, Thunfische und Sardinen können sie vielleicht selbst bestimmen. Der kugelrunde, glatte und silbrig glänzende Mondfisch mit seiner nach oben ragenden Rückenflosse ist schon schwerer zu identifizieren.

Bei einem Rundgang lernt man die Lebensräume und Bewohner von Nordatlantik, Pazifik, Indischem Ozean und Südpolarmeer kennen. Neben den Großfischen faszinieren auch kleine Arten wie bunt schillernde Quallen, filigrane Seepferdchen oder die kuriosen Fetzenfische, die aussehen wie Blätter oder Algen.

Kindern bereitet es große Freude, bei der **Fütterung der Tiere** zuzusehen: Mantas und Fische werden tgl. um 13 Uhr versorgt, Rochen Mo., Mi.

Wie ein Märchenschloss: Palácio Nacional da Pena

054lb Abb.: ps

MEIN TIPP

Ausflug nach Sintra

Am besten mit dem Auto macht man einen Tagesausflug nach Sintra, das 20 km von Lissabon in einer grünen Berglandschaft liegt und zum Weltkulturerbe der UNESCO zählt. Markant erheben sich die beiden Schornsteine der Palastküche des **Palácio Nacional do Sintra** hoch über dem Zentrum. Mit guter Aussicht wandern und picknicken lässt sich zwischen den Ruinen der maurischen Festung **Castelo dos Mouros.** Sie befindet sich in einem Wald hoch über Sintra. Auf einem zweiten Hügel thront der märchenhafte **Palácio Nacional da Pena.** König Dom Fernando II. ließ ihn im 19. Jh. für seine Frau Dona Maria II. von dem Deutschen Wilhelm Baron von Eschwege wie ein portugiesisches Neuschwanstein erbauen.

Wer **mit dem Auto** fährt, kann auf dem Rückweg von Sintra die schöne Küstenstraße über Cascais und Estoril nach Lissabon nehmen.

Mit dem Zug: Vom Bahnhof in Sintra geht es mit dem Bus 435 ins Zentrum. Bus 434 fährt durch die Altstadt zum Castelo dos Mouros (Palácio Nacional de Sintra, 10/8,50 €, 9.30–18.30 Uhr) und bis zum Palácio Nacional da Pena (Palast und Park 14/12,50 €, nur Park 7,50/6,50 €, im Sommer täglich von 10 bis 19 Uhr geöffnet, Park bis 20 Uhr).

und Fr. 11.15–11.45 Uhr, Haie Mo. und Fr. 10.30–11 Uhr und die Pinguine und Otter tgl. ab 15 Uhr.

Es werden spezielle **Führungen für Kinder** und **Familienaktivitäten** angeboten, darüber hinaus gibt es **Sonderausstellungen zu verschiedenen Meeresbewohnern**, z. B. zu Meeresschildkröten oder anderen im Wasser lebenden Tierarten.

› Esplanada Dom Carlos I, Metro: Oriente, www.oceanario.pt, Tel. 218917002, Sommer tgl. 10–19, Winter tgl. 10–18 Uhr, Dauerausstellung: 19 €, 4–12 Jahre 10 €, letzter Einlass 1 Std. vor Schließung

Citynahe Strände

Weite Sandstrände, Dünen und herrliche Wellen, Bars und Fischrestaurants locken vor die Haustür Lissabons an die **Costa da Caparica.** Hier reiht sich vom Fischerort Caparica bis Cabo Espichel auf rund 30 km Länge ein breiter Sandstrand an den nächsten. Mit dem Auto geht es über die Ponte 25 de Abril. Oder man nimmt mit dem Metroticket die Fähre vom Cais do Sodré nach Cacilhas (15 Min. Fahrt, alle 20 Min. 5.30–2 Uhr) und fährt mit dem Bus 135 bis zur Endstation. Wer noch weiter möchte: 10 km am Strand entlang fährt im Sommer der **Transpraia** (https://transpraia.pt), ein offener Mini-Zug, der an jeder Strandstation bis Fonte da Telha hält.

Zwei, drei Stunden baden und die alten **Seebäder Estoril und Cascais** besuchen? Dazu lohnt es selbst am Nachmittag noch, vom Cais do Sodré mit dem Vorortzug Linha de Cascais bis Estoril zu fahren. Die ruhigere, auch gut für kleinere Kinder geeignete Sandbucht der **Praia do Tamariz** schmiegt sich an den hübschen Sommerfrischeort mit Kasino. An der rund 2 km langen Meerespromenade mit einigen netten Restaurants am Wasser entlang ist Cascais in ca. 20 Minuten zu Fuß erreicht. In dem netten Badeort mit Jachthafen gibt es drei kleine Strände. Es werden auch Fahrräder verliehen. Bis ca. 1 Uhr fahren Züge nach Lissabon zurück. Die **Praia da Ponta dos Corvos,** ein quasi tropischer Tejo-Badestrand mit Blick auf Lissabon nahe Seixal, ist bei den Lisboetas ebenso beliebt wie die malerischen Buchten („Praia dos Galapinhos") des Naturparks Arrábida, 40 km von Lissabon entfernt.

Surfer zieht es an Strände wie die **Praia do Guincho** auf dem Weg zum aussichtsreichen und felsigen **Cabo da Roca** im Naturpark Sintra-Cascais oder an die **Praia Grande.** Verliebte mögen die romantischen Strände **Praia das Maçãs** und **Azenhas do Mar.** Von der **Praia do Magoito** blickt man bei Ebbe über zahlreiche Buchten bis zu dem beliebten Surfspot Ericeira.

Im Sommer trubelig, aber erfrischend: Badepause in Estoril

052lb Abb.: ps

LISSABON ERLEBEN

132lb Abb.: ps

Lissabon für Kunst- und Museumsfreunde

Über mangelnde Abwechslung brauchen sich Museumsbesucher in Lissabon nicht zu beklagen. Einige der bedeutendsten **Kunstschätze des Landes** sind in den Museen, Kirchen und Klöstern der Hauptstadt zu sehen. Große Teile der Sammung des Museu Nacional de Arte Antiga 34 stammen zum Beispiel aus dem Besitz des portugiesischen Königshauses. Weitere Highlights sind das Museu Calouste Gulbenkian 30 mit der Sammlung des armenischen Ölmagnaten und das Museu Nacional do Azulejo, ein Muss für alle Liebhaber der portugiesischen Kachelkunst.

Zeitgenössische Kunst ist im Centro de Arte Moderna der Gulbenkian-Stiftung, im Museu Berardo im Kulturzentrum von Belém und im MAAT (Museu Arte Arquitetura Tecnologia) zu sehen.

Museen

M6 [T21] **Atelier-Museu Júlio Pomar,** Rua do Vale, 7, Tram 28E, Tel. 218172111, www.ateliermuseujuliopomar.pt, Di.-So. 10-13, 14-18 Uhr, Eintritt 2 €, Der Architekt Álvaro Siza Vieira aus Porto realisierte einen modernen Bau. Zu sehen sind die Werke des Lissabonner Künstlers Júlio Pomar – Gemälde, Skulpturen, Grafiken, Keramiken ...

M7 [S19] **Casa – Museu Amália Rodrigues,** R. São Bento, 193, Tram 28 bis R. São Bento, http://amaliarodrigues.pt, Tel. 213971896, Di.-So. 10-13 u. 14-18 Uhr, Eintritt 7 € (Kinder bis 12 J. frei). In den 5 Zimmern, die Amália Rodrigues rund ein halbes Jahrhundert bewohnte, wurde seit ihrem Tod 1999 kaum etwas verändert. Bühnenkleider, Fotos, Schmuck, Orden, Brillanten und Plateauschuhe geben Aufschluss über das Leben der verehrten Fado-Sängerin.

29 [U14] **Casa – Museu Dr. Anastácio Gonçalves.** In der Jugendstilvilla in Saldanha sind 2000 Sammlerstücke des reichen Augenarztes ausgestellt, darunter Gemälde und chinesisches Porzellan (s. S. 48).

33 [Q19] **Casa – Museu Fernando Pessoa.** Das Museum im Wohnhaus Pessoas organisiert Lesungen und Liederabende, verfügt über eine Präsenzbibliothek, u. a. mit deutschen Büchern, und ein schönes Terrassencafé. (s. S. 51).

27 [T18] **Casa – Museu Medeiros e Almeida.** In der Stadtvilla eines Bankiers macht eine Antiquitätensammlung aus Europa und Übersee mit der Wohn- und Dekorationskultur der portugiesischen Oberschicht vertraut (s. S. 46).

10 [X21] **Casa dos Bicos.** Das Museum der Stiftung des Literaturnobelpreisträgers José Saramago bietet auch ein interessantes Eventprogramm (s. S. 33).

M8 [W22] **Centro Interpretativo da História do Bacalhau (CIHB),** Pr. do Comércio, www.historiabacalhau.pt, Tel. 211126155, tgl. 10-19 Uhr, Eintritt 4 €, Kombiticket mit Lisboa Story Center 9 €. Kabeljau, gefangen von portugiesischen Fischern in den fernen Gewässern Neufundlands und Grönlands, prägt seit Generationen die Gastronomie und Kultur Lissabons und ganz Portugals. Eine spannende Ausstellung zur Geschichte des Kabeljaufangs.

M9 [T18] **Cinemateca Portuguesa,** R. Barata Salgueiro, 39, Metro: Avenida, www.cinemateca.pt, Tel. 213596200, Filmmuseum Mo.-Sa. 12.30-19.30 Uhr, Eintritt frei. Kinomuseum, Pro-

Vorseite: Tuk-Tuks sind im hügeligen Lissabon ein beliebtes Fortbewegungsmittel

grammkino (2 Säle), Ausstellungen und Filme im Original mit portugiesischen Untertiteln. Restaurant mit Terrasse.

M 10 [R17] **Fundação Arpad Szenes – Vieira da Silva,** Pr. das Amoreiras, 58, Metro: Rato, www.fasvs.pt, Tel. 213841490, Mi.–So. 10–18 Uhr, Eintritt 5 €. Das Museum in einer ehemaligen Seidenfabrik zeigt Gemälde des portugiesisch-ungarischen Künstlerehepaars, Werke aus ihrer Sammlung sowie Ausstellungen. Maria Helena Vieira da Silva (1908–1992) studierte in Paris Bildhauerei und Malerei und lernte dort ihren Mann kennen, den ungarischen Künstler Arpad Szenes (1897–1985). Sie kamen oft zu Besuch nach Lissabon, verbrachten ihr Leben aber in Paris. Arpad Szenes war Jude. 1940 floh das Paar und lebte bis 1947 in Rio de Janeiro. Beide gelten als bedeutende Vertreter der École de Paris.

M 11 [W22] **Lisboa Story Centre,** Pr. do Comércio, 78, www.lisboastorycentre.pt, Tel. 211941027, tgl. 10–19 Uhr, letzter Einlass 18 Uhr, Eintritt 6,50 €, Kinder 6–15 J. 3 €, Kombiticket mit CIHB (s. S. 64) 9 €/4 €, mit Audioguide, Besuchsdauer 1 Std. Spielerisch, interaktiv und mit viel Hightech wird hier Stadtgeschichte für alle Sinne vermittelt. Es riecht nach Gewürzen, man erlebt die Erschütterungen des Erdbebens von 1755 nahezu physisch und erfährt vieles über den Bau der „Baixa Pombalina".

M 12 [W21] **MUDE – Museu do Design e da Moda,** R. Augusta, 24, Metro: Terreiro do Paço, www.mude.pt, Tel. 218171892, **zurzeit wegen Erweiterung geschlossen,** bis zur Wiedereröffnung Ausstellungen auswärts. Das Museum für Mode und Design im früheren Gebäude der Banco Nacional Ultramarino in der Fußgängerzone soll künftig mitsamt Dachterasse weiter vergrößert werden. Architekt Luís Cristino da Silva (1896–1976) verwandelte eine ehemalige Bank in ein Museum und beließ dabei das erste Stockwerk in seinem Urzustand. Zur Sammlung gehören Objekte bedeutender Designer von Philippe Starck bis Yves Saint Laurent, Kreationen von Modeschöpfern wie Nuno Baltazar und Maria Gambina und Kostüme des Teatro da Cornucópia.

20 [V20] **Museu Arqueológico im Convento do Carmo.** Die gotische Kirchenruine ist eine faszinierende Kulisse und in den Räumen des ehemaligen Klosters ist eine wertvolle Sammlung mit Ausgrabungsfunden zu sehen (s. S. 41).

M 13 [F25] **Museu Berardo,** Centro Cultural de Belém, Pr. do Império, Tram 15, www.museuberardo.pt, Tel. 213612878, tgl. 10–19 Uhr, Eintritt 5 €, Sa. frei, Ausstellungen 5 €. Das Museum in dem riesigen Kulturzentrum **Centro Cultural de Belém** (CCB) zeigt die Kunstsammlung

120lb Abb.: ps

Igreja und Museu de São Roque **22** *blenden die Besucher förmlich mit vergoldeten Holzschnitzarbeiten*

des Unternehmers José Berardo. Mit Werken von Künstlern wie Picasso, Dalí, Hans Arp, Marcel Duchamp und Piet Mondrian werden die wichtigsten Kunstrichtungen des 20. Jh. dokumentiert. Zu sehen sind auch Werke zeitgenössischer portugiesischer Künstler. Von der Rooftop-Bar **Topo Belém** hat man einen tollen Ausblick.

M14 [S7] **Museu Bordalo Pinheiro,** Campo Grande, 382, Metro: Campo Grande, https://museubordalopinheiro.pt, Tel. 218170667, Di.–So. 10–18 Uhr, Eintritt 3 €. Rafael Augusto Bordalo Pinheiro (1846–1905) war Lissabons genialster Karikaturist des 19. Jh. Er nahm 1900 das portugiesische Staatsdefizit aufs Korn und brachte die Karikatur sogar auf die Kachel. Pinheiro war viele Jahre künstlerischer Direktor der Keramikfabrik Fábrica de Faianças in Caldas da Rainha. Im Bairro Alto ist neben dem Teatro da Trindade eine Straße nach ihm benannt. Das Museum zeigt Keramiken, Gussformen und Karikaturen des Künstlers.

30 [S13] **Museu Calouste Gulbenkian.** Die Sammlung, die der Ölmilliardär Lissabon vermachte, ist international berühmt (s. S. 48).

M15 [a18] **Museu da Água,** R. Alviela, 12, Bus 735 u. Metro: Santa Apolónia, Tel. 218100215, tgl. 10–17.30 Uhr. Lissabons **Wassermuseum** im Wasserwerk Barbadinhos.

M16 [M23] **Museu da Carris,** R. Primeiro de Maio, 101–103, Tram 15 u. Bus 714 bis Estação Sto. Amaro, http://museu.carris.pt, Tel. 213613087, Mo.–Sa. 10–13, 14–18 Uhr, Eintritt 4,50, erm. 2,50 €, Führung 3,50 €. Neben alten Trams und Exponaten rund um die Eléctricos zeigt Lissabons Straßenbahnmuseum eine kuriose Zusammenstellung verlorener und gefundener Gegenstände. Kinder freuen sich: Auf dem Gelände, zwischen den Ausstellungshallen, fährt eine Tram.

M17 [R22] **Museu da Marioneta,** R. da Esperança, 146, Tram 15 bis Santos, www.museudamarioneta.pt, Tel. 213942810, Di.–So. 10–18 Uhr, Eintritt 5 €, Kinder 2,50 €. Das Marionettenmuseum im Viertel Madragoa zeigt in dem ehemaligen Zisterzienserkloster Convento das Bernardas Marionetten aus Portugal und der Welt.

M18 [X21] **Museu de Aljube, Resistencia e Liberdade,** Rua de Augusto Rosa, 42, Tram 12, 28, www.museudoaljube.pt, Tel. 215818535, Di.–So. 10–18 Uhr, Eintritt 3 €/1,50 €. Der Name des noch aus der Maurenzeit stammenden, weiß gestrichenen Gebäudes in der Alfama in der Nähe der Kathedrale Sé bedeutet sowohl „Brunnen ohne Wasser" als auch „Gefängnis". Von 1928 bis 1965 war es ein politisches Gefängnis. Das Museum erinnert an die Diktatur in Portugal (1926–1974) und thematisiert den Widerstand gegen den Faschismus. Die untere Etage zeigt Ausgrabungsfunde.

15 [X20] **Museu de Artes Decorativas Portuguesas.** Möbel, Azulejos und Wandteppiche sind Musterbeispiele für die Arbeiten der Vergolder, Kunsttischler und Kachelmaler des 16.–19. Jh. (s. S. 37).

M19 [R7] **Museu de Lisboa,** Campo Grande, 245, Metro: Campo Grande, www.museudelisboa.pt, Tel. 217513200, Di.–So. 10–18 Uhr, Eintritt 3 €, Kombiticket mit Santo António u. Teatro Romano 6 €. Das **Stadtmuseum** im Palácio Pimenta (18. Jh.), den König João V. seiner Geliebten schenkte, befindet sich in Campo Grande. Es bietet einen guten Überblick über die Geschichte und Entwicklung der Stadt von den ersten Ausgrabungen bis zum Beginn der Republik 1910. Ein großes Modell zeigt Lissabon vor dem Erdbeben von 1755 (s. S. 108). Historische Fotos, Zeichnungen und Stadtpläne, Azulejo-Kunst ab dem 16. Jh., Gemälde und Modelle machen mit römischem Erbe, Kult des hl. Antonius, Entdeckungsreisen, Aquädukt, Fado, Zerstörung und Wiederaufbau vertraut.

20 [F25] **Museu de Marinha,** Pr. do Império, Tram 15, Bus 28, 201, 714, 727, 729 und 751, https://ccm.marinha.pt, Tel. 210977388, Di.–So. 10–18, im Winter bis 17 Uhr, Eintritt 6,50/3,25 €, Familienticket 14,60 €. Gemälde, zahlreiche Modelle der Karavellen portugiesischer Seefahrer, historische Karten und Waffen sind im **Marinemuseum** in einem Flügel des Hieronymus-Klosters 36 ausgestellt.

22 [U20] **Museu de São Roque.** Das Museum für Sakrale Kunst hat einen Durchgang zu einer der kunsthistorisch wertvollsten Kirchen der Stadt (s. S. 43).

21 [V21] **Museu do Chiado,** R. Serpa Pinto, 4, Metro: Baixa-Chiado, www.museuartecontemporanea.gov.pt, Tel. 213432148, Di.–So. 10–18 Uhr, Eintritt 4,50 €. Der französische Architekt Jean-Michel Willmotte gestaltete das einstmals 1914 im Chiado eröffnete Museum für zeitgenössische Kunst nach dem Brand im Jahr 1994 komplett neu. Zu sehen sind Wechselausstellungen mit Werken meist portugiesischer Künstler aus der Zeit von 1850 bis heute.

22 [V21] **Museu do Dinheiro,** Largo de S. Julião, Metro: Terreiro do Paço, www.museudodinheiro.pt, Tel. 213213240, Mi.–Sa. 10–18 Uhr, Eintritt frei. In der Kirche S. Julião, seit den 1930er-Jahren im Besitz der Banco de Portugal, zeigt das Museum des Geldes regelmäßig Ausstellungen für zeitgenössische Kunst u. a. in den früheren Tresorräumen der Bank. Hier geht es auch zur Ausgrabung der Überreste einer nach König Dinis (1261–1325) benannten Mauer. Er ließ sie im 13. Jh. zum Schutz vor Angreifern am Tejo-Ufer bauen. 2010 wurde sie bei Bauarbeiten wiederentdeckt.

23 [Y21] **Museu do Fado,** Lg. do Chafariz de Dentro, 1, Metro: Santa Apolónia, Bus 735 bis Alfândega, www.museudofado.pt, Di.–So. 10–18 Uhr, Tel. 218823470, Eintritt 5 €, erm. 2,50 €, stets interessante Angebote, Veranstaltungen und Workshops, siehe Website. In einem umgebauten Wasserwerk aus dem 19. Jh. dokumentiert das Museum mit Plakaten, Fotos, Schallplatten, Gitarren und Videos auf 2 Etagen Fado-Geschichte. Im UG sind Wechselausstellungen zu sehen. An vergangene Zeiten erinnert das nachgebildete Bordell Casa da Mariquinhas. Mit Kopfhörern kann

MEIN TIPP

Kunst am Tejo-Ufer

Treppen am Fluss, ein wellenförmiges Gebäude mit einer Fassade aus 3-D-Kacheln der britischen Architektin Amanda Levete: Das **MAAT (Museu Arte Arquitetura Tecnologia)** der Fundação EDP zeigt Ausstellungen zu zeitgenössischer Kunst, Architektur und Technologie. Es hat ein begehbares Dach mit Brücke über die Ausfallstraßen nach Belém und steht neben dem ehemaligen Elektrizitätswerk Central Tejo mit dem **Museu da Electricidade (Elektrizitätsmuseum)** in Belém.

Im ehemaligen Elektrizitätswerk am Tejo ist ein Industriekulturmuseum untergebracht. Die alten Maschinen sind original erhalten, daneben gibt es Infotafeln und Schwarz-Weiß-Fotos zur Geschichte des Werks und zur Stromerzeugung.

24 [I25] **Museu Arte Arquitetura Tecnologia (MAAT),** Av. Brasília, Central Tejo, Tel. 210028130, www.maat.pt, tgl. außer Di. 11–19 Uhr, Eintritt 5 €, Tram 15 bis Belém bzw. Bus 728, 714, 727, 729, 751

25 [I25] **Museu da Electricidade,** Av. Brasilia, Central Tejo, Tel. 210028190, Öffnungszeiten siehe MAAT, Eintritt 5 €, Kombiticket mit MAAT 9 €

man sich Fado anhören und an interaktiven Bildschirmen über Fado-Legenden informieren. Die Fado-Musikschule des Museums bietet Kurse für portugiesische Gitarre und Fado-Poesie an. Von Juni bis Sept. am Wochenende gibt es Führungen mit Fadosängern durch Alfama und Mouraria. Der Workshop „Sing Fado“ bietet Gelegenheit, von Musikern vor Ort zu lernen.

35 [O23] **Museu do Oriente.** Kunstschätze aus Fernost (s. S. 53)

M 26 [X21] **Museu do Teatro Romano,** Rua de São Mamede, 3A, Tram 28 und 12 bis Sé, www.museudelisboa.pt, Tel. 215818530, Di.–So. 10–18 Uhr, Eintritt 3 €, Kombiticket mit u. a. Museu de Lisboa 6 €. Mitten in der Alfama, gegenüber der Kathedrale, sind Ruinen eines römischen Theaters erhalten, das zu Zeiten der Kaiser Augustus und Nero bis zu 5000 Zuschauern Platz bot.

154lb Abb.: ps

M 27 [F25] **Museu Nacional de Arqueologia,** Pr. do Império, Cascais-Linie oder Tram 15 bis Belém, www.museunacionalarqueologia.gov.pt, Tel. 213620000, Di.–So. 10–18 Uhr, Eintritt 5 €, Kombiticket mit Mosteiro dos Jerónimos 10 €. Das große Museum im Hieronymus-Kloster 36 präsentiert archäologische Funde von der Bronzezeit bis zum Mittelalter sowie aus Ägypten.

34 [Q23] **Museu Nacional de Arte Antiga.** Das Museum für Alte Kunst hat einen Skulpturengarten mit Café am Tejo (s. S. 52).

M 28 [b17] **Museu Nacional do Azulejo,** R. Madre de Deus, 4, Bus 718, 742 u. 794 bis Igreja Madre de Deus, www.museudoazulejo.gov.pt, Tel. 218100340, Di.–So. 10–13, 14–18 Uhr, Eintritt 5 €, Kombiticket mit Panteão Nacional, Museu Nacional de Arte Antiga und Frente Ribeirinha 15 €. Attraktion des Kachelmuseums im ehemaligen Klarissinnenkloster Convento da Madre de Deus ist ein 23 m langes Wandbild aus 1300 Azulejos, das Lissabon vor dem Großen Erdbeben von 1755 zeigt. Das Museum dokumentiert die Entwicklung der Kachelkunst und die Herstellung von Azulejos von der Zeit der Mauren bis ins 19. Jh. Auch die Kreuzgänge und die barocke Klosterkirche sind eindrucksvoll mit Kacheln verziert. Die Cafeteria im früheren Refektorium wartet mit einem hübschen Innenhof auf.

M 29 [H25] **Museu Nacional dos Coches,** Av. da Índia, 136, http://museudoscoches.gov.pt, Tel. 210732319 Di.–So. 10–18 Uhr, Eintritt 8 bzw. 4 €, beide Museen 10 €, Kombiticket mit Palacio da Ajuda 12 €. In dem funktionalen Neubau des brasilianischen Architekten Paulo Mendes da Rocha ist ein Großteil

Eine Attraktion in Belém: das Kutschenmuseum (Museu dos Coches)

der königlichen Kutschensammlung ausgestellt. Zusätzlich werden hier Sonderausstellungen und Filme gezeigt.

30 [H25] **Museu Nacional dos Coches im Picadeiro Real,** Pr. Afonso de Albuquerque, Tram 15, Bus 714 u. 751 bis Belém, Tel. 213610850. In der früheren Reitschule des Königspalastes mit ihrem schönen Deckenfresko kann man noch einen kleinen Teil der königlichen Kutschensammlung bewundern. Der Großteil der Kutschen befindet sich inzwischen im Neubau am Tejo-Ufer.

Ausstellungen

•**31** [M24] **Expêriencia Pilar 7,** Avenida da Índia, Pilar 7 da Ponte 25 de Abril, Tram Alcântara, www.visitlisboa.com/de/setzt/experiencia-pilar-7, Tel. 211117880, Mai–Sept. 10–20, sonst bis 18 Uhr, 5 €. Am siebten Brückenpfeiler der Ponte 25 de Abril fährt ein Aufzug zu einer Aussichtsplattform in 90 m Höhe, wo eine Ausstellung die Baugeschichte der Brücke dokumentiert.

32 [W21] **Fundação Millenium BCP Núcleo Arqueológico,** R. dos Correeiros, 9, Metro: Terreiro do Paço, www.fundacaomillenniumbcp.pt/nucleo-arqueologico, Tel. 211131004, Di.–Sa. 10–17 Uhr, stdl. 50-minütige Führungen, Eintritt frei. Die Privatbank zeigt Ausstellungen, es gibt Führungen zur Frühgeschichte der Baixa. Bei der Renovierung des Gebäudes in den 1990er-Jahren fand man Spuren phönizischer Besiedlung (8.–5. Jh. v. Chr.), Mosaike, römische Tanks zur Lagerung gesalzenen Fischs, Amphoren und Skelette aus dem Mittelalter.

33 [T18] **Sociedade Nacional de Belas Artes,** R. Barata Salgueiro, 36, Metro: Marquês de Pombal, www.snba.pt, Tel. 213138510, Mo.–Fr. 12–19, Sa. 14–20 Uhr, Eintritt frei. Der Lissabonner Kunstverein präsentiert Ausstellungen und bietet Kurse (z. B. Malerei) an.

Kunstgalerien

34 [T18] **Antiks Design,** R. Mouzinho da Silveira, 2, Metro: Marquês de Pombal, www.antiksdesign.com, Tel. 936443673, Mo.–Sa. 13–22 Uhr. Die große Galerie für moderne portugiesische Kunst und Skulpturen gegenüber der Cinemateca lohnt einen Besuch.

35 [T20] **Manufactura de Tapeçarias de Portalegre,** R. da Academia das Ciências 21, Tram 28 bis Estrela (Basílica), www.mtportalegre.pt, Tel. 213421481, Mo.–Fr. 13–19.30 Uhr. Die Galerie zeigt die berühmten Wandteppiche der Manufaktur in Portalegre. Künstler malen die Vorlagen für die von Hand geknüpften Teppiche, die wie Gemälde wirken.

36 [T19] **Trema – Arte Comtemporânea,** Rua do Mirante 12, Metro: Santa Apolónia, www.trema-arte.pt, Tel. 218130523, Di.–Fr. 13–19.30, Sa. 12–19 Uhr. Die Galerie in der Nähe des Campo de Santa Clara vertritt portugiesische Künstler der Gegenwart.

Kunst unter freiem Himmel

Street-Art, Murals und Graffiti verleihen dank der Initiative „Galeria de Arte Urbana“ (GAU) des Kulturamts etlichen grauen Fassaden einen besonderen Charme moderner Urbanität. Parkhauswände, Müllwagen, Glascontainer und Mülltonnen wurden bunt bemalt und sind seither beliebte Fotomotive. Wandmalereien machen z. B. die graue Mauer entlang der **Calçada da Glória** [U19/20], wo der Ascensor da Glória zum Bairro Alto hinaufschleicht, zum Blickfang. Im oberen Drittel hat eine Open-Air-Ausstellung ansonsten eher verlorenes Terrain neu erschlossen.

Über 200 Street-Art-Künstler aus 20 Ländern hinterließen legale kreative Spuren in der portugiesischen

093lb Abb.: ps

Hauptstadt. Selbst José Saramago samt Ehefrau oder Amália Rodrigues schauen den Betrachter von den Hauswänden an. Illegales Sprayen bestraft die Stadt hingegen mit hohen Bußgeldern für Sachbeschädigung.

Viele **Murals** schmücken ganze Hauswände in Graça und in der LX Factory (s. S. 54). Sprayer haben sich in der Passage unter den Avenidas da India und Brasilia an der Haltestelle Alcantâra-Mar verwirklicht.

Auch mitten in der Alfama unterhalb des Burghügels gestaltet ein Street-Art-Künstler die Ruinen ehemaliger Wohnhäuser (siehe hierzu auch Spaziergang 2 auf S. 17).

› **Galeria Arte Urbana (GAU),** http://gau.cm-lisboa.pt/galeria.html

Wandmalerei zur Nelkenrevolution

Lissabon für Genießer

Essen und Trinken

Lissabon hat seit Jahrhunderten eine besondere Beziehung zum Meer – das spiegelt sich auch in der Küche wider. Die Eroberer der Seefahrernation ernährten sich im 16. und 17. Jh. von gesalzenem und getrocknetem Kabeljau („bacalhau"), der erst durch stundenlanges Einlegen in Wasser genießbar wurde. In Plastik eingeschweißt, hängt oder liegt der Stockfisch auch heute noch in Supermärkten und kleinen Lebensmittelläden. Für ihren „treuen Freund" („amigo fiel") kennen die „Lisboetas" mindestens 365 Zubereitungsarten, für jeden Tag eine. Zusammen mit Sardinen ist der „bacalhau" das preiswerteste und traditionsreichste Geschenk der Meere. Darüber hinaus sind die Speisekarten Lissabons so vielfältig, dass man selbst über Wochen nicht dasselbe essen müsste.

Ob in den Gourmettempeln oder im einfachen Ecklokal: **Bacalhau** steht auf allen Speisekarten. Da die *Lisboetas* ihr **Nationalgericht** trotz der kulinarischen Vielfalt in großen Mengen konsumieren, wird er inzwischen aus Kanada, Norwegen, Russland und Island importiert und inzwischen hat die Stadt ihm ein eigenes Museum gewidmet (CIHB, s. S. 64). Man muss ihn keineswegs würzen, denn sein Geschmack nach Sonne und Salz gilt nicht als streng, sondern als naturbelassen-pikant. Man isst *bacalhau* gebraten, gedünstet, gekocht und frittiert, nutzt ihn als Grundlage für Suppen und Eintöpfe, genießt ihn mit Reis *(arroz de bacalhau)*, als Kroketten *(pastéis de bacalhau)*, als Füllung in Teigtaschen und zuweilen findet er sogar in Desserts Verwendung.

071lb Abb.: ps

Die Sardine gehört uns!

Fast ebenso populär ist die **Sardine** *(sardinha),* die im Juni und Juli Saison hat und bei den Festen zu Ehren der *Santos Populares* (Volksheiligen) in jeder Gasse auf jedem Grill liegt. Wie der Bacalhau ist sie eine **kulinarische Ikone der Stadt.** Jedes Jahr wird bei einem Wettbewerb die beste künstlerisch gestaltete Sardine prämiert. „A Sardinha é Nossa!" („Die Sardine gehört uns!") ist seit einer gleichnamigen Ausstellungsreihe in der Galerie der Fundação Millennium (s. S. 69) zum geflügelten Wort geworden. Die Verehrung der Sardine hat in Lissabon eine lange Tradition. Schließlich versorgten die Fischfabriken von Olisipo schon im 1. bis 5. Jh. v. Chr. das Römische Imperium mit Sardinen und anderem Fisch in Keramikamphoren.

Fremdlinge hatten dafür nicht immer Verständnis. So bezeichnete der deutsche Naturwissenschaftler Heinrich Friedrich Link die Sardine im 19. Jh. als „das Gewürz und das Labsal der Armen, oft auch ein Schweinefutter". Heute jedoch lässt sich die Sardine als Gourmetfood genießen, beispielsweise im **Can the Can** (s. S. 82) oder im **Sol e Pesca** (s. S. 89). In der **Conserveira de Lisboa** (s. S. 99) gibt es Sardinen in nostalgischen Konservendosen, bestens geeignet als Mitbringsel für die Lieben daheim.

Aus den Weltmeeren

Liebhaber von Fisch- und Meeresfrüchten kommen in den **Marisqueiras (Meeresfrüchterestaurants)** auf ihre Kosten. Tintenfische, Krebse, Thunfisch, Schwertfisch, Garnelen und Austern sind preislich günstiger als Langusten *(lagostas),* Riesentaschenkrebse *(sapateiras)* und Meeresspinnen *(santolas),* die sich der Gast in vielen Fischrestaurants frisch aus dem Aquarium aussuchen kann. Eine Spezialität ist *tamboril,* grätenloser Seeteufel. Zu den schmackhaften Klassikern zählen *dourada* (Goldbrasse), *robalo* (Seebarsch) und *cherne* (Silberbarsch). *Na brasa* (auf Holz-

⍓ *Traditionell gestaltete Fischdosen in der Conserveira de Lisboa (s. S. 99)*

kohle gegrillt) kommt ihr Geschmack am natürlichsten zur Geltung. Beliebt und typisch sind Reiseintöpfe mit Riesengarnelen *(arroz de gambas)* oder Tintenfisch *(arroz de choco* oder *de sepia)*, Muscheleintöpfe, z. B. *ameijoas na cataplana* mit Schweinefleisch, Speck und Zwiebeln, sowie Fischeintöpfe *(caldeiradas)*.

Vom Steak bis zum Spanferkel

Fleisch gab es früher fast nur an Festtagen. Innereien und Reste wurden ebenfalls verwertet. Auf den heutigen Speisekarten stehen daher oft noch Kutteln oder Leber. **Auf Fleischgerichte spezialisierte Restaurants** heißen **Churrasqueiras.** In Lissabon stehen zum Beispiel Rindersteaks *(bife)*, Hähnchen *(frango)*, Lamm *(borrego)* und Zicklein *(cabrito)* auf der Speisekarte. *Bife à marrare* ist ein Steak, das entweder mit einer Pfefferrahm- oder einer Kaffeesauce zubereitet wird. Mit Rotwein und Knoblauch mariniertes Rindfleisch heißt *alcatra. Mal passado* lautet der Hinweis, wenn man sein Fleisch nur kurz angebraten haben möchte. Eine Spezialität ist auch knusprig gebratenes Spanferkel *(leitão assado)*. Taube, Rebhuhn und Wild füllen in der Saison ebenfalls die Teller.

Saisonale Frische

Ob Fisch, Fleisch, Gemüse, Salat oder Gewürze – kein guter Küchenchef lässt sich die Ehre nehmen, frische Produkte der Saison zu verwenden. Und küchenerfahrene *Lisboetas* wissen genau, wann der Kohl für ihre *caldo verde* (Kohlsuppe) reif ist oder wann es *alface* (Kopfsalat) gibt. Nicht umsonst bekamen die Bewohner Lissabons bereits im 18. Jh. den Spitznamen *Alfacinhas* – Salatköpfchen. Im Sommer essen sie wiederum gern Schnecken, z. B. zum kühlen Bier. An den Kneipen und Restaurants verkünden dann die Schilder: *Há caracóis* („Es gibt Schnecken"). Da schmecken so manchem vielleicht die *tremoços* besser, Lupinenkerne in Salzlake. Man knabbert sie wie Pistazien oder Erdnüsse; die Schale isst man nicht mit.

Regionale Landesküchen

Zu den beliebtesten Gewürzen zählen Knoblauch und Koriander, z. B. für *açorda* (Brei aus gemahlenem alten Brot), der in vielen traditionellen Gerichten mit Fisch, Garnelen, Fleisch oder Gemüse verwendet wird. Die **Regionalküchen des Alentejo**, wörtlich „jenseits des Tejo" im Süden Portugals, **und von Trás-os-Montes** im Norden des Landes, sind im ganzen Land beliebt und auch in der Lissabonner Restaurantlandschaft gut vertreten. Aus dem Gebirge stammt z. B. ein typisches Wintergericht, der Eintopf *cozido à portuguesa*. Das setzt der Fantasie des Kochs keine Grenzen und kann Fleisch, Blutwurst, Schweinefüße, Kartoffeln, Möhren, Erbsen, Kohl und Reis enthalten. Das dunkelhäutige Iberische Schwein *(porco preto)* aus dem Alentejo, das sich von Korkeicheln ernährt, liefert besonders hochwertigen Schinken.

Frischer Wind durch junge, kreative Köche

Deftig und fett ist in der portugiesischen Küche passé. Lissabons junge Gourmetköche setzen auf einfallsreich verfeinerte traditionelle Rezepte. Diese präsentiert zum Beispiel **José Avillez** in seiner TV-Kochshow „JA ao lume" („Jetzt kochen"). Mit Mitte 30 hatte der sympathische Koch bereits eine steile Karriere hinter sich. Er schrieb mehrere Kochbücher und eröffnete im Chiado mehrere Restaurants, u. a. das **Café Lisboa** im Gebäude des Teatro Nacional de Sao Carlos (s. S. 94), das Restaurant **Belcanto** (s. S. 82) und das **Bairro do Avillez** (s. S. 82) im Chiado-Viertel mit gleich mehreren Restaurants und einem überdachten, lichtdurchfluteten Innenhof.

Während der Deutsche **Joachim Koerper** im Gourmetrestaurant **Eleven** (s. S. 83) seit 50 Jahren von sich reden macht, setzt der Portugiese **Vítor Sobral** in seiner **Tasca da Esquina** (s. S. 83) auf heimische Qualitätsküche zu erschwinglichen Preisen. Er ist dafür bekannt, die Finessen der Haute Cuisine in der Welt der *petiscos* (Appetithappen) kreativ umzusetzen. Seine kleinen Snacks serviert er täglich in neuen Kombinationen.

Kulinarischer Wortschatz und typische Gerichte

Süßes aus dem Kloster

barrigas de freira – „Nonnenbäuche“
orelhas de abade – „Abtsohren“
papos de anjo – „Engelsbäuchlein“
toucinho do céu – „Himmelsspeck“

Beilagen und Typisches

alface – Kopfsalat
açorda – Brotsuppe aus Brot vom Vortag
manteiga – Butter
pão – Brot
petiscos – portugiesische Tapas („Häppchen“)
porco preto – Iberisches Schwein („schwarzes Schwein“)

Erlesenes aus dem Meer

mariscos – Meeresfrüchte
santola – Meerspinne
sapateira – Taschenkrebs
camarões – Garnelen

Suppen und Eintöpfe

caldeirada – Fischeintopf mit Gemüse
caldo verde – Grünkohlsuppe („grüne Brühe“)
canja – Hühnersuppe (mit Reis)
cozido à portuguesa – Fleischeintopf mit Kohl und Bohnen (portugiesischer Eintopf)
feijoada de chocos – Bohneneintopf mit Sepia
gaspacho – kalte Gemüsesuppe
sopa da pedra – „Steinsuppe“ mit Gemüse und Fleisch
sopa de peixe – Fischsuppe

Kleine und große Gerichte

bacalhau à brás – im Ofen gebackener Stockfisch mit Zwiebeln, Eiern, Kartoffeln und Petersilie
bacalhau com grão – Kabeljau mit Kichererbsen
bacalhau com natas – im Ofen gratinierter Stockfisch in Sahnesauce
bitoque – gegrilltes Steak/Schnitzel mit Pommes, Reis, Spiegelei und Salat
carne de porco à portuguesa – Schweinefleischwürfel mit Oliven und Kartoffeln
carne de porco à Alentejana – Schweinefleischstücke mit Muscheln
chocos com tinta – Tintenfisch in eigener Tinte
frango grelhado – gegrilltes Hähnchen
lulas recheadas – mit Wurst oder Hackfleisch gefüllter Tintenfisch in Tomatensauce mit Reis
peixinhos da horta fritos – panierte, frittierte Stangenbohnen, die aussehen wie kleine Fische („Gartenfischchen“)
risol de carne – frittierte Teigtasche mit Fleischfüllung
salada de polvo – Tintenfischsalat

Olivier Costa inszeniert nicht nur, was aus seinen Kochtöpfen kommt, sondern versteht sich als Restaurator. Er setzt auf das besondere Design seiner Restaurants (z. B. **Guilty by Olivier**, s. S. 84), mal industriell, mal luxuriös und fürstlich, aber immer bis ins Detail durchgestylt.

Süße Nachspeisen und Pastelarias

Nach dem Hauptgericht sollte man auf jeden Fall Platz für einen Nachtisch *(sobremesa)* lassen. Typisch sind *arroz doce* (Milchreis mit Zimt), *doce de ovos* (eine süße Eierspeise) und *pudim caseiro,* Eierpudding mit Karamellsauce, der dem spanischen *flan* ähnelt. Alles enthält viel Zucker und Eigelb und geht noch auf die **Zeit der Mauren** zurück. Beim traditionellen Klostergebäck *toucinho do céu* („Himmelsspeck") kommen noch Mandeln hinzu. Die zuckersüßen *ovos moles* („weiche Eier") stammen aus dem nordportugiesischen Aveiro. Natürlich wird als Alternative häufig auch frisches Obst *(fruta)* oder Eis *(gelado)* angeboten.

Günstiger und zeitlich ungebundener als im Restaurant isst man Süßes in Form von köstlichen Kuchen oder Törtchen in den **Pastelarias** (Konditoreien). *Fabrico próprio* bedeutet, dass alles aus der hauseigenen Bäckerei

015lb Abb.:ps

⌂ *Traditionsgetränk und Gaumenfreude: der Kirschlikör aus der Ginjinha Espinheira am Rossio*

MEIN TIPP

Unbedingt probieren: Ginjinha

In ihren **„Ginjinha"-Stehbars** trinken die *Lisboetas* zu jeder Tageszeit den Sauerkirschlikör *Ginjinha,* kurz *Ginja.* Der 18- bis 20-prozentige dunkelrote Likör wird in Schnapsgläser eingeschenkt. Die Kerne der eingelegten Kirschen darf man – gemäß der Tradition – vor der Tür ungeniert auf den Boden spucken. Statt *com elas* (mit Kirschen) kann man das süße Getränk aber auch ohne Kirschen *(sem elas)* bestellen. Lissabons erste Ginjinha-Bar eröffnete vor fünf Generationen als Familienbetrieb am Largo de São Domingos. Zahlreiche weitere folgten und zählen bis heute zu den beliebtesten Treffpunkten in der Baixa.

37 [V20] **A Ginjinha Espinheira,** Lg. de São Domingos, 8, Metro: Rossio, tgl. 9–22 Uhr

Weitere Traditionsadressen:

38 [V20] **Ginginha do Carmo,** Cç. do Carmo, 37 A, Metro: Restauradores, tgl. 12–24 Uhr

39 [V19] **Ginjinha Popular,** R. Portas de Santo Antão, 61, Metro: Rossio, tgl. 12–23 Uhr

40 [U19] **Ginjinha Rubi,** Rua Barros Queiros, 27, Metro: Martim Moniz, Nähe Ascensor da Glória, tgl. 7–23/24 Uhr

stammt. Um die berühmten *pastéis de Belém* („süßes Gebäck aus Belém“) zu probieren, kommt niemand an dem Stadtviertel vorbei, von dem aus die Entdeckungsreisenden einst ihre Segel setzten (s. S. 112). Dort ist das Original zu haben (s. S. 79). Die in Blätterteig gebackenen Puddingtörtchen sind auch als *pastéis de nata* bekannt. Blätterteig mit Pudding und Zuckerguss heißt *mil folhas* („tausend Blätter“). Typisch portugiesisch sind auch die *pastéis de feijão,* süß-saftige Törtchen aus Bohnenmehl, und *bolo de Xadrez,* ein Kuchen, der seinen Namen dem schachbrettartigen Muster verdankt.

Getränke

Um sich das passende Getränk zu bestellen, helfen vor allem zwei Schlüsselwörter: *com* (mit) und *sem* (ohne). Das gilt zum Beispiel für **Mineralwasser** *(água mineral)* mit oder ohne Kohlensäure *(gás)* oder für die verschiedenen Varianten des Kaffees (s. kulinarischer Tagesablauf).

Die Getränkeauswahl ist groß, vom nostalgischen Sirupgetränk am *Quiosque de Refresco* (s. S. 76) über Tees aus Übersee bis zu den portugiesischen Weinen. Portwein und Spirituosen sind beliebte Mitbringsel und füllen in der Baixa ganze Läden.

Aufgrund der Temperaturen sind in Restaurants im Sommer leichte Getränke wie Limonade, *capilé* (Sirupmischgetränk), Sangria oder Bier am gängigsten. Wer **Limonade** bestellt, bekommt frisch gepressten Zitronensaft mit Wasser und Zucker.

Bei **Wein** ist man mit dem *vinho da casa,* dem offenen Hauswein, gut beraten, den es in so gut wie jedem Restaurant im *copo* (Glas) oder *jarro* (Krug) gibt. Der *vinho verde* („grüner, junger Wein“), ein frischer **Weißwein aus Nordportugal**, schmeckt ebenfalls fantastisch, wenn auch viele *Lisboetas* lokale **Rotweine aus der Umgebung** bevorzugen. *Maduro* steht für reife Weine, *garrafeira* für lange gelagerte Spitzenweine. Wer nach einer Weinbar sucht, ist in einer *Adega* richtig. Portugal zählt zu den großen Weinerzeugern Europas und bietet eine besondere Vielfalt an eingesessenen Rebsorten.

Eines der bekanntesten Exportprodukte des Landes ist der **Portwein** *(vinho do Porto),* eine Mischung aus Branntwein und teilvergorenem Wein mit mindestens 16,4 %-igem Alkoholgehalt. Im Sommer wird Port auch weiß als Aperitif mit Eis angeboten oder als Modecocktail Portonic. Süßer **Moscatel** aus dem Anbaugebiet um Sétubal ist als Dessertwein beliebt.

In kleinen, volkstümlichen Restaurants, den **Tascas**, gibt es zur Verdauung manchmal noch selbstgebrannten *bagaceira* (Schnaps), der es oft in sich hat. Dann vielleicht doch lieber einen klassischen portugiesischen Brandy wie *Macieira* oder einen Antiqua-Weinbrand?

Saúde heißt Prost. Das **heimische Bier** der Hauptstadt stammt meist aus den Brauereien Sagres (zu Heineken gehörig) und Super Bock (Carlsberg-Gruppe). Zu den typischen Biersorten zählen das Helle *(branca)* und das Dunkle *(preta).* Wer *cerveja* bestellt, bekommt meist Flaschenbier. Günstiger ist das Fassbier: *imperial* (0,2 l), *tulipa* (0,3 l) oder *caneca* (0,4 l). Gruppen können in Brauhäusern eine *girafa* bestellen: 1 Liter vom Fass in einem hohen, schlanken Gefäß, das an ein Reagenzglas erinnert. Ein **Radler**, also ein Bier mit Zitronenlimonade, heißt in Lissabon *panaché.*

Kulinarischer Tagesablauf

Morgens

Wer nicht im Hotel frühstückt, findet in Lissabon eine große Auswahl hübscher Cafés und *Pastelarias* (Konditoreien). Beim Wachwerden hilft ein *bica* (Espresso) oder gar ein doppelter, der *café duplo.* Möchte man einen Schuss Milch zur *bica,* bestellt man sie mit einem *pingo* oder einen *garoto* (Milchkaffee). Die etwas mildere Variante, der große **Milchkaffee,** heißt *meia de leite.* Viele *Lisboetas* bestellen ihn als *galão* (Kaffee mit aufgeschäumter Milch im hohen Glas). Alternativen sind *chocolate quente* (heiße Schokolade) oder *chá* (Tee), z. B. *chá preto* (schwarzer Tee) oder *chá verde* (grüner Tee). Das typische Angebot zum *pequeno-almoço* (Frühstück) besteht aus Sandwiches, Croissants, *torradas* (getoastetes Brot mit Butter) oder *bolos* (Kuchen), etwa *pastéis de nata* (Puddingtörtchen), *queques* (Muffins) oder *bolo de arroz* (Sandkuchen mit Reis).

Mein Tipp

Kioskkultur in Lissabon: Quiosque de Refresco

Im Jahr 1900 gab es in Lissabon 22 Kioske für Getränke und Snacks. Die Stadt ließ diese Tradition wieder aufleben und es werden zusehends mehr. Man findet die kleinen, meist grünen Pavillons mit einigen Tischen und Stühlen in Parks, auf zentralen Plätzen und an fast allen Miradouros (Aussichtspunkten). Sie sind täglich von 8.30 bis 22.30 Uhr (im Sommer 24 Uhr) geöffnet. An der Avenida da Liberdade legen manchmal DJs auf und es wird getanzt.

Tagsüber gibt es traditionelle Erfrischungsgetränke wie Zitronenlimonade, den Sirup *capilé* (mit Frauenhaarfarnextrakten und Orangenblüten), *groselha* (Johannisbeersaft), Eistee, aber auch Likör, Portwein und Bier. Zu essen gibt es *pastéis de nata,* Sandwiches mit Ziegenkäse, *bacalhau* und Sardinen oder mit Fleisch gefüllte Teigtaschen *(empanadas).*

- **41** [U21] **Quiosque de Camões,** Pr. Luís de Camões, Tram 28 bis Pr. Luís de Camões
- **42** [T19] **Quiosque do Príncipe Real,** Pr. do Príncipe Real, Metro: Rato

016lb Abb.: ps

Mittags

Im Vergleich zu den Spaniern essen die Portugiesen früh zu Mittag. Zwischen 12 und 14 Uhr bieten viele Restaurants **preiswerte Tagesmenüs.** Für das *almoço* (Mittagessen) nimmt man sich Zeit, ob zu Hause oder mit Kollegen im Restaurant. Zum Hauptgericht darf es auch gern ein Glas Wein oder Bier sein und nach dem Dessert folgt wieder ein *bica*, vielleicht sogar *com cheiro* (mit Schnaps). Übrigens, die Portionen sind gerade in einfachen Lokalen oft so groß, dass man besser vorher nachfragt und bei kleinem Appetit nur die Hälfte bestellt – *meia dose.*

Abends

Abendessen *(jantar)* servieren die Restaurants meist von 19 bis 22.30 Uhr. Die meisten Gäste kommen zwischen 20 und 20.30 Uhr, sodass es sich empfiehlt zu reservieren.

In den meisten **Fado-Lokalen** beginnt das Essen um 21 Uhr. In einfachen **Tascas** gibt es nur Tagesgerichte und *petiscos* (Appetithäppchen), **Tabernas und Restaurants** bieten meist auch dreigängige Menüs.

Ganze Fische und Meeresfrüchte werden nach Gewicht berechnet. Da sonntags nicht gefischt wird, haben die Restaurants montags keinen frischen Fisch.

Im Restaurant

Restaurants in jeder Preisklasse sind leicht zu finden. Die Speisekarte hängt meist vor der Tür oder am Fenster. Eine Tagessuppe und warme Gerichte zum kleinen Preis gibt es auch in den meisten *Pastelarias.* In Restaurants bekommt man zu Stoßzeiten oft vom Kellner einen Platz zugewiesen. Am Eingang am besten fragen, ob ein Tisch frei ist: *Tem una mesa livre?* Die Preise beinhalten die Bedienung und die Mehrwertsteuer.

Besonders in touristischen Gegenden wird das **Couvert**, z. B. Brot, Oliven, Käse, Pastete, kleine Snacks oder Garnelen, ungefragt serviert und später extra berechnet. Wer das nicht möchte, stellt es einfach an den Tischrand. Mit den Worten *faz favor* („Bitte sehr“) ruft man die Bedienung und mit *a ementa* oder *a lista, por favor* („Die Speisekarte bitte“) fragt man nach der Karte, die es oft auch auf Englisch gibt. Die Rechnung *(a conta, por favor)* kommt auf einem Teller, auf dem man auch das **Trinkgeld** *(gorjeta,* ca. 5 %) liegen lässt. Stimmt mit der Rechnung etwas nicht, sollte man diese korrigieren lassen; zur Not fragt man nach dem *livro de reclamações*, dem gesetzlich vorgeschriebenen, offiziellen **Reklamationsbuch.**

Kleine Pause am Quiosque de Camões

Cafés

43 [V21] **A Brasileira,** R. Garrett, 120, Metro: Baixa-Chiado, tgl. 8–22 Uhr. Vor Lissabons bekanntestem Café erinnert eine Statue an den Dichter Fernando Pessoa, der hier gern verweilte. Vor dem langen Tresen lassen Besucher die klassizistische Einrichtung – den Prunk vergangener Tage – auf sich wirken.

44 [P19] **A Tentadora,** R. Ferreira Borges, 1, Tram 28 bis Saraiva de Carvalho, Mo.–Sa. 7–20 Uhr. Die *Pastelaria* mit Jugendstilfassade in Campo de Ourique lohnt eine Kaffeepause mit Gebäck.

092lb Abb.: ps

MEIN TIPP

Lokale mit guter Aussicht

Hervorragend ist das Panorama über Lissabon vom Restaurant der **Zirkusschule Chapitô** (s. S. 82) oder vom **Faz Figura** (s. S. 84), von dem man weit über die Alfama blicken kann.

Nah am Tejo sitzt man im **Ponto Final** (s. S. 85) und im **Atira-te ao Rio** (s. S. 81) mit Blick auf die Skyline vom anderen Ufer aus.

Auch von den Dachterrassen vieler Hotels (z. B. dem **Hotel Mundial,** s. S. 134) genießt man einen exzellenten Ausblick, aber dort ist es auch vergleichsweise teuer. Man kann Lissabon geradezu im Rhythmus des Dachterrassen-Hoppings entdecken. „**Topo**" nennen sich gleich mehrere Rooftop-Bars. Eine ist mitten im Chiado zwischen Convento de Carmo und Elevador Santa Justa zu finden, eine andere auf dem Dach einer chinesischen Shoppingmall an der Praça Martim Moniz. Vom **Topo Belém** auf dem Dach des Centro Cultural (Museu Berardo, s. S. 65) reicht der Blick weit über den Tejo.

- **47** [V20] **Topo (1),** Terraços do Carmo, Chiado, tgl. 11–1 Uhr
- **48** [W19] **Topo (2),** Praça Martim Moniz, 6, tgl. 12.30–24, Mo. bis 22, Fr., Sa. bis 2 Uhr, www.facebook.com/topolisboa

Besonders angesagt und eine ruhige Oase einige Etagen über den quirligen Straßen ist das **Park,** eine Bar auf der Dachterrasse eines Parkhauses mit Holztischen und vielen Topfpflanzen. Der Blick reicht über die Glockentürme der Kirche Santa Catarina bis zur Brücke 25 de Abril. Bis zum späten Abend kann man im Park Burger essen, portugiesische Küche probieren und Cocktails trinken. Außerdem legen immer mal wieder DJs auf.

- **49** [T21] **Park,** Calcada do Combro, 58, Tel. 215914011, Di.–Sa. 13–2 Uhr, So. 13–20 Uhr, Küche 13–15, 20–23 Uhr

- **45** [U21] **Bijou do Calhariz,** Lg. Calhariz, 3, Metro: Baixa-Chiado, Mo.–Sa. 8–19 Uhr. In der typischen *Pastelaria* schmeckt einfach alles, z. B. die *queques* (Muffins).
- **46** [e12] **Café com Calma** €, Rua do Açúcar, 10, Bus 728, Tel. 218680398, Facebook, Mo.–Fr. 9–16 Uhr. In das kleine „Café mit Ruhe" und Vintagemöbeln in Marvilla verschlägt es bisher

kaum Touristen. Es eignet sich perfekt zum Verweilen mit Buch oder Tablet und serviert hausgemachtes Gebäck, auch zum Frühstück. Mittags gibt es Healthfood, darunter auch vegane Gerichte.

50 [X20] **Café do Eléctrico** €, Rua do Salvador, 39, Tel. 218861751. Mo.–Fr. 8–15 Uhr. Traditionelle Café-Bar an einer Straßenecke in der Alfama mit historischen Fotos an der Wand. Hier begegnen sich Einheimische und Touristen bei preiswertem Kaffee, heißer Schokolade, Saft und Sandwiches oder portugiesischem Gebäck, während draußen die Straßenbahnen vorbeibimmeln.

51 [V20] **Confeitaria Nacional,** Pr. da Figueira, 18 B/C, Metro: Rossio, www.confeitarianacional.com, Mo.–Sa. 9–19 Uhr. Das 1829 gegründete Familienunternehmen war zu Zeiten der Monarchie Hoflieferant. An der Theke im Erdgeschoss gibt es köstliches Gebäck, das man zwischen verspiegelten Wänden in historischem Ambiente verspeisen kann. Spezialität des Hauses sind die *bolos de arroz,* eine Art portugiesischer Muffin mit Reismehl. Im Obergeschoss auch warme Küche (Selbstbedienung).

52 [X21] **Cruzes Credo,** R. Cruzes da Sé, 29, Tram 28 u. 12 bis Sé, Di.–So. 12–24 Uhr. In dem charmanten Café mit Steinwänden und Gewölbebögen kann man frühstücken, Kuchen essen oder zum Lunch ein Sandwich mit Orangensaft verspeisen. Es gibt auch Wein, Bier, Tee und Tapas; am Abend läuft meist Electro oder Jazz.

53 [V20] **Nicola,** Lg. do Rossio/Pr. de Dom Pedro IV, 24–25, Metro: Rossio, www.nicola.pt, tgl. 9.30–22 Uhr. Einheimische und Touristen lieben die Aussicht von der Terrasse auf den Rossio. Schon im 18. Jh. war das historische Café ein beliebter Literatentreff. Hier verkehrte u. a. der Dichter Bocage, nach dem auch eine Kaffeemarke benannt ist, erhältlich im Café Nicola Gourmet in der R. 1 de Dezembro, 32.

Die Bar Park mit Weitblick auf dem Dach eines Parkhauses

Gastro- und Nightlife-Areale
Bläulich hervorgehobene Bereiche in den Karten kennzeichnen Gebiete mit einem dichten Angebot an Restaurants, Bars, Klubs, Discos etc.

54 [G25] **Pastéis de Belém,** R. de Belém, 92, Tram 15, Bus 201 u. 728 bis Mosteiro dos Jerónimos, Cascais-Linie bis Belém, www.pasteisdebelem.pt, tgl. 8–21 Uhr, im Sommer länger. Lissabons berühmte Konditorei ist Namensgeber für die gleichnamigen Puddingtörtchen. Seit 1837 werden sie in der hauseigenen Fabrik nach einem alten, geheimen Rezept aus dem Mosteiro dos Jerónimos 36 gebacken. Zudem gibt es weitere süße Spezialitäten, z. B. *Bolo Inglês* oder *Marmelada de Belém* (ebenfalls feines Gebäck), Plätzchenvariationen und Weihnachtsgebäck.

55 [V21] **Vertigo Café**, Tv. do Carmo, 4, Metro: Baixa-Chiado, Mo.–Do. 12–23, Fr. 11–24 Uhr. Das schöne Art-déco-Café und Restaurant ist kubanisch inspiriert und antik eingerichtet. An den Wänden hängen Fotos aus den 1930er- und 1940er-Jahren. Die Küche verwendet biologische Produkte. Große Teeauswahl.

Restaurants

Urig und günstig

56 [R12] **Adega Tia Matilde** €, R. Beneficência, 77, Bus 31, www.adegatiamatilde.com, Tel. 217972172, Mo.–Fr. 12–16 und 19.30–23, Sa. 12–16.30 Uhr. Viele Touristen verschlägt es nicht in diese nette, traditionelle Tasca mit einfa-

Meine Tipps

Lecker vegetarisch

Restaurants für Vegetarier und Veganer gibt es nur vereinzelt. Das Os Tibetanos bietet eine kleine kulinarische Weltreise, im Café com Calma gibt es auch vegane Gerichte und das PSI ist buddhistisch inspiriert.

- **Café com Calma** (s. S. 78)
- **Os Tibetanos** (s. S. 86)
- **PSI** (s. S. 85)

Dinner for one

Günstig und gesellig geht es an den **Kiosken** zu. Oder man setzt sich in eines der Restaurants direkt an der Praca do Comercio mit Blick auf den Tejo oder die Docas de Marinha. Ein beliebter Treffpunkt sind die Gourmet-Snack-Stände in der Markthalle Mercado da Ribeira am Cais do Sodré (s. S. 96). Musik und Kultur im **Bairro Alto** bieten z. B. das Zé dos Bois und das Portas Largas, ruhige Lounge-Atmo der Pavilhão Chinês.

- **Bairro do Avillez** (s. S. 82)
- **Mesa de Frades** (s. S. 91)
- **Palácio Chiado** (s. S. 82)
- **Pavilhão Chinês** (s. S. 88)
- **Portas Largas** (s. S. 88)
- **Sol e Pesca** (s. S. 89)
- **Time Out Market – Mercado da Ribeira** (s. S. 96)

Für den späten Hunger

Bis 24 Uhr bekommt man Snacks an den **Kiosken,** z. B. im Chiado und an der Avenida de Liberdade, und in vielen Lokalen im Bairro. Beliebt ist ein nächtlicher Snack im Mercado da Ribeira.

- **Doca de Santo** (s. S. 87)
- **Mercado da Ribeira** (s. S. 96)
- **O'Gilins** (s. S. 88)

Frisches aus dem Meer im Restaurant Mar ao Carmo

Preiskategorien

€	Hauptgericht bis 15 €, Menü bis 20 €
€€	Hauptgericht bis 30 €, Menü bis 35 €
€€€	Hauptgericht über 30 €, Menü über 35 €

cher Holzeinrichtung und authentischer Küche, die für ihren leckeren Fischeintopf bekannt ist. Eine englischsprachige Karte gibt es trotzdem. Der Name „Tante Matilde" erinnert an die ursprüngliche Besitzerin, die hier in den 1920ern ein Lokal eröffnete.

57 [V20] **A Licorista O Bacalhoeiro** €, R. dos Sapateiros, 218, Metro: Rossio, Tel. 213431415, Mo.–Sa. 12–15 und 19–22 Uhr. Hier sind zwei volkstümliche Restaurants, in denen schon Fernando Pessoa verkehrte, quasi zusammengewachsen. *Bacalhau*-Gerichte genießen und die historischen Fotos der Kabeljaufischerei betrachten oder in rustikalem Ambiente Likör trinken.

58 [V20] **A Merendinha do Arco** €, R. dos Sapateiros, 230, Metro: Rossio, Tel. 213425135, Mo.–Fr. 8–20, Sa. 10–15 Uhr. Das typische Restaurant hinter dem Bogen am Rossio ist wegen seiner köstlichen *petiscos* beliebt. Unbedingt probieren sollte man *pastéis de bacalhau* (Kabeljau-Küchlein), *jaquinzinhos* (kleine gebratene Makrelen), *filete de choco* (Sepia-Filet) und *caracóis* (Schnecken).

59 [T19] **Tascardoso** €, R. de O. Seculo, 242, Metro: Rato, Tel. 213475698, Mo.–Sa. 12–15 u. 19–23.30 Uhr. Für unter 10 € isst man mittags im Stehen an der Theke mit den *Lisboetas*. Nebenan gibt es einen kleinen Essraum mit ein paar Tischen, die meist besetzt sind. Das gute Preis-Leistungs-Verhältnis ist im Viertel bekannt.

Fisch und Meeresfrüchte

60 [T19] **A Cevicheria** €€, Rua Dom Pedro V., 129, Metro: Rato, bei Facebook, Tel. 218038815, tgl. 12–23 Uhr. Serviert wird das peruanische Nationalgericht *ceviche,* von der Decke hängt eine riesige Tintenfischattrappe, Küchenchef Kiko alias Francisco Martins akzeptiert hier im angesagten Viertel Príncipe Real keine Reservierungen. Im Sommer ein beliebter Treffpunkt, auch, um an den Stehtischen auf der Terrasse *pisco sour* zu trinken. Ambiente: jung und frisch!

61 [V20] **Aqui Há Peixe** €€-€€€, R. Trindade, 18 A, Metro: Baixa-Chiado, www.aquihapeixe.pt, Tel. 910161444, Di.–Fr. 12–14.45, 19–22.30 Uhr, Sa. 19–22.30 Uhr. Ein Brasilianer führt das charmante Restaurant mit farbenfroh gestrichenen Wänden unter Gewölbebögen im Chiado. Große Auswahl an Fischsuppen, Reistöpfen und Meeresfrüchtegerichten, aber es gibt auch Fleisch.

62 [V19] **Gambrinus** €-€€, R. das Portas de Santo Antão, 23, Metro: Rossio, www.gambrinuslisboa.com, Tel. 213421466, So.–Do 12–24, Fr., Sa. 12–1 Uhr. Die Einrichtung der alten Tasca von 1936 stammt aus dem Jahr 1964. Hier lässt es sich unter Buntglasfenstern üppig portugiesisch speisen. Die Fischgerichte und Meeresfrüchte werden stadtweit gelobt.

63 [V20] **Mar ao Carmo** €€-€€€, Largo do Carmo, 21, Metro: Baixa-Chiado oder Elevador Santa Justa, bei Facebook, Tel. 213421305, tgl. 12–24 Uhr. Erschwingliches und bei den *Lisboetas* beliebtes Fisch- und Meeresfrüchterestaurant in 1-A-Lage mit Terrasse auf dem Largo do Carmo. Auch gute Weine und portugiesische *petiscos.*

64 [W18] **Ramiro** €€, Av. Almirante Reis, 1, Metro: Martim Moniz, Tel. 218851024, www.cervejariaramiro.com, Di.–So. 12–24 Uhr, Gerichte zum Mitnehmen bis 21 Uhr. Der Vater von Ramiro eröffnete 1956 das bodenständige Brauhaus und Restaurant für Fisch- und Meeresfrüchte. Im OG geht es etwas ruhiger zu. Was auf den Teller kommen soll, kann man sich aus dem Aquarium aussuchen. Wegen der fairen Preise beliebt und meist recht voll.

131lb Abb.: ps

65 [U21] **Sea me** €€, R. do Loreto, 21, Metro: Baixa-Chiado, www.peixariamoderna.com, Tel. 213461564, Mo.–Do. 12.30–24 Uhr, Fr. 12.30–15.30 u. 19.30–1 Uhr, Sa. 12.30–1, So. 12.30–24 Uhr. Hier kann man Fisch- und Meeresfrüchte entweder an der Bar, an den Tischen im Restaurant oder im Hinterhof genießen. Das Konzept der Besitzer: ihre Erinnerung an die urigen Fischhandlungen mit Bar im Stil der heutigen Zeit umsetzen. Auch Take-away.

Originell

66 **Atira-te ao Rio** €, R. Ginjal, 69, Fähre vom Cais do Sodré nach Cacilhas, https://atirateaorio.com, Tel. 212751380, tägl. 12.30–16, 19–22.30 Uhr. Sommerfeeling pur, denn vor dem kleinen Lokal lockt ein

Sandstreifen zum abkühlenden Bad im Tejo. Auf der Terrasse am Kai neben dem Ponto Final (s. S. 85) hat man einen tollen Blick über den Fluss. Dazu passen der Fisch des Tages oder typische portugiesische Gerichte zu zivilen Preisen.

67 [V20] **Bairro do Avillez** €€-€€€, Rua Nova da Trindade, 18, Metro: Chiado, www.bairrodoavillez.pt, Tel. 215842002, tgl. 12–24 Uhr, Bar bis 1 Uhr. Fernsehkoch José Avillez schuf im Chiado ein kleines Imperium mit mehreren Angeboten verschiedener Preisklassen. An der Theke der **Mercearia** kann man tollen Käse, Schinken und Wurst kaufen und im **Pateo** Tapas und frische Fischgerichte vor einer bunten Kachelwand essen. Im lichtdurchfluteten Innenhof lässt der Sternekoch Pizzen servieren und es gibt eine kleine Bar mit plüschig-luxuriösem Flair sowie spannenden Cocktail-Kreationen.

68 [W22] **Can the Can** €-€€, Pr. do Comércio, 82–83, Metro: Terreiro do Paço, http://canthecan.net, Tel. 914007100, tgl. 9–24 Uhr. „Canned food goes gourmet", so das Motto des Restaurants. Sein Name stammt aus einem Suzi-Quatro-Song. Manchmal Livemusik, Fado, Filme oder Events.

69 [W21] **Chapitô**, R. Costa do Castelo, 1–7, Bus 37 bis Costa do Castelo, Tram 28 bis Miradouro de Santa Luzia, https://chapito.org/areas-de-actuacao/economia-social/chapito-a-mesa, Tel. 218875077. Nicht wundern, wenn an der Tür ein Clown steht, denn dies ist Lissabons Zirkusschule. Durch einen Shop geht es ein paar Treppenstufen hinab. Bar und Restaurantterrasse bieten einen fantastischen Blick. Im UG findet sich eine Bühne für Zirkusshows, Konzerte und kulturelle Events. Im Gebäude wohnen die Zirkusschüler. Seit 1996 hat das Chapitô eine eigene Kompanie. Multikulturelles Publikum, abwechslungsreiches Programm, teilweise auch am Vormittag.

70 [M23] **Kiss the Cook** €€, R. Rodrigues de Faria, 103, https://kissthecook.pt, Tel. 968119652, Reservierungen per Mail an info@kissthecook.pt., Shop Mo.–Fr. 9–18 Uhr. In dieser beliebten **Kochschule** in der LX Factory (s. S. 54) lernt man, zusammen mit Portugiesen, traditionelle Gerichte zu kochen. Anschließend werden sie gemeinsam bei einem Glas Wein gegessen.

71 [U21] **Palácio Chiado** €€-€€€, Rua do Alecrim, 70, Metro: Baixa-Chiado, http://palaciochiado.pt, Tel. 210101184, tgl. So–Do. 12–16, 19–24, Fr., Sa. bis 2 Uhr. Chillen bei einem Cocktail, eine Kaffeepause machen – dazu laden die Prunksäle im Adelspalast Palácio Quintela ein, der bis heute den Nachkommen des Marquês de Pombal gehört. Einige Räume des Palasts sind Events vorbehalten, aber man kann einfach mal durchgehen und über den goldenen Löwen staunen, der von der Decke hängt, oder zu Drink und *petiscos* in der Bar historische Wandmalereien und Stuck bewundern.

72 [T21] **Pharmacia** €€, R. Marechal Saldanha, 1, Metro: Baixa-Chiado, Tel. 213462146, tgl. 12.30–1 Uhr. Alte Arzneigefäße und viele Details bis zum Design der Tapete lassen das Essen in diesem Restaurant zu einem Erlebnis mit medizinischen Impressionen werden. Der Wein steht in weißen Flaschenständern mit grünem Kreuz, zum Abendessen gibt es mehrere typische *petiscos* oder ein mehrgängiges Überraschungsmenü.

Für Feinschmecker

73 [V21] **Belcanto** €€€, Lg. de São Carlos, 10, Metro: Baixa-Chiado, www.belcanto.pt, Tel. 213420607, Di.–Sa. 12.30–15 u. 19–24 Uhr. José Avillez erhielt in seiner Zeit im Tavares einen Michelin-Stern. Seit 2011 pflegt er im Belcanto seine kreative Gourmettradition. Bekannt ist sein Jackson-Pollock-Rochen. Mit Tintenfischtinte und Säften garniert, sieht das Fischgericht aus wie ein Gemälde des Künstlers. Die Nachtischkreationen sind traumhaft.

74 [V21] **Cantinho do Avillez** €€, R. Duques de Bragança, 7, www.cantinho doavillez.pt, Tel. 211992369, Mo.–Fr. 12.30–15 u. 19–24, Sa., So. 12.30–24 Uhr. Sympathisches Understatement, sein Restaurant „Kantine" zu nennen, aber im Vergleich zum Belcanto bietet José Avillez hier tatsächlich einfachere Küche zu moderaten Preisen. Die Basis ist portugiesisch, aber man merkt, dass der Küchenchef viel gereist ist. In die Cocktails kommen Gewürze: „Lisboa" wird aus Wodka, roten Beeren und Ingwer gemixt.

75 [R15] **Eleven** €€€, R. Marquês de Fronteira, Jardim Amália Rodrigues, Metro: São Sebastião, www.restauranteleven.com, Tel. 213862211, Di.–Sa. 12–15 u. 19.30–23.30 Uhr. Innen ein elegantes, minimalistisches Dekor, durch die Glasfensterfront reicht das Panorama vom Hügel oberhalb des Parque Eduardo VII bis in die Unterstadt. Der deutsche Sterne-Chefkoch Joachim Koerper ist für seine Feinschmeckerküche bekannt.

76 [V7] **Salsa e Coentros** €€, R. Coronel Marques Leitão, 12, Metro: Alvalade, bei Facebook, Tel. 218410990, Mo.–Sa. 12.30–15 und 19–22.30 Uhr. Zwei kreative Köche aus dem Alentejo eröffneten dieses sympathische Restaurant in Alvalade, das sich seither bewährt. Bemerkenswertes Preis-Leistungs-Verhältnis und eine hervorragende Auswahl an Weinen.

77 [Q19] **Tasca da Esquina** €€, R. Domingos Sequeira, 41 C, Tram 28 bis Estrela, www.tascadaesquina.com, Tel. 210993939, Di.–Sa. 12.30–15.30 und 19.30–23.30 Uhr. Im Restaurant des renommierten Küchenchefs Vítor Sobral, unterstützt von Luís Espadana, darf man sich von authentischer portugiesischer Küche mit innovativem Touch überraschen lassen.

78 [U21] **Tavares** €€€, R. da Misericórdia, 37, Metro: Baixa-Chiado, https://restaurantetavares.pt, Tel. 213421112, **wegen Sanierung zurzeit geschlossen**. Das 1784 eröffnete Tavares ist das älteste Restaurant Portugals und das zweitälteste der Iberischen Halbinsel und serviert gehobene portugiesische Küche. Zu den illustren Gästen zählte auch schon Madonna. Wer sich ein Essen hier lieber sparen möchte, sollte dennoch einen Blick hineinwerfen und die historische Einrichtung aus Gold und Spiegeln bewundern.

Portugiesische Küche

79 [U14] **A Parte** €€, Av. Defensores de Chaves, 14 C, Metro: Saldanha, bei Facebook, Tel. 213543068, Mo.–Sa. 12–15.30 u. 19.30–23 Uhr. Hier fühlt man sich zu Gast wie in einem schicken Appartement oder beim Essen in einer

150lb Abb.: ps

Apothekerschränke gehören im Pharmacia zum originellen Konzept

ländlichen Küche. Die Besitzer haben jeden Raum anders gestylt und servieren portugiesische Küche mit brasilianischem und teilweise französischem Akzent.

80 [R22] **A Travessa** €€, Tv. do Convento das Bernardas, 12, Cascais-Linie oder Tram 15 bis Santos, www.atravessa.com, Tel. 213902034, Mo.–Sa. 19.30–24 Uhr. Das gehobene Restaurant im Kreuzgang des Klosters, das auch das Marionettenmuseum (s. S. 66) beherbergt, besteht schon seit 1978 und wird gern von Künstlern und Journalisten besucht. Im Sommer sitzt man abends romantisch im Innenhof. Die hochwertige, aber familiäre Küche hat belgischen Einschlag, denn die Besitzerin Vivienne Durieu stammt aus Belgien.

81 [T19] **Atalho Real** €€, Calçada Patriarcal, Metro: Rato, Tel. 213460311, www.facebook.com/grupoatalho, tgl. 12–24 Uhr. Das Steakhaus, ein Fleischtempel im Erdgeschoss des Shoppingtempels Embaixada (s. S. 96) im Viertel Príncipe Real, ist im Sommer ganz besonders attraktiv, denn die große Terrasse unter Bäumen verlockt dazu, vor und nach dem Essen bei Drinks zu verweilen.

82 [V19] **Casa do Alentejo** €€, R. das Portas de Santo Antão, 58, Metro: Rossio u. Restauradores, www.facebook.com/palacioalverca, Tel. 213405140, tgl. 10–22 Uhr. Der frühere Adelspalast Alverca ist seit 1932 Kulturzentrum der Zuwanderer aus dem Alentejo. Im maurischen Patio fühlt man sich nach Sevilla oder Granada versetzt. Treppen führen hinauf zu mehreren Sälen. In der volkstümlichen *taberna* mit ländlichen Kachelmotiven kommt typische Küche aus dem Alentejo auf den Tisch. Viele Gerichte sind mit *migas* (Brotkrumen) und Knoblauch angereichert. Gourmetshop im EG.

83 [U20] **Cervejaria Trindade** €€, R. Nova da Trindade, 20 C, Metro: Baixa-Chiado, www.cervejariatrindade.pt, Tel. 213423506. Bereits 1836 richtete ein Galizier im ehemaligen Kloster Trindade ein Brauhaus ein. Im mittelalterlichen Refektorium reihen sich die langen Holztische zwischen Azulejos-Wänden aneinander. Die Kachelbilder repräsentieren die vier Jahreszeiten und die vier Elemente. Bei gutem Wetter lockt der Kreuzgang nach draußen. Nach der Restaurierung sollen wieder Bierspezialitäten, Reiseintöpfe und weitere Gerichte in neuem Ambiente serviert werden. Zum Zeitpunkt der Drucklegung noch **geschlossen**, soll die Cervejaria **Anfang 2022** wiedereröffnet werden.

84 [I23] **Espaço Açores** €€, Tr. da Boa Hora à Ajuda, Tram 18E bis Boa Hora, www.espacoacores.com, Tel. 213640881, Di.–So. 12–15, Di.–Sa. auch 19–23 Uhr. Der nette Besitzer des modernen Restaurants in Ajuda, oberhalb von Belém, erklärt die lange Speisekarte mit typischen Gerichten von den Azoren auch auf Englisch.

85 [Z20] **Faz Figura** €€, R. do Paraíso, 15 B, Metro: Santa Apolónia, www.fazfigura.com, Tel. 218868981, tgl. 12.30–15 u. 19.30–23 Uhr, ab und zu Fado in der Weinbar mit Bühne. Das minimalistisch-modern gestylte Restaurant bietet alles, was das Herz begehrt: portugiesische Küche mit innovativem Touch und auch viele kleine Gerichte zum Probieren und Teilen, eine gute Weinauswahl (aus drei Weinspendern) und eine brillante Aussicht über die Dächer der Alfama bis auf den Tejo.

86 [T18] **Guilty by Olivier** €€, R. Barata Salgueiro, 28 A, Metro: Marquês de Pombal, https://restaurantesguilty.com, Tel. 211913590, tgl. 12.30–15.30 und 19.30–00.30 Uhr, Sa. Bar bis 4 Uhr. Olivier Costa, einer der Gourmetköche Lissabons, schuf hier sein erstes von inzwischen mehreren innovativen Restaurants. Es empfängt seine Gäste mit einer coolen Deko und die Gerichte (u. a. Burger und Marshmallow-Pizza) verführen mit ihrer üppigen Optik. Je später der Abend, desto mehr verwandelt sich das Lokal zum Nachtklub mit DJ-Sounds.

87 [W21] **Martinho da Arcada** €€, Pr. do Comércio, 3, Metro: Terreiro do Paço, www.martinhodaarcada.pt, Tel. 218879259, Mo.–Sa. 12–15 u. 19–22/23 Uhr, Café durchgehend. 1778 gab es hier einen einfachen Getränke- und Eisladen, ab 1782 entstand ein Café, das etwa 150 Jahre lang politischer Debattierklub, Schreibstube sowie Treffpunkt für Dichter und Denker blieb. Auch Fernando Pessoa soll hier täglich seinen Kaffee mit Schuss getrunken haben. Kaffee trinken geht immer noch, aber es lohnt sich auch, in dem Traditionsrestaurant unter den Arkaden der Praça do Comércio klassische portugiesische Fisch- oder Fleischgerichte zu probieren.

88 Ponto Final €-€€, R. Ginjal, 72, Fähre vom Cais do Sodré nach Cacilhas, Tel. 212760743, Mi.–Mo. 12.30–16 u. 19–23 Uhr. Von der Terrasse auf der gegenüberliegenden Seite des Tejo bietet sich ein herrlicher Blick auf Lissabon. Es gibt frischen Fisch, Eintöpfe und andere leckere portugiesische Gerichte.

89 [V17] **PSI** €€, Alameda St António Capuchos, www.restaurante-psi.com, Tel. 213590573, Mo.–Sa. 12.30–15.30 u. 19.30–22.30 Uhr. Portugals buddhistische Gemeinde ist bis heute darauf stolz: Den netten kleinen Park um das älteste vegetarische Restaurant Lissabons besuchte schon der Dalai Lama. Hier kann man sich umgeben von Grün gesunde vegetarische Küche schmecken lassen. Die Inspirationen für die Gerichte kommen aus Asien.

90 [V19] **Solar dos Presuntos** €€, R. Portas de Santo Antão, 150, Metro: Rossio, www.solardospresuntos.com, Tel. 213424253, Mo.–Sa. 12–15. u. 19.30–23 Uhr. Künstler, Politiker und Prominente sind Stammgäste in dem gehobenen, aber familiären Restaurant in der Nähe des Ascensor do Lavra. An den Wänden hängen Fotos und Karikaturen. Im ersten Stock ist ein Raum dem Schauspieler Armando Cortez gewidmet, im zweiten Stock dem portugiesischen Theater. Täglich wechselnde portugiesische Küche und dazu passende Weine.

121lb Abb.: ps

Reiseintopf mit Meeresfrüchten

International

91 [D26] **Darwin's Café** €€, Av. Brasília, Ala B, Tram 15 bis Algés, www.darwincafe.com, Tel. 210480222, tgl. 12.30–15.30, 16.30–18.30 u. 19–22.30 Uhr (Mo. nur bis 16 Uhr). Das Restaurant und Café der Fundação Champalimaud, einer Stiftung für medizinische Forschung, bietet gehobene internationale Küche in einem ansprechend gestylten Setting mit deckenhohen Bücherregalen und Schmetterlingsmotiven auf den Lampen. Man kann auch nur einen Kaffee auf der Terrasse mit Tejo-Rundblick trinken.

92 [U18] **JNcQUOI Asia** €€-€€€, Av. Liberdade, 144, Metro: Avendida, Tel. 210513000, www.jncquoi.com/asia, Mo.–So. 12–24 Uhr, Bar 12–24, Do.–Sa. bis 2 Uhr, Shop Fashion Clinic Mo.–Sa. 11–23, So. 12–20 Uhr. Ein spektakuläreres Dekor von Terrasse, Bar und Restaurant ist vielleicht selbst in Asien nicht zu finden. Wegen der stylishen Umgebung und der exklusiven Location an Lissabons Prachtstraße sind die Preise ebenfalls gehoben, aber die Stadtbewohner zeigen sich hier gern. Die Karte bietet eine große Auswahl aus ganz Asien, von Japan über China bis Thailand. Im Gebäude ist auch die Fashion Clinic mit Schuhen, Mode und Accessoires gehobener internationaler Marken vertreten.

93 [U19] **La Paparrucha** €€-€€€, R. Dom Pedro V, 18–20, www.lapaparrucha.com, Tel. 213425333, Mo.–Fr. 12–16, 18.30–22.30, Sa., So. 13–21.30 Uhr. Das argentinische Restaurant im Bairro Alto ist etwas für Fleischliebhaber. Es besitzt eine große Terrasse und tolle Panoramafenster mit Aussicht auf das Tal über der Av. da Liberdade.

94 [T18] **Os Tibetanos** €, R. do Salitre, 117, Metro: Avenida, www.tibetanos.com, Tel. 213142038, Mo.–Fr. 12.15–14.45 u. 19.30–22.30 Uhr, Sa., So. bis 22 Uhr. Das vegetarische Restaurant in einer Seitenstraße der Av. da Liberdade hat einen hübschen Innenhof. Deko und Küche sind asiatisch inspiriert. Auf der Karte stehen Currys und andere indische, tibetanische und japanische Gerichte aus frischen Zutaten.

95 [U8] **Soão** €€-€€€, Av. de Roma, Metro: Alvalade, Tel. 210534499, www.soao.pt, Mo.–Fr. 12.30–15, 19–22.30, Sa., So. 12.30–15.30, 19–22 Uhr. Nicht weit von der Universität und dem Museum Palacio Pimento gelegen, kommt man sich in diesem authentisch asiatischen Restaurant vor wie in Tokio, Hanoi oder Bangkok. Küchenchef Luís Cardoso bereitet teils vor den Augen der Gäste Gerichte der asiatischen Welt zu. Ein großes Plus ist das Ambiente. Die Theke fungiert zugleich als Sushibar und es gibt nur 30 Plätze.

Lissabon am Abend

Partypeople, Studenten und Touristen verwandeln das Bairro Alto an Sommerwochenenden in eine riesige Open-Air-Disco. Selbst an Wochentagen füllen sich ab 20 Uhr die Restauranttische auf den Straßen. Viele Geschäfte und Galerien sind bis 22 Uhr geöffnet und in Bars und Klubs wird zu Livemusik getanzt. Hier findet jeder etwas nach seinem Geschmack, von Lindy Hop über Fado und Jazz bis zu brasilianischem Samba.

In den afrikanischen Discos der Stadt wird wie in Angola Kizomba und Kuduro getanzt. An den **Kiosken** entlang der Avenida da Liberdade 26 legen im Sommer DJs auf. Jazzfans finden in einer Seitenstraße den renommierten Hot Clube de Portugal. Besonders stimmungsvoll und authentisch lässt sich Lissabon in einem der zahlreichen **Fado-Lokale** erleben. Unterhalb der Ponte 25 de Abril an den Docas de Santo Amaro laden Restaurants und Bars am Tejo schon mittags zum Chillen ein. Nachts übertönt der Discosound den Verkehrslärm von der Brücke. Mehrere **Klubs** reihen sich an der weiter östlich gelegenen Rua da Cintura do Porto de Lisboa aneinander, einst eine triste Hafenstraße.

Nachtleben

In den restaurierten Fabrik- und Lagerhallen am Tejo neben dem Fährterminal Cais do Sodré und in der Nähe des Food Court des Mercado da Ribeira sind Konzerthallen und die kapverdische Disko B. Leza (s. S. 91) angesiedelt. Sehr beliebt ist auch die **Pink Street** mit dem Pensão Amor (s. S. 88) am Fuß von da Bica und Bairro Alto. Zu den etwas weiter vom Zentrum entfernten Klubs an den **Docas de Santo Amaro** zählen das K Urban Beach (s. S. 91) und das Kais (s. S. 92). In die Bars und Restaurants am Fluss zieht es ein Publikum, das nicht so sehr aufs Geld achtet.

› **Docas de Santo Amaro,** Kneipen und Restaurants am Tejo zwischen Ponte 25 de Abril und Cais do Sodré, Tram 15 bis Alcântara, dann durch die Fußgängerunterführung. Mittags nett zum Fischessen am Wasser, abends verwandeln sich Cafébars wie das Hawaii in Dancehalls mit DJs und Livemusik.

Bars und Tanzbars

96 [U21] **Bicaense,** R. da Bica de Duarte Belo, 38–42, Metro: Baixa-Chiado, Di.–Sa. 20–1 Uhr. Die Szenebar liegt im oberen Teil der Straße, auf der der Ascensor da Bica verkehrt. Am späteren Abend DJs. Videoprojektionen und antike Radios sorgen für kultiges Ambiente.

97 [T20] **Cinco Lounge,** R. Ruben António Leitão, 17A, Metro: Rato u. Avenida, www.cincolounge.com, tgl. 20–2 Uhr. Die Cocktailbar in der Nähe des Príncipe Real bietet eine große Auswahl an Mixgetränken. Es gibt auch hausgemachten Sirup in Flaschen und Cocktails zum Mitnehmen.

98 [M24] **Doca de Santo,** Doca Santo Amaro, Tram 15 bis Alcântara Armazém cp., https://docadesanto.com.pt, Fr., Sa. 12.30–15.30, im Sommer länger, So.–Do. 12–24 Uhr. Dies war das erste Bar-Restaurant der gleichnamigen Gruppe an den Docas. Es wartet mit großzügigen, hohen Räumen, Sand mit Muscheln unter den Glasplatten der Tische und einer stattlichen Palmenterrasse unterhalb der Ponte de 25 Abril auf. Nebenan gibt es etliche weitere Bars und Restaurants.

99 [Q23] **Le Chat,** R. das Janelas Verdes/Jardim 9 de Abril, Tram 15 bis Santos, bei Facebook, Mo.–Sa. 12.30–2, So. 12.30–24 Uhr. Die coole Bar in einem Glaskubus mit Dachterrasse gegenüber dem Museu Nacional de Arte Antiga mit einzigartiger Aussicht über

151lb Abb.: ps

Das späte Abendessen in den Gassen des Bairro Alto gehört zum Sommerflair

Smoker's Guide

Rauchen ist in Portugal in öffentlichen Gebäuden, Metrostationen, Bahnhöfen, Büros, Hotels, Restaurants, Bars und Diskotheken **grundsätzlich verboten.** Nur im Freien – auf der Terrasse oder vor der Tür – ist das Rauchen noch möglich.

den Tejo mutiert am Wochenende zu später Stunde zur Disco.

100 [U22] **O'Gilins,** R. dos Remolares, 8–10, Metro: Cais do Sodré, www.ogilinsirishpub.com, tgl. 12–2 Uhr. Gute Stimmung und an vier Tagen der Woche irische Livemusik. Bis kurz vor Schluss gibt es in Lissabons ältestem Irish Pub (gegründet 1995) auch Sandwiches und kleine Gerichte.

101 [V20] **O Purista,** R. Nova da Trindade, 16A, Metro: Baixa-Chiado, Di.–Do. 10.30–2, Fr., Sa. bis 3, So. 15–24 Uhr. Die „Barbershop Bar" serviert belgisches Abteibier und ist ein exquisiter Ort, an dem Mann oder Frau auch Billard spielen oder lesen kann. Donnerstags Jazz-Sessions, freitags und samstags DJ-Partys.

102 [T19] **Pavilhão Chinês,** R. Dom Pedro V, 89, Bus 58 bis Príncipe Real, Metro: Rato, bei Facebook, Mo.–Sa. 18–2, So. 21–2 Uhr. Ist die Holztür unten geschlossen, unbedingt anklopfen oder klingeln. Zu Lounge-Musik eröffnet sich in mehreren Räumen eines früheren Kurzwaren- und Lebensmittelladens von 1900 eine sehenswerte, kurios überladene Welt aus Trödel und Antiquitäten, von der Zinnsoldatensammlung über Porzellan, Kerzen, Spiegel und Gemälde. Im Raucherraum stehen Billardtische.

103 [U22] **Pensão Amor,** R. Alecrim, 19, Metro: Cais do Sodré, bei Facebook, So.–Mi. 14–3, Do.–Sa. bis 4 Uhr. Die Graffiti im Treppenhaus weisen darauf hin, dass das 5-stöckige Haus aus dem 18. Jh. einst ein Bordell war. Es steht im früheren Rotlichtviertel hinter dem Mercado da Ribeira (s. S. 96), der „Pink Street" mit rosa gestrichenem Asphalt. An manchen Abenden treten neben Livebands auch Dragqueens auf. Man kann sich auf den Sofas im Pole Room einen Cocktail gönnen oder umherwandern und die Fresken, Gemälde und vergoldeten Spiegel bewundern.

104 [X20] **Portas do Sol,** Lg. das Portas do Sol, Tram 28 bis Largo Portas do Sol, http://portasdosol.pt, tgl. 10–24 Uhr, Fr., Sa., vor Feiertagen bis 2 Uhr, im Winter Mo.–Fr. 9–19 Uhr. Im Sommer laden weiße Liegen und Sessel unter Sonnenschirmen auf der großen Terrasse die Besucher zum Chillen ein. Der Rundblick über die Alfama zum Tejo ist traumhaft. Abends gibt es häufig Livemusik oder DJs.

105 [U20] **Portas Largas,** R. da Atalaia, 101–105, Metro: Baixa-Chiado, Di.–So. 20–2, bei Facebook, Fr., Sa. bis 3 Uhr. Die gayfreundliche Bar zählt zu den größeren Livemusik-Locations

135lb Abb.: ps

im Bairro Alto. Meist wird Reggae, Drum'n'Bass, britische oder brasilianische Musik gespielt. Ob Bier oder Caipirinha: Alles kommt in riesigen Plastikbechern (Mindestverzehr 10 €). Das Publikum ist bunt gemischt, gut gelaunt und tanzfreudig.

106 [U21] **Silk Club,** R. da Misericórdia, 14, Metro: Baixa-Chiado, www.silk-club.com, Di.–Sa. 18–2 Uhr, Küche 18–20, 20–22 oder 22–24 Uhr. Unvergesslicher Blick von den beiden oberen Stockwerken des Espaço Chiado. Junges Publikum, laute Housesounds und teure Drinks, aber das Clubbing ist sehr in und exklusiv. Das Restaurant serviert moderne japanische und mediterrane Küche.

107 [U22] **Sol e Pesca,** R. Nova do Carvalho, 44, Metro: Cais do Sodré, bei Facebook, tgl. 12–2 Uhr. Das kultige Bar-Restaurant war früher ein Geschäft für Anglerbedarf. Daran erinnert die Deko mit Keschern, Netzen, Reusen und Angeln an Wand und Decke. In den Regalen stapeln sich die Fischkonserven. Drinnen und draußen an Holztischen trifft sich Szenepublikum zu Dosenfisch und Drinks.

108 [U20] **Zé dos Bois (ZDB),** R. da Barroca, 49–59, Metro: Baixa-Chiado, https://zedosbois.org, Tel. 351213430205, Ausstellungen Mi.–Sa. 18–22, Bar „49 da ZDB" Mo.–Sa. 18–2 Uhr. Schon seit 1994 ist das ZDB im Bairro Alto ein gemeinnütziges Kulturzentrum, das pro Jahr rund 150 Künstler fördert und ihnen ein Forum für Filme, Konzerte, Lesungen, Ausstellungen oder Performances bietet. Das Gebäude aus der Mitte des 19. Jh. bewohnte einst die Baronin von Almeida und 1839–40 der Schriftsteller Almeida Garrett. In der Bar „49 da ZDB" hängen Gemälde und Fotos. Im Saal gibt es oft Livemusik DJs oder Lindi-Hop-Abende. Es lohnt, sich das aktuelle Programm auf der Website anzuschauen.

◁ Die „Pink Street" (Tr. Carvalho [U22]), Nightlife-Hotspot im ehemaligen Rotlichtviertel

Weinbars

109 [U21] **By the Wine,** Rua das Flores, 41, Metro: Baixa-Chiado, Tel. 213420319, www.facebook.com/ByTheWineLisboa, tgl. 12–24 Uhr. Frisch geschnittener Iberischer Schinken und Käse werden an der Bar unter einem Gewölbebaldachin aus Flaschen zu den edlen Tropfen gereicht. Der Flagshipstore von José Maria da Fonseca in Lissabon. Das Traditionshaus für portugiesische Weine aus Sétubal, 40 km südlich von Lissabon, wurde bereits 1834 gegründet und ist international bekannt.

110 [T19] **Chafariz do Vinho,** R. da Mãe d'Água, Metro: Avenida, www.chafarizdovinho.com, Di.–Sa. 18–23 Uhr. Für Weinliebhaber ist diese gut sortierte Vinothek in einem ehemaligen Brunnen

MEIN TIPP

Weinprobe mit Petiscos in Belém

Jung, engagiert, kommunikativ und immer mit offener Tür und offenem Ohr für Besucher, die sich für Weinerzeugung interessieren: David Picard und Catarina Moreira, ein deutsch-portugiesisches Paar, produzieren in Belém rund 20.000 Liter Wein aus portugiesischen Rebsorten. Zu typischen kleinen Häppchen *(petiscos)* kann man die Weine probieren und ihren Weinkeller besichtigen.

111 [I25] **Moreira & Picard – Adega Belém Lda.,** Trav. Paulo Jorge 8–9, Tram 15 oder 18 bis Altinho (MAAT), Tel. 213630707, www.adegabelem.com, tgl. geöffnet, Führungen siehe Website, 18 € mit Weinprobe

eine kleine Offenbarung. Zu feiner Küche gibt es edle Tropfen, die in einem ehemaligen Kanal des Bewässerungssystems lagern. Mit Terrasse.

112 [U20] **Garrafeira Alfaia,** R. do Diário de Notícias, 125, Metro: Baixa-Chiado, www.garrafeiraalfaia.com, Mo.–Fr. 15–1, Sa., So. 16–1 Uhr. In diesem gut sortierten Weinladen im Bairro Alto, der gleichzeitig eine Bar ist, berät der Besitzer persönlich. Hübsche Kacheln am Eingang, nettes Ambiente.

Fado

113 [U20] **Adega Machado,** Rua do Norte, 91, Metro: Baixa-Chiado, Tel. 213422282, www.adegamachado.pt, tgl. 7.30–2 Uhr. Der kürzlich restaurierte Klub, dessen Fassade mit Gitarren verziert ist, ehrt mit seiner Dekoration die Fadogeschichte und die Fadistas Amália Rodrigues und Alfredo Joiner. Junge Musiker interpretieren hier heute historische Fados. Dazu gibt es mehrgängige Verwöhn-Menüs.

114 [X21] **Associação do Fado Casto,** R. de São Mamede, 8A, Tram 28, Tel. 917029436, www.facebook.com/associacaodofadocasto. Zu *petiscos* und Wein gibt hier die junge Fadista-Szene um den Fado-Gitarristen und Klubbesitzer Pedro de Castro ihr Können zum Besten. Je nach Stimmung leuchten ab 1 Uhr auch schon mal Discokugeln und die *fadistas* geben sich feierlustig.

115 [X21] **Clube de Fado,** R. de S. João da Praça, 86–94, Tram 28 u. 12 bis Sé, www.clube-de-fado.com, Tel. 218852704, tgl. 20–2 Uhr. Der Klub des bekannten Gitarristen Mário Pacheco ist touristisch, bietet aber musikalische Qualität.

116 [Y20] **Dragão de Alfama,** R. de Guilherme Braga, 8, Metro: Santa Apolónia, Tel. 218867737, tgl. 19–2 Uhr,

Mein Tipp

Unterwegs mit echten Fadistas

Wer mit echten Fado-Sängern und Kennern der Szene durch Lissabon ziehen und dabei zwei Lokale mit Konzert, Abendessen und einen Drink zum Abschluss des Abends erleben möchte, kann mit diesem Anbieter einen unvergesslichen und individuellen Abend verbringen: Manuel Marcal ist selbst Fado-Sänger, ebenso wie seine Frau Matilde Cid. Sie kennen sich in der Szene bestens aus.

› **Fatum Colours of Fado,** Manuel Marçal, reservieren per Mail unter info@fatum.pt oder Tel. 91 172 99 99, www.facebook.com/fatumlisboa, Fado-Führungen und Fado-Events auch auf Englisch

019lb Abb.: ps

Fado Fr., Sa. *Gambas* und *bacalhau* schmecken hier gut und sind vergleichsweise preiswert, aber das Wichtigste ist dem Publikum der Fado. Hier wurde Teresa Salgueiro entdeckt, die ehemalige Sängerin von Madredeus.

117 [W19] **Maria da Mouraria,** Largo Severa, 2/2B, Metro: Martim Moniz, Tel. 218860165, bei Facebook, Mi.–So. 17–19, 19.30–2, Fado ab 21.30 Uhr. Die Bar im früheren Wohnhaus der Fado-Legende und Prostituierten Maria Severa eröffnete auf Initiative des Fado-Museums. Fado, Filme und Ausstellungen.

118 [Y20] **Mesa de Frades,** R. dos Remédios 139 A, Metro: Santa Apolónia, Tel. 917029436, tgl. ab 21 Uhr, Fado 23–2 Uhr. Nach dem Erdbeben von 1755 schenkte König José I. seiner Geliebten Dona Rosa einen Palast mit Geheimgang in diese Kapelle. Heute ist sie die „Fado-Kapelle" des portugiesischen Gitarristen Pedro de Castro, der sie aufwendig restauriert hat, und bietet eine fantastische Akustik. Die Fado-Musiker der aktiven jungen Szene kommen ab 23 Uhr. Hier sangen schon Stars wie Carminho, Ricardo Ribeiro, José Manuel Barreto, Tânia Oleiro und Ana Sofia Varela. Mit etwas Glück hört man Teresinha Landeiro, Stern der hiesigen Fado-Szene.

119 [U21] **Tasca do Chico,** R. do Diário de Notícias, 39, Metro: Santa Apolónia, Tel. 965059670, tgl. 21–2 Uhr. Typische kleine Tasca in einem ehemaligen Lebensmittelladen des Bairro Alto. Mariza sang hier, bevor sie berühmt wurde.

120 [Y20] **Tejo Bar,** Beco do Vigário, 1 A, Metro: Santa Apolónia, bei Facebook, Tel. 969756148, Di.–Sa. 18–1 Uhr. In dieser kleinen Bar hinter einer unbeschrifteten Tür in einer schmalen Gasse der Alfama kann spontan ein einzigartiges Ambiente entstehen, wenn die Leute des Viertels gemeinsam Fado singen oder ein Könner zur Gitarre greift. Der Wirt ist unter Lissabons Künstlern bekannt; er musiziert, schreibt, malt und mischt sich gern unter die Gäste. Die Bar liegt unterhalb der Rua do Vigário, die von der Rua dos Remédios abzweigt.

Manuel Marcal, hier bei einem seiner Auftritte, zeigt Besuchern authentischen Fado und seine Orte

Jazz

121 [U19] **Hot Clube de Portugal,** Pr. da Alegria, 48, Metro: Avenida, www.hcp.pt, Di.–Sa. 22–2 Uhr. Der Klub mit Garten hinter dem Haus ist die älteste und renommierteste Jazzlocation Portugals (seit 1948). 1964 wurden hier Szenen für den Film „Belarmino" von Fernando Lopes gedreht. Viele Jazzmusiker lernten an der hochkarätigen Musikschule des Klubs. Seit 1991 hat er eine eigene Big Band (Orquestra do HCP). Tgl. Konzerte oder Jamsessions; Musiker und Orchester spielen auch an anderen Orten, manchmal auf öffentlichen Plätzen.

Klubs und Discos

122 [T22] **B. Leza,** Cais da Ribeira Nova, Armazém B, Metro: Cais do Sodré, Programm bei Facebook, Mi.–So. 22.30–4 Uhr. Von der Tanzfläche des beliebten kapverdischen Klubs sieht man den Tejo durch die große Glasscheibe schimmern. Zu Livemusik wird Kizomba getanzt. Das B. Leza besitzt eine eigene Hausband, die mit dem kapverdischen Sänger Calú Moreira auftritt. Haben die portugiesisch-kreolischen Sänger viel Charisma, geht das bunt gemischte Publikum jeden Alters begeistert mit. Eintritt 15 €, inklusive Getränk. Konsumiert man mehr, zahlt man den Restbetrag am Ausgang.

123 [R23] **K Urban Beach,** Cais da Viscondessa/R. da Cintura, Tram 15 bis Santos, www.grupo-k.pt, Mi.–Sa. 20–6 Uhr. Attraktion des Klubs ist die großzügige Terrasse mit Sand am Tejo. An Klubabenden Eintritt ca. 20 €, zwei Getränke inklusive, guter Musikmix.

124 [R23] **Kais,** Cais da Viscondessa/ R. da Cintura, Tram 15 bis Santos, bei Facebook, Di.–Sa. 20–24 Uhr. Der nette Klub mit Bar und Restaurant gegenüber vom Urban Beach zieht ein älteres Publikum an und spielt vorwiegend Musik aus den 1980ern. Große Terrasse mit Tejo-Ausblick.

125 [T22] **Lust in Rio,** Rua da Cintura do Porto de Lisboa, Metro: Cais do Sodré, Do.–Sa. 24–6 Uhr. Große moderne Disco mit Dinner Klub. Zwei Tanzflächen und eine große Dachterrasse. Themenabende und DJ-Partys.

126 [a20] **Lux Frágil,** Av. Infante D. Henrique, Armazém A, Metro: Santa Apolónia, www.luxfragil.com, Do.–So. 23–6 Uhr. In Lissabons In-Klub legen namhafte DJs auf und je nach Event und Band variiert der Eintritt (s. Website). Gleißendes, buntes Licht bringt die roten Sofas und Samtvorhänge zur Geltung. Die umgebaute Lagerhalle verfügt über 2 Etagen und eine Dachterrasse.

127 [U22] **Musicbox,** R. Nova do Carvalho, 24, Metro: Cais do Sodré, www.musicboxlisboa.com, tgl. außer So. 23–6 Uhr. Der Klub unter Granitbögen bietet rund 300 Leuten Platz. Er gilt als Top-Location für Livemusik, ansonsten legen DJs auf. Eintritt je nach Veranstaltung (Programm siehe Website).

Theater und Konzerte

Von **Ende Juni bis September** verwandelt sich Lissabon in eine **Open-Air-Bühne für Musik.** Solisten, Opernchor und das Sinfonieorchester des Teatro Nacional de São Carlos geben beim **Opernfestival** (www.operafestlisboa.com) abends ab 21 Uhr bei stimmungsvoller Beleuchtung auf dem Opernvorplatz [V21] ihr Können zum Besten. Die Stadt organisiert zudem auf zahlreichen Plätzen, z. B. dem Largo do Intendente Pina Manique [W18] und der Praça Martim Moniz [W19], oder in der Mouraria Livekonzerte, Theateraufführungen und Fado-Abende. Ein Highlight sind auch die Konzerte im Open-Air-Amphitheater (s. S. 49) der Gulbenkian-Stiftung. Musiker des Orquestra Metropolitana spielen Kammermusik in Veranstaltungsräumen, auf Plätzen und in Kirchen.

Ein Blick ins Kulturprogramm lohnt das ganze Jahr über. **Szene-Hotspots für Konzerte, Kultur und Theater** sind A Barraca und die Fábrica Braço de Prata. Zu den beliebten Orten für **Großkonzerte** zählen der Pavilhão Atlântico im Parque das Nações und das Centro Cultural de Belém; vorteilhaft zentral in der Baixa liegt das Coliseu dos Recreios.

Prunkvolle **Theatersäle** mit rotem Samt und vergoldeten Sitzen und Emporen findet man im Chiado, z. B. im städtischen Theater São Luiz und im Teatro da Trindade. Im Teatro Nacional D. Maria II am Nordende des Rossio 6 gibt es tagsüber Führungen für Besucher. Gut besucht sind die **Musicals** und Stücke des Regisseurs Filipe La Féria im Teatro Politeama. Historische **Kinofilme** zeigt das Filmmuseum Cinemateca (s. S. 64). Ein Vorteil für ausländische Besucher: Lissabons Kinos zeigen alle Filme in Originalsprache.

Veranstaltungsorte für Konzerte

128 [g4] **Altice Arena/Pavilhão Atlântico,** Rossio dos Olivais, Metro: Oriente, http://arena.altice.pt, Tel. 218918409. Die Adresse für Großveranstaltungen im Parque das Nações. Der moderne Bau des Architekten Regino Cruz kann 20.000 Zuschauer aufnehmen.

129 [f5] **Casino Lisboa,** Alameda dos Oceanos, Lote 1.03.01, Metro: Oriente, www.casino-lisboa.pt, Tel. 218929000, tgl. 14–2 Uhr. Das Kasino im Parque das Nações bietet Konzerte und Ausstellungen in der Arena Lounge.

130 [F25] **CCB – Centro Cultural de Belém,** Pr. do Império, Tram 15 bis Belém, www.ccb.pt, Tel. 213612444. Klassik, Jazz, Pop, Rock, Ballett, Modern Dance, Oper und Theater in einem riesigen Kulturkomplex in Belém.

131 [V19] **Coliseu dos Recreios,** R. Portas de Santo Antão, 96, Metro: Restauradores, www.coliseulisboa.com, Tel. 213240580. Der Konzertsaal in einem historischen Gebäude umfasst 4000 Plätze und präsentiert Ballette, Konzerte von Klassik bis Rock und Pop sowie Operngastspiele.

132 [V12] **Culturgest,** Edifício Sede da Caixa Geral de Depósitos/R. Arco do Cego, 1. OG, Metro: Campo Pequeno, www.culturgest.pt, Tel. 217905454, Mo., Mi., Fr. 11–19 Uhr, Konzerte abends nach Programm. Die Sparkassenstiftung bietet ein avantgardistisches Kulturprogramm, eine bunte Mischung aus Konzerten, Ausstellungen und Events.

133 [U21] **Espaço Chiado,** R. da Misericórdia, 14, 2. Stock, Metro: Baixa-Chiado, www.fadoinchiado.com, Tel. 961717778, Fado Mo.–Sa. 19–20 Uhr, Eintritt: 19,50 €. Im Konzertsaal der oberen Etage des Einkaufszentrums können Touristen und Einsteiger am frühen Abend Fado hören. Initiator der Show „Fado in Chiado" ist der Radiosender RFM. Eine Sängerin, ein Sänger und zwei Gitarristen interpretieren traditionelle Fados. Dazu werden Bilder von Lissabon an die Wand projiziert.

134 [e11] **Fábrica Braço de Prata,** R. Fábrica de Material de Guerra, 1, www.bracodeprata.com, Bus 28, 718, Nachtbus 210 bis Poço Bispo. Diese Kultureinrichtung in einer ehemaligen Waffenfabrik von 1908 befindet sich im Kreativ- und Arbeiterviertel Marvilla zwischen dem Bahnhof Santa Apolonia und dem Parque das Nações. Das Programm des angesagten Kulturzentrums ist vielseitig. Zuerst richteten sich hier zwei Buchhandlungen ein, schnell folgten eine Bar, ein Kino und ein Restaurant. Während in einem der 15 Säle kubanische Livemusik für Partystimmung sorgt, läuft in einem anderen eine Fotoausstellung, man kann an Kizomba- oder Tangokursen teilnehmen oder die Buchläden und Shops durchstreifen.

› **Fundação Calouste Gulbenkian,** im gleichen Haus ansässig wie das **Museu Calouste Gulbenkian** 30, Tel. 217823000, www.gulbenkian.pt. Konzerte, u. a. des Orchesters der Stiftung und seiner Solisten, im Sommer im Open-Air-Amphitheater.

Theater und Oper

135 [S22] **A Barraca,** Lg. de Santos, 2, Tram 15, 18 und 25 sowie Bus 727 bis Santos, https://abarracateatro.com, Tel. 213965360, Di.–So. 19–2 Uhr. Politisch engagiertes, experimentelles Theater und kleines Kulturzentrum. Vorstellungen meist um 21.30 Uhr, Ticketverkauf 1,5 Std. vorher. So abends Tango, ab und zu Konzerte von Jazz bis Latino.

136 [U20] **Teatro da Trindade,** Lg. da Trindade, 7 A, Metro: Baixa-Chiado, https://teatrotrindade.inatel.pt, Tel. 213423200. Das prunkvolle Theater gegenüber dem Kloster São Roque im Bairro Alto eröffnete bereits 1867. Abends ist die dunkelrote Fassade beleuchtet. Neben Theaterstücken gibt es auch Musik, Tanz, Kinofilme und Kunstausstellungen im Foyer.

137 [V20] **Teatro Nacional D. Maria II,** Pr. de Dom Pedro IV, Metro: Rossio, www.tndm.pt, Tel. 213250800. Das staatliche Theater am Rossio besteht bereits seit 1846 und eröffnete am 27. Geburtstag der Königin Maria II. im Jahr 1846. Vorwiegend klassisches Programm. Angeschlossen ist ein Café-Restaurant, geöffnet Di.–Sa. 9–22, So. 9–20 Uhr.

138 [V21] **Teatro Nacional de São Carlos,** R. Serpa Pinto, 9/Lg. de São Carlos, Metro: Baixa-Chiado, www.tnsc.pt, Tel. 214160350. Die Mailänder Scala und die Oper Neapels waren Vorbilder für die stattliche Lissabonner Oper im klassizistischen Stil. Gemälde schmücken den Zuschauerraum.

139 [V19] **Teatro Politeama,** R. das Portas de Santo Antão, 109, Metro: Restauradores, https://filipelaferia.pt, Tel. 213405700, Vorstellungen Di.–Sa. 21.30 Uhr, Sa., So. auch 16 Uhr. Regisseur Filipe La Féria inszeniert in dem ehemaligen Kino der 1920er-Jahre beliebte Musicals, z. B. über die Fado-Legende Amália Rodrigues.

140 [V21] **Teatro São Luiz,** R. António Maria Cardoso, 38, Metro: Baixa-Chiado, www.teatrosaoluiz.pt, Tel. 213257640. Klassische Musik, Jazz, Fado, Theater und moderner Tanz im städtischen Theater gegenüber der Oper. Auch Schauplatz des Festivals Festa do Jazz do São Luiz.

141 [Q19] **The Lisbon Players,** R. da Estrela, 10, Tram 25 u. 28 bis Estrela, www.lisbonplayers.com.pt. Englischsprachiges Laientheater mit 120 Plätzen in der Estrela Hall am Jardim da Estrela. Zum Zeitpunkt der Drucklegung (Anf. 2022) nur Streaming-Veranstaltungen, Infos siehe Website.

Frischer Fisch und Meeresfrüchte auf dem Mercado de Arroios (s. S. 96)

Lissabon zum Stöbern und Shoppen

Im Vergleich zu anderen europäischen Metropolen ist Lissabon nicht unbedingt ein Einkaufsparadies, bietet aber für jeden Geldbeutel etwas. Neben außergewöhnlicher Mode und etlichen Schmuck- und Schuhläden kann man zahlreiche lissabontypische Souvenirs erstehen, etwa Kacheln, Kork und Keramik sowie die kultigen Sardinendosen – die es inzwischen auch auf T-Shirts gedruckt und in ausgefallenen Variationen gibt.

Ausgefallenes findet man bei Designern wie Alexandra Moura. Nuno Gama steht für kultige portugiesische Männermode mit sportlichem Touch. Die Schuhmarken Fly London und Guimarães stammen aus Portugal. In der Baixa und im Chiado fallen die zahlreichen **Schuhgeschäfte** auf: Also unbedingt ein Paar Schuhe aus Kork oder mit Korksohle mit nach Hause nehmen!

Typisch portugiesisch sind auch andere **Mitbringsel aus Kork,** vom Gürtel über Taschen bis zum Mousepad. Handbemalte Keramik und Kacheln verkaufen die Läden traditionsreicher **Azulejo-Manufakturen,** z. B. Sant'Anna. Wer auf hochwertiges Porzellan steht, sollte in den Shoppingcentern nach der Marke Vista Alegre schauen, **Modeschmuck** mit echten Steinen gibt es bei Stone by Stone, einer Ladenkette, die aus einem Lissabonner Familienbetrieb hervorging (z. B. im Amoreiras Shopping Center, s. S. 100). **Kultige, moderne Souvenirs** findet man auch in den kleinen Läden in der Alfama [X20] oder in Graça [X19], bei Garbags (s. S. 97) auch umweltfreundlich. Und warum

012lb Abb.: ps

nicht ein paar nostalgisch designte portugiesische **Sardinendosen** als Mitbringsel einkaufen, ein gutes Olivenöl oder eine Flasche *Ginjinha?*

Internationale Ketten, Souvenirshops, Cafés, Restaurants und *Pastelarias* findet man in Lissabons **Fußgängerzone Rua Augusta** 3. Wer die ältesten Geschäfte der Stadt kennenlernen möchte, die Stoffe, Knöpfe und Parfums zwischen verspiegelten Wänden und an langen Theken mit kleinen Holzschubladen feilbieten, folgt auf der **Rua da Conceição** [W21] Richtung Alfama den Tramschienen. Richtung **Largo de Santo António da Sé** [W21] schließen sich Geschäfte für Portwein und Spirituosen an. Hinter der Kathedrale wartet ein Buchladen mit einem guten Sortiment deutscher Bücher über Lissabon auf.

Die **Rua Garrett** [V21] ist die Hauptschlagader des trubeligen **Shoppingviertels Chiado.** Oberhalb der Praça Luís de Camões geht es rechts ins **Bairro Alto,** wo viele Läden im Sommer bis in den späten Abend geöffnet haben. In der Embaixada (s. S. 96), einem historischen Stadpalast in der Nähe des Jardim do Príncipe Real [T19], haben sich Designershops auf portugiesische Produkte spezialisiert. Wer viel Geld für luxuriöse Marken ausgeben möchte, ist in Lissabons weitläufiger Prachtstraße, der **Avenida da Liberdade** 26, an der richtigen Adresse. Für das **Gourmetshopping** eignen sich die Märkte Mercado da Ribeira (s. S. 96) und Ourique (s. S. 96). Immer mehr Shops für Hochwertiges, Kreatives, Vintage, Mode, Kork und Schuhe sowie eine fantastische Buchhandlung findet man in der **LX Factory** (s. S. 54). Über Lissabons Traditionsgeschäfte mit nostalgischem Charme informiert die Website www.lojascomhistoria.pt.

Shoppingareale

Die wichtigsten Shoppingbereiche der Stadt sind im Kartenmaterial mit einer rötlichen Fläche markiert.

Einkaufstipps

Märkte und Markthallen

142 [T19] **Biomarkt**, Jardim do Príncipe Real, Metro: Rato, letzter Sa. und Mo. im Monat 8–14 Uhr. Ökologische Produkte und traditionelle Spezialitäten aus Portugal. Diesen Biomarkt gibt es seit 2006.

143 [Z19] **Feira da Ladra**, Campo de Santa Clara, Tram 28 bis S. Vicente, Metro: Santa Apolónia, Di. u. Sa. 9–18 Uhr. Lissabons riesiger Flohmarkt ist ein Paradies für Schnäppchenjäger (siehe auch S. 36).

144 [G25] **Floh- und Antiquitätenmarkt Jardim de Belém,** Cascais-Linie bis Belém, jeden 1. und 3. So. des Monats, 9–18 Uhr. Gute Gelegenheit, den Museumsmarathon in Belém mit Souvenirshopping zu verbinden. Vorsicht: Touristenpreise!

145 [U19] **Kunsthandwerksmarkt Praça da Alegria,** Metro: Avenida, So. 9–17 Uhr. Auf dem hübschen Platz oberhalb der Av. da Liberdade verkaufen Kunsthandwerker kreative Mitbringsel.

146 [W22] **Kunsthandwerksmarkt Praça do Comércio,** am oben Ende, unter den Arkaden, Metro: Terreiro do Paço, So. 11–18 Uhr. Kunsthandwerker malen hier etwa die symbolischen Motive der Pflastersteine auf kleine, weiße Kalksteinkacheln.

147 [U22] **Mercado da Ribeira**, Av. 24 de Julho, Metro: Cais do Sodré, www.timeoutmarket.com, Markt Mo.–Sa. 6–14 Uhr, Time-Out-Markthalle So.–Do. 10–24, Fr.–Sa. 10–1 Uhr. Dank der Zeitschrift Time Out, dem Investor, hat sich die Markthalle von 1882 in einen hippen Foodcourt verwandelt. An langen Holztischen können bis zu 500 Besucher gehobene und kreative portugiesische Küche renommierter Köche genießen und finden auch eine tolle Weinauswahl sowie Champagner und Sushi. Ringsum verkaufen Stände der besten Traditionsgeschäfte Lissabons ihre Waren. In der anderen Hälfte der Halle geht der Markt für frische Waren (Fisch, Blumen, Gewürze, Obst und Gemüse etc.) wie gehabt weiter.

148 [X14] **Mercado de Arroios,** R. Ângela Pinto, Metro: Arroios, Mo.–Sa. 7–14 Uhr. In dieser vieleckigen Markthalle decken sich die Leute des Viertels mit frischem Fisch und Lebensmitteln ein.

149 [O19] **Mercado de Campo de Ourique,** R. Coelho da Rocha, Tram 28 bis Campo Ourique, tgl. 10–22.30 Uhr. Der Markt mit Art-déco-Fassade hat sich zu einem beliebten Ziel für Gourmets entwickelt. Die Bars und Restaurants in der Markthalle sind bis in den späten Abend geöffnet. Champagner, kreative Ideen renommierter Küchenchefs, ein Flair wie in Barcelona und die alteingesessenen Händler, die immer noch da sind, freuen sich über die zusätzlichen Kunden. Livekonzerte und Veranstaltungen beleben das Viertel.

MEIN TIPP

Embaixada

Mode, Schmuck, portugiesische Kacheln, Accessoires, Schuhe, Wohndeko und Vintage – das meiste made in Portugal – all das gibt es hier. In dieser Shoppinggalerie in einem restaurierten neoarabischen Stadtpalast mit prunkvollen Gemälden im Treppenhaus im angesagten Viertel Príncipe Real lässt es sich durch mehrere Shops regelrecht lustwandeln. In der oberen Etage finden sich Kunstgalerien. Von der Galerie blickt man hinab in den Innenhof mit dem Bar-Café-Restaurant Gin Lovers. Auch das Restaurant Altalho Real mit Garten lockt zur Einkehr.

150 [T19] **Embaixada**, Praça do Príncipe Real, 26, Tel. 965309154, www.embaixadalx.pt, So.–Mi. 12–24, Do.–Sa. 12–2 Uhr

Mode und Schuhe

151 [W20] **A Outra Face da Lua**, R. da Assunção, 22, www.facebook.com/aoutrafacedalua, Mo.–Fr. 10–18, Sa. 11–19 Uhr. Alternativer Vintage-Laden mit Secondhandmode, Tearoom, Café und Bar in einem Altbau mit Gewölbe parallel zur Rua Augusta.

152 [T19] **Alexandra Moura,** Embaixada 2, Praça do Príncipe Real 26, Metro: Rato, Mi.–Fr. 9–13 und 14–19 Uhr. Die portugiesische Modeschöpferin präsentiert ihre Kollektionen in der Embaixada (s. S. 96).

153 [V21] **Cubanas,** Largo Rafael Bordalo Pinheiro, 31A, Metro: Baixa-Chiado, www.cubanas-shoes.com, Mo.–Sa. 10–20 Uhr. Hübsch designte Schuhe und Taschen der portugiesischen Marke.

154 [X21] **Didimara,** R. do Barão, 31, Tram 28 u. 12 bis Sé, Mo.–Fr. 9–19, Sa. bis 15 Uhr. Hinter der Kathedrale hat die französische Modemacherin Didi Mara ihren Shop mit Atelier und kleinem Café. Kleider, T-Shirts und weitere Kreationen zu erschwinglichen Preisen realisieren zwei Näherinnen. Zudem gibt es hier hochwertige, schicke Korktaschen.

155 [X19] **Garbags**, Calçada da Graça, 10–10A, https://garbags.com, tgl. 11–19/20 Uhr. Originell und umweltfreundlich: Verpackungen von Kaffee und anderen Produkte werden gesammelt und zu Portemonnaies, Mappen, Taschen, Smartphonehüllen etc. upgecycelt – attraktiv, stabil, mit guten Reißverschlüssen. Einzelstücke, die auch online bestellt werden können.

156 [V21] **Gardenia,** R. Garrett, 54, Metro: Baixa-Chiado, Mo.–So. 10.30–22 Uhr. Modischer Shop für Kleider, Accessoires und Schuhe von Fly London.

157 [W20] **Guimarães,** R. Dom Duarte, 3, Metro: Martim Moniz, www.calcadoguimaraes.pt, Mo.–Sa. 9.30–19, So. 10–19 Uhr. Eine der Filialen der portugiesischen Schuhmarke.

158 [U19] **in-mage,** Rua Dom Pedro V, 34, Metro: Baixa-Chiado oder Rato, tgl. 11–20 Uhr. Markenmode und Accessoires für Frauen in einem restaurierten Wohnhaus mit schöner Kachelfassade.

159 [U19] **Kolovrat 79,** R. Dom Pedro V, 79, Metro: Rato, www.lidijakolovrat.com, Mo.–Sa. 11–20 Uhr. Kreationen der in Bosnien-Herzegowina geborenen Modeschöpferin.

160 [U21] **Nuno Gama,** Praça Ilha do Faial, 8–5, Metro: Saldanha oder Bus 720, 726, 767 bis Estefania, Mo.–Sa. 10.30–19.30 Uhr. Modisches für Männer von einem in Lissabon beliebten Designer.

161 [U18] **Rosa & Teixeira,** Av. da Liberdade, 204, Metro: Avenida, www.rosaeteixeira.pt, Mo.–Sa. 10–19.30 Uhr. Der renommierte Herrenausstatter führt internationale und eigene Marken. Gute Adresse für Männer, die sich gediegen und elegant neu einkleiden möchten.

163 [V21] **Vintage Bazaar,** Lg. da Academia Nacional de Belas Artes, 5, Metro: Baixa-Chiado, www.vintagebazaar.pt, Mo.–Sa. 10–19 Uhr. Hübsche und individuelle Vintage-Kleider aus Portugal zu erschwinglichen Preisen, da die Stoffe aus Asien importiert werden.

Kunsthandwerk, Azulejos und Deko

164 [X21] **A Arte da Terra,** Rua Senhora do Monte, 5, Tram 28 E oder Bus 734,797 bis Graça, www.aartedaterra.pt, Di.–Sa. 11–14, 15–18 Uhr. Große Auswahl an Kunsthandwerk, u. a. *lenços de namorados* („Taschentücher der Verliebten“, Stickereien, die Mädchen ihren Liebhabern schenkten, wenn sie auf Reisen gingen). Verkauft seit über 25 Jahren hochwertige portugiesische Handwerkskunst.

165 [V21] **A Vida Portuguesa,** R. Anchieta, 11, Metro: Baixa-Chiado, www.avidaportuguesa.com, tgl. 10.30–19 Uhr. Portugiesische Produkte, nost-

014lb Abb.: ps

algisch aufgemacht: Porzellan, Seife, Öl, Figuren, Sardinen etc.

167 [M23] **Bairro Arte,** R. Rodrigues Faria 103, Tram 15 bis Alcântara, www.bairroarte.com, tgl. 9–24 Uhr. Souvenirs von Nachwuchsdesignern – Bilder, Schürzen, Mousepads, Schreibblocks, Dosen mit Tram-Motiven, Schilder, T-Shirts etc.

168 [W21] **Botão Dourado,** R. da Conceição, 115, Tram 28 bis R. da Conceição, Metro: Rossio, Mo.–Sa. 10–19 Uhr. Knöpfe und andere Kurzwaren in einem der nostalgischen Läden, wie sie in dieser Straße noch erhalten sind.

169 [W21] **Retrosaria Brilhante,** R. da Conceição, 79–81, Tram 28 bis R. da Conceição, Metro: Rossio, Mo.– Sa. 10–19 Uhr. Das Geschäft zählt zu den ältesten in dieser Straße. Es präsentiert in Holzschubladen und Regalen eine Riesenauswahl an Stoffen, Knöpfen, Seidenschals, Mützen etc.

170 [U18] **JNcQUOI Maison,** Av. Liberdade, 182–184, Metro: Avenida, www.jncquoi.com/avenida/#maison, Mo.–Sa. 11–22.30, So. 12–22.30 Uhr. Les Ottomans, Funky Table, La DoubleJ, Pols Pottens und Bella Freud gehören zu den portugiesischen Homeware-Luxusmarken, die in diesem Shopping- und Restaurantkomplex zu haben sind. Auf dem Stockwerk der Deli Bar bekommt man auch Bücher, Parfüms und hochwertige Geschenke. Glamourshopping und Fine Dining in stylisher Deko sind Teil des Gesamtkonzepts, zu dem ein exquisites Restaurant französisch geprägter Eleganz gehört, das für seine Kreationen frische portugiesische Produkte verwendet, wobei der Showeffekt die Preise in die Höhe treibt.Derselbe Betreiber unterhält auch das JNcQUOI Asia (s. S. 85).

171 [V21] **Paris em Lisboa,** R. Garrett, 77, Metro: Baixa-Chiado, bei Facebook, Mo.–Sa. 10–19 Uhr. Traditionsgeschäft von 1888 mit stilvoller Holzeinrichtung. Schon 1902 Lieferant des Königshauses. Bettwäsche, Tischdecken, Handtücher, Stoffe, Seide und Stickereiwaren.

172 [X21] **Ponto LX,** R. Augusto Rosa, 23, Tram 28 u. 12 bis Limoeiro, Mo., Di., Do.–Sa. 10–18 Uhr. Kreative, meist selbst genähte Souvenirs. Oft baumeln vor der offenen Tür große, bunte Stoffsardinen.

173 [W21] **Retrosaria Bijou,** R. da Conceição, 91, Tram 28 bis R. da Conceição, Metro: Rossio, Mo.–Fr. 9.30–19, Sa. bis 13 Uhr. Der historische Laden bietet Schmuck, Knöpfe und weitere Kurzwaren feil.

Retrosaria Brilhante: Seide und Kurzwaren im Traditionsgeschäft

KURZ & KNAPP

Azulejos

Azulejos sind **typisch portugiesische Wandfliesen,** die viele Fassaden und die Innenwände von Kirchen, Geschäften, Cafés und sogar U-Bahnhöfen in Lissabon schmücken. Die Kachelkunst hat in Portugal eine lange Tradition, die auf die Herrschaft der Mauren zurückgeht. Der Name „Azulejo" leitet sich aus dem Arabischen ab: „Al-Zuleig" (polierter Stein). Im **Museu Nacional do Azulejo** (s. S. 68) kann man sich einen Überblick über die Azulejo-Kunst in Portugal verschaffen. Auch ein Besuch des **Palácio dos Marqueses de Fronteira** (s. S. 50) lohnt sich.

174 [U21] **Sant'Anna,** R. do Alecrim, 95, Metro: Baixa-Chiado, www.santanna.com.pt, Mo.-Sa. 9.30-19 Uhr. Ausstellung handgemalter Azulejos und Fayencen aus der eigenen Fabrik, die noch dieselben Techniken einsetzt wie im Jahr der Gründung 1741.

Kulinarisches, Wein und Spirituosen

175 [V20] **Casa Macário,** R. Augusta, 272, Metro: Rossio, bei Facebook, Mo.-Sa. 10-18 Uhr. Fotogener, 1913 gegründeter Weinhandel mit großer Auswahl an Portwein, Kaffee, Bonbons und Gourmetprodukten.

176 [W21] **Conserveira de Lisboa,** R. dos Bacalhoeiros, 34, Metro: Terreiro do Paço, www.conserveiradelisboa.pt, Mo.-Sa. 9-19 Uhr. Die traditionsreiche Fischkonservenhandlung gibt es seit den 1930er-Jahren.

177 [V20] **Manteigaria Silva,** R. Dom Antão de Almada, 1 D, Metro: Rossio, www.manteigariasilva.pt, Mo.-Sa. 9-19.30 Uhr. Getrockneter *bacalhau* (Kabeljau), Schinken, Käse u. v. m. sind hier günstig zu erstehen. Auch vertreten auf dem Mercado da Ribeira (s. S. 96).

178 [V20] **Manuel Tavares,** R. Betesga, 1 A u. 1 B, Metro: Rossio, www.manueltavares.com, Mo.-Fr. 9.30-19.30, Sa. 9.30-13.30 Uhr. Alteingesessenes Geschäft für Delikatessen, Wein, Portwein und Spirituosen.

179 [W21] **Napoleão,** R. dos Fanqueiros, 70, Tram 28 bis R. da Conceição, Mo.-Sa. 9-14 Uhr. Portugiesische Weine (z. B. Moscatel), Madeira-Weine, Portwein, Liköre (z. B. Ginjinha), Whisky und Souvenirs.

Handgemalte Azulejos aus der Fabrik Sant'Anna

Kaufhäuser und Einkaufszentren

180 [Q17] **Amoreiras Shopping Center,** Av. Eng. Duarte Pacheco, Metro: Rato, www.amoreiras.com, tgl. 10–23 Uhr. Eine der ersten Shoppingmalls Lissabons, die 1985 eröffnete und rund 300 Läden umfasst. Der Komplex ist weitläufig und dank seiner überkuppelten Decken hell.

181 [V21] **Armazéns do Chiado,** R. do Carmo, 2, www.armazensdochiado.com, tgl. 10–23 Uhr. In diesem Einkaufszentrum im Chiado gibt es 54 Geschäfte und Fast Food im OG. Im Kulturkaufhaus Fnac im UG Ticketvorverkauf.

182 [K8] **Centro Colombo,** Av. Lusíada, Metro: Colégio Militar/Luz, www.colombo.pt, tgl. 10–24 Uhr. Größte Shoppingmall der Stadt mit 400.000 m^2 Verkaufsfläche auf drei Etagen, außerhalb des Stadtzentrums. Hier findet man alles vom Telefongeschäft über Fnac bis zum *Hipermercado* (Supermarkt im UG).

183 [f4] **Centro Vasco da Gama,** Av. Dom João II, Metro: Oriente, www.centrovascodagama.pt, tgl. 8–24 Uhr. Dieses Shoppingcenter mit circa 200 Läden auf Lissabons Expo-Gelände designte der spanische Architekt Santiago Calatrava.

184 [S14] **El Corte Inglés,** Av. António Augusto de Aguiar, 31, Metro: São Sebastião, www.elcorteingles.pt, Mo.–Do. 10–22, Fr., Sa. 10–23.30, So. u. feiertags 10–20 Uhr. Von der Metrostation geht es direkt in das mehrstöckige Kaufhaus der spanischen Kette.

MEIN TIPP

Shop 'n' Stop: Lost in

Schräg gegenüber dem kleinen Park auf dem Príncipe Real im Bairro Alto atmet ein umdekorierter Altbau **das Flair und die Farben Indiens.** In mehreren Räumen laden farbenfrohe, leichte Tücher, Sommerkleider und Accessoires zum Shoppen ein. Wer sich in den zahlreichen Modeläden auf der Rua Dom Pedro V und der Rua da Escola Politécnica beim Einkaufen verausgabt hat, kann sich anschließend auf der großen Terrasse hinter dem Haus unter bunten Schirmen entspannen – im Lost In mit einer exzellenten Aussicht über Lissabon und abends bei Kerzenlicht. Es gibt Salate, Sandwiches, kleine portugiesische Gerichte, Kaffee, Tee, Drinks, Cocktails und gelegentlich Konzerte.

187 [U19] **Lost in,** R. Dom Pedro V, 56 D, www.facebook.com/lostinesplanada, Metro: Rato, **Shop:** Mo.–Sa. 12–24 Uhr, **Bar u. Restaurant:** Mo. 16–24, Di.–Sa. 12.30–24 Uhr

Bücher

185 [V21] **Bertrand,** R. Garrett, 73–75, Metro: Baixa-Chiado, www.bertrand.pt, Mo.–Sa. 9–22, So. 11–22 Uhr. Die gut sortierte Buchhandlung führt auch englisch- und französischsprachige Bücher.

186 [X21] **Fábula Urbis,** R. Augusto Rosa, 27, Tram 28 u. 12 bis Limoeiro, www.fabula-urbis.pt, Do.–Sa. 11–13.30 und 15–20 Uhr. Der Inhaber liebt Bücher und seine Stadt gleichermaßen. Er hat ca. 3000 Werke auf Lager, darunter alle interessanten deutschen Titel über Lissabon. Man kann auch Fado-Noten erstehen. Regelmäßig finden Events, kleine Ausstellungen und Lesungen in einem kleinen Raum mit Piano über der Buchhandlung statt. Der Laden liegt hinter der Kathedrale und war früher eine Tischlerei.

Miradouro de São Pedro de Alcântara: plätschernde Brunnen und schöne Aussicht

Lissabon zum Durchatmen

Romantisch sind die **Miradouros**, die Aussichtspunkte auf den Hügeln, die einen weiten Blick über die Dächer der Stadt und den Tejo eröffnen (s. Stadtspaziergang 3, S. 19). Für die frühen Abendstunden empfehlen sich besonders der Miradouro de Santa Catarina oder der Miradouro da Senhora do Monte.

★188 [X19] **Miradouro da Graça,** Tram 28 bis Graça

★189 [X18] **Miradouro da Senhora do Monte,** Tram 28 bis Graça

› **Miradouro das Portas do Sol** 14

★190 [T21] **Miradouro de Santa Catarina,** Metro: Baixa-Chiado, Tram 28 bis Santa Catarina

› **Miradouro de Santa Luzia** 14

› **Miradouro de São Pedro de Alcântara** (s. S. 42)

Zu den schönsten **Parks Lissabons** zählt der Jardim da Estrela hinter der Basílica da Estrela 32. Im Sommer liegen die *Lisboetas* hier neben den Teichen und zwischen den Skulpturen, während die Kinder auf dem Spielplatz toben. Alte Bäume spenden Schatten. Ab und zu kommen Musiker, Tänzer oder Gaukler in den Park. Die **Füße in den Tejo halten** und den Fähren und Schiffen nachschauen – das geht auf den Treppen am Flussufer der Praça do Comércio 1 bis zum Cais do Sodré. Auf den Wiesen und Terrassen der Kioske lässt sich die Sonne genießen, während ab und zu ein Kreuzfahrtschiff vorbeigleitet. Wer von den Wellen nicht genug kriegen kann, sollte einen **Ausflug zum Baden an die Strände** unternehmen (s. S. 62).

Traumhaft ist bei gutem Wetter ein **Ausflug mit der Fähre** vom Cais do Sodré [U22] an die andere Flussseite nach **Cacilhas.** Am Cais do Ginjal geht es am Tejo entlang, vielleicht holt ein Angler gerade einen Fisch aus dem Wasser. Auf einem Kaimauervorsprung sitzt man vom Tejo umspült auf der Terrasse des Restaurants Ponto Final (s. S. 85). Das Atira-te ao Rio (s. S. 81) ist als Sonnenuntergangsspot bekannt, davor befindet sich eine kleine Badestelle. Einige 100 m weiter fährt der **Panoramaaufzug Elevador Panorâmico da Boca do Vento** hinauf in kleinen den Ort Almada. Von hier reicht der Blick über den Kai von Cacilhas zur Skyline von Lissabon, zur Ponte 25 de Abril und zu den Booten auf dem Tejo. Bus 101 fährt ab Rua Capitão Leitão, 3, zurück zum Anleger Cacilhas, was besonders im Dunkeln empfehlenswert ist, denn der Weg von der Talstation des Aufzugs über den Kai ist uneben und im Dunkeln tückisch. Mit dem gleichen Bus kommt man auch zur **Cristo-Rei-Statue.** Das 110 m hohe Monument nach dem Vorbild der Christusstatue in Rio de Janeiro wurde 1959 eröffnet – zum Dank, dass Lissabon vom Zweiten Weltkrieg verschont geblieben war. Die Aussicht von der Plattform reicht bis ins Alentejo.

★**191 Elevador da Boca do Vento,** R. do Ginjal, Av. Cristo Rei Almada, Bus 101, tgl. 8–24 Uhr, kostenlos

★**192 Santuário Nacional de Cristo Rei,** Alto do Pragal, Almada, Bus 101, www.cristorei.pt, tgl. 9.30–18 Uhr, an Wochenenden im Sommer bis 19/19.45 Uhr, 6 €, unter 12 J. 2,50 €

Zur richtigen Zeit am richtigen Ort

Lissabon bietet das ganze Jahr über Musik- und Filmfestivals, doch am intensivsten feiert die Stadt traditionsgemäß ab dem **12. Juni den heiligen António.**

Der portugiesische Schutzheilige der Liebenden, Armen, Kinder und Vergesslichen wurde 1195 in der Alfama geboren und starb am 13. Juni 1231 bei Pádua. Ihm zu Ehren ist Lissabon am 12. Juni mit bunten Girlanden und Laternen geschmückt. In der Kathedrale Sé ⑫ schließen mittellose Paare bei einer von der Stadt gesponserten öffentlichen Hochzeit den Bund der Ehe. Auf der Avenida da Liberdade ㉖ jubeln Tausende von den Tribünen den Tanzgruppen der *Marchas Populares* (Volksmärsche) zu. Die Nachbarschaftsklubs der Viertel bereiten sich monatelang auf dieses Ereignis vor. Entsprechend spektakulär sind die Kostüme und Choreografien bei dem rund fünfstündigen Umzug, der einem Wettbewerb zwischen den Vierteln gleicht. Abends

020lb Abb.: ps

Ticketverkauf

Tickets bekommt man entweder ab 1½ Std. vor Veranstaltungsbeginn an der Abendkasse, online über die Website des jeweiligen Veranstalters oder über **https://ticketline.sapo.pt.** Ticketvorverkauf bieten auch die Filialen der **Kulturkaufhauskette Fnac** (https://bilheteira.fnac.pt), zu finden etwa in den Einkaufszentren **Armazéns do Chiado** (UG) und **El Corte Inglés** (beide s. S. 100).

wird in den Straßen weitergefeiert. Es gibt Brot, Wein und Sardinen vom Grill und zu Volksmusik und Fado wird getanzt. Nach ein paar Stunden riecht man selbst wie eine gegrillte Sardine. Noch bis zu vier Wochen danach herrscht ein wenig Volksfeststimmung bei Fado-Wettbewerben in den Gassen, *Bailes Populares* (Volkstänzen) mit Musik, Preisverleihungen und kostenlosen Konzerten.

Die **Sommerpause** beginnt erst in den ruhigeren, heißen Monaten August und September. Im Juni/Juli gibt die **Oper** auf dem Vorplatz des Teatro Nacional de São Carlos Open-Air-Vorstellungen (www.operafestlisboa.com) und das Amphitheater der Gulbenkian-Stiftung (s. S. 49) wird zur Kulturbühne.

Ganzjährig lohnt ein Blick in das monatlich erscheinende, kostenlose, englischsprachige **Magazin „Follow me Lisboa"**, (www.visitlisboa.com/de/uber-turismo-lisboa/d/unterlagen/publications). Auch die nahen Städte Estoril, Sintra und Cascais bieten viele kulturelle Events.

Sommerkonzert auf der Open-Air-Bühne vor der Oper, dem Teatro Nacional de São Carlos (s. S. 94)

Gesetzliche Feiertage

- **1. Januar:** Neujahrstag *(Dia de Ano Novo)*
- **Faschingsdienstag:** Karneval *(Carnaval/Entrudo)*
- **Karfreitag** *(Sexta-feira Santa)*
- **Ostersonntag** *(Páscoa)*
- **25. April:** Tag der Freiheit *(Dia da Liberdade)*, Jahrestag der Nelkenrevolution
- **1. Mai:** Tag der Arbeit *(Dia do Trabalhador)*
- **Pfingstsonntag** *(Pentecostes)*
- **10. Juni:** portugiesischer Nationalfeiertag *(Dia de Portugal/Dia de Camões)*
- **15. August:** Mariä Himmelfahrt *(Assunção de Nossa Senhora)*
- **1. November:** Allerheiligen *(Dia de Todos os Santos)*
- **8. Dezember:** Mariä Empfängnis *(Imaculada Conceição)*
- **25. Dezember:** Weihnachten *(Natal)*

Januar bis April

- **Karneval:** Alljährlich im Februar feiert Lissabon Karneval mit bunten Kostümen, närrischen Umzügen, Open-Air-Konzerten und Partys.
- **Indie Lisboa:** zehntägiges internationales Independent-Filmfestival Ende April, Info: www.indielisboa.com

Mai bis Juni

- **1. Sonntag im Mai:** Prozession ab 16 Uhr um die kleine Kirche Nossa Senhora da Saúde, die der Schutzpazronin der Gesundheit geweiht ist, am Praça Martim Moniz [W19] zum Dank für das Ende der Pestepidemie im Jahr 1569
- **Feira do Livro de Lisboa:** Buchmesse im Parque Eduardo VII 28 Anfang Mai, Info: www.feiradolivrodelisboa.pt

009lb Abb.: ps

- **Arte Lisboa:** Internationale Messe für zeitgenössische Kunst Ende Mai/Anfang Juni in den Messehallen im Parque das Nações (40)
- **Fest des hl. Antonius** (12., 13. Juni): *Casamentos de Santo António.* Eine gesponserte Hochzeit der vom Rathaus ausgewählten Paare in der Kathedrale Sé (12), *Marchas Populares de Lisboa* auf der Avenida da Liberdade (26) und zahlreiche Straßenfeste, Info: www.culturanarua.pt
- **Dia de São João** (24. Juni): Straßenfeste zur Johannisnacht
- **Dia de São Pedro** (29. Juni): Straßenfeste, Ausstellungen und Konzerte

Juli bis August

- **Super Bock – Super Rock:** von einer großen Brauerei gesponsertes Rockfestival an den ersten beiden Juliwochenenden, Info: www.superbocksuperrock.pt
- **Sintra Festival:** zweiwöchiges klassisches Musik- und Tanzfestival Anfang Juli in den Schlössern von Sintra und Queluz, Info: www.festivaldesintra.pt
- **Nos Alive Festival:** dreitägiges Rockfestival in Oeiras vor den Toren Lissabons, Mitte Juli, Info: www.nosalive.com
- **Cool Jazz Festival:** Open-Air-Jazzkonzerte rund um Cascais im Juli, Info: http://edpcooljazz.com
- **Jazz em Agosto:** zehntägiges internationales Jazzfestival, initiiert von der Gulbenkian-Stiftung, Info: https://gulbenkian.pt/jazzemagosto/en

Tanz auf den Plätzen der Stadt beim Fest des hl. Antonius

September bis Dezember

- **Jardins Abertos:** An vier Tagen Anfang September öffnen sich viele Gärten Lissabons für Besucher. Eintritt frei. Info: www.jardinsabertos.com.
- **Doclisboa:** Das elftägige Dokumentarfilmfestival präsentiert Mitte Oktober nationale und internationale Dokumentarfilme, Info: www.doclisboa.org.
- **Rock'n'Roll Lisboa:** Marathon durch die Stadt Anfang Dezember, Info: www.justrunlah.com/must_do_marathons/rock-n-roll-maratona-de-lisboa
- **Silvester:** Partys und großes Feuerwerk auf der Praça do Comércio (1)

LISSABON VERSTEHEN

094lb Abb.: ps

Lissabon – ein Porträt

„Der Tejo ist das einzige Zeugnis unseres Lebens, nicht die Stadt", heißt es in einem Song der bekannten portugiesischen Band Madredeus. Der breite Strom ist die Verbindung der „weißen Stadt" auf sieben Hügeln zur großen weiten Welt. Als Horizontlinie am Ende des westlichen Europas steht der Tejo seit den Zeiten der Entdeckungsreisenden für Träume vom Aufbruch in die Zukunft. Eine Quelle der Inspiration ist auch Lissabons ganz besonderes Licht. Die Sonne des Südens hebt die Stadt aus dem Nebel, mildert die Kontraste und lässt sie glanzvoll erstrahlen. „Im hellen Tageslicht glänzen sogar die Geräusche", schrieb der Lyriker Fernando Pessoa (1888–1935). Man erlausche die über das schimmernde Pflaster eilenden Schritte, die Wellen des Tejo, das Rauschen auf der roten Brücke Ponte 25 de Abril, die Stimmen in den Straßen und Bars, den Fado – und empfinde die Stadt wie ihre Dichter und Denker zuvor als sinnliches Erlebnis.

Die „Schöne am Tejo", für viele Flüchtlinge im Zweiten Weltkrieg „Hafen der Hoffnung" und heute trotz wirtschaftlicher Herausforderungen und sozialer Kontraste reichste Stadt des Landes, hat **viele Gesichter** und steckt voller Überraschungen. Es gibt das Lissabon der barocken und reich mit Azulejos verzierten Klöster und Kirchen, das Lissabon der Einwanderer aus Afrika und Brasilien, das Lissabon der alten Adelspaläste und repräsentativen Stadthäuser, das Lissabon der Dienstleistungen und des Kommerzes an den *Avenidas Novas,* das Lissabon der Museen, Entdecker und kleinen Jachthäfen in Belém und das Lissabon der Nachtschwärmer.

◁ Vorseite: Wohnen am Fuß der Mouraria – zentral, aber eng

▷ Immer wieder geben die Straßen den Blick auf den Fluss frei

▽ Blick von Cacilhas und Almada über den Tejo

037lb Abb.: ps

Auf dem Hügel, wo heute die Mauern des Castelo de São Jorge 13 thronen, fand man einst **die ersten Spuren der Besiedlung.** Von der Burg und dem Burgberg aus begann Lissabon zu wachsen. Hier steht auch der Dom, die Kathedrale Sé 12, die als Bischofssitz fungiert. Die Alfama zu Füßen der Burg zählt zu ihren ältesten Vierteln. Sie ist maurischen Ursprungs und eine Hochburg des Fado. Heute üben ihre Gassen auf Touristen eine magnetische Anziehungskraft aus. Auf das **Judenviertel** des 12. Jh. weist nur noch der Straßenname Rua da Judiaria hin, in der es auch eine Synagoge gab.

026lb Abb.: ps

Bröckelnder Charme – die Alfama

„Die Alfama ist eine Reliquie des alten Lissabons – des Lissabons der schrecklichen Pestepidemien. Zum Wohle der Volksgesundheit hätte hier schon längst die Spitzhacke geschwungen werden müssen. (...) Es verlangt beinahe Heldenmut, die schiefen Treppen mit wurmstichigen Stufen, die unter jedem Tritt knarren, hinaufzusteigen. (...) Zwei, bestenfalls drei Zimmer für eine sechs-, sieben- oder achtköpfige Familie!“ So empörte sich 1903 der brasilianische Autor Alfredo Mesquita (1907–1986). Das Viertel blieb **vom Großen Erdbeben 1755 verschont,** woraufhin der hartgesottene Stadtsanierer Marquês de Pombal (1699–1782) gesagt haben soll, er wünsche sich ein weiteres Erdbeben, das nach der Baixa auch die Alfama verschlucke. Heute sind hygienische Bedenken nicht mehr angebracht und die Treppen aus Stein haben Geländer.

Der portugiesische Literaturnobelpreisträger José Saramago (1922–2010) beschrieb die Alfama 1981 nicht mehr als Schandfleck, sondern als „Fabeltier“, das seine Geheimnisse bewahrt und sich im Sardinenqualm am Antoniustag Fremden gegenüber am leutseligsten gibt. Doch auch er beobachtete: „Häuser gibt es, in die noch nie ein Sonnenstrahl gefallen ist, und die Wohnungen im Erdgeschoss haben als einziges Fenster eine geöffnete Türluke.“

Heute sind viele Häuser **weiß oder pastellfarben gestrichen.** Plastikplanen baumeln schützend über so mancher Wäscheleine. Auf den Fenstersimsen stehen Geranien und Kanarienvogelkäfige. Wie häufig in Lissabon sind auch in der Alfama die Fassaden zum Schutz vor Feuchtigkeit gekachelt. Permanente Gerüste, die verfallene Häuser stützen, sind deutlich weniger geworden. Seit 2018 liegt unterhalb der für den Tourismus herausgeputzten und sanierten Alfama der **Terminal der Kreuzfahrtschiffe.**

Glanz im Herzen der Baixa

Kronjuwel der Unterstadt ist die Praça do Comércio ①. Hier ließ König Manuel I. 1511 sein Schloss errichten. Die **labyrinthischen Gassen** hinter dem Platz, an dem seine Segelschiffe ihre Ladung löschten, waren ein Eldorado für Kaufleute, Geldwechsler und Gewürzhändler. In der Baixa schlug das Herz einer der reichsten Städte Europas, bis das Große Erdbeben von 1755 mitsamt einem Tsunami alle Pracht von einem Tag auf den anderen in Schutt, Schlamm und Asche versinken ließ (s. unten).

Im Zuge des Wiederaufbaus unter Marquês de Pombal erhielt die Unterstadt den Namen „Baixa Pombalina" und trägt seitdem die imponierenden architektonischen Züge des 18. Jh. Aufklärung, Barock und die Vorbilder Paris und London inspirierten zu neuen **Straßenzügen im Schachbrettmuster** und einer Bauweise, die Brandschutzkriterien berücksichtigte.

Auch die **Zahlensymbolik der Freimaurer** soll die Stadtplanung des Marquês beeinflusst haben: Sieben Längs- und sieben Querstraßen bestimmen die symmetrische Anlage und mit der Praça da Figueira ⑧ ließ er für den Markt einen dritten Haupt-

Unvergessen: das Große Erdbeben von 1755

Das Große Erdbeben von 1755 erschütterte Lissabon so sehr, dass die „Lisboetas" bis heute von „davor" und „danach" sprechen, als gäbe es zwei Zeitrechnungen. Am 1. November 1755 um 9.40 Uhr ereignete sich innerhalb von nur etwa einer Viertelstunde eine **Naturkatastrophe von in Europa bisher unbekannter Dimension.** Schockierte Zeitgenossen wie Voltaire begannen, öffentlich an Gott zu zweifeln. Im **Lisboa Story Centre** (s. S. 65) wird das Beben mit moderner Technik für heutige Besucher anschaulich gemacht.

Bis heute ist die **Ruine des Convento do Carmo** ⑳ ein Mahnmal für die zerstörerische Kraft des verheerenden Seebebens, das die Stärke neun auf der Richterskala erreichte. Seinen Ursprung hatte das Beben 200 km vor dem Kap São Vicente und war Hunderte Kilometer weit an der Atlantikküste in Afrika und Europa zu spüren. Lissabon wurde im Handumdrehen unter Schutt, Schlamm und der **Flutwelle eines Tsunami** begraben. Hinzu kamen tagelange Brände.

Von 250.000 Einwohnern verloren Schätzungen zufolge 60.000 bis 100.000 ihr Leben, von 30.000 Gebäuden blieben nur 3000 übrig. Zerstört war der Palast Paço da Ribeira von König José I., verschwunden das Gedächtnis der Nation, die riesige Staatsbibliothek mitsamt ihren wertvollen Beständen, z. B. Aufzeichnungen von Vasco da Gama und Gemälde von Tizian und Rubens. Der Untergang einer der damals reichsten Städte Europas war besiegelt und ist im **Palácio Pimenta** (Museu de Lisboa, s. S. 66) anschaulich dokumentiert.

Lissabons Wiederauferstehung ermöglichten Gold und Diamanten aus Portugals Kolonialreich. Den Wiederaufbau der kompletten Baixa ging der strenge **Marquês de Pombal** (1699–1782) pragmatisch und systematisch an, wie heute noch am geometrischen Aufbau zu sehen ist. So entstand das neue Lissabon der Zeitrechnung nach der Katastrophe.

platz anlegen, der mit dem Rossio 6 (und der Praça de Dom Pedro IV) ein Dreieck bildet. Läden und Handwerksbetriebe aus alten Zeiten gibt es heute nicht mehr, aber Straßennamen wie Rua dos *Fanqueiros* (Stoffhändler), Rua dos *Sapateiros* (Schuhmacher), Rua da *Prata* (Silberschmiede) und die Rua dos *Douradores* (Vergolder) weisen auf die systematische Ordnung beim Wiederaufbau der Baixa hin.

Bereits 2012 war die **Praça do Comércio** für 10 Mio. € restauriert worden. Stadt und Tourismusverband besannen sich auf den Freizeitwert der repräsentativen Gebäude, die bislang Ministerien beherbergt hatten. An der Nordwestseite residiert Turismo de Lisboa (s. S. 125) im historischen Gebäude des Pátio da Galé. Mit Cafés und Restaurants avancierte der Platz zum zentralen Treffpunkt für Schickeria, Partyvolk und Touristen. Treppenstufen zum Sonnen am Fluss und ein Park erstrecken sich zum Cais do Sodré [U22]. Seit 2021 lädt das Ufer auch zum Flanieren in die andere Richtung ein. Vom restaurierten Terminal Sul Sueste und der Doca de Marinha starten Bootsausflüge (s. S. 131).

Zum Tejo hin offen: die Praça do Comércio 1

Den Fluss überbrücken

Das einst Welten verbindende Wasser des Tejo erwies sich im 20. Jh. eher als Hindernis, das es im Zeichen der modernen Technik zu überbrücken galt. Eines der Wahrzeichen der Tejo-Metropole ist die 3,2 km lange, doppelstöckige **Hängebrücke Ponte 25 de Abril** [M25]. Oben fahren Autos über eine sechsspurige Autobahn, unten Personenzüge. Die heute nach dem Datum der Nelkenrevolution benannte Brücke ähnelt der Golden Gate Bridge von San Francisco, ist aber kleiner. Die American Bridge Company erbaute sie bis 1966 mit aus den USA importiertem Stahl nach dem Vorbild der San Francisco Bay Bridge. Der Ausbau für den Schienenverkehr erfolgte bis 1999, u. a. mit EU-Subventionen. Seit 2017 gibt es eine Ausstellung zur Brückengeschichte (Experiência Pilar 7) und eine Aussichtsplattform (s. S. 25).

Zur Weltausstellung im Jahr 1998 erhielt Lissabon neben der **futuristischen Architektur** im gerade entstandenen Stadtviertel Parque das Nações 40 – trotz Protesten von Umweltschützern – auch die zweite gewaltige Brücke, die **Ponte Vasco da Gama**. Mit mehr als 17 Kilometern Länge zählt sie zu den längsten Brücken der Welt. Auf 155 m hohen Pfeilern führt sie die Autobahn A12 aus Lissabon heraus in Richtung Montijo und Setúbal.

Lissabon in Zahlen

- **Gegründet:** 1200–1000 v. Chr. von den Phöniziern
- **Einwohner:** ca. 552.700 (1,5 Mio. in der Metropolregion)
- **Bevölkerungsdichte:** 6525 Ew./km²
- **Fläche:** 84,7 km²
- **Höhe ü. M.:** 6 bis 226 m
- **Lebensqualität:** 2020 zum vierten Mal *World's Leading City Break Destination* bei den World Travel Awards

Von den Anfängen bis zur Gegenwart

Archäologische Ausgrabungen belegen die erste Besiedlung durch die Phönizier rund 1200 bis 1000 v. Chr. Die vom Großen Erdbeben von 1755 so gut wie verschonte Alfama lässt noch viele Elemente maurischer Architektur erkennen. In Kirchen und Palästen offenbart sich auf Schritt und Tritt die bewegte Geschichte der einstigen Seefahrermetropole. Der Wiederaufbau nach dem Erdbeben prägte die Baixa. Art-déco-Häuser und die großen Gebäude rund um die Avenida da Liberdade 26 demonstrieren den ersten bürgerlichen Wohlstand, die Tejo-Brücken und der Bauboom im Parque das Nações 40 den Fortschritt.

Phönizier und Römer bestimmen die Anfänge Lissabons. Noch vor der maurischen Herrschaft auf der Iberischen Halbinsel führen die Westgoten in Portugal das Christentum ein. Die Wurzeln der Azulejo-Kultur, süße Nachspeisen mit Mandeln und die Namen der Stadtviertel Mouraria („Maurenviertel") und Alfama belegen jedoch **das maurische Erbe.**

1147 ernennt sich der burgundische Kreuzritter Dom Afonso Henrique (Alfons I.) zum ersten König von Portugal, 1256 wird Lissabon offiziell zur Landeshauptstadt. Ferdinand I. und Heinrich II. von Kastilien sind im 14. Jh. die ersten Verfechter der Streitigkeiten mit dem expansionshungrigen Nachbarn Spanien. König Manuel I. lässt im 15. Jh. das Hieronymus-Kloster (Mosteiro dos Jerónimos) 36 errichten, ein Symbol für die florierende Wirtschaft und Kultur im **Goldenen Zeitalter Portugals als Seemacht.**

Im 16. Jh. führen **Erdbeben, Pest, Inquisition und Kriege** zum Niedergang. Das Jahr 1580 läutet 60 Jahre Fremdherrschaft unter dem spanischen König Philipp II. ein. Mit Dom João IV. beginnt 1640 die bis 1910 währende Dynastie des Königshauses Bagrança. Nach dem **Großen Erdbeben von 1755** (s. Exkurs S. 108) organisiert der Marquês de Pombal, Premierminister von Dom João VI., den schachbrettartigen Wiederaufbau Lissabons mit breiten Straßen.

Anfang des 19. Jh. zwingt Napoleon König Dom João VI. ins Exil nach Brasilien. Er stirbt wenige Jahre nach seiner Rückkehr 1821, seine Nachfolger liefern sich einen erbitterten

Bruderkrieg. 1870 fährt in Lissabon die erste Dampfstraßenbahn, die Industrialisierung schreitet voran und 1910 wird die Republik ausgerufen. Nach zwei Weltkriegen folgt die mehr als 40-jährige **Salazar-Diktatur** („Estado Novo"), die im Jahr 1974 durch die **Nelkenrevolution** in den Straßen der Tejo-Metropole beendet wird.

Die **EU-Mitgliedschaft** ab 1986 bringt wirtschaftlichen Aufschwung mit sich. Die Expo 1998 erweist sich als Sprungbrett für die Stadtentwicklung. 2013 wird die parkartige Flaniermeile bis zum Cais do Sodré [U22] fertig und seit 2021 kann man vom frisch restaurierten Flussterminal Sul Sueste am modernisierten Flussufer entlang spazieren.

1200–1000 v. Chr. Iberer und Phönizier gründen den Handelshafen Alis Ubbo und besiedeln den Burghügel. Später soll Odysseus hier eine griechische Stadt gegründet haben.

218–201 v. Chr. Zweiter Punischer Krieg zwischen Karthago und Rom. Die Römer siegen und beherrschen die Provinz Lusitania. Lissabon hieß Olisipo.

Ab 48 v. Chr. Römisches Stadtrecht für Lissabon, nun Colonia Felicitas Iulia genannt. Errichtung einer römischen Stadtmauer.

472 n. Chr. Herrschaft der Westgoten und Beginn der Christianisierung

Ab 719 n. Chr. Eroberung durch die Mauren. Lissabon – Al-Aschbouna – zählt zu den wichtigsten Häfen im Kalifat von Córdoba. Aufschwung von Seefahrt, Handel, Medizin, Kunst und Architektur.

1147–1179 Lissabon wird 1147 von Kreuzrittern unter der Führung des Burgunders Dom Afonso Henriques (Alfons I.) zurückerobert. Papst Alexander III. erkennt das Königreich Portugal erst 1179 offiziell an.

11.–12. Jh. Dom Afonso Henriques Nachfolger Dom Sancho I. und II. sowie Alfons II. und III. setzen die Reconquista („Rückeroberung") fort. Mit dem Anschluss der Algarve an das Königreich 1250 ist etwa die Fläche des heutigen Portugals erobert.

1256 Alfons III. verlegt seine Residenz von Coimbra in die neue Hauptstadt Lissabon.

1288 Die erste Universität Portugals wird in Lissabon gegründet.

1344–1375 Erdbeben, Pest, Bau der Fernandinischen Stadtmauer unter Ferdinand I. (1375). Nachdem er 1367 König geworden ist, bricht er sein Versprechen, eine Tochter des Kastiliers Heinrich II. zu heiraten. 1373 plündert Heinrich II. Lissabon aus Rache.

028lb

⊡ *Seefahrt zwischen Glaube und Legende, dokumentiert im Museu da Marinha (s. S. 67)*

1383 Die Revolution von Lissabon ist der erste Bürgeraufstand Europas. Die Handwerkerzünfte und der niedere Adel erheben sich gegen die Regierung der Witwe von Ferdinand II., Leonore Teles de Menezes. Der spätere König Dom João I. (Johann I.), Vater von Heinrich dem Seefahrer, führt den Aufstand an.

1385 Beginn der Dynastie Avis mit König Dom João I., Großmeister des Christusritter-Ordens von Avis, der dem Templerorden nachfolgte. Bau des Convento do Carmo zum Dank für den Sieg über die Kastilier.

1415–1560 Heinrich der Seefahrer (1394–1460) begründet den Reichtum Portugals durch den Kolonialismus und den Aufstieg zur Seemacht.

1506 verursacht ein Pogrom gegen Lissabons zwangsgetaufte Juden eine Auswanderungswelle. König Dom Manuel I. (1495–1521) fördert Kunst, Wissenschaft und Architektur (Hieronymus-Kloster, Torre de Belém). 1511 verlegt er seine Residenz vom Castelo de São Jorge an die Praça do Comércio.

1531 Tausende sterben bei einem Erdbeben. König Dom João III. verliert das Kolonialreich im Fernen Osten.

1536 Inquisition und wirtschaftlicher Niedergang

1578 Der kinderlose König Dom Sebastião (Sebastian I.) fällt in einer Schlacht gegen die marokkanischen Berber.

1580 Der Adel nominiert den spanischen König Philipp II. zum Thronfolger. Es folgen 60 Jahre spanische Fremdherrschaft. Bau der Kirche São Vicente de Fora.

1640 Ende der spanischen Herrschaft. Mit dem Aufstand vom 1. Dezember (Nationalfeiertag) beginnt die bis 1910 währende Dynastie Bagrança. João IV. (Johann IV.) besteigt den Thron. In Lissabon wird die spanische Statthalterin Herzogin von Mantua gestürzt.

Seefahrernation jenseits des europäischen Horizonts

Heinrich der Seefahrer (1394–1460) schickte von Lissabon die ersten Eroberer mit Segelschiffen über den Atlantik, um sein Reich zu vergrößern. Durchaus mit Erfolg: Im Jahr 1415 kam Ceuta zu Portugal, 1419 Madeira, 1432 die Azoren, 1444 der Senegal und 1445 erreichte der Entdecker Dinis Dias das **Cabo Verde, den westlichsten Punkt Afrikas.** Ganze 15-mal versuchten die Portugiesen, das Kap Bojador an der Nordwestküste Afrikas südlich der Kanarischen Inseln zu umschiffen, um sich den afrikanischen Kontinent zu erschließen, bis es Gil Eanes 1432 gelang, das berüchtigte „Kap der Angst" zu bewältigen.

1456 spitzte sich der Streit zwischen Spaniern und Portugiesen um die Besitzrechte der neu entdeckten und kolonisierten Gebiete derart zu, dass Papst Nikolaus V. in einer Bulle den Spaniern die Kanaren zugestand. Die Portugiesen bekamen die **Gebiete ab dem Kap Bojador bis zur Südspitze Afrikas,** deren Ausmaße damals noch völlig unbekannt waren.

1488 umschiffte Bartolomeu Dias (um 1450–1500) das Kap der Guten Hoffnung. König Dom Manuel I. (1495–1521) setzte sich insbesondere für die **Entdeckung des Seewegs nach Indien** ein. Vasco da Gama (um 1469–1524) gelangte nach einer abenteuerlichen Eroberungsreise und Kämpfen gegen die Araber 1498 nach Kalikut an Indiens Westküste. 1500 entdeckte Pedro Álvares Cabral (um 1467–1526) **Brasilien,** 1508 erschloss Francisco de Almeida (um 1450–1510) mit der Entdeckung

1669 Friedensvertrag mit Spanien, nachdem mit englischer Hilfe zahlreiche Angriffe abgewehrt wurden
1699 Entdeckung der brasilianischen Goldminen und verschwenderische absolutistische Hofhaltung
1703 Methuen-Vertrag: Großbritannien darf Textilien in Portugal einführen und bekommt beim Portweinkauf die Exportsteuer erlassen
1. November 1755 Beim Großen Erdbeben verlieren Zehntausende ihr Leben. Eine Tsunamiwelle reißt die Unterstadt nieder.
1750–1777 In die Regierungszeit von Dom José I. (Joseph I.) fällt der Wiederaufbau Lissabons nach dem Großen Erdbeben unter Marquês de Pombal.
1780 Stadtbeleuchtung mit Öllaternen
1807–1811 Die Truppen Napoleon Bonapartes besetzen Portugal. Dom João VI. verwaltet 1808–1822 Portugal vom Exil in Rio de Janeiro aus. 1816–1820 regiert der britische Gouverneur Beresford.
1821 Die Ära des Absolutismus endet mit der Rückkehr von Dom João VI.
1826 Tod von João VI. und Bürgerkrieg der Miguelisten
1831 Dom Pedro I. (Peter I.) kehrt aus Brasilien zurück und kämpft als Pedro IV. mit Briten und liberalen Bürgern gegen das konservative Regime seines Bruders Miguel (Michael I.).
1834 Auflösung der Klöster im Zuge der Reformation
1870–1901 Beginn der Industrialisierung. Lissabon erhält 1870 die erste Dampfstraßenbahn, 1878 elektrische Straßenlaternen, 1884 die erste Standseilbahn, den Ascensor do Lavra, und 1901 die erste elektrische Straßenbahnlinie.
1908 König Dom Carlos I. (Karl I.) und der Thronfolger Luís Filipe (Ludwig Philipp) sterben bei einem Attentat auf der Praça do Comércio – der Anfang vom Ende der Monarchie.

der Malediven den Weg zu den Gewürzinseln. Ab 1503 verwaltete und steuerte die Verwaltungsbehörde Casa da Índia von Lissabon aus den Handel im Kolonialreich. Überall in der Welt von Afrika über Brasilien bis Asien gründeten die Portugiesen Missionen und Handelsniederlassungen. Sie verschifften kostbare Ware, Gewürze, Seidenstoffe, Edelsteine, Pflanzen, Tiere und auch Sklaven nach Hause.

Mit seiner **Erdumseglung in weniger als drei Jahren** von 1519 bis 1522 bestätigte **Ferdinand Magellan** (1480–1521), dass die Erde rund ist wie eine Kugel, was Galileo Galilei bisher als These formuliert hatte. 1557 pachtete Portugal Macao von den Chinesen. **Lissabon war der Nabel des weltumspannenden Kolonialismus** und erlebte ein Goldenes Zeitalter. Portugals Könige machten zahlreiche ihrer segelfreudigen Eroberungshelfer zu Adeligen und schenkten ihnen zum Dank Ländereien. In Lissabons Museen erinnern heute noch wertvolle indoportugiesische Möbel, Madonnenfiguren mit Mandelaugen oder japanische Paravents mit langnasigen portugiesischen Seemännern an die vielfältigen **kulturellen Vermischungen** während der Kolonialzeit.

Bis heute erscheinen ehemalige Kolonien wie Angola als Retter in der Wirtschaftskrise. Angola ist neben Brasilien Portugals größter Kunde außerhalb der EU. Heute setzen viele Portugiesen ihre Hoffnung wieder auf Wirtschaftsbeziehungen mit fernen Ländern, jenseits des europäischen Horizonts.

1910 Der letzte Bragança-König, Dom Manuel II., flieht nach England. Am 5. Oktober wird auf dem Rathausplatz in Lissabon die Republik ausgerufen.

1916–1918 Portugal kämpft im Ersten Weltkrieg gegen Deutschland.

1926 Nach 44 Regierungswechseln bereitet ein Militärputsch dem späteren Diktator António de Oliveira Salazar (ab 1932 Ministerpräsident) den Weg zur Macht.

1933–1945 Salazar ruft 1933 den Estado Novo („Neuen Staat") aus. 1937 scheitert in Lissabon ein Attentat auf den Diktator. Im Zweiten Weltkrieg bleibt Portugal neutral. In Lissabons Hafen hoffen viele Juden auf eine Flucht in die USA.

1949 Portugal wird Gründungsmitglied der NATO.

1959 Eröffnung der Metro in Lissabon

1961 Beginn der portugiesischen Kolonialkriege in Afrika

1968 Salazar erleidet einen Schlaganfall. Zwei Jahre vor seinem Tod löst Marcelo Caetano ihn ab. Im Militär formiert sich eine Opposition.

1974 Nelkenrevolution („Revolução dos Cravos") in Lissabon am 25. April. Die Bevölkerung steckt den Soldaten rote Nelken in die Gewehrläufe, die Männer tragen Nelken im Knopfloch, um die Diktatur symbolisch zu verabschieden. Der „Estado Novo" geht damit zu Ende.

1975 Nach der Unabhängigkeit der Kolonien kommt es zu einer Fluchtwelle aus Angola und Mosambik nach Lissabon.

1976–1987 Bis 1987 lösen elf Regierungen einander ab.

1985–1995 Der „Cavaquismo", nach dem rechtsliberalen Politiker Aníbal Cavaco Silva (PDS) benannte Reformen, trägt zur Sanierung der Wirtschaft bei.

1986 Portugal wird EU-Mitglied.

1988 Großbrand im Viertel Chiado und Wiederaufbau bis 1999

1995 Lissabon wird Kulturhauptstadt Europas.

1998 Die 17 km lange Autobahnbrücke Vasco da Gama und das Ausstellungsgelände Parque das Nações entstehen anlässlich der Weltausstellung.

2000 Staatspräsident Jorge Sampaio gibt Macao an China zurück.

2004 Premierminister José Manuel Barroso tritt zurück und wird Präsident der EU-Kommission in Brüssel.

2005/2006 Die Sozialisten scheitern an Sparpaket-Abstimmungen. 2006 wird Aníbal Cavaco Silva wieder Staatspräsident.

2011 Portugal erhält von EU und IWF ein Hilfspaket in Höhe von 78 Mrd. €. Pedro Passos Coelho wird Premierminister. Der Fado wird UNESCO-Weltkulturerbe.

2012/2013 Restaurierung der Praça do Comércio. Eine neue Uferpromenade entsteht an der Av. da Ribeira das Naus.

2014/2015 Portugal verlässt den Euro-Rettungsschirm, die Regierung fährt einen harten Sparkurs.

2016 Das Handelsdefizit des Landes sinkt.

2017 Eröffnung der Ausstellung Experiência Pilar 7 und der Aussichtsplattform auf der Ponte 25 de Abril

2018 Eröffnung des Kreuzfahrtschiffterminals vor der Alfama

2019 Die regierenden Sozialisten unter Ministerpräsident António da Costa, früher Bürgermeister von Lissabon, gewinnen erneut die Wahlen.

2020–2022 Eröffnung des Schiffsterminals Sul Sueste, der Docas de Marina und einer neuen Uferpromenade, trotz mehrfacher Corona-Lockdowns

2022 Vorgezogene Neuwahlen im Januar wegen des Haushaltsstreits um EU-Coronahilfen. Auch danach steht die Erholung der Wirtschaft im Vordergrund der Landespolitik.

☐ *Schuhputzer am Rossio* 6*, Symbol für die Kluft zwischen Arm und Reich*

Leben in der Stadt

In Lissabon leben viele Immigranten aus den ehemaligen portugiesischen Kolonien und deren Nachfahren. Touristen kommen daher in den Genuss, Livemusik, z. B. aus Brasilien und den Kapverden, zu hören und neben der portugiesischen Küche Gerichte aus anderen Teilen der Erde probieren zu können. Im Sommer füllen sich die Strände in der Nähe der Tejomündung. Lissabon und Umgebung bieten eine hohe Lebensqualität.

Etwa ein Viertel der portugiesischen Bevölkerung lebt in der Hauptstadt. Der Kreis *(distrito)* Lissabon grenzt Richtung Atlantik an Oeiras und im Norden an Loures und Odivelas und ist in 53 Gemeinden aufgeteilt. Politische Entscheidungen treffen der Stadtrat *(Câmara Municipal)* und der Gemeinderat.

Als Hauptstadt ist Lissabon **Sitz des portugiesischen Parlaments**, das im Palácio de São Bento [S20] tagt. Es wird alle vier Jahre gewählt, der Präsident alle fünf Jahre. Die Regierung führt der Premierminister.

Zugpferd für ganz Portugal

Lissabon ist **Sitz einiger EU-Institutionen**, etwa der Europäischen Agentur für die Sicherheit des Seeverkehrs. Ein bedeutender Wirtschaftsfaktor ist der Seehafen. **Containerterminals** liegen an den Docks von Alcântara. In Santa Apolónia vor der Alfama legen Kreuzfahrtschiffe an. Privatjachten liegen an den Docas de Santo Amaro [M24], in Belém und in Bom Sucesso. Von der Doca de Marinha (s. S. 131) starten Ausflugsboote.

Neben der Hochschule von Coimbra zählt die **bereits 1288 in Lissabon gegründete Universität** zu den wichtigsten in Portugal. Der naturwissenschaftlichen Fakultät gehört die Sternwarte und auch das Hospital de Santa Maria. Neben den staatlichen gibt es zahlreiche private Hochschulen sowie eine deutsche Schule.

Ein Drittel des portugiesischen Bruttoinlandsprodukts wird in Lissabon erwirtschaftet, vorwiegend im Dienstleistungssektor. Zur Weltausstellung 1998 entstand im Parque das Nações 40 ein neues Viertel mit futuristischer Architektur. Der zweifelhafte Charme der verfallenen Häuser in der Innenstadt hat seine Wurzeln in der jüngeren Geschichte Portugals. Diktator Salazar fror in den 1930er-Jahren die Mieten ein. Seither ließ die Inflation die Mieteinnahmen so gering werden, dass viele Eigentümer **kein Geld für Renovierungen** hatten. Mitte der 1980er-Jahre kam es zu einer Gesetzesänderung, aber bis heute leben alteingesessene Bewohner mit alten Mietverträgen in Wohnungen, die dringend modernisiert werden müssten. Enteignete Immobilien und Grundstücke wurden nach der Nelkenrevolution 1974 an die früheren Besitzer zurückgegeben, liquides Vermögen hingegen nicht.

029lb Abb.: ps

Nach der **Wirtschaftskrise** von 2008 brauchte Portugal Jahre, um sich durch Sparmaßnahmen wieder zu erholen. Erst 2017 war die Wende geschafft, im selben Jahr gewann Lissabon erstmals den World Travel Award als bestes Städtereiseziel der Welt. Seither wird mit großem Elan saniert – bis zum Beginn der **Coronapandemie** erlebte die Stadt ihren größten touristischen Boom. Dank seiner vielen **grünen Oasen** und einem unter Naturschutz stehenden **Feuchtgebiet am Mündungsdelta** des Tejo wurde Lissabon 2020 zur Grünen Hauptstadt Europas. Über das Umweltbewusstsein an beiden Flussufern informiert seit 2021 eine Multimediapräsentation im Centro Tejo im Terminal Sul Sueste [X22].

Aufgeschlossen und mobil

José aus Porto hat in Lissabon Design studiert. Er hofft auf einen Berufseinstieg in der portugiesischen Hauptstadt, findet die Leute hier aber hektisch und weniger kommunikativ als in seiner Heimatstadt im Norden.

Angesichts der multikulturellen Bevölkerung und Gesellschaftsunterschiede ist es nicht leicht, **den typischen „Lisboeta"** zu beschreiben. Touristen gegenüber sind die meisten Leute sehr freundlich. Viele können zumindest etwas Englisch, Ältere tendenziell eher Französisch. Spanisch wird verstanden, aber nicht gern gesprochen. Die historischen Konflikte mit dem expansionsfreudigen Nachbarland, aus dem einem jahrhundertealten Sprichwort zufolge nichts als schlechte Winde und schlechte Ehen zu erwarten sind, scheinen nicht völlig vergessen zu sein.

Viele **Angehörige der Lissabonner Oberschicht** haben Vorfahren, die im Zeitalter der Entdeckungsfahrten zum Dank für ihre Dienste **zu Adeligen erhoben** wurden. Ihre Besitztümer bekamen sie nach der Salazar-Diktatur zurück und heute pendeln sie von Lissabon aus zu ihren Ländereien im Alentejo, ihren Häusern am Meer oder in Sintra.

Immer mehr der **weniger gut situierte „Lisboetas"** wohnen im Umland und am anderen Tejo-Ufer, weil dort die Mieten günstiger sind. Sie pendeln täglich mit den öffentlichen Verkehrsmitteln in die Hauptstadt. Nicht nur zur Arbeit sind die Bewohner der Tejo-Metropole häufig unterwegs. Freizeit- und Kulturangebote locken an die stadtnahen Strände an der Costa da Caparica und in das magische Dreieck der Städte Estoril, Cascais und Sintra (s. S. 61).

141lb Abb.: ps

Der Zé Povinho – eine Volkskarikatur

Eine Figur, die fast jeder Bewohner der portugiesischen Hauptstadt kennt, ist der „Zé Povinho“. Dieser **„Sepp aus dem einfachen Volk“** trat erstmals 1875 in einer Satirezeitung auf. Der **Karikaturist Rafael Bordalo Pinheiro** stellte einen dummen Bauern dar, der von der Steuererhöhung eines schamlosen Finanzministers ausgebeutet wird. Politische Satire und ein scharfsinniger Blick für menschliche Schwächen prägten die Zeichnungen und Keramiken Bordalos. Seine Figur Zé Povinho steht bis heute für derben Humor und gilt längst nicht mehr nur im einfachen Volk als Identifikationsfigur. Er steckt voller gegensätzlicher Eigenschaften, von eifrig, gutgläubig und gastfreundlich bis zu vernascht und träge. Wenn es darauf ankommt, hat er eine scharfe Zunge und setzt sich über alles hinweg. Ganz anders als oft im wirklichen Leben. Vielleicht ist er gerade deshalb so beliebt.

Saudade und Fado

Saudade ist eine vielzitierte Seite der portugiesischen Volksseele. Das Wort steht für tiefe Melancholie, Wehmut und Sehnsucht. Diese Gefühle werden in Lissabon vor allem in der Musik intensiv gelebt. Ausdruck des **kollektiv zelebrierten Hangs zur Schwermut** ist der im 19. Jh. entstandene Fado, seit 2011 immaterielles UNESCO-Welterbe. Als kulturell hochwertig und emotional mitreißend galten die leidenschaftlichen Gesänge aus Lissabon aber nicht zu allen Zeiten. Der Fado drücke den Status der sentimentalen Minderwertigkeit aus, in die das Land seit langen Jahren gesunken sei und aus der man ausbrechen müsse. Er sei eine Krankheit, die das Land daran hindere, das moderne Leben einer zivilisierten Nation zu führen, schrieb der portugiesische Schriftsteller António Arroio (1856–1934) im Jahr 1909.

Der Fado – wörtlich übersetzt **„trauriges Schicksal“** – entstand in düsteren Hafenvierteln und Armenquartieren wie Alfama und Mouraria. Damals sangen hier Prostituierte für Seeleute, Zuhälter und Bohemiens über Sehnsucht, Armut, Alltagsleid, verlorene Liebe, aber auch über die Schönheit ihrer Stadt. Lange Zeit war Fado verpönt, der „Aufschrei der

079lb Abb.: ps

Mit Leidenschaft und Hingabe gibt diese Sängerin auf der Straße Fado zum Besten

Feiern an der frischen Luft: Rooftop-Bars stehen hoch im Kurs

Seele" gehörte in die Unterwelt und wer jemanden *Fadista* (Fado-Sänger) nannte, meinte es beleidigend.

Kritik an politischen Missständen verschwand während der Diktatur aus den Fado-Texten. Notgedrungen thematisierten Fado-Sänger unter Salazar ausschließlich das Lebensgefühl. In Coimbra machten die Studenten den Fado zu ihrer Musik.

Die **legendäre Amália Rodrigues** (1920–1999) gilt als „Stimme und Seele des Fado". Sie machte das portugiesische Volkslied auch international bekannt. Amália hatte neun Geschwister und ersang sich schon im Alter von vier Jahren die ersten Münzen. Die in Armut geborene Autodidaktin schaffte den Aufstieg zur international gefeierten Fado-Ikone. Sie sang in Rio und in Mexiko, tourte durch die Sowjetunion und trat in Tokio auf. François Mitterand überreichte ihr 1990 in Paris den Orden der französischen Ehrenlegion. Seit 2001 ruht Amália im Panteão Nacional 17. Damit sie nicht wie üblich erst vier Jahre nach ihrem Tod in dieser ruhmreichen Stätte beerdigt werden konnte, änderten die Portugiesen sogar ein Gesetz.

Heute ist Fado nicht nur gesellschaftsfähig, sondern regelrecht in. Immer mehr junge Portugiesen erträumen sich eine Karriere als Fado-Musiker. Dank der **Fado-Tradition in Familie und Gesellschaft** sind viele *Lisboetas* selbst hervorragende Musiker mit einem unvorstellbaren autodidaktischen Eifer – und bei Fado-Konzerten zugleich passionierte und tolerante Zuhörer. Es kann durchaus passieren, dass ein wartender Taxifahrer vor dem Fado-Museum spontan einen Fado mit selbst gedichtetem Text anstimmt. Im Anschluss an die *Festas Populares*, bis zu vier Wochen nach dem Stadtfest des heiligen Antonius am 12. Juni, treten die *Fadistas* der Viertel auch auf kleinen Bühnen in den Gassen der Viertel Alfama, Santa Engrácia und da Bica auf. Bei diesen sozialen Ereignissen mischen sich alle Schichten.

Fado-Kenner und Interpreten pflegen ihre eigene Szene aus halbprivaten Klubs und *Tertúlias* (gemeinsamen Treffen). Auch nach ihren offiziellen Auftritten kommen sie zusammen, um zu improvisieren. Gastmusiker, etwa aus Mexiko oder Kolumbien, lassen exotische Elemente in den Fado einfließen.

Unter den **um die 150 musikalischen Grundstrukturen des Fado** gibt es schnelle und langsame, extatisch traurige, aber auch naive, fröhliche und satirische. Eine zwölfseitige *guitarra portuguesa* und eine klassische Gitarre begleiten in der Regel eine Sängerin oder einen Sänger. Noch wichtiger als eine gute Stimme ist die authentische Ausstrahlung. Während des Auftritts herrscht im Publikum stets andächtiges Schweigen.

Fußball und Volksheilige

Fußball ist für viele *Lisboetas* so etwas wie **eine zweite Religion**. Lernt man sich kennen, wird als Erstes gefragt, für welchen Fußballverein man ist: Benfica oder Sporting, Rot-Weiß oder Grün-Weiß? Manchmal scheint es, es sei erblich, welchem der beiden Lager man angehört. Sporting hat bis heute das Image, versnobter zu sein, denn sein Gründer José Alvalade war adelig und steckte 1906 das gesamte Vermögen seines Großvaters in den Verein. Benfica hingegen gründeten 1904 Schüler einer Realschule. Der Verein, heute einer der größten der Welt, litt lange Zeit

080lb Abb.: ps

⊡ *Altar für den Schutzheiligen Santo António in der Alfama*

081lb Abb.: ps

⊡ *Soziales Leben: im Clube de Futebol gemeinsam Fußball gucken*

unter finanziellen Engpässen. In den 1960er-Jahren wurde er dank des Starspielers Eusébio berühmt. Die beiden größten Fußballklubs besitzen heute Abteilungen für zahlreiche andere Sportarten von Basketball bis Radsport, aber nur der Fußball bestimmt die Gespräche der Lissabonner so sehr wie das Wetter.

Mindestens denselben Stellenwert wie ihre Fußballlegende hat **Santo António, der portugiesische Schutzheilige.** Nicht nur in der Alfama gehört seine kleine Statue auf das Fensterbrett all jener, die sich frisches Eheglück wünschen. Als Franziskanermönch soll der Heilige einer mittellosen Braut einst zur Mitgift verholfen haben. Heute glauben viele, er helfe auch bei der Suche nach dem richtigen Partner. Jedes Jahr zum **Antoniustag am 12. Juni** spendiert die Stadt 20 Lissabonner Paaren an der Armutsgrenze die Hochzeit. Ob Jung oder Alt, die Heiligenverehrung reicht von tiefer Religiosität bis zu humorvollem Aberglauben.

Eine Pilgerstätte der Hoffnung ist für viele *Lisboetas* die **Statue des Arztes José Tomás de Sousa Martins** (1843–1897) auf einem Hügel oberhalb des Ascensor do Lavra. Sie befindet sich auf dem Platz Campo dos Mártires da Pátria [V18] unmittelbar vor der medizinischen Fakultät. Hierher bringen die Lissabonner Kerzen, Blumensträuße, Votivtafeln mit Fotos und Danksagungen. Der Tuberkulose-Arzt behandelte auch die Armen, die ihn nicht bezahlen konnten. Er war Wissenschaftler mit Herz, nicht besonders gläubig und ganz sicher kein Wunderheiler. Am Ende fiel er selbst der Krankheit zum Opfer, der er sein Lebenswerk gewidmet hatte. Nach seinem Tod wurde er so etwas wie ein Volksheiliger. Bis heute erbitten zahlreiche Menschen am Fuß seiner Statue die Heilung ihrer Angehörigen oder ihrer eigenen Leiden.

Erst Krise, dann Aufschwung

Seit dem EU-Beitritt 1986 folgte in Portugal ein Modernisierungsschub, doch die globale Finanzkrise machte den Staat neben Griechenland und Spanien zu den **Sorgenkindern der EU**. Die sprunghaft von 11 auf 16,5 % gestiegene Arbeitslosigkeit und das Staatsdefizit, das 2011 in Folge der Finanzkrise ein EU-Darlehen von 78 Mrd. Euro erforderte, um den Staatsbankrott zu verhindern, hinterließen auch in der Hauptstadt ihre Spuren.

Lissabon war seither oft Schauplatz von **Großdemonstrationen** gegen Gehaltskürzungen, Steuererhöhungen und Kürzungen im Sozialbereich. In Massen ging die **„Verlorene Generation"** *(geração à rasca)* der arbeitslosen 20- bis 30-Jährigen auf die Straße. Taxifahrer, Pflegekräfte und Beamte der öffentlichen Verkehrsbetriebe traten in Generalstreik.

Staatspräsident Cavaco Silvá und Premierminister Pedro Passos Coelho griffen zu **drastischen Sparmaßnahmen**, nachdem Portugal 2013 den Euro-Rettungsschirm verließ. Gleichzeitig verarmten immer mehr Angehörige der Mittelschicht und konnten ihre Eigentumswohnungen oder Mieten nicht mehr bezahlen. Mehrmals zwang das portugiesische Verfassungsgericht die Mitte-Rechts-Regierung, ihre Sparpläne zu revidieren. Rentner, Arbeitslose, Behinderte und Studenten zählen zu den Verlierern, Angestellte bekommen weniger Lohn und die Steuern steigen.

Das Kabinett des Premierministers **Passos Coelho** wurde am 10. Oktober 2015 gestürzt, nur elf Tage nach den Parlamentswahlen für die Amtszeit bis 2019. Der Missmut über seine Sparmaßnahmen führte zu einem Misstrauensvotum. Am 26. November wurde Lissabons früherer Bürgermeister **António Costa** (Sozialistischen Partei) sein Nachfolger.

In der Folge besserte sich die Lage. Deutschland zählt zu den wichtigsten Handelspartnern. Das VW-Werk Auto Europa vor den Toren Lissabons schaffte Arbeitsplätze. Lissabons Kreuzfahrtterminal wurde erweitert und am Tejo staunt man über eine Neuerung nach der anderen, vom **MAAT** (s. S. 67), einem futuristischen Bau in Wellenform der britischen Architektin Amanda Levete, bis zur Uferpromenade an den Docas de Marinha (s. S. 131). Für die Einwohner ist Lissabon jedoch auch immer **teurer** geworden und viele Lisboetas zogen in weniger zentrale, preiswertere Viertel oder ans andere Tejo-Ufer um.

Bevor 2020 die Coronapandemie einsetzte, hatte der Tourismussektor in Lissabon einen Jahresumsatz von 14,7 Mrd. € erwirtschaftet und für über 200.000 Arbeitsplätze gesorgt. Im November 2021 waren über 86 % der Bevölkerung gegen Covid geimpft und alle Beschränkungen wurden aufgehoben. Im selben Monat ordnete der Staatspräsident Neuwahlen für Januar 2022 an. Der Grund: Streit um Haushaltsplan und Coronahilfen. Doch auch diese – siebten – vorgezogenen Neuwahlen in Portugal werden wohl in Sachen Haushalt nichts beschleunigen.

▷ Die Standseilbahn da Bica erleichtert den Anwohnern viele Wege

PRAKTISCHE REISETIPPS

090lb Abb.: as©EPISOUSA

An- und Rückreise

Mit dem Flugzeug

Neben TAP Portugal fliegen viele Fluggesellschaften Lissabon an, darunter Eurowings, Lufthansa, Swiss, Easy Jet (Basel) und Vueling. Transavia fliegt auch von Eindhoven, für manchen nur ein Steinwurf über die niederländische Grenze. Internationale Flüge landen und starten in der Regel vom Terminal 1, Easy Jet und Ryanair von Terminal 2. Zwischen den Terminals fährt alle 10 Minuten ein kostenloser Shuttlebus und es gibt eine Busverbindung zum/vom Cais do Sodré [U22]. Infos rund um den Flughafen **Aeroporto de Lisboa** gibt es unter www.aeroportolisboa.pt.

Der Flughafen liegt 7 km vom Stadtzentrum entfernt. Eine Taxifahrt ins Zentrum kostet ca. 15 €. Außerdem verbindet die **rote Metrolinie** den Flughafen mit der Station Saldanha (Dauer 21 Min., tgl. 6.30–1 Uhr, Einzelticket 1,45 € plus obligatorische wiederaufladbare Metrokarte 7 Colinas/Viva Viagem 0,50 €, s. S. 138) und es fahren mehrere **Busse** in die Stadt, z. B. Bus 208 zum Cais do Sodré und Bus 744 bis Marquês de Pombal (Einzelfahrt 1,80 €, beim Busfahrer erhältlich). Hier gibt es allerdings eine Gepäckbeschränkung (Größe 50 x 40 x 20 cm). Wer größeres Gepäck mitbringt, muss auf den **Aerobus** ausweichen. Die Aerobus-Linie 1 fährt zum Cais do Sodré und Linie 2 ohne Zwischenstopp nach Sete Rios (Einzelfahrt 3,60 €).

Mit dem Bus, Zug oder Schiff

Wer mit dem **Bus** nach Lissabon anreist, benötigt von Deutschland aus rund 35 Std. Die Reise mit Nachtfahrten und Umsteigen ist heute selbst mit dem Flixbus (www.flixbus.de/fernbus/lissabon) eine Strapaze. Sinnvoll sind Busreisen eher als preiswerte Pauschalreisen mit auf Busreisen spezialisierten Reiseveranstaltern in Kombination mit anderen Zielen in Spanien

134lb Abb.: ps

und Portugal (z. B. www.buswelt.de). Oder man bucht einen Last-Minute-Flug nach Faro an der Algarve und gelangt von dort mit dem Bus oder Zug nach Lissabon.

Mit dem **Zug** fährt man von Deutschland aus nach Paris und weiter mit dem „Südexpress" über Bordeaux nach Lissabon. Aus Österreich und der Schweiz gelangt man über Straßburg oder Saarbrücken und dann durch Frankreich, Nordspanien und Nordportugal in die Stadt am Tejo. Im Zentrum von Lissabon kommen die Züge am **Bahnhof Santa Apolónia** [Z20] an.

Lissabon ist ein beliebtes Ziel vieler **Kreuzfahrten** (z. B. mit Aida). Die Schiffe legen im Hafen Santa Apolónia an.

Autofahren

Mietwagen sind meist günstiger, wenn man sie im Internet oder vom Heimatort aus bucht und direkt am Flughafen übernimmt. Ein Auto bietet im Großraum Lissabon und für Ausflüge an den Atlantik und nach Sintra mehr Flexibilität. Lissabons Brücken sind mautpflichtig (Ponte 25 de Abril: 1,65–2 € pro Strecke, Ponte Vasco da Gama: 2,65 €).

Das **Parken** ist im Zentrum außer im Parkhaus nicht einfach. Auf den Straßen der Stadt gibt es Mo.–Fr. von 8–20 Uhr und Sa. 9–14 Uhr fast nur gebührenpflichtige Parkplätze (1 Std. ca. 3 €, 2–4 Std. Höchstparkdauer). **Zentral gelegene Parkhäuser** befinden sich an den großen Plätzen Lissabons:

073lb Abb.: ps

- P193 [W20] **Parkhaus Pr. da Figueira**
- P194 [V19] **Parkhaus Pr. dos Restauradores**
- P195 [U21] **Parkhaus Pr. Luís de Camões**
- P196 [T17] **Parkhaus Pr. Marquês de Pombal**
- P197 [W19] **Parkhaus Pr. Martim Moniz**

In der Stadt beträgt die **Geschwindigkeitsbegrenzung** 50 km/h, auf Landstraßen 90 bis 100 km/h, auf Autobahnen 120 km/h. Portugals blau beschilderte Autobahnen sind **mautpflichtig** (Maut = *portagem,* ca. 4 € pro 100 km).

24-Stunden-Pannenhilfe für den Großraum Lissabon leistet der **Automóvel Club de Portugal (ACP)** unter Tel. 707509510. Unbedingt die Leuchtweste anziehen, wenn man das Fahrzeug nach einer Panne verlässt – andernfalls zahlt man Strafen ab 120 € aufwärts.

Das Kreuzfahrtschiffterminal direkt vor der Alfama

Bahnhof Santa Apolónia am Fuß der Alfama

Barrierefreies Reisen

Von Fahrzeugen versperrte Bürgersteige, unregelmäßiges Straßenpflaster, starke Steigungen und alte Straßenbahnen ... mit Behinderungen wird einem die Fortbewegung in Lissabon **alles andere als einfach** gemacht. Im Zentrum senden immerhin die meisten Ampeln Lautsignale für Sehbehinderte.

Flughafentransfers für Rollstuhlfahrer, Stadtbesichtigungen und Tagestouren sowie die Vermittlung behindertengerechter Hotelzimmer bietet:

› **Accessible Portugal,** www.accessibleportugal.com, Tel. 211338693 und 917626726

Diplomatische Vertretungen

- •198 [V18] **Botschaft der Bundesrepublik Deutschland,** Campo dos Mártires da Pátria, 38, 1169-043 Lisboa, www.lissabon.diplo.de, Tel. 218810210, Mo.–Fr. 9–12 Uhr
- •199 [P22] **Botschaft der Republik Österreich,** Av. Infante Santo, 43, 4. Stock, 1399-046 Lisboa, www.aussenministerium.at/lissabon, Tel. 213943900, nur nach Terminvereinbarung
- •200 [Q20] **Botschaft der Schweiz,** Tv. do Jardim, 17, 1350-185 Lisboa, www.eda.admin.ch/lisbon, Tel. 213944090, Mo.–Fr. 9–12 Uhr

Elektrizität

Die Stromspannung beträgt 220 Volt. Die Zweistiftstecker entsprechen dem europäischen Standard, einen Adapter braucht man nicht.

Geldfragen

Portugal gehört zur **Eurozone.** Mit der **Debit-(Giro-) bzw. VPAY- oder Maestro-Karte** kann man in Lissabon an Bankautomaten (z. B. Multibanco) Geld abheben und in den meisten Geschäften und Restaurants bezahlen. Es gibt viele Möglichkeiten, in Lissabon vergleichsweise **preiswert zu essen,** zum Beispiel in den zahlreichen *Pastelarias.* Ein kleiner Softdrink am Kiosk kostet 2,50 €. In den kleinen lokalen Restaurants der Viertel kostet ein Gericht zwischen 9,80 und 14,50 €. Auch der **Museumseintritt** liegt häufig unterhalb des europäischen Durchschnitts.

Lissabon preiswert

- › Die Museen bieten **Ermäßigungen** für **Rentner und Studenten.** Für **Kinder bis 12 Jahre** ist der **Eintritt oft frei.**
- › Die **Kombitickets** der Museen machen den Museumsbesuch nicht nur preiswerter, sie verkürzen auch die Wartezeiten (z. B. in Belém, s. S. 54).
- › Getränke und Snacks gibt es günstig an den zahlreichen **Quiosques de Refresco** (s. S. 76).
- › Dienstags und samstags kann man auf dem **Flohmarkt Feira da Ladra** (s. S. 96) Secondhandware, Antiquitäten und Kleidung oder günstige Fado-CDs erstehen.
- › **Mittags** sind **Menüs preiswerter** als abends. In manchen kleinen Stehbars bekommt man an der Theke einfache Gerichte ab 6,50 €. Günstig sind auch die Mittagsmenüs in den Tascas.

Mit der **Lisboa Card** kann man die öffentlichen Verkehrsmittel nutzen und hat freien Eintritt in viele Museen und Sehenswürdigkeiten. Zudem bietet die Karte weitere Ermäßigungen in kooperierenden Geschäften. Sie kostet für 24 Std. für Erwachsene (über 15 J.) 20 € (Kinder 13 €), für 48 Stunden 34 € (Kinder 19 €) und für 72 Stunden 42 € (Kinder 22,50 €) und ist an den Ask-me-Lisboa-Schaltern der Tourist-Infos und, etwas ermäßigt, online unter https://shop.visitlisboa.com erhältlich.

Informationsquellen

Infostellen zu Hause

Anfragen zu Lissabon und ganz Portugal aus Deutschland, Österreich und der Schweiz beantwortet:

› **Turismo de Portugal,** Zimmerstr. 56, 10117 Berlin, Tel. 030 2541060, www.turismodeportugal.pt

Infostellen in der Stadt

Die Informationsbüros (Ask me Lisboa) von **Turismo de Lisboa** in oft großzügigen Räumen mit angeschlossenem Shop bieten Kartenmaterial und Informationen zu Sehenswürdigkeiten, Events und Unterkünften. Im Flughafen und im Bahnhofsgebäude Santa Apolónia handelt es sich um Infoschalter, in der Fußgängerzone Rua Augusta 3 und in Belém stehen Informationskioske.

201 [W22] **Turismo de Lisboa am Pr. do Comércio,** Pátio da Galé, tgl. 10–20 Uhr

202 [W21] **Turismo de Lisboa in der R. Augusta,** tgl. 10–13 u. 14–18 Uhr

203 [U19] **Turismo de Lisboa im Palácio Foz,** Praça dos Restauradores, tgl. 9–20 Uhr

204 [G25] **Turismo de Lisboa in Belém,** am Hieronymus-Kloster 36, tgl. 9–18 Uhr

205 [V19] **Turismo de Lisboa in der R. Jardim do Regedor,** 50, tgl. 10–20 Uhr

206 [Y3] **Turismo de Lisboa in der Ankunftshalle des Flughafens,** tgl. 7–24 Uhr

207 [Z20] **Turismo de Lisboa im Bahnhof Santa Apolónia,** Di.–Sa. 7.30–13 u. 14–16.30 Uhr

Die Stadt im Internet

› **www.visitlisboa.com:** Website des Fremdenverkehrsamts (auch auf Deutsch)
› **www.visitportugal.com:** Internetseite des portugiesischen Fremdenverkehrsamts zu Portugal, ebenfalls mit vielen Infos zu Lissabon (auch auf Deutsch)
› **www.carris.pt:** Internetpräsenz des Nahverkehrsunternehmens Carris mit Preisen, Fahr- und Netzplänen (auf Englisch)

Publikationen und Medien

Deutsche Zeitungen findet man an vielen Kiosken in der Baixa (zum Beispiel in der Rua Augusta 3), in Bahnhöfen und Einkaufszentren. Auf Englisch informiert die kostenlose, von Turismo de Lisboa monatlich herausgegebene Broschüre „**Follow me Lisboa**" über Museen, Unterkünfte, praktische Adressen und Events. Internetausgabe zum Download über www.visitlisboa.com.

Internet

Kostenloses **WLAN** ist in Lissabon weit verbreitet: in Einkaufszentren, am Flughafen, im Fährterminal Cais do Sodré, in Metrostationen, vielen Hotels, Museen, Cafés etc. Man findet auch Möglichkeiten, das eigene Gerät ans Stromnetz anzuschließen.

Meine Literaturtipps

- Brizuela, Leopoldo: **Nacht über Lissabon.** Insel, 2010. Lissabon 1942 in der Nacht des britischen Ultimatums an Salazar. Flüchtlinge, Tango, Fado und Intrigen.
- Cardoso Pires, José: **Lissabonner Logbuch.** Hanser, 1997. Ein Dichter porträtiert seine Stadt.
- Heinemann, Ellen (Hrsg.): **Lissabon. Ein literarisches Porträt.** Insel Taschenbuch, 1997. Inspirierende Lissabon-Eindrücke berühmter Reisender der Geschichte.
- Jorge, Lídia: **Nachricht von der anderen Seite der Straße.** Suhrkamp, 1996. Roman über ein Frauenschicksal und die Ernüchterung nach der Nelkenrevolution.
- Mercier, Pascal: **Nachtzug nach Lissabon.** Hanser, 2004. Ein Schweizer Lateinlehrer verfolgt die Spuren eines Arztes während der Salazar-Diktatur. 2013 verfilmt.
- Saramago, José: **Claraboia oder Wo das Licht einfällt,** Hoffmann und Campe. 1953 schrieb der Nobelpreisträger den Roman, der erst 2013 erschien, über die Bewohner eines Lissabonner Mietshauses.
- Tabucchi, Antonio: **Erklärt Pereira.** Der historische Roman über Zensur und Unterdrückung im Lissabon der 1930er-Jahre wurde mit Marcello Mastroianni verfilmt.
- Wurster, Gaby (Hrsg.): **Lissabon. Ein Reisebegleiter.** Insel Taschenbuch, 2006. Lissabon-Spaziergänge mit Zitaten bekannter Autoren.
- Wurster, Gaby (Hrsg.): **Lissabon. Eine literarische Einladung.** Klaus Wagenbach, 2010. Literarische Streifzüge mit Auszügen aus Werken von über 20 Autoren.
- Zweig, Stefan: **Magellan. Der Mann und seine Tat.** Fischer, 2011. Der einfühlsame Biograf beschreibt die erste Weltumseglung des Portugiesen Magellan.
- Lübbe, Sascha: **Spaziergang durch Lissabon.** CD, 79 Min., 12,90 €, www.geophon.de. Atmosphärische Hörreportagen aus Lissabon.

In der Buchhandlung Bertrand (s. S. 100) im Chiado

057lb Abb.: ps

LGBT+

In den Stadtvierteln Chiado und Bairro Alto sowie rund um die Praça Príncipe Real finden Schwule und Lesben etliche Ausgehmöglichkeiten.

Ausführliche Tipps und Informationen – auch zu Aktivitäten, Hotels und Ausstellungen – sind erhältlich unter www.lisbongaycircuit.com. Lissabons schwul-lesbische Parade Arraial Pride (bei Facebook) wird in der Regel Ende Juni gefeiert. Alljährlich im September findet das Filmfestival Queer Lisboa (www.queerlisboa.pt) statt.

- **209** [T20] **Finalmente Club,** R. da Palmeira, 38, bei Facebook, tgl. 18–2 Uhr. Kleine Schwulenbar mit Disco und Dragshows.
- **210** [V14] **Opus Diversidades Association,** R. Ilha Terceira, 34, 2. Stock, https://opusdiversidades.org, Tel. 924467485
- › **Portas Largas** (s. S. 88). Größte, in der Gayszene beliebte Location für Livemusik im Bairro Alto.

Medizinische Versorgung

In Lissabon sollte man auf jeden Fall eine **Auslandsreisekrankenversicherung** haben. Nicht überall wird die **Europäische Versicherungskarte** (European Health Insurance Card) akzeptiert – dann muss man in Vorkasse treten und sich den Betrag zu Hause zurückerstatten lassen.

Bei Notfällen und wenn man einen Krankenwagen braucht, sollte man die **Notrufnummer 112** wählen.

Adressen deutschsprachiger Fachärzte bekommt man bei der Deutschen Botschaft (s. S. 124).

Gut sortierte **Apotheken** *(farmácia)* findet man in allen größeren Straßen. In den Fenstern hängt auch die Adresse der Apotheke, die im jeweiligen Viertel gerade Nachtdienst hat.

Krankenhäuser mit Notfallstationen:

- **211** [Q9] **Hospital de Santa Maria,** Av. Professor Egas Moniz, Metro: Cidade Universitária, Tel. 217805000
- **212** [W19] **Hospital de São José,** R. José António Serrano, Metro: Martim Moniz, Tel. 218841000

Mit Kindern unterwegs

Lissabons Restaurants und Museen sind in der Regel kinderfreundlich. Zudem gibt es zahlreiche **Grünflächen und Parks mit Spielplätzen** wie den Jardim da Estrela (siehe Basílica da Estrela 32) und den Jardim do Príncipe Real [T19]. Vom Wasserspeicher **Reservatório da Patriarcal** 24 in der Mitte des Príncipe Real starten spannende Führungen durch die unterirdischen Galerien des Wasserversorgungssystems, die für die ganze Familie ein echtes Erlebnis sind. Sie enden an dem Miradouro im Bairro Alto.

Nebenan fährt die Standseilbahn **Ascensor da Glória** [U20]. Jugendlichen macht es sicher Spaß, ein Stück zu Fuß hinunterzulaufen und die **Graffiti-Ausstellung an der Calçada da Glória** [U19/20] zu erkunden.

Einen aufregenden Panoramablick über die Stadt bietet ein Spaziergang auf dem **Aquädukt** (s. S. 44). Gut geeignet für Familienausflüge sind auch Radtouren am Tejo oder **Ausflüge mit der Fähre** ab Cais do Sodré (s. S. 131) nach Cacilhas an der Südseite des Tejo oder zu den **Stränden** der Costa da Caparica (s. S. 62).

Am Wochenende stehen im **Castelo de São Jorge** ⑬ oft besondere Veranstaltungen für Kinder auf dem Programm, aber auch sonst kommt Lissabons Burgruine beim Nachwuchs gut an. Im **Museu da Marioneta** (s. S. 66) gibt es manchmal **Kasperletheater.** Lissabons großes **Aquarium Oceanário de Lisboa** ㊶ besucht man mit Kindern am besten zu den Fütterungszeiten. Oder man betrachtet den **Parque das Nações** ㊵ am Tejo von der **Seilbahn** aus. Auch über **Lissabons Zoo** schweben die Gondeln einer Seilbahn, sodass kleine Gäste die Tiere auch von oben beobachten können:

★213 [P11] **Jardim Zoológico de Lisboa,** Estrada de Benfica, 158–160, Metro: Jardim Zoológico, www.zoo.pt, Tel. 217232920, tgl. 10–18 Uhr, Eintritt inkl. Seilbahn 22,50 €, Kinder 3–12 J. 14,50 €

Notfälle

- **Notrufnummer:** Tel. 112
- **Apothekennotdienst:** Tel. 118

214 [U19] **Touristenpolizei,** Pr. dos Restauradores im Palácio Foz neben der Touristeninformation, Metro: Restauradores, Tel. 213421634. Hilfe für Touristen auch unter Tel. 808781212.

•215 [a5] **Fundbüro der Polizei,** Pr. Cidade Salazar, Lote 180, EG, Metro: Olivais, Tel. 218535403, Mo.–Fr. 9–12.30 u. 14–16 Uhr

- **Fundbüro der Metro** in der Station Marquês de Pombal [T17]

Kartensperrung

Bei **Verlust der Debit-/Giro-, Kredit- oder SIM-Karte** gibt es für Kartensperrungen eine **deutsche Zentralnummer** (unbedingt vor der Reise klären, ob die eigene Bank bzw. der jeweilige Mobilfunkanbieter diesem Notrufsystem angeschlossen ist). **Aber Achtung:** Mit der telefonischen Sperrung sind die Bezahlkarten zwar für die Bezahlung/Geldabhebung mit der PIN gesperrt, nicht aber für das **Lastschriftverfahren mit Unterschrift.** Man sollte daher auf jeden Fall den Verlust zusätzlich **bei der Polizei zur Anzeige bringen,** um ggf. auftretende Ansprüche zurückweisen zu können.

In **Österreich** und der **Schweiz** gibt es keine zentrale Sperrnummer, Besitzer von entsprechenden Debit- oder Kreditkarten sollten sich vor der Abreise bei ihrem Kreditinstitut über den zuständigen Sperrnotruf informieren.

Generell sollte man sich immer die **wichtigsten Daten** wie Kartennummer und Ausstellungsdatum **separat notieren,** da diese unter Umständen abgefragt werden.

- **Deutscher Sperrnotruf:** Tel. +49 116116 oder Tel. +49 3040504050
- **Weitere Infos:** www.kartensicherheit.de, www.sperr-notruf.de

Öffnungszeiten

Die meisten **Geschäfte** haben in der Regel montags bis samstags von 10 bzw. 11 bis 19 oder 20 Uhr geöffnet. Einige kleinere Läden machen von 13 bis 14.30 Uhr Pause. Im Bairro Alto haben viele Geschäfte auch abends auf. Die großen **Einkaufszentren** sind täglich von 10 bis 23 bzw. 24 Uhr geöffnet. Große **Supermärkte** *(hipermercados)* sind abends ebenfalls länger offen, teils bis 20, teils sogar bis 23 Uhr. Die **Museen** haben montags geschlossen und in der Regel Di. bis So. 10 bis 18 Uhr ihre Kernöffnungszeiten. An **Feiertagen,** z. B. Ostersonntag, sind die meisten

Museen geschlossen, am besten informiert man sich vorher über Einzelheiten. **Postämter** und **Banken:** 9 bis 18 Uhr.

Post

Lissabons **Hauptpost** liegt an der **Praça dos Restauradores** (Tarife und Angebote: www.ctt.pt). Weit verbreitet sind **Automaten für Briefmarken**, die zugleich als Briefkästen dienen. Die Farbe der Post und der Briefkästen ist in Portugal nicht Gelb, sondern Rot.

⊠**216** [V19] **Hauptpost,** Pr. dos Restauradores, 58, Metro: Restauradores, Mo.–Fr. 8–22, Sa. 9–18 Uhr

Radfahren

Auf einer Strecke von sieben Kilometern haben Radler **am Tejo-Ufer,** zwischen dem Cais do Sodré und Belém, freie Fahrt bei frischer Brise. Für **Mountainbiker** eignet sich der hügelige **Monsanto-Park** [K12]. In der Nähe des Parque das Nações 40 gibt es mehrere schöne **Radwege,** die vom Torre Vasco da Gama zum Fluss Trancão führen. Lissabons Innenstadt ist wegen der zahlreichen Steigungen, Straßenbahnschienen und fehlenden Radwege nicht zum Radfahren geeignet.

› **Biclas Belém,** Tel. 937406316, www.biclas.com (unter Bike Rentals), tgl. 10–19 Uhr, Kosten je nach Rad 20–30 € pro Tag, Kart 4 €. Fahrradverleih aus einem weißen Lkw-Anhänger an der Tejo-Promenade, Avenida de Brasilia

•**217** [W19] **Bike A Wish,** R. de São Lourenço, Metro: Martim Moniz, Tel. 961277877, Mo.–Sa. 10–18 Uhr, Preise und Touren unter www.bikeawish.com. Radverleih und Touren in Lissabon und Umgebung, Lieferung der Räder zum Hotel, vorher anrufen.

•**218** [V22] **Bike Iberia,** Lg. do Corpo Santo, 5, www.bikeiberia.com, Tel. 213470347, tgl. ab 9.30 Uhr geöffnet, Metro: Cais do Sodré. Tipps, Mietfahrräder und geführte Radtouren in Lissabon sowie nach Cascais, Sintra und an die Costa da Caparica.

Sicherheit

Wie in jeder Großstadt ist auch in Lissabon Vorsicht angebracht, aber Angst zu haben braucht man nicht. In der Metro, den Bussen, der Tram 28 und auf dem Flohmarkt Feira da Ladra (s. S. 96) kommt es gelegentlich zu **Diebstählen,** aber Raubüberfälle sind selten. Gegenden wie das ehemalige Prostituiertenviertel am Cais do Sodré und die Mouraria sind längst nicht mehr so gefährlich wie noch vor einigen Jahren, aber dennoch ist es ratsam, einsame Straßen oder Parks im Dunklen zu meiden. Wie überall gilt: **Wertgegenstände** nicht im Auto oder am Strand liegen lassen.

Adressen der Polizei und Notrufnummern siehe Notfälle S. 128.

Sprache

Die *Lisboetas* sprechen ein schnelles, für ein nordeuropäisches Gehör im Vergleich zum Brasilianischen schwer verständliches Portugiesisch. In Restaurants und Hotels kann man sich gut auf **Englisch** verständigen. Die meisten jungen Portugiesen können Englisch, ältere tendenziell eher **Französisch.** Hilfreich sind die Sprachhilfe (s. S. 142) und der kulinarische Wortschatz (s. S. 73) in diesem Buch.

Auch auf Segways lässt sich die Stadt erkunden

Stadttouren

Turismo de Lisboa organisiert keine Stadtführungen oder Ausflüge. Dafür gibt es zahlreiche **private Anbieter** (Preise ca. 15–55 € je Führung). Die meisten Stadtführungen starten an der Praça do Comércio ❶ oder am Rossio ❻. Man kann sich über das Internet anmelden oder anrufen, um Termine oder Treffpunkte auszumachen. Die Anbieter sind in der Regel flexibel.

Wer nicht so gut zu Fuß ist, kann Lissabon auch vom **Doppeldeckerbus** aus besichtigen (Erw. 17 €, Kinder 8 €). Neben Bustouren im Doppeldecker nach Belém gibt es auch Kombiangebote Bus–Tram–Boot.

› www.yellowbustours.com/en/lisbon

Günstiger als die Colinas-Tour mit den roten Straßenbahnwagen (Erw. 20 €, Kinder 10 €) ist die Fahrt mit der **historischen Tram 28** oder der **Tram 12** (3 €).

Lissabon lässt sich auch mit dem **Tuktuk**, dem **E-Bike**, **Roller** oder per **Segway** erkunden. Infos zu den Sehenswürdigkeiten gibt es auch auf Deutsch.

› https://boostourism.rezdy.com

Anbieter thematischer Stadtrundgänge sind zum Beispiel:

› **Eat, Drink, Walk**, www.eatdrinkwalk.pt, Tel. 912252391. Dreistündige kulinarische Tour mit *petiscos*, Getränken und einem Essen mit Bewohnern Lissabons, die sehr gut Englisch sprechen und die Teilnehmer in netten Locations typische Spezialitäten probieren lassen.

› **Lisboa Autêntica**, www.lisboaautentica.com/de, Tel. 913221790. Dreistündige Thementouren mit sehr sympathischen Stadtführern aus Lissabon. Neben einer Tour zu den wichtigsten Sehenswürdigkeiten gibt es individuelle Touren (auch auf Deutsch).

› **Lisbon Spirit**, www.lisbon-spirit.pt, Tel. 911786954. Große Auswahl an englischsprachigen Touren Mo.–Do. u. Sa. jeweils um 10 und 14 Uhr (So. nur um 10 Uhr), aber auch individuelle Termine möglich.

› **Lisbon Walker**, www.lisbonwalker.com, Tel. 218861840, tägl. 10 oder 14.30 Uhr ab Treffpunkt. Bietet eine große Auswahl an Touren zu Stadtvierteln und Themen. Alle lohnen sich und sind sehr informativ. Standardsprache Englisch. Führungen auf Deutsch vorab reservieren.

Mein Tipp

Bootsfahrten auf dem Tejo

- Am Terreiro do Paço [W-X22] eröffnete 2021 der sanierte historische **Flussterminal Sul Sueste.** Ab hier starten die Taxiboote, Sightseeingtouren und Hop-on-Hop-off-Touren mehrerer Anbieter, in der Sommersaison von 9 bis 20 Uhr. Fotogen, auch von den Terrassen aus, sind die bunten historischen Boote, die vom **Doca da Marinha** aus zu Flussfahrten mit tollem Blick starten.
- Am preiswertesten sind die **Fahrten mit den Fähren des Lissabonner Metronetzes** (s. S. 138). Sie fahren vom Terreiro do Paço nach Montijo und Barreiro, vom Cais do Sodré nach Calcilhas (20 Min., von hier Busse zum Cristo Rei, s. S. 102, und an die Costa Caparica, s. S. 62) und Seixal. Von Belém gibt es Fähren nach Porto Brandão and Trafaria, Fahrpläne unter https://ttsl.pt.

061lb Abb.: ps

Telefonieren

Für Telefonate aus Deutschland, Österreich und der Schweiz nach **Portugal** wählt man die **Vorwahl 00351,** die **Ortsvorwahl für Lissabon** (21) ist fester Bestandteil der Telefonnummer. Von Portugal nach Deutschland 0049, nach Österreich 0043 und in die Schweiz 0041. Das Telefonieren mit dem eigenen Handy ist die preiswerteste Lösung, zumal die Roaming-Gebühren innerhalb der EU abgeschafft wurden und man mit Diensten wie WhatsApp, Signal, Viber etc. kostenlos telefonieren kann. Die Nummer der **Telefonauskunft** in Portugal lautet **118.**

Toiletten

An der Metrostation Cais do Sodré [U22] gibt es Toiletten, genau wie im Time-Out-Market Mercado da Ribeira (s. S. 96). Manche Cafés nehmen Geld, wenn man zur Toilette möchte und kein Gast ist. Eine Übersicht über öffentliche Toiletten findet man unter https://pee.place/de/l/Portugal/Lissabon.

Uhrzeit

Das ganze Jahr über besteht zwischen Portugal und Mitteleuropa, also Deutschland, Österreich und der Schweiz, **eine Stunde Zeitdifferenz.** In Portugal ist es eine Stunde früher, d. h. man stellt die Uhr bei der Einreise eine Stunde zurück.

Empfehlenswert:
Ausflüge mit der Fähre oder Booten

Unterkunft

In Lissabon gibt es **über 300 Hotels und Pensionen** – für jeden Geldbeutel ist das Passende dabei.

Apartments und **Ferienwohnungen** sind eine häufig preiswerte Übernachtungsvariante. Viele **Hostels** sind gesellige Unterkünfte für junge Gäste. Neben Bar oder Café bieten viele auch ein Kulturprogramm sowie eine begrenzte Anzahl günstiger Doppelzimmer.

Praktisch, in schönem Ambiente und zentral wohnt man im **Chiado** und in der **Baixa.** Die meisten modernen und eleganten Hotels konzentrieren sich entlang der Avenida da Liberdade 26 und rund um die Avenidas Novas (s. S. 46). Viele **gehobene Hotels** bieten von ihren Dachterrassen eine tolle Aussicht über die Stadt, während Pools eher eine luxuriöse Ausnahme sind.

Mit der Hotelrechnung wird eine **Bettensteuer** (2 €/Nacht) berechnet. Wer länger als 7 Tage bleibt, zahlt maximal 7 €.

Über die folgenden **Onlineportale** lassen sich Unterkünfte vorab buchen:

- www.lissabon-altstadt.de
- www.friendlyrentals.com/de/wohnungen/lisboa
- www.9flats.com/de/lissabon
- www.visitlisboa.com

Unterkunftstipps

Günstig

219 [U20] **Alface** €, R. do Norte, 96, Metro: Baixa-Chiado, http://alface-hostel.lisbon-hotel.org, Tel. 213433293. Das trendige **Boutiquehostel im Bairro Alto** (einst Sitz einer Zeitungsredaktion), gegenüber vom Miradouro de São Pedro de Alcântara, besitzt DZ, Schlafsäle und eine Küche mit Kühlschrank für Selbstversorger. Im EG gibt es ein Bar-Café und im Hinterhof ein Restaurant mit Terrasse.

220 [Y14] **Apartment Baldaques** €€, R. dos Baldaques, 9, Metro: Arroios, Tel. 919067444, www.book-travel.net/de/lissabon/appartement-rua-baldaques, Geschmackvoll und modern eingerichtete, 60 m² große Ferienwohnung für 1–4 Personen im 2. Stock eines Wohnhauses mit schönem Vorgarten. **Herrliche Aussicht über die Dächer der Stadt** – hier kann man sich wie zu Hause fühlen. Der sympathische Vermieter spricht gut Englisch und gibt seinen Gästen gern Tipps zu Lissabon oder dem besten Bäcker um die Ecke.

221 [S16] **Hotel Miraparque** €, Av. Sidónio Pais, 12, Metro: Marquês de Pombal, www.miraparque.com, Tel. 213524286. Solides Hotel mit 96 Zimmern und **Sicht auf den Parque Eduardo VII.** Relativ zentral zwischen Av. da Liberdade u. Gulbenkian-Stiftung, preislich in Ordnung. Bar in der Lobby.

222 [V19] **Hotel Portuense** €€, R. das Portas de Santo Antão, 149–157, Metro: Rossio oder Restauradores, www.hotelportuense.com, Tel. 213464197. Das Hotel in der Baixa Pombalina liegt hervorragend **zentral und ruhig in einer beliebten Straße** mit vielen Restaurants, die parallel zur Av. de la Liberdade verläuft. Die Zimmer (kleine EZ, DZ und Dreibettzimmer mit Klimanlage) sind ansprechend funktional und modern eingerich-

Preiskategorien

€	bis 80 €
€€	80–160 €
€€€	160–250 €

Die Preiskategorien gelten für ein Doppelzimmer mit Frühstück.

tet, mit Stuhl, kleinem Schreibtisch und Garderobe. Gutes Frühstück, schnelles WLAN und von den freundlichen Mitarbeitern an der Rezeption (24 Std. geöffnet, hier gibt es einen Safe) bekommt man gute Tipps (auf Englisch).

223 [V20] **Lisbon Destination Hostel** €, Lg. do Duque de Cadaval, 17, Metro: Rossio, http://lisbon-destination-hostel.lisbon-hotel.org/de, Tel. 213466457. Das Hostel liegt **zentral und praktisch** im zweiten Stock des Bahnhofs Rossio. Die Zimmer für 2–6 Personen umgeben auf zwei Etagen ein helles Atrium. Kaffee und Tee gratis. Bar, Events und Ausstellungen.

224 [S18] **Lisbon Dreams Guesthouse** €, Rua Rodrigo da Fonseca, 29, Metro: Rato, Tel. 213872393, www.lisbondreams.com. Sehr hübsche DZ und EZ mit Gemeinschaftsbädern auf zwei Etagen eines Altbaus mit Salon, Küche und zwei Innenhöfen. **Ambiente wie in einem Boutiquehotel** und sehr gutes Frühstück. Es werden auch Appartments vermietet.

225 [W21] **Lisbon Lounge Hostel** €, R. de São Nicolau, 41, Metro: Terreiro do Paço, www.lisbonloungehostel.com, Tel. 213462061. Auf 3 Stockwerken bietet dieses Hostel 9 Zimmer mit 2–8 Betten. **Küche zum selbst Kochen**, Lounge auf jeder Etage, Internet gratis. TV in den Doppelzimmern. Es werden auch Fahrräder vermietet.

226 [V19] **Lisbon Story Guesthouse** €€, Lg. de São Domingos, 18, Metro: Rossio, www.lisbonstoryguesthouse.com, Tel. 218879392. 2 Apartments für 4 Personen und **farbenfroh dekorierte Zimmer**, z. B. im Ethno-, Fado- oder Tejo-Look. Mit schuhfreier Lounge, kostenlosem Tee, Kaffee und Küchenbenutzung.

227 [V21] **Living Lounge Hostel** €, R. do Crucifixo, 116, Metro: Baixa-Chiado, Tel. 213461078, www.livingloungehostel.com. Liegt in einem Altbau mit geräumigen Zimmern und bietet neben Schlafsälen **14 DZ mit Werken portugiesischer Künstler.**

228 [T16] **Pousada de Juventude de Lisboa** €, R. Andrade Corvo, 46, Metro: Picoas, www.pousadasjuventude.pt, Tel. 213532696. Wer in der **Jugendherberge mit 31 Zimmern** (4–6 Betten) übernachten möchte, braucht einen internationalen Jugendherbergsausweis. Es gibt ein behindertengerechtes Zimmer und 12 DZ, mit Kantine und Frühstück.

229 [U19] **Safira** €, Rua da Alegria, 5, Metro: Restauradores, http://safira.lisbon-hotel.org/de, Tel. 213469869. Die **Pension portugiesischen Stils mit Kacheln** im Eingangsbereich hat fünf geräumige, saubere DZ mit Bad und Fön. Kein Frühstück, kein Aufzug, aber herzlicher Empfang.

230 [T21] **Santa Bica** €, Travessa do Cabral, 37–39, Tel. 218234089, www.santabica.com, Di.–So. 18–1 Uhr. **In Toplage essen und schlafen:** sehr nettes, modern eingerichtetes B&B, das in ehemaligen Fabrikräumen untergebracht ist. Vermietet werden vier helle DZ mit Bad (je nach Saison ab 55 €). Die zugehörige Bar in einer früheren Bäckerei hat eine wunderschöne Terrasse am Fuß des Elevador da Bica, wo man sich mit leckerem Wein, Tapas und frischen Reisgerichten mit Gambas auf das Nachtleben einstimmen kann.

231 [U20] **The Independente Hostel and Suites** €€, R. São Pedro de Alcântara, 81, Metro: Restauradores, https://theindependente.pt/hs, Tel. 213461381. 3 Brüder, selbst passionierte Traveller, gründeten das Hostel mit 90 Betten in 11 großen Zimmern **in einem Altbau mit Stuck an der Decke.** Es gibt eine Bar, ein Restaurant und einen Biergarten.

232 [W21] **Traveller's House** €€, R. Augusta, 89, Metro: Terreiro do Paço, www.german.hostelworld.com, Tel. 210115922. Das Hostel **im 1. Stock eines Altbaus aus dem 18. Jh. mit Fach-**

werk und Azulejos liegt sehr zentral. Es hat 10 Zimmer, darunter 4 DZ mit eigenem Bad. Internet gratis, hübscher TV- und Gemeinschaftsraum, Küche und Waschservice. Fast jeden Abend vom Hostel organisierte kulturelle Events.

Mittelklasse

233 [X18] **Albergaria Senhora do Monte** €€, Cç. do Monte, 39, Tram 28 bis Graça, www.hotelsenhoradomonte.com, Tel. 218866002. Die Pension mit 28 Zimmern bietet eine tolle Aussicht. Das Frühstück gibt es bei schönem Wetter in der **Panoramabar auf der Dachterrasse.** Der Clou sind die Zimmer mit eigener Terrasse. Man wohnt beinahe wie in einem Miradouro mit Blick über die Baixa und den Tejo, doch der Aufstieg vom Zentrum ist schweißtreibend. Oder man fährt eine halbe Stunde mit der Tram. Online manchmal Rabatte buchbar.

234 [V21] **Borges Chiado** €€, R. Garrett, 108, Metro: Baixa-Chiado, www.hotelborges.com, Tel. 210456400. Das zentral im Chiado gelegene 4-Sterne-Hotel hat **96 geräumige Zimmer mit großen Fenstern** und bietet auch Sonderpakete an. Auch Drei- und Vierbettzimmer.

235 [U18] **Britania** €€-€€€, R. Rodrigues Sampaio, 17, Metro: Avenida, www.heritage.pt, Tel. 213155016. **Charmantes Art-déco-Hotel** mit nur 30 Zimmern, von dem Architekten Cassiano Branco errichtet und größtenteils originalgetreu erhalten, so z. B. die Fußböden aus Kork. Es verströmt bis heute das Flair der 1940er-Jahre. Online oder über Reisebüros sind Zimmer oft auch zu erschwinglichen Preisen zu bekommen.

236 [T20] **Casa das Janelas com Vista** €, R. Nova do Loureiro, 35, Metro: Restauradores, www.casadasjanelascomvista.com, Tel. 213429110. Sympathische Pension im Bairro Alto mit **individuell eingerichteten Zimmern**, Gemeinschaftsküche und einem Wohnzimmer.

237 [U19] **Heritage Av. Liberdade** €€, Av. da Liberdade, 28, Metro: Restauradores, www.heritage.pt, Tel. 213404040. Das Boutiquehotel der Heritage-Gruppe hat 40 helle, **große Zimmer in einem renovierten Stadtpalast aus dem 16. Jh.** Türen mit Eisenbeschlägen und pombalinische Kacheln zeugen von der Vergangenheit.

238 [V21] **Hotel do Chiado** €€, R. Nova do Almada, 114, Metro: Baixa-Chiado, www.hoteldochiado.com, Tel. 213256100. Das 4-Sterne-Hotel auf 2 Stockwerken ist **farbenfroh eingerichtet** und verfügt auch über Familienzimmer. Die Bar im 7. Stock (tgl. 12–23 Uhr) bietet einen herrlichen Ausblick. Drinnen stehen gemütliche, rote Sofas. Ideal, um sich mit einem Drink auf eine lange Nacht einzustimmen.

239 [W20] **Hotel Mundial** €€, Pr. Martim Moniz, 2, Metro: Martim Moniz u. Rossio, www.hotel-mundial.pt, Tel. 218842000. Jean-Paul Sartre und Simone de Beauvoir haben schon hier übernachtet. Das 4-Sterne-Hotel wurde 1958 eröffnet, immer wieder modernisiert und erweitert und nimmt inzwischen die komplette Stirnseite des Platzes Martim Moniz ein. Es hat 349 Zimmer, eine **Dachterrasse mit herrlicher Aussicht** und das Panoramarestaurant Varanda de Lisboa. Online immer wieder Sonderangebote.

240 [W20] **Hotel Portugal** €€, R. João das Regras, 4, Metro: Martim Moniz u. Rossio, www.hotelportugal.com, Tel. 218842120. Blau-Weiß, Kachelkunst, Stuckdecken und ein Flatscreen-TV in einem großen Spiegel prägen die 53 individuell von der Innenarchitektin Cristina Santos Silva dekorierten 53 Zimmer, während sich die Rezeption des Boutique-Hotels in goldenen Glanz hüllt. Frühstück gibt es auf der Terrasse im Innenhof. **Schöne zentrale Lage** zwischen Hotel Mundial und Pr. Figueras.

241 [U17] **Inspira Libertade Boutique Hotel** €€-€€€, R. de Santa Marta, 48,

Metro: Marquês de Pombal, www.inspirahotels.com, Tel. 210440900. **Feng-Shui und ökologische Nachhaltigkeitskriterien** prägen dieses 4-Sterne-Hotel mit 89 Zimmern und Spa nahe der Av. da Liberdade, das sich zu Recht als „urban retreat" bezeichnet.

242 [W20] **My Story Hotel Rossio** €€, Praça Dom Pedro IV 59, 2, Metro: Rossio, www.mystoryhotels.com, Tel. 213400380. Hotel in zentraler Lage mit 46 Zimmern auf vier Etagen **in einem renovierten historischen Haus,** das früher das Café Portugal beherbergte, nach dem heute das Hotelrestaurant benannt ist. Auch Familienzimmer buchbar.

243 [V15] **Neya Lisboa Hotel** €€, R. D. Estefânia, 71–77, Metro: Saldanha, www.neyahotels.com, Tel. 218413051. **Das 4-Sterne-Hotel in Laufnähe zum Goethe-Institut** hat 76 Zimmer, darunter 5 Suiten, und ein kleines Spa. Es wird nach ökologischen Kriterien geführt. Neben der Rezeption gibt es eine Bar und im Hotelrestaurant Viva Lisboa direkt nebenan kann man die mediterrane Küche aus frischen Produkten der Saison genießen (12–23 Uhr).

Gehoben

244 [U20] **9Hotel Mercy** €€€, R. da Misericórdia, 76, Metro: Baixa-Chiado, www.le9hotel.com, Tel. 212481480. Das Viersternehotel mit schicken, modern gestalteten und komfortablen Zimmern trumpft mit seiner **Toplage zwischen Bairro Alto und Chiado** und modernem Schick auf. Ab und zu günstige Angebote.

245 [Q22] **As Janelas Verdes** €€€, R. das Janelas Verdes, 47, Tram 15 bis Santos, www.asjanelasverdes.com, Tel. 213968143. In diesem Gebäude aus dem 18. Jh. soll früher der Schriftsteller Eça de Queirós gewohnt und sich Inspiration für das Fantasiehaus „Ramalhete" in seinem Roman „Die Maias" geholt haben. Heute ist es ein **romantisches Boutiquehotel** mit 29 Zimmern, viel historischem Flair und einem idyllischen Garten.

246 [U15] **Fontana Park Hotel** €€€, R. Engenheiro Vieira da Silva, 2, Metro: Saldanha, http://doubletree3.hilton.com, Tel. 210410600. Die Architektin Nini Andrade Silva aus Madeira gestaltete das **4-Sterne-Designhotel mit 139 komfortablen Zimmern in einer früheren Schlosserei.**

247 [U18] **Lisboa Plaza** €€, Tv. Salitre, 7, Metro: Avenida, https://lisbonheritagehotels.com, Tel. 213218218. Das Boutiquehotel in einer Seitenstraße der Av. da Liberdade ist ein **traumhaftes, verwinkeltes Haus** mit 91 Zimmern. Die erstaunliche Verbindung aus gediegenen, antiken Möbeln und traditionellen Materialien mit modernem Komfort (Marmorbäder) schuf die portugiesische Innenarchitektin Graça Viterbo. Schöne Dachterrasse, ruhige, zentrale Lage.

248 [X21] **Memmo Alfama** €€, Travessa Merceeiras, 27, Tram 28, Metro: Santa Apolónia, www.memmohotels.com, Tel. 210495660. Das 4-Sterne-Boutique-Hotel mit 42 Zimmern ist zeitgenössisch eingerichtet und lädt zum **Wohlfühlen in**

Buchungsportale

Neben Buchungsportalen für **Hotels** (z. B. www.booking.com, www.hrs.de oder www.trivago.de) bzw. für **Hostels** (z. B. www.hostelworld.de) gibt es auch Anbieter, bei denen man **Privatunterkünfte** buchen kann. Portale wie www.airbnb.de, www.wimdu.de oder www.9flats.com vermitteln Wohnungen, Zimmer oder auch nur einen Schlafplatz auf einer Couch. Diese oft recht günstigen Übernachtungsmöglichkeiten sind nicht unumstritten, weil manchmal normale Wohnungen gewerblich missbraucht werden. Einige Städte greifen deshalb regulierend ein.

155lb Abb.: ps

bester Lage in der Alfama ein. Mit Salon und riesiger Terrasse mit Weinbar und Pool und herrlichem Blick auf den Tejo. Eine Fassade mit Wandmalerei gestaltete der junge Künstler Alexandre Farto.

249 [g1] **Myriad** €€€, R. dos Cais das Naus, Lote 2.21.01, Metro: Oriente, www.myriad.pt, Tel. 211107600. Das luxuriöse 5-Sterne-Hotel der Sana-Gruppe im Parque das Nações (oft Rabatte) ist mit 140 m Höhe und einem futuristischen Turm auch nur für den **Ausblick über den Tejo** eine Attraktion. Ein hippes Design, 186 Zimmer und Suiten, Konferenzräume, ein Wellnesscenter mit Sauna und Hamam und ganz oben ein Panoramarestaurant gehören zur Ausstattung.

250 [P22] **Olissippo Lapa Palace** €€€, R. do Pau de Bandeira, 4, Tram 15 bis Alcântara, www.olissippohotels.com, Tel. 213182797. Das 5-Sterne-Hotel der Olissippo-Gruppe mit 109 Suiten **zählt zu den luxuriösesten Hotels des Landes.** Garten, Pool, türkisches Bad, alte, handbemalte Azulejos und höchster Komfort.

251 [X21] **Palacete Chafariz d'El Rei** €€€, Tv. Chafariz de El-Rei, 6, Metro: Santa Apolónia, www.chafarizdelrei.com, Tel. 218886150. **Sechs Suiten in einem authentisch restaurierten Adelspalast aus dem 19. Jh.** in der Alfama. Tejo-Sicht und Terrasse, Kronleuchter und Jugendstilfenster, Stuckdecken in hohen, weitläufigen Räumen, Kunst an den Wänden – bezaubernd und exklusiv.

252 [X20] **Palácio Belmonte** €€€, Páteo de Dom Fradique, 14, Tram 28 u. 12 bis Largo Portas do Sol, www.palaciobelmonte.com, Tel. 218816600. Der französische Unternehmer Frederic Coustols hat diesen **Palast neben der Burg,** einem der Drehorte von Wim Wenders „Lisbon Story", in eine Luxusherberge verwandeln lassen. Das Haus ist ein Traum, es wurde im Mittelalter auf der maurischen Stadtmauer errichtet und hat heute 10 individuell eingerichtete Suiten zwischen 30 und 160 m² Größe. Im Garten gibt es einen kleinen Pool. Tipp: Im Cultural Club Café, an dem man auf dem Weg zu Lissabons Burg vorbeikommt, sind auch Nichtgäste willkommen (Mo.–Sa. 10–19 Uhr).

253 [K23] **Pestana Palace** €€€, R. Jau, 54, Tram 15 oder 18E bis Santo Amaro, www.pestana.com, Tel. 213615600. Das 5-Sterne-Hotel ist **Mitglied der Leading Hotels of the World.** Der prachtvolle

Gemütlichkeit vor aufwendigem Kachelbild im Palácio Belmonte

Palast aus dem 19. Jh. und seine Gartenanlage sind Nationaldenkmal. 173 luxuriöse Zimmer in einem modernen Anbau des Palasts und 2 Schwimmbäder.

254 [X20] **Solar do Castelo** €€€, R. das Cozinhas, 2, Tram 28 u. 12 bis Largo Portas do Sol, https://lisbonheritagehotels.com/solar-do-castelo, Tel. 218806050. Eingeweihte bezeichnen das Hotel der Heritage-Gruppe als „Küchenschlösschen", weil sich hier früher die Küchen des Königspalasts befanden. Das Haus erstreckt sich auf zwei Etagen mit **Dachgeschoss in der Festungsmauer** und verfügt über einen schönen Innenhof mit Garten und 14 Zimmer. Romantischer Ort mit Tejo-Panorama.

255 [T18] **Tivoli Lisboa** €€, Av. da Liberdade, 185, Metro: Avenida, www.minorhotels.com/de/tivoli, Tel. 213198900. **5-Sterne-Tagungshotel** mit über 300 Zimmern, Spa und rundem Outdoorpool. Ab und zu gibt es online Sonderangebote und es ist auch bei Reiseveranstaltern günstig buchbar. Von den gemütlichen Sofas und Barhockern der auf dem Dach gelegenen Sky Bar (Mai–Okt. tgl. 17–1 Uhr, Sa./So. 11–16 Uhr Brunch) hat man einen herrlichen Blick über die Stadt.

256 [R22] **York House** €€€, R. das Janelas Verdes, 32, Cascais-Linie bis Santos, www.yorkhouselisboa.com, Tel. 213962435. Über eine Treppe gelangt man in den lauschigen Innenhof des Hotels i**m ehemaligen Kloster der Barfüßigen Karmeliterinnen** aus dem 16. Jh. Hier wird im Sommer abends für die Gäste gegrillt. Die 32 Zimmer entlang der dunklen Flure bieten modernen Komfort in traditioneller Architektur mit Arkaden, Kacheln, Stein- oder Holzfußböden.

072lb Abb.: ps

Residieren im Stil der Belle Époque in der Baixa

Verhaltenstipps

In Lissabon sprechen die Leute mit Touristen **lieber Englisch oder Französisch als Spanisch**, wobei Englisch vor allem bei jungen Portugiesen weiter verbreitet ist. Ein spanisches *gracias* kommt nicht gut an. Frauen bedanken sich auf Portugiesisch mit *obrigada,* Männer mit *obrigado.*

An **Bus- und Straßenbahnhaltestellen** wartet man in der Schlange – Drängeln gilt als sehr unhöflich.

Wenn in einem **Restaurant** Fado gesungen wird, verstummen die Gespräche. Unterhaltungen gelten als grob unhöflich gegenüber den Musikern. In besseren Restaurants werden die Gäste an ihren Platz geführt – so lange wartet man am Eingang.

Verkehrsmittel

Allgemeines, Tickets und Preise

Straßenbahnen, Busse und Aufzüge betreibt das staatliche Verkehrsunternehmen **Carris** (www.carris.pt, inkl. Netzplan), für die U-Bahn ist die Gesellschaft **Metropolitano de Lisboa** zuständig.

In allen Verkehrsmitteln und auch auf den Fähren gelten die elektronischen Guthabenkarten **7 Colinas** bzw. **Viva Viagem Zapping.** Sie haben einen aufladbaren Speicherchip und man zahlt beim Ersterwerb 0,50 € für die Karte. Danach werden sie mit mindestens 3 € aufgeladen. Der höchste Aufladebetrag liegt bei 40 €. Kaufen und aufladen kann man sie an den **Automaten und Schaltern in den U-Bahn-Stationen.** Die Automaten lassen sich auf Englisch umstellen; davor stehen auch häufig hilfsbereite Mitarbeiter. Eine **Einzelfahrt** mit Umsteigen innerhalb einer Stunde kostet 1,50 € (Tarif Viagem Carris Metro und mit der Zapping-Variante 1,34 statt 1,50 €). Der Betrag wird vor dem Betreten des Bahnsteigs beim Durchqueren des Drehkreuzes von der Karte abgezogen. Löst man ein **Einzelticket** beim Busfahrer, so kostet dies 2 € und in der Straßenbahn 3 €. Dies ist also teurer als die Bezahlung mit der Guthabenkarte.

Alternativ kann man ein **24-Stunden-Ticket** für 6,40 € (oder für 10,60 € inklusive Fähren und Cascais-Linie) erwerben. Die **Lisboa Card** (Preise s. S. 125) bietet freie Fahrt mit allen Verkehrsmitteln, inklusive der Fähren.

⊡ Auf ins Bairro Alto: mit der Standseilbahn Ascensor da Glória

Metro, Fähre und Bus

Am schnellsten kommt man in Lissabon mit der **Metro** von A nach B. Sie fährt täglich von 6.30 bis 1 Uhr. Infos rund um die Lissabonner U-Bahn erhält man unter www.metrolisboa.pt. Schöne Kachelbilder schmücken viele der Stationen, die Wege sind gut ausgeschildert. Es gibt **vier Linien,** die mit Farben und Symbolen gekennzeichnet sind: *amarela* (gelb, Sonnenblume), *azul* (blau, Möwe), *verde* (grün, Schiff) und *vermelha* (rot, Kompass). Mit dem Ticket oder der Karte passiert man die Zugangssperren. Ticketschalter und Automaten gibt es an jeder Station.

Die **Fähren** *(barcas)* des Unternehmens Soflusa & Transtejo starten von den drei Fähranlegern Cais do Sodré, Terreiro do Paço und Belém. Es gelten die Tickets Viva Lisboa und 7 Colinas, Option Zapping. Weitere Informationen sind unter www.transtejo.pt abrufbar. Unter dem Menüpunkt „Turismo" findet man auch verschiedene **Flusskreuzfahrten** auf dem Tejo (s. S. 131).

Im Stadtgebiet fahren von 5.30 bis 0.30 Uhr **rund 100 Buslinien.** Einzeltickets sind direkt beim Fahrer erhältlich. Von 6–20 Uhr wartet man in der Regel nur 10 Minuten an einer Bushaltestelle, bis 24 Uhr verlängert sich die Wartezeit auf etwa 20 Minuten. An Sonn- und Feiertagen fahren die Busse weniger häufig. **Nachtbusse** (*ônibus da madrugada* oder *noturno*) verkehren zwischen 0.30 und 5.30 Uhr. Über das Busnetz, das Nachtbusnetz *(mapa da rede nocturna),* die Haltestellen sowie die Abfahrtszeiten einzelner Linien und Nachtbusse informiert die Homepage der Betreibergesellschaft Carris (www.carris.pt).

077lb Abb.: ps

Aufzüge und Standseilbahnen

Lissabons **Aufzüge** *(elevador)* und **Standseilbahnen** (*teleférico* oder *funicular*) gelten seit 2002 als nationale Denkmäler. Sie werden wie die Straßenbahnen von der Carris betrieben. Eine Hin- und Rückfahrt mit dem **Aufzug Elevador de Santa Justa** 5 kostet 5,30 € (inkl. Aussichtsplattform). Die drei weiteren Aufzüge – der **Ascensor da Glória** [U20], der **Ascensor da Bica** [U21] und der **Ascensor do Lavra** [V19] – sind technisch gesehen Standseilbahnen. Hier kostet eine Hin- und Rückfahrt 3,80 €.

Schnell mit dem E-Roller

Am Tejo-Ufer eignen sich E-Roller zur schnellen Fortbewegung durchaus, auf den Straßen der Stadt eher weniger, besonders nicht in der hügeligen Alfama. Mieten und entsperren lassen sie sich mithilfe der jeweiligen **App** des Anbieters (kostenlos für iOS und Android):

- **Lime – immer mobil:** Grundgebühr 1 €, pro Minute bis 25 Cent.
- **TIER E-Scooter & E-Roller:** Grundgebühr 1 €, pro Minute bis 19 Cent
- **Voi – E-Scooter zum Mieten:** Grundgebühr 1 €, pro Minute 15 Cent

Straßenbahn

Die berühmteste der fünf Straßenbahnlinien *(eléctrico)* ist die **Linie 28.** Sie fährt zwischen Campo Ourique (Friedhof Prazeres) und dem Stadtviertel Graça Lissabons die wichtigsten Sehenswürdigkeiten ab. Oft ist sie jedoch sehr voll. Um dem Gedränge zu entgehen, kann man auf dem Weg in die Alfama, zur Kathedrale Sé 12 oder zum Castelo de São Jorge 13 auch an der Praça da Figueira 8 in die **Tram 12** einsteigen, die den Burgberg umrundet.

Die Bahnen fahren in der Regel alle zehn Minuten. Entweder man kauft das Ticket direkt beim Fahrer (3 €) oder man entwertet die bereits gekaufte elektronische Guthabenkarte (s. S. 138) an den Lesegeräten.

Die Carris bietet auch **touristische Fahrten**, z. B. nach Belém, an. Für diese **roten Straßenbahnen** sind die regulären Tickets nicht gültig.

Zug

Mit den **Vorortzügen** kommt man alle 20 bis 30 Minuten an die Küstenorte und nach Sintra. Die **Cascais-Linie** *(Linha de Cascais,* Fahrtzeit 40 Min., Express 30 Min., einfache Fahrt 2,35 €) fährt ab Cais do Sodré und hält an den Orten entlang des Tejo (so auch in Belém), in Estoril und zum Schluss in Cascais.

Nach Sintra kommt man vom Bahnhof Rossio mit der **Sintra-Linie** *(Linha de Sintra).* Einsteigen kann man z. B. auch in Entrecampos oder Sete Rios (Jardim Zoológico). Fahrzeit ca. 40 Min., einfache Fahrt 2,25 €.

Taxi

Mo.–Fr. gilt **Tarif 1** (Grundgebühr 3,25 €, 0,47 € pro km). Zwischen 21 und 6 Uhr, samstags, sonntags und an Feiertagen gilt **Tarif 2** (Grundgebühr 3,90 €, 0,56 € pro km). Ein Taxi zum Flughafen kostet rund 15 €. Man sollte darauf achten, dass die Fahrer Grundgebühr und Tarif am Taxameter richtig einstellen (Preis pro Min. 0,25 €). Es darf nur ein Gepäckzuschlag (1,60 €) je Fahrzeug berechnet werden.

- **Rádio Táxis de Lisboa,** Tel. 218119000
- **Teletáxis,** Tel. 218111100
- **Antlitur,** Tel. 218122796

Wetter und Reisezeit

Eine Reise nach Lissabon lohnt zu jeder Jahreszeit. **Mai und Juni** sind noch nicht zu heiß und es lockt das Stadtfest des heiligen Antonius. Im **August** ist es in der Stadt sehr heiß. Im **Winter** bewegen sich die Temperaturen meist um 10–15 °C, unter 0 °C sinken sie nie. Im **Dezember** lockt das Weihnachtsshopping bei farbenfroher Beleuchtung.

Durchschnitt	Wetter in Lissabon											
Maximale Temperatur	15°	16°	18°	19°	22°	25°	27°	28°	26°	22°	18°	15°
Minimale Temperatur	8°	9°	10°	11°	13°	16°	17°	18°	17°	15°	11°	9°
Regentage	11	11	8	8	6	3	1	1	4	8	10	10
	Jan	Febr	März	Apr	Mai	Juni	Juli	Aug	Sept	Okt	Nov	Dez

ANHANG

006lb Abb.: ps

Kleine Sprachhilfe Portugiesisch

Wichtige portugiesische Vokabeln und Redewendungen speziell für den typischen Reisealltag findet man im Kauderwelsch-Sprachführer „Portugiesisch – Wort für Wort" des Reise Know-How Verlages.

Aussprache

a, e, i, o, u	Betonte Vokale werden so ausgesprochen wie geschrieben, e und o gibt es aber jeweils offen wie in „Bett" / „Bock" und geschlossen wie in „Beet" / „Boot". Unbetonte Vokale werden oft abgeschwächt, das e wird dabei vielfach kaum hörbar gehaucht, das o wird zu „u" und z. T. ebenfalls gehaucht
ai, ei, eu	In Doppelvokalen werden die Bestandteile einzeln ausgesprochen (Ausnahme: ou nur als langes „oo")
ã, õ	Vokal mit Tilde (~) durch die Nase sprechen: lã (Wolle); ebenso nasal in em, ens, om, ons, um, uns, im, ins; in ão und õe sind beide Laute nasal
c	wird vor a, o und u zu „k": *cavalo* (Pferd); vor e und i aber zu „ss": *cedo* (früh)
ç	wird zu „ss": *almoço* (Mittagessen)
ch	wird zu stimmlosem „sch": *cheque* (Scheck)
g	vor e und i wie stimmhaftes „sch" (z. B. wie zweites „g" in „Garage"): *gelado* (Speiseeis)
h	bleibt immer stumm: *hora* (Stunde)
j	stimmhaftes „sch" wie in „Journal": *hoje* (heute)
lh	wird zu „lj": *espelho* (Spiegel)
m, ns	zeigt am Wortende nur die Nasalisierung des vorangehenden Vokals an, das s in ns wird zu „sch": *homem* (Mann, Mensch), *homens* (Mehrzahl)
nh	wird zu „nj": *vinho* (Wein)
qu	wird vor e und i zu „k": *quente* (warm)
s	am Wortanfang immer stimmlos („ss"), zwischen Vokalen immer stimmhaft wie in „Rose", am Wortende wie stimmloses „sch": *dois* (zwei)
x	meist wie stimmloses „sch": *xadrez* (Schach)
v	immer wie stimmhaftes „w": *dever* (sollen)
z	am Wortanfang und zwischen Vokalen wie stimmhaftes „s" in „Rose": *zero* (Null), am Wortende wie stimmloses „sch": *voz* (Stimme)

Zahlen

0	zero	6	seis
1	um, uma	7	sete
2	dois, duas	8	oito
3	três	9	nove
4	quatro	10	dez
5	cinco	100	cem

+++ Die wichtigsten Wörter mit dem Bonus-Audiotrack des Kauderwelsch-

Wichtige Floskeln und Redewendungen

sim	ja
não	nein
(se) faz favor, ...	bitte ... (um etwas bitten)
Por favor!	Bitte! (auffordern)
De nada!	Keine Ursache!
Obrigado/a.	Danke.
Bom dia!	Guten Tag!
Boa tarde!	Guten Nachmittag!
Boa noite!	Gute Nacht!
Boa viagem!	Gute Reise!
Bem-vindo!	Herzlich willkommen!
Como estas?	Wie gehts?
Vou bem, obrigado/a.	Danke, gut.
Mais ou menos./vai-se andando.	So la la.
Até à próxima!	Auf Wiedersehen!
Olá! – Tchau!	Hallo! – Tschüss!
Até outra vez!	Bis zum nächsten Mal!
O. k.!	In Ordnung!
Eu não sei.	Ich weiß nicht.
Bom apetite.	Guten Appetit.
Saúde!	Auf uns(er Wohl)!
A conta, por favor!	Die Rechnung, bitte!
Desculpe!	Entschuldigung!
Lamento muito!	Ich bedaure es sehr!
Esqueça isso!	Schon gut!
Ajude-me, por favor!	Helfen Sie mir bitte!

Die wichtigsten Fragen

Há ...?	Gibt es ...?
Ainda há ...?	Gibt es noch ...?
Eu procuro ..	Ich suche ...
Eu preciso de ...	Ich brauche ...
(Por favor) queria ...	Ich hätte gerne ...
Onde posso comprar ...?	Wo kann man ... kaufen?
Quanto custa ...?	Wie viel kostet ...?
O que é isso?	Was ist das hier?
Quero ir a ...	Ich möchte nach ... gehen/fahren.
Quanto custa viagem a ...?	Wie viel kostet die Fahrt nach ...?
Por favor, leve-me a ...	Bitte bringen Sie mich zu/nach ...
Quero telefonar.	Ich möchte telefonieren.
Preciso de ajuda!	Ich brauche Hilfe!
Este lugar está ocupado?	Ist dieser Platz besetzt?
Onde é a casa de banho?	Wo ist das WC?
A que hora sai a camioneta para ...?	Wann fährt der Bus nach ... ab?
Este é o comboio que vai para ...?	Ist das der Zug nach ...?

Fragewörter

onde?	wo?
(o) que?	was?
aonde?	wohin?
com quê?	womit?
donde?	woher?
com quem?	mit wem?
porquê?	warum?
quando?	wann?
para que?	wofür?
qual?	welche(-r/-s)?

Zeitangaben

segunda-feira	Montag
terça-feira	Dienstag
quarta-feira	Mittwoch
quinta-feira	Donnerstag
sexta-feira	Freitag
sábado	Samstag
domingo	Sonntag
hoje	heute
amanhã	morgen
diariamente	täglich

Ortsangaben

à esquerda	(nach) links
à direita	(nach) rechts
em frente	geradeaus
para trás	zurück
em frente de	gegenüber
ao lado de	neben
diante de	vor
atrás de	hinter
longe	weit
perto	nah
aqui	hier

lá	dort
para cá	hierher
para lá	dorthin
fora du cidade	außerhalb
no centro	im Zentrum
cruzamento	Kreuzung
ao fundo	am Ende
esquina	Ecke
semáforo	Ampel
em direcção a	in Richtung
largo	(kleiner) Platz

161lb Abb.: ps

Register

Impressum

Petra Sparrer

CityTrip Lissabon

5., neu bearbeitete und aktualisierte Auflage 2022

ISBN 978-3-8317-3389-7

Printed in Germany

Druck und Bindung:
mediaprint solutions GmbH, Paderborn

Herausgeber: Klaus Werner
Layout: amundo media GmbH (Umschlag, Inhalt), Peter Rump (Umschlag)
Lektorat: amundo media GmbH
Karten: Ingenieurbüro B. Spachmüller, amundo media GmbH
Anzeigenvertrieb: KV Kommunalverlag GmbH & Co. KG, Alte Landstraße 23, 85521 Ottobrunn, Tel. 089 928096-0, info@kommunal-verlag.de
Kontakt: Osnabrücker Str. 79, 33649 Bielefeld, info@reise-know-how.de

Alle Angaben in diesem Buch sind gewissenhaft geprüft. Preise, Öffnungszeiten usw. können sich jedoch schnell ändern. Für eventuelle Fehler übernehmen Verlag wie Autorin keine Haftung.

Bildnachweis

Umschlagvorderseite: stock.adobe.com©SeanPavonePhoto | Umschlagrückseite: stock.adobe.com©antonel | Umschlagklappe rechts: Petra Sparrer
Soweit ihre Namen nicht vollständig am Bild vermerkt sind, stehen die Kürzel an den Abbildungen für die folgenden Fotografen, Firmen und Einrichtungen. Petra Sparrer: ps | stock.adobe.com: as

Lissabon mit PC, Smartphone & Co.

QR-Code auf dem Umschlag scannen oder **www.reise-know-how.de/citytrip/lissabon22** eingeben und die **kostenlose Web-App** aufrufen (Internetverbindung zur Nutzung nötig)!

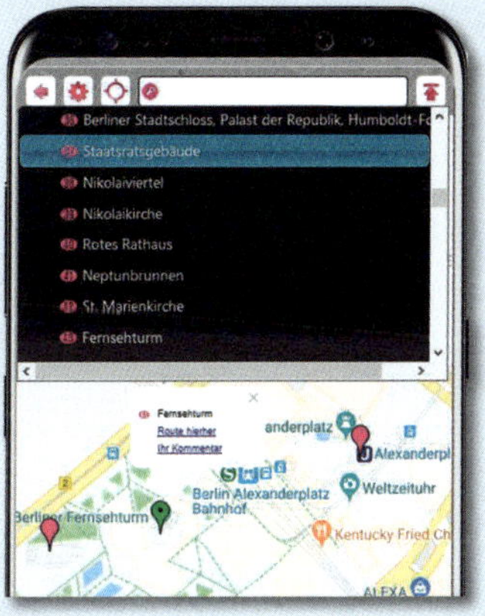

★**Anzeige der Lage und Satellitenansicht aller** beschriebenen Sehenswürdigkeiten und touristisch wichtigen Orte

★**Routenführung** vom aktuellen Standort zum gewünschten Ziel

★**Exakter Verlauf** der empfohlenen Stadtspaziergänge

★**Audiotrainer** der wichtigsten Wörter und Redewendungen

★**Updates** nach Redaktionsschluss

GPS-Daten zum Download

Die GPS-Daten aller Ortsmarken und Spaziergänge können hier geladen werden: www.reise-know-how.de, dann das Buch aufrufen und zur Rubrik „Datenservice" scrollen.

Stadtplan für mobile Geräte

Um den Stadtplan auf Smartphones und Tablets nutzen zu können, empfehlen wir die App „Avenza Maps" der Firma Avenza™. Über die Funktion „Store" kann die „Citymap Lisbon 2022" kostenlos geladen werden.

Unsere App-Empfehlungen zu Lissabon

- **Metro LX:** Detaillierte Informationen zur Benutzung der U-Bahn in Lissabon, mit aktuellem Metroplan, Fahrplänen, Routenplaner, Wegbeschreibung vom Standort zur nächsten Station etc. (Deutsch wählbar, kostenlos für Android und iOS).
- **Lisboa Cool:** Viele Tipps zum Ausgehen, Shoppen und Entdecken, mit Offlinekarte (kostenlos für Android und iOS).
- **Lisbob:** Eine App, die sich an Expats oder Menschen richtet, die sich länger als nur für ein paar Tage in Lissabon aufhalten möchten, die aber auch Ausgeh- und Aktivitätentipps bietet (kostenlos für Android und iOS).

Die Web-App und der Zugriff auf diese über QR-Codes sind eine freiwillige, kostenlose Zusatzleistung des Verlages. Der Verlag behält sich vor, die Bereitstellung des Angebotes und die Möglichkeit der Nutzung zeitlich und inhaltlich zu beschränken. Der Verlag übernimmt keine Garantie für das Funktionieren der Seiten und keine Haftung für Schäden, die aus dem Gebrauch der Seiten resultieren. Es besteht ferner kein Anspruch auf eine unbefristete Bereitstellung der Seiten.

Liste der Karteneinträge

Hier nicht aufgeführte Nummern liegen außerhalb der abgebildeten Karten. Ihre Lage kann aber wie die von allen Ortsmarken im Buch mithilfe der Web-App angezeigt werden (s. S. 151).

Zeichenerklärung

22 Hauptsehenswürdigkeit, fortlaufend nummeriert
[V20] Verweis auf Planquadrat im Kartenmaterial

- Arzt, Apotheke, Krankenhaus
- Bar, Tanzbar
- Bed and Breakfast, Pension
- Café, Eiscafé
- Denkmal
- Fischrestaurant
- Friedhof
- Galerie
- Geschäft, Kaufhaus, Markt
- Hotel, Unterkunft
- Imbiss
- Informationsstelle
- Jugendherberge, Hostel
- Kirche
- Metrostation
- Museum
- Musikszene, Disco, Klub, Fado
- Parkhaus
- Polizei
- Post
- Restaurant
- Sehenswertes
- Sonstiges
- Synagoge
- Theater, Oper
- Vegetarisches Restaurant
- Windmühle
- Weinbar

- Shoppingareal
- Gastro- und Nightlife-Areal

- Stadtspaziergänge (s. S. 13, S. 17, S. 19 und S. 23)
- Str.-Bahn-Halt

Das Magazin

Vor einigen Jahren spaltete die Figur des *Mundl Sackbauer* in der Fernsehserie *A echter Wiener geht net unter* Österreich. »So ordinär sind wir auch wieder nicht«, empörten sich die einen, »wirklich klasse, direkt aus dem Leben«, fanden die anderen. Aber so oder so, man kann aus der Fernsehserie viel über die Wiener lernen.

A echter Wiener …

Der *Mundl* ist ein polterndes Urvieh, das immer und überall ein »Flaschl Bier« zur Hand hat und gern mit Kraftausdrücken um sich wirft. Er ist liebenswert tollpatschig, schlawinert sich durchs Leben, dreht aber alles so, dass man ihm nichts krumm nehmen kann. Damit liegt er auf einer Ebene mit Helmut Qualtingers legendärem *Herrn Karl*, einer Figur aus der bösartig-kleinbürgerlichen Wirklichkeit Wiens, die zum Urtyp des wienerischen Opportunisten und Querulanten wurde.

Der »echte Wiener«

Berühmt gemacht haben den Wiener vor allem drei Eigenschaften. Zum Ersten ist es das Raunzen, einem Wiener kann man nur in den seltensten Fällen etwas recht machen, er findet in jeder Suppe ein Haar. Zum Zweiten ist es das »Goldene Herz«, das vor allem für Tiere schlägt – darüber, dass es eigentlich aus Metall ist, wenn auch aus einem edlen, wird großzügig hinweggesehen. Zum Dritten schließlich ist es der »Wiener Schmäh«.

Alle drei dieser urwienerischen Eigenschaften sind heute nicht mehr so oft zu finden wie früher. Die Fun-Generation, die mit Computern aufgewachsen ist, hat sie nicht mehr. Aber wenn Sie das Glück haben, in einem Taxi ausnahmsweise nicht an einen Pakistani, Iraner oder Türken zu geraten, sondern an einen »echten Wiener«,

Seite 5: Der Pallas-Athene-Brunnen vor dem Parlament

Oben links: Fiakerfahrer bei ihrem liebsten Zeitvertreib

Oben rechts: Gelegentlich kann man am Rathausplatz die Wände hochklettern

… geht net unter

dann haben Sie die Chance, sie live zu erleben. Fragen Sie ihn nach den Baustellen in Wien, und er wird Ihnen die Ohren vollraunzen. Sprechen Sie ihn auf die heiß diskutierten *Pooh-Bags* an, die den Fiakerpferden im Juli 2004 amtlich verpasst wurden, damit die Rossäpfel die Straßen nicht verschmutzen, und sein »Goldenes Herz« wird Ihnen ein Plädoyer über die Würde des Pferdes halten. Und fragen Sie ihn, ob er mit dem Geschäftsgang zufrieden ist, und er wird Ihnen einen »Schmäh« erzählen – wetten?

Apropos »echter Wiener«

Dass es den »echten Wiener« nicht gibt und wahrscheinlich auch nie gegeben hat, ist eine Tatsache. Von der Frühzeit an bis zum Aufstieg des Orts zur Weltmetropole Ende des 19. Jhs. haben Menschen verschiedenster Herkunft in der Stadt an der Bruchlinie zwischen West und Ost gelebt. Noch um 1900 war es für hohe Staatsbeamte Bedingung, sechs bis acht Sprachen zu sprechen. Und wenn Sie das Wiener Telefonbuch aufschlagen, werden Sie sehen, dass Namen wie Swoboda und Cerny, Kovacs und Arslan

Oben links: Musestunden im Café

Oben Mitte: Big Business auch beim Einkaufen

Oben rechts: Süße Sünde Eissalon

Was ist der »Wiener Schmäh«?

Darüber, was der »Wiener Schmäh« tatsächlich ist, wurden schon wissenschaftliche Abhandlungen geschrieben. Eine genaue Definition gibt es trotzdem nicht. Sicher ist, dass er sich aus mehreren Bestandteilen zusammensetzt, aus einer merkwürdigen Art von Humor, einer pointierten Ausdrucksweise und ein wenig Aufschneiderei. Zu Hause ist der »Wiener Schmäh« vor allem in Beisln, bei urigen Heurigen und zu später Stunde beim Würstelstand. Dort ist er so flott unterwegs, dass man sagt, »der Schmäh rennt«.

Sitz der Uno

Seit 1979 ist Wien neben New York und Genf der dritte Uno-Hauptsitz. Die Entscheidung für diesen Standort fiel in den Zeiten des Kalten Krieges, Wien sollte eine Vermittlerrolle zwischen den großen Machtblöcken spielen. Die Uno-City, ein Areal von 180 000 m² mit sechs konkav geschwungenen Bürotürmen, Konferenz- und Kongresszentrum, ist u. a. Sitz der Internationalen Atomenergiebehörde (IAEA) und der Organisation für Industrielle Entwicklung (UNIDO).

viele Spalten füllen. Zuwanderer waren es auch, die Wien seit jeher mit ihrer Kultur, ihrer Küche und ihrem Lebensstil geprägt haben. Lange, bevor der Begriff »multikulti« aktuell wurde, zogen Menschen aus allen Ecken der Monarchie in die Donaumetropole, und die wurde zu einem Schmelztiegel des Vielvölkerstaates. Und später, als Wien der Wasserkopf eines geschrumpften Reiches war, hielt der Zustrom an. Nach 1956 kamen Tausende von Ungarn, und ab den 1970er-Jahren Menschen aus dem ehemaligen Jugoslawien und der Türkei, die so genannten Gastarbeiter.

Karibik-Feeling an der Donau

Die Zu-
vanderer haben jene
nteressante Atmosphäre ge-
schaffen, die seit jeher die

Steckbrief

Wien ist 415 km² groß und hat einen Umfang von ca. 133 km. Im Stadtgebiet leben 1,6 Mio. Menschen, 18 % sind Ausländer. Gemessen an der Bevölkerung, ist Wien die siebtgrößte Hauptstadt Europas.

ulturelle Kraft Wiens ausge-
acht hat. Sie war um 1900
er Nährboden, auf dem sich
Vissenschaft, Architektur, bildende Kunst und Musik so einzigartig entwickeln konnten. Schriftsteller wie Schnitzler und Musil, Doderer und Broch, Polgar und Friedell bezogen ihre Kreativität aus der Vielfalt der Wurzeln Wiens.

Gerade in den letzten Jahren hat Wien zu seiner alten Kraft und Kreativität zurückgefunden. Jetzt herrscht Aufbruchstimmung, die Stadt erneuert sich, das Leben pulsiert wie selten zuvor: »A echter Wiener geht net unter.« Ganz im Gegenteil!

Multikulti-Musik am Stephansplatz

Wien und die Donau

Dass Wien »an der schönen blauen Donau« liegt, wie es der Text des Strauß-Walzers weiszumachen versucht, ist blanker Unsinn. Die Donau ist trüb und grau, und das war sie schon immer. So wichtig der 280 m breite Strom als Verkehrsweg immer war, so groß war auch die Gefahr, die seine Überschwemmungen brachten. In den 1970er-Jahren brachte der Bau der Neuen Donau, eines zusätzlichen, 21 km langen Flussbettes, Abhilfe. Dabei entstand auch die Donauinsel, ein riesiges Freizeitareal. (➤ 153)

HIGHLIGHT AUF EINEN BLICK

Einmal rund um den Ring

Luxus ist zwar etwas anderes, mit der Straßenbahnlinie D oder 2 den Ring zu umkreisen, ist aber sicher die einfachste und auch preiswerteste Methode, die Ringstraßenbauten aus nächster Nähe sehen zu können. Einsteigen können Sie, wo immer Sie wollen, am Schwedenplatz, bei der Staatsoper oder am Schottentor, und dann bleiben Sie einfach so lange sitzen, bis Sie wieder an Ihrem Ausgangspunkt ankommen. Der Ring heißt nicht nur so, er ist auch ein Ring.

Die aufregendsten Musikerlebnisse

Ein Besuch der Staatsoper (➤ 98) ist durch nichts zu überbieten. Aber gleich danach rangieren klassische Musikerlebnisse im Konzerthaus (➤ 136) oder im Musikverein (➤ 131). Neuerdings hat Wien auch in Sachen Jazz kräftig aufgeholt. Sensationell ist Joe Zawinuls *Birdland* (➤ 158) im frisch renovierten Hotel *Hilton*, und auch *Porgy & Bess* (➤ 68) klingt gut.

Die spannendsten Museen

»Kunst & Genuss« lautet die Devise der neuen Wiener Museen. Im Museumsquar-

Hintergrund: Der Verkehrsknoten Schottentor

Oben: Von der Terrasse im Haas-Haus ist der Stephansdom zum Greifen nah

Die Staatsoper Wiens berühmtester Musiktempel

Süße Adresse: die k.u.k. Hofzuckerbäckerei *Demel* am Kohlmarkt

tier (► 103) lässt sich Kunst und urbanes Flair mit vielen Lokalen genießen. Die aufwändig renovierte Albertina (► 82) ist ein imposanter neuer Kunsttempel, und das prachtvolle Palais Liechtenstein (► 26) ist tatsächlich ein »Ort barocker Lebenslust«. Das Kunsthistorische und das Naturhistorische Museum wegen der herrlichen neuen Museen links liegen zu lassen, wäre aber ein Fehler, nicht nur wegen der interessanten Exponate, sondern auch wegen der schönen Architektur beider Häuser.

Spaß unter freiem Himmel

Das Opernfilm-Festival am Rathausplatz (► 18) ist im Sommer das beliebteste Gratisopenair der Wiener. Ideal für heiße Sommernächte sind auch die Copa Cagrana auf der Donauinsel, die Summer Stage am Donaukanal und der Campus in den Innenhöfen des Alten AKH (► 19). Ein deftiger Spaß ist das *Schweizerhaus* im Prater (► 155).

Die schönsten Aussichtspunkte

- der Nordturm des Stephansdoms (► 52)
- die Dachterrasse im Haas-Haus (► 55)
- die Cafeteria im Einrichtungshaus Leiner (► 105)
- das Riesenrad (► 146)

Die besten Torten

Die k.u.k. Hofzuckerbäckerei *Demel* am Kohlmarkt (► 90) bietet das Nonplusultra der Wiener Tortenkunst. Höchster Genuss ist aber auch im Café *Sacher* (► 110), in der *Kurkonditorei Oberlaa* (► 111), im Café *Landtmann* (► 111) und beim *Sluka* (► 111) garantiert.

Die schönsten Kaffeehäuser

Das *Sperl* (► 134) ist das romantischste der Wiener Kaffeehäuser, das *Landtmann* (► 111) ist das turbulenteste und das *Bräunerhof* (► 89) das klassischste. In jedem Fall gilt: nur reinschauen, reicht nicht. Fürs Kaffeehaus muss mindestens eine Stunde Zeit sein.

Das Beste für Kinder

- Autodromfahren im Wurstlprater (► 150)
- Schmetterlinge bewundern im Palmenhaus (► 86)
- Tiere anschauen im Tiergarten Schönbrunn (► 121)

…rachtvolle Fal- …r fühlen sich … Schmetter- …gshaus hei- …sch

Kaffee und Kipferl, Flieder und Döner: Wo immer Sie hinschauen, Sie werden in Wien auf türkische Spuren stoßen. Der Halbmond an der Spitze des Stephansdoms, das war für die Türken lange ein Traum. In den Jahren 1529 und 1683 kamen sie ihrem Ziel sehr nahe. Erobert haben sie Wien allerdings erst viel, viel später.

Die Türken kommen

Sultan Süleyman II. fühlte sich als Beherrscher der Welt, mit einer winzigen Einschränkung: Wien fehlte. Also belagerte er die Stadt 1529 mit 150 000 Mann. 20 000 Kamele sorgten für Nachschub und Verpflegung. Wien war damals nur schlecht befestigt, und dem Verteidiger, Graf Niklas Salm, standen lediglich 20 000 Mann zur Verfügung. Praktisch im letzten Moment aber kam die Ret-

Hintergrund: Erste Türkenbelagerung 152

Oben: Zweite Belagerung 1683–99

tung: Früher als sonst brach Anfang Oktober der Winter herein. Da mussten die Türken abziehen.

Im Jahr 1566 war Sultan Süleyman II. wieder im Anmarsch auf Wien. Er belagerte die Stadt Szigetvár in Ungarn und steckte sie in der Nacht vom 5. zum 6. September in Brand. In dieser Nacht starb der Sultan an Herzversagen. Er sah Wien kein zweites Mal. Und doch hat er das Bild der Stadt geprägt: Er war es, der einem Botschafter des Kaisers, Ogier Ghislain de Busbecq, ein paar Tulpen- und Hyazinthenzwiebel schenkte, dazu einige Fliederpflänzchen. Seither ist Wien jedes Jahr am schönsten, wenn im Mai der Flieder in der Stadt blüht. Den Türken sei Dank!

Kleine Spurensuche

- **das Haus Wien 1., Am Hof 11:** vergoldete Türkenkugel
- **Esterházykeller, Wien 1., Haarhof:** Im Abgang zum Keller erinnert eine Tafel daran, dass die Verteidiger der Stadt 1683 hier gerne

dem Wein zusprachen.
- **Neustädter Hof, Wien 1., Sterngasse 3:** die größte Türkenkugel im 1. Bezirk
- **Galerie des Michaelertors, Wien 1., Michaelerplatz:** türkische Trophäen

Das Kipferl – ein überdimensionaler Halbmond

1683 belagerten die Türken Wien ein zweites Mal. Auch diesmal war die Lage prekär. Innerhalb der Stadtmauern wütete die Ruhr, und die Lebensmittel wurden knapp. Um zu zeigen, dass sie noch genug Mehl hatten, sollen die Wiener eine überdimensionale Nachbildung des Halbmondes gebacken und sie demonstrativ über die Stadtmauern gehalten haben – ein Kipferl. Auch diesmal stand das Schicksal Wiens auf Messers Schneide. Das Entsatzheer unter Polenkönig Jan Sobieski aber brachte die Befreiung. Es schlug die Türken in die Flucht – und diese ließen sogar ihre Kaffeevorräte zurück (➤ 28)!

Friedliche Einnahme

Sobald die Türken keine Bedrohung mehr darstellten, wurden sie im 18. Jh. zur Mode. Man malte und komponierte »alla turca«, trug orientalisch inspirierte Kostüme und machte Harems zu Opernkulissen wie Mozart in *Die Entführung aus dem Serail*. Auf türkische Musikinstrumente wie Zimbel, Triangel und Glockenspiel verzichtete zu dieser Zeit kaum ein Komponist.

Ende der 1950er-Jahre kamen die ersten türkischen Gastarbeiter nach Wien. Inzwischen »belagern« 52 000 Türken die Stadt, und zwar friedlich. »Jetzt haben wir Wien doch noch erobert«, scherzen sie manchmal. Und die Wiener haben sich inzwischen an Kebab und Döner gewöhnt und diskutieren hitzig das Für und Wider des EU-Beitritts der Türkei.

**ben: Darstel-
rin aus Mo-
arts *Entfüh-
ung aus dem
erail*, alles
anz »alla
rca«**

Schönbrunn, Hofburg, Kapuzinergruft: Maria Theresia ist überall präsent. Das ist kein Wunder, denn sie ist die Urmutter Österreichs. Unter ihrer Herrschaft (1740–80) wurde der Staat neu geformt.

Die barocke Kaiserin

Maria Theresia die römisch-deutsche Kaiserin und Königin von Ungarn und Böhmen

Der 2. Mai 1750 war ein Schicksalstag. An diesem Tag vollzog Kaiserin Maria Theresia einen staatsrechtlichen Umbruch: Sie fasste die österreichischen Erblande und die Länder der böhmischen Krone zu einem einheitlichen Staat zusammen. Damit wurde die Haupt- und Residenzstadt Wien zum Mittelpunkt eines Großreiches. Die logische Folge: Wien brauchte eine angemessene Residenz. Also ließ Maria Theresia Schloss Schönbrunn ausbauen.

Du, glückliches Österreich, heirate!

Obwohl Maria Theresia verlustreiche Kriege zu führen hatte, verheiratete sie ihre 16 Kinder nach dem Motto *»Bella gerant alii, tu, felix Austria, nube«* (Kriege mögen andere führen, du, glückliches Österreich, heirate) in alle Himmelsrichtungen. Schlimm traf es Marie Antoinette. Sie wurde 15-jährig mit König Ludwig XVI. vermählt und endete in der französischen Revolution auf dem Schafott.

Maria-Theresien-Platz

Seit 1888 blickt die »Schwiegermutter Europas« von ihrem Ehrenplatz zwischen dem Kunsthistorischen und dem Naturhistorischen Museum in Richtung Innenstadt. Zu Füßen der Kaiserin sind jene Männer zu sehen, die in ihrem Gefolge Bedeutung erlangten. In den 16 Hochreliefs gibt es etwas zu entdecken: Mozart, Haydn und Gluck!

Der kaiserliche Glanz, die Eleganz der k.u.k. Zeit und die nostalgische Sehnsucht nach der »guten alten Zeit«, das ist in Wien immer und überall zu spüren. Die große Symbolfigur dafür ist Franz Joseph I. Der Kaiser mit dem väterlichen Blick und dem zweigeteilten Backenbart regierte 68 Jahre lang. Er machte Wien zu einer Weltmetropole. Dass es die letzte Europas sein würde, konnte er freilich nicht ahnen.

»Es war sehr schön ...

Die Thronbesteigung des Kaisers am 2. Dezember 1848

'ranz Joeph bestieg den Kaiserthron n Revolutionsjahr 1848 mit ur 18 Jahren. Seinen Beraern und besonders seiner Iutter Sophie, deren kühle teifheit er geerbt hatte, treu rgeben, regierte er zeitlebens flichtbewusst und dogmasch. 1854 heiratete er in der Viener Augustinerkirche die lutjunge Elisabeth, »Sisi«. Sie begann bald unter der distanzierten Art des Kaisers und seiner Mutter zu leiden. Verständnis fand der Kaiser bei seiner Seelenfreundin, der Schauspielerin Katharina Schratt.

»Es war sehr schön, es hat uns sehr gefreut«, war eine der höflichen, nichtssagenden Floskeln, die der Kaiser

.. es hat uns sehr gefreut«

gerne gebrauchte. Den Satz »Mir bleibt auch nichts erspart!« musste er aber wahrscheinlich noch öfter sagen, denn an Schicksalsschlägen hatte er eine ganze Menge zu verkraften. 1867 wurde sein Bruder Maximilian in Mexiko hingerichtet, 1889 nahm sich sein Sohn, Kronprinz Rudolf, in Mayerling das Leben (► 166), 1898 fiel seine Frau Elisabeth einem Attentat zum Opfer, und 1914 wurden der Thronfolger Erzherzog Franz Ferdinand und seine Frau in Sarajevo ermordet.

Bau der Ringstraße

Als Kaiser Franz Joseph den Kaiserthron bestieg, war Wien noch von dicken Wällen und Befestigungsanlagen umgeben. Sie hatten ihre Funktion aber schon verloren und waren eigentlich nur noch ein enges Korsett, das die Stadt einengte. Über ihre Schleifung wurde heftig diskutiert. Wer am Christtag des Jahres 1857 Zeit und Muße hatte, die *Wiener Zeitung* zu lesen, kam aus dem Staunen nicht heraus. Mit den Worten »Es ist mein Wille« gab der Kaiser den offiziellen Startschuss zur Demolierung der Fortifikationen und zum Ausbau der Ringstraße. Damit war die Ära der Großstadterweiterung eingeläutet. Wien konnte sich vom Biedermeieridyll zur Weltstadt entwickeln, zu einer Metropole, deren Architektur ihre Dominanz über alle

Die k.u.k. Armee war zu Kaiser Franz Josephs Zeiten ein wichtiger Machtfaktor

Städte der Monarchie demonstrieren sollte. (➤ 93)

Blüte und Niedergang

Unter Franz Josephs Herrschaft blühte das kulturelle und intellektuelle Leben auf, der Kaiser selbst interessierte sich freilich wenig für die schönen Künste. Er umgab sich auch nicht mit kostbaren Dingen, sondern lebte sogar in Schönbrunn bescheiden, ja nahezu spartanisch. Durch politische Fehlentscheidungen vorsichtig geworden, wurde er immer mehr zum Symbol politischen Nicht-Handelns und widersetzte sich allem Neuen und Reformen ebenso wie der Abdankung zugunsten seines Neffen Franz Ferdinand. Mit 84 Jahren unterschrieb er 1914 in Bad Ischl die Kriegserklärung an Serbien. Der Erste Weltkrieg brach aus. Österreich-Ungarn ging mit Bomben und Granaten unten. Das mitzuerleben, zumindest blieb dem Kaiser erspart. Er starb 1916, zwei Jahre vor dem desaströsen Ende des Krieges.

Hintergrund: Von der Hofburg aus regierte der Kaiser die k.u.k. Monarchie

Links: 1914 fiel der Thronfolger Franz Ferdinand in Sarajevo einem Attentat zum Opfer

Unverstandene, arme Sisi

Was als große Romanze begonnen hatte, endete in Einsamkeit und Trauer. Die junge Kaiserin (1837–98) litt unter dem Zeremoniell der Wiener Hofburg und dem strengen Regiment der Schwiegermutter Sophie. Sie flüchtete in Krankheit, Isolation und ausgedehnte Reisen. Ihre Schönheit wurde zur Obsession. Sie pflegte ihr fersenlanges Haar täglich stundenlang, ritt, turnte und hielt strengste Diät – an manchen Tagen nahm sie lediglich ein paar Orangen zu sich. Das Schicksal meinte es nicht gut mit der Kaiserin: 1857 starb ihre Tochter Sophie im Alter von zwei Jahren. Ihr Seelenfreund, König Ludwig II. von Bayern, ertrank unter mysteriösen Umständen. Als 1889 ihr Sohn Rudolf und seine Geliebte Mary Vetsera Selbstmord begingen, verstärkte sich ihre Melancholie. »Möge der Tod mich überraschen«, schrieb sie in ihr Tagebuch. Ihr Wunsch ging in Erfüllung. Der italienischen Anarchist Luigi Luccheni erstach sie in Genf mit einer Feile.

Total in Ope

Die Zeiten, in denen die Wiener sommers wie winters ausschließlich in rauchiger Kaffeehausluft aufatmeten, sind ein für allemal vorbei. Jetzt ist Openair angesagt: Streetlife, Multikulti-Essen unter freiem Himmel, Kino unter Sternen, Megapartys. In Wien weht ein frischer Wind, und das nicht nur im Sommer.

Wiener Freiluftkinos

- **Arena**, Wien 3., Baumgasse 80, Tel. 798 30 77, www.arena.co.at
- **Filmarchiv** (Avantgarde- und Spielfilme aus Österreich), Wien 2., Obere Augartenstr. 1, Tel. 216 13 00, www.filmarchiv.at
- **Kino unter Sternen** (Klassiker im Original), Wien 2. bzw. 20., Augarten-Schlüsselwiese, Tel. 585 23 24 25, www.kinountersternen.at
- **Rathausplatz** (Oper und klassische Musik), Wien 1., Rathausplatz, Tel. 400-81 00, www.wien-event.at
- **Schloss Neugebäude** (Publikumshits, Unterhaltung), Wien 11., Meidlgasse, Tel. 74 03 41 11 18, www.schlosskino.a
- **Tribüne Krieau** (Kult-, Klassiker- und Musikfilme), Wien 2., Südportalstr. 231 Tel. 52 21 07, www.krieau.com
- **Volxkino** (Klassiker und Aktuelles), Wanderkino, Tel. 219 85 46, www.volxkino.

»Schani, trag' den Garten raus« – sobald der Chef diese Worte an seinen Kellnerlehrling richtete, der oft Schani (von Jean = Hans) hieß, wusste man, dass der Frühling da war. Mit den ersten warmen Sonnenstrahlen trug der Schani Tische und Stühle ins Freie – und fertig war der »Schanigarten«. Das ist Vergangenheit.

Jetzt ist Wien im totalen Auf- und Umbruch. So gut wie die ganze Innenstadt ist ein einziger Schanigarten. Graben und Kohlmarkt, Lugeck und der Innenhof des MQ, überall reihen sich Cafés und Restaurants aneinander. Und fast wöchentlich kommen neue Lokalitäten und Treffpunkte dazu. Schick, modern, mit Flair und der Frische zeitgenössischer Gastrokultur.

Ganz Wien in Partystimmung

Richtiggehende Partystimmung herrscht den ganzen Sommer über in den zahlreichen Lokalen der Copa Cagrana auf der Donauinsel (► 158) und in der Summer Stage am Donaukanal entlang der Rossauer Lände. Dort betreiben In-Lokale »Openairfilialen«, dazu gibt es Livemusik und Freizeitspaß wie Trampolinspringen. Auch die Beisln des Uni-Campus in den Innenhöfen des Alten AKH (Wien 9., Spitalgasse 2) sind immer bummvoll. So stellt sich die Frage, wer in Wien abends eigentlich noch vor dem Fernseher sitzt? Offensichtlich lässt sich kaum einer die Party im Freien entgehen.

Openair ist in Wien aber nicht nur ein Sommerhit. In der Vorweihnachtszeit strömen Scharen zu den Adventmärkten und die Punschstände werden zu Szenetreffs. Nach dem Christfest geht auf dem Silvesterpfad die Post ab. Und wenn es im Winter dann so richtig eisig ist, wird der Rathausplatz zu einem Eislaufplatz, zum »Eistraum«.

Links oben: Am Stephansplatz ist immer etwas los

Mitte: Die Summer Stage garantiert heiße Nächte

Links: Das MQ ist ein beliebter Treffpunkt

Rechts oben: An der Copa Cagrana wird durchgefeiert

Rechts: Nina Proll auf der Donauinsel

Ganz links: Das Grab von Walzerkönig Johann Strauß besuchen Tausende
Links: Auch das Beethoven-Grab ist eine Pilgerstätte für Musikliebhaber
Unten: Der liebe Augustin auf einem Brunnen im 7. Bezirk

Der Tod, der mu

Dass Wien eine besondere Beziehung zum Tod hat, ist ein Klischee, aber es stimmt. Spürbar ist die Liaison, die eigentlich eine innige Liebe ist, auf Schritt und Tritt. Das reicht von der nahezu kultischen Verehrung von Grüften, letzten Ruhestätten und Friedhöfen bis hin zu den Wienerliedern, die beim Heurigen gesungen werden: traurig, schaurig, schön.

Die Wiener und der Tod, das ist eine lange Geschichte. Sie reicht ins 17. Jh. zurück, als der »liebe Augustin«, ein berühmter Bänkelsänger, versehentlich in eine Pestgrube geworfen wurde. Er verlor seinen Humor selbst da nicht, sondern riss weiter seine Possen zum Klang des Dudelsacks, um sich Mut zu machen. So überlebte er unter all den an der Pest gestorbenen Leichen.

Die Geschichte gipfelt in der Vorstellung, dass eine »schöne Leich'« (ein prächtiges Begräbnis) der Höhepunkt des Lebens sei. Und sie hat auch einen wissenschaftlichen Touch: In Wien erforschte Sigmund Freud den Todestrieb, in Wien gründete Erwin Ringel (in der Fach-

Links unten: Tomáš Masaryk Freuds Behandlungszimmer; Sigmund Freud

Skurriles Museum

Das Bestattungsmuseum ist eines der Kuriosa Wiens. 600 Exponate dokumentieren alle nur erdenklichen Auswüchse des Totenkults. Neben Trauerlivreen, Schärpen und Accessoires der Totengräber sind verschiedenste Modelle von Urnen, Särgen und Leichenwagen zu bestaunen, bis hin zum josephinischen Sparsarg, dessen Klappe eine Wiederverwendung ermöglichte. (Wien 4., Goldegggasse 19, Tel. 501 95, Mo–Fr 12–15 Uhr, Bus 13A, Tram D Belvederegasse, Besichtigung nach Voranmeldung bei freiem Eintritt im Zuge einer 45-minütigen Führung)

v Wiener sein

Die Pestsäule am Graben erinnert an das Grauen und den Tod

welt als Mr. Suicide bekannt) bereits 1948 Europas erstes Kriseninterventionszentrum, und in Wien verfasste Prof. Tomáš G. Masaryk, der später dann Präsident der Tschechoslowakei wurde, seine Habilitationsschrift zum Thema Selbstmord.

Der größte Friedhof Europas

Der Zentralfriedhof, von André Heller als »Aphrodisiakum für Nekrophile« bezeichnet, ist mit 2,4 km² der größte Friedhof Europas. Beim Aufseher am Haupttor erhalten Sie einen Wegweiser zu den letzten Ruhestätten großer Persönlichkeiten: Johannes Brahms, Johann Strauß Vater und Sohn, Ludwig van Beethoven, Wolfgang Amadeus Mozart (Gedenkstein), Franz Schubert, Curd Jürgens oder Helmut Qualtinger, von dem der wunderbare Ausspruch stammt: »In Wien musst erst sterben, bevor sie dich hochleben lassen. Aber dann lebst lang.«

Wehmut und Glückseligkeit

Die Walzerkönige Johann Strauß Vater und Sohn haben, selbst oft geschüttelt von Todesängsten, eine Musik komponiert, bei der unter der Oberfläche der Seligkeit immer auch ein Tropfen Wehmut und Schmerz mitschwingt. Das gilt auch für die Musik beim Heurigen. Wenn die Wellen der Weinseligkeit am höchsten schlagen, tritt der Tod auf. Nicht furchterregend, sondern als Kumpan. »Erst wann's aus wird sein, mit einer Musi' und an Wein … « ist eine Erinnerung an den Tod, die sich singt wie geschmiert …

Verstecktes Kleinod

Ein Geheimtipp ist der idyllisch inmitten von Wohnhäusern gelegene 400 Jahre alte Jüdische Friedhof. Der Eingang führt sinnigerweise durch ein Pensionistenheim. (Wien 9., Seegasse 9–11, Mo–Fr 8–15 Uhr, Tram D Seegasse)

In der U-Bahn dürfen Sie zwar nicht auf den Donauwalzer hoffen, aber sonst werden Sie auf Schritt und Tritt erleben, dass Wien die Welthauptstadt der Musik ist. Die Staatsoper, die Philharmoniker, das Konzerthaus und der Musikverein, das sind die Eckpfeiler der elitären Kunst.

Wien spie die ers

In keiner anderen Stadt der Welt haben so viele Musiker gelebt wie in Wien. Entlang des »Walk of Fame« zwischen Naschmarkt und Stephansdom erinnern neuerdings 70 Marmorsterne an die Weltgrößen der Musik (links oben ist der für Haydn zu sehen). Leicht haben es die wenigsten gehabt. Der Kabarettist Georg Kreisler formulierte es einmal so: »Wien ist immer musikfeindlich gewesen

W. A. Mozart

Mozart ist in Wien oft schlecht behandelt worden. Das Figaro-Haus (► 60) war ein Schandfleck, bis 2004 endlich die Restaurierung in Gang kam. An der Stelle von Mozarts letztem Wohnhaus steht jetzt das Kaufhaus *Steffl*, an sein Sterbezimmer erinnert zwischen Spielwaren, Kindermoden und antiken Möbeln eine Büste und eine Gedenktafel. Und das »Mozart-Grab« auf dem Friedhof St. Marx (► 179) ist leer: Das größte Musikgenie aller Zeiten wurde in einem Massengrab beerdigt. Wo? Unbekannt.

Das Haus der Musik
Musik hören, sehen und fühlen – das Haus der Musik, ein supermoderner Themenpark mit sieben Erlebnisbereichen, macht es möglich. Wer will, kann den Taktstock sogar selbst in die Hand nehmen und die Philharmoniker dirigieren. (Wien 1., Seilerstätte 30, Tel. 516 48, www.hdm.at)

Geige

und hat alles getan, um ernst zu nehmende Musiker abzuschrecken.« In vielen Fällen ist das auch gelungen. Franz Schubert war bettelarm, Hugo Wolf musste hungern, Anton Bruckner wurde zwar als Lehrer und Organist, nie aber als Komponist geschätzt, Gustav Mahler musste sich erst taufen lassen, bevor er Operndirektor werden konnte, und Webern, Schönberg und Berg wurden schlicht und einfach ignoriert. Und über die Tatsache, dass Mozart, Haydn, Beethoven und Gluck, mit denen sich Wien gerne brüstet, gar nicht hier geboren sind, wird großzügig hinweggesehen.

Von Wien aus eroberte der Walzer die Welt

Dass in Wien musikalische Weltgeschichte geschrieben wurde, ist trotzdem unbestritten. Zweimal, in der Klassik und am Ende des 19. Jhs., waren in Wien mehr richtungweisende Musiker am Werk als in irgendeiner anderen Stadt. Und von der Donau aus gingen die Walzerklänge der Strauß-Dynastie um die Welt. Heute sind neben den Ausbildungs- und Aufführungsstätten auch die Interpreten und die Instrumentenbauer berühmt. Die Philharmoniker, die Sängerknaben und die Flügel von Bösendorfer, das sind Synonyme für höchste Perfektion, die man auf der ganzen Welt kennt.

Das Neujahrskonzert
Viele lieben die Musik aus Wien als klingenden Auftakt: Das Neujahrskonzert der Wiener Philharmoniker wird jedes Jahr aus dem Goldenen Musikvereinssaal in die ganze Welt übertragen, eine Milliarde Menschen schaut zu.

Hintergrund: In Wien hängt der Himmel immer voller Geigen, auch auf dem Flohmarkt

Oben: Seligkeit im Dreivierteltakt, das ist der Wiener Walzer

Links: Im Figaro-Haus verbrachte Mozart seine schönsten Jahre

Ganz links: Das »Wiener« Dreigestirn Haydn, Beethoven und Mozart

Der Wiener Jugen ein Höh

Der Wiener Jugendstil ist mehr als eine Architekturform. Er ist ein Mythos, der Architektur, Design, Gebrauchsgrafik und Kunsthandwerk zu einem großen, hocheleganten Gesamtkunstwerk zusammenfasst.

Alles begann mit einer Jugendrevolte. 1897 verließen Gustav Klimt und seine Mitstreiter die »Genossenschaft«, die Vereinigung bildender Künstler, und schlossen sich zur neuen Künstlervereinigung »Secession« zusammen, deren Namen später den Stil selbst bezeichnete. Josef Hoffmann, Joseph Maria Olbrich, Koloman Moser, Otto Wagner und Adolf Loos verfolgten von nun an ein Ziel: Sie protestierten gegen die sinnentleerte Ornamentik, wie sie bei den Ringstraßenbauten bis zum Exzess praktiziert worden war.

Secessionsstil

Der florale Jugendstil, der in anderen Ländern üppige Blüten trieb, scheiterte in Wien an der konservativen Haltung des Kaisers. Und als der neue Stil dann doch nach Wien kam, entwickelte er klare, strenge Formen. Der Wiener Jugendstil zeichnete sich

»Goldenes Krauthappl«, so nennen die Wiener die Secession

Jugendstil erleben

- das **Majolikahaus**, Otto Wagners Wohnhaus mit der Fassade aus Majolikafliesen (Wien 5., Wienzeile 40)
- die **Postsparkasse**, Otto Wagners Meilenstein in der Architekturgeschichte – Kassensaal betreten! (Wien 1., Georg-Coch-Platz 2)
- **MAK** (Museum für angewandte Kunst), Kunsthandwerk von Gustav Klimts Stoclet-Friesentwurf bis zu den Bugholzmöbeln von Thonet und die Werkschau der Wiener Werkstätten (Wien 1., Stubenring 5, www.mak.at)
- **Backhausen-Wiener-Werkstätte-Museum**, 3500 Originalentwürfe des Textilunternehmens Joh. Backhausen & Söhne (Wien 1., Schwarzenbergstr. 10, www.backhausen.at)

TIL,

g

Oben: Otto Wagners Stadtbahnstationen wurden renoviert

Rechts: Großzügig und funktionell: die Postsparkasse

durch die Rückkehr von der geschwungenen zur geraden Linie aus, von organischen Formen zu geometrischen. Die beliebteste Form des Wiener Jugendstils war das Quadrat; wichtig war außerdem die Senkrechte. Ornamente wurden spärlich verwendet und großen leeren Flächen entgegengestellt. Der Wiener Jugendstil ist der Spätphase des Jugendstils zuzuordnen und kündigt bereits den Bauhausstil an, der sich dann um 1920 entwickelte.

Auf dem Weg zur modernen Architektur

So gesehen sind die Jugendstilwerke des Architekten Otto Wagner, wie beispielsweise die Stadtbahn mit den Stadtbahnstationen (➤ 125) und die Postsparkasse, echte Pionierleistungen. Joseph Maria Olbrich schuf mit der Secession (➤ 126), dem Ausstellungsgebäude der neuen Künstlervereinigung, ein weiteres Wahrzeichen Wiens, und Josef Hoffmann ging mit dem Sanatorium Purkersdorf, das ein flaches Dach und glatte Mauern hat, bereits ganz neue Wege der Funktionalität.

Dekorative Kunst

Die Secessionisten blieben nicht lange zusammen. 1905 verließen Klimt, Wagner, Hoffmann und Moser die Gemeinschaft. Die Kunst müsse möglichst weite Bereiche des Lebens durchdringen, forderten sie. In diesem Sinne übernahmen Hoffmann und Moser die Leitung der Kunstgewerbevereinigung »Wiener Werkstätte«, um sich dort der Reform der Wohnkultur zu widmen und ihre ästhetischen Ansprüche in alle Bereiche des alltäglichen Lebens einzubringen: Es entstanden die Stoffe, Möbel, Kleider und Gebrauchsgegenstände, deren Ästhetik heute noch fasziniert.

wien im...

Könnte es sein, dass Ihnen die ganze Stadt wie ein riesengroßes Museum vorkommt? Wenn ja, dann stimmt Ihr Eindruck. Wien hat fast doppelt so viele Museen als zum Beispiel München. Und es werden immer mehr. Das Sensationelle daran: eines ist spektakulärer als das andere.

Nahezu 100 Museen mit Ausstellungsstücken aus allen Epochen, das war bis vor wenigen Jahren der Stolz der Stadt Wien. Die jüngste Entwicklung aber stellt alles bisher Dagewesene in den Schatten. Wien ist seit Mitte der 1990er-Jahre regelrecht im Museumsfieber. Ein gigantisches Museum mit riesigen Ausstellungsfläche entsteht nach dem anderen.

Schon mit dem Museumsquartier hat sich Wien an die Weltspitze der Museumsareale katapultiert, es folgten die Albertina und im Frühjahr 2004 das Palais Liechtenstein. Dieser »Ort barocker Lebenslust« präsentiert Leben und Kunst als großes, üppiges Gesamtkunstwerk, mit Musik, Literatur und Tanz als Rahmenprogramm zu den Ausstellungen der fürstlichen Sammlungen – die übrigens in einer spektakulären Aktion von Vaduz nach Wien gebracht wurden.

Der Museumsboom hat die Stadt in einem Grad verändert, der mit dem Bau der Ringstraße vor 150 Jahren vergleichbar ist. Was jetzt entstanden ist, sind interurbane, der Kunst gewidmete Viertel und aufwändigst auf Hochglanz gebrachte Palais,

Das MQ wurde zum aufregenden Ort urbaner Begegnungen

Oben links: Das Kunsthistorische Museum ist eine überdimensionale Schatztruhe

Oben rechts: Im MQ kann man auch essen, trinken und Jazz hören

museums-fieber

die der Öffentlichkeit als regelrechte Kulturbezirke zugänglich gemacht wurden.

Neues Lebensgefühl im Museum

Längst geht es nicht mehr nur darum, in Galerien wertvolle Bilder zu präsentieren oder in Vitrinen kostbare, interessante oder skurille Exponate auszustellen. Auch sollen Besucher nicht nur angelockt werden, um bei einem raschen Museumsbesuch ruckzuck Kunstwerke zu betrachten und einen neuen Kunsttrend »abzuhaken«, sondern um sich einem völlig neuen Lebensgefühl hinzugeben. »Kunst & Genuss« lautet die Devise. Und damit ist nicht zu viel versprochen.

In den neuen Kunsttempeln lässt es sich in angenehmer Atmosphäre flanieren, essen und trinken, plaudern und verweilen. Das Flair passt zum urbanen Lebensgefühl der Besucher. Sein Reiz besteht zu einem großen Teil aus der höchst gelungenen Verbindung von Altem und Neuem, aus der Symbiose von wertvollem historischem Gemäuer mit moderner Architektur.

Da sich jedoch weder die Besucher Wiens noch die Wiener selbst ausschließlich im Museum aufhalten können, buhlen in der neu aufblühenden Museumslandschaft immer mehr Ausstellungen um Besucher. Der Wettbewerb ist gigantisch. Das belebt die Sinne und hoffentlich auch die Kassen.

Die Albertina ist das jüngste Highlight in der Wiener Museumsland schaft

Die aufregendsten Museen

- Museumsquartier (➤ 103)
- Albertina (➤ 82)
- Liechtenstein Museum (Wien 9., Fürstengasse 1, Tel. 319 57 67-0, Mi–Mo 9–20 Uhr, Tram D, Bus 40A Bauernfeldplatz, Eintritt: teuer, www.liechtensteinmuseum.at)

Des Wieners zweites Wohnzimmer

Der Feuilletonist Alfred Polgar meinte, dass das Wiener Kaffeehaus ein Ort für Menschen sei, die allein sein wollen, dazu aber Gesellschaft brauchen. Diese Funktion erfüllt es schon lange. Die feine Melange aus Mythos und Schmäh geht auf das Jahr 1685 zurück. Damals erhielt Kolschitzky die Lizenz, »daß türkhische Getränkh, den Caffé« öffentlich auszuschenken.

Der Sage nach wussten die Wiener lange nicht, was sie mit dem Inhalt der Säcke machen sollten, die ihnen die Türken vor den Toren Wiens zurückgelassen hatten. Erst, als sie auf die Idee kamen, die Bohnen zu rösten, war des Rätsels Lösung gefunden – und Wien um ein neues Lebenselixier reicher.

Geistige Höhenflüge im Kaffeehaus

Um die Jahrhundertwende und in der Zwischenkriegs-

Oben: Das Café *Griensteidl* war schon immer ein Ort des kulturellen Austauschs Links: Genuss zwischendurch: eine Melange im Café *Central*

Was man im Kaffeehaus trinkt:

- **Melange:** Kaffee mit viel Milch, eventuell mit Schlagobershaube
- **Schwarzer, groß oder klein:** Mokka ohne Milch oder Obers
- **Brauner, groß oder klein:** Mokka mit Milch
- **Cappuccino:** großer Brauner mit einer Krone aus geschäumter Milch
- **Einspänner:** Mokka im Glas serviert, mit Schlagobers

Zeitung lesen im Café *Sperl*: das ist Wien!

Hintergrund: Der Einspänner ist eine der vielen Wiener Kaffeevarianten

zeit erlebte das »öffentliche Wohnzimmer« des Wieners seine Glanzzeit als Brennpunkt des Geisteslebens. Im *Herrenhof*, im *Griensteidl* und im *Central* wurden die Marmortische und abgewetzten Plüschbänke zu Zeugen geistiger Höhenflüge. Literatur und Politik, Musik, Architektur und Seelenkunde, all das ging Hand in Hand mit einem Großen Braunen und einem Glas Wasser, serviert auf einem Silbertablett.

Das Café *Central* liegt im noblen Palais Ferstel

Das Kaffeehaus als Informationsbörse

In den 1980er- und 1990er-Jahren erlitten viele Kaffeehäuser das grausame Schicksal, in Bankfilialen oder Autosalons umgewandelt zu werden, andere wurden zu Tode restauriert oder zu Renommiercafés hochgestylt. Ihre Funktion haben sie behalten: Sie dienen Politikern, Journalisten und Businessleuten für ein Bad in der Öffentlichkeit, als Informationsbörse und Intrigenstadl. Im *Sluka* (► 111) und im *Landtmann* (► 111) wird mehr Politik betrieben als im Rathaus und im Parlament.

Zwischen Gestern und Heute

Von den rund 500 Kaffeehäusern haben viele aber auch ihren Charakter bewahrt. Ins romantische *Sperl* (► 134) gehen Verliebte, im *Bräunerhof* sitzen Antiquitätenhändler und Thomas-Bernhard-Fans.

Herübergerettet hat sich aus alten Zeiten das lebendige Inventar des Kaffeehauses: der Ober mit schwarzer Frackweste, Schleife und Geldtasche an der Hüfte, der im klassischen Fall über ein Paar mustergültiger Plattfüße verfügt. Er kennt die Wünsche seiner Stammgäste, begrüßt sie mit »Küss' die Hand, Gnä' Frau« und »Habe die Ehre, Herr Hofrat« und rechnet mit 10 % Trinkgeld.

Wer schrieb wo?

- **Peter Altenberg, Josef Roth:** Café *Central* (► 66)
- **Thomas Bernhard:** Café *Bräunerhof* (► 89)
- **Felix Salten, Karl Kraus, Anton Kuh:** *Griensteidl* (► 90)
- **Hugo v. Hofmannsthal, Franz Werfel, Sigmund Freud:** *Herrenhof* (Wien 1., Herrengasse 10)

Von Nixen und Faunen

Drehen Sie den Wasserhahn auf, und Sie werden staunen: Was Ihnen da entgegensprudelt, ist reinstes, frisches Quellwasser. Sie glauben es nicht? Oh doch! Das Wiener Wasser fließt auf direktem Weg aus dem Gebirge in die Großstadt. Und wo immer es in den Brunnen der Stadt aus kunstvoll gefertigten Figuren rinnt, wird es zur Erfrischung für die Sinne.

Wien ist privilegiert. Während andere Großstädte ihren Wasserbedarf nur mühsam decken können, ist in Wien jeder Wasserhahn ein kleiner Gebirgsquell. Zwei Hochquellenleitungen, die unter Kaiser Franz Joseph gebaut wurden, machen es möglich. Sie bringen reines Quellwasser aus dem rund 100 km entfernten Kalkgebirge von Rax, Schneeberg und Hochschwab nach Wien.

Die Welt der Brunnen

Dieses Wasser speist auch eine Reihe von schönen, alten Brunnen. Sie sind eine Welt für sich. Um die Schalen und Becken, die Gefäße und Krüge scharen sich Symbolfiguren, Götter, Nixen und Faune, Wesen aus dem Reich der Phantasie, vereint in vollkommener Harmonie, oder in fast vollkommener. Denn es wäre nicht Wien, hätten nicht sogar die Brunnen für Verstörungen gesorgt.

Austria-Brunnen

So war für den **Prachtbrunnen vor dem Parlament** eine *Austria* als Zentralfigur vorgesehen. Um die anderen Kronländer der Monarchie nicht zu brüskieren, musste die

Oben: Die Hauptfigur des Donner-Brunnens

Ganz links: Die *Pallas Athene* vor dem Parlament

Links: Die *Austria* auf der Freyung

Hintergrund: Fontäne des Hochstrahlbrunnens

Austria aber der *Pallas Athene*, der Göttin der Weisheit, weichen. Eine politisch zwar korrekte, dennoch aber gewaltsame Lösung, denn wenn Sie genau hinschauen, werden Sie sehen, dass die *Pallas Athene* heute in keiner Beziehung zu den Flusspersonifikationen zu ihren Füßen steht. Die Wiener aber hatten etwas zu spotten: »Die Weisheit steht draußen, sie kehrt dem Parlament den Rücken zu!«

Im Vergleich dazu genießt die ***Austria* auf der Freyung** ein geruhsames Dasein in der Umgebung der Allegorien für die Hauptflüsse der Monarchie. Für sie hat Goethes Enkelin Alma Modell gestanden, aber das ist längst vergessen.

Brunnen der Bürger

Den **Donner-Brunnen am Neuen Markt** ließ die Bürgerschaft Wiens 1739 errichten. Zum ersten Mal erfolgte damit ein Auftrag von kommunaler Seite ohne Huldigungsgedanken an den Kaiser. Der 24-jährige Bildhauer und Medailleur Georg Raphael Donner schuf den Brunnen. Für Gesprächsstoff sorgte allerdings, dass die zentrale Figur, die leicht bekleidete *Providentia*, der Gattin von Donners Hausherren sehr ähnlich sieht.

Stunden und Tage im Brunnen

Mehr Astronomisches als Anatomisches können Sie beim **Hochstrahlbrunnen am Schwarzenbergplatz** (➤ 130) entdecken: Am Beckenrand symbolisieren 365 kleine Springbrunnen die Tage. Die Insel mit den sechs Springbrunnen steht für die Wochentage mit dem Sonntag. Zwölf hohe Strahlen versinnbildlichen die Monate, 24 niedere die Stunden des Tages und die 30 Strahlen auf der mittleren Insel die Tage des Monats.

Der Donner-Brunnen wäre als »chronisches Verkehrshindernis« schon beinahe abgetragen worden

Der Hochstrahlbrunnen war das Symbol der Eröffnung der orcton Hochquellenleitung

Schnitzel, Schmarren & Co

Wien ist die einzige Stadt der Welt, die ihren Namen einer Küche gegeben hat. Paradoxerweise stammt aber so gut wie keines ihrer Gerichte tatsächlich aus Wien. Was in den Töpfen und Pfannen der einstigen Donaumetropole köchelt, dünstet und schmort, ist das Erbe der Monarchie. Das Gulasch kommt aus Ungarn, die Knödel aus Böhmen und das Wiener Schnitzel aus Mailand. Was das beweist? Dass es Wien zu allen Zeiten verstanden hat, sich von überallher das Beste zu holen.

Wer auf den Geschmack der k.u.k. Zeit kommen will, braucht nur in ein echtes Wiener Wirtshaus zu gehen. Dort ist die Monarchie allgegenwärtig. Kaiser Franz Joseph ist mit seinem flaumigen Lieblingsgericht, dem Kaiserschmarren vertreten, der ungarische Hochadel mit dem Esterházy-Rostbraten, der seinen Charakter einer Sauce aus Wurzelwerk und Sauerrahm verdankt, und der berühmteste Feldmarschall mit der Radetzky-Torte.

Einer der Eckpfeiler der gutbürgerlichen Wiener Küche ist das Rindfleisch. Es kommt als Tafelspitz mit verschiedenen Beilagen wie Röstkartoffeln, Spinat oder

Das Wiener Schnitzel ist die absolute Nummer eins

Oben: Die kulinarische Visitenkarte der Stadt: die Original Sacher-Torte

Ganz links: Palatschinken sind eine wahre Verführung

Links: Die Krönung des Kaiserschmarrens ist ein feiner Hauch Staubzucker

Dillsauce auf den Tisch, als Rindsbraten oder als Rindsgulasch. In letzterer Form ist es untrennbar mit einem »reschen Kaisersemmerl« und einem kühlen Bier verbunden.

Im »Beisl ums Eck«, dem einfachen, aber urgemütlichen Lokal, steht deftige Hausmannskost auf der Speisekarte, die übrigens oft in Form einer schwarzen Tafel an der Eingangstür lehnt. Suppen, von Leberknödel- über Fritatten- (in Streifen geschnittene Pfannkuchen) zu Grießnockerlsuppe, zählen zum Standard. Und als Hauptgericht gibt es Schweinsbraten mit Knödel, Szegediner Krautfleisch oder Wiener Schnitzel mit Kartoffelsalat.

Gänzlich in den Bereich himmlischer Genüsse entführen die Mehlspeisen wie der schon genannte Kaiserschmarren, Palatschinken und Buchteln, Strudel und Mohnnudeln, Powidltascherl und Topfenknödel. Die ungekrönte Königin alles Süßen ist die Sacher-Torte, um deren Originalrezept *Demel* und *Sacher* übrigens seit Jahren kämpfen.

Wiener Wurstel

Eine echte Institution ist der Wiener Würstelstand. Sein Repertoire umfasst die klassische »Haaße« (heiße Wurst), dann Bratwurst, Leberkäs' und Käsekrainer (gebratene Wurst mit Käseeinlage), dazu süßen oder scharfen Senf und Ölpfefferoni. Zu einem Ort zutiefst wienerischer Kommunikation wird der Würstelstand in den späten Nachtstunden. Da beißen elegant gekleidete Ball- oder Opernbesucher ebenso wie »Taxler« (Taxifahrer) oder Bedienstete der Müllabfuhr nebeneinander stehend von ihrer Wurst ab. Zu den berühmtesten Würstelständen zählen der Am Hof und der bei der Staatsoper (Albertinarampe).

Wussten Sie ...

• ... dass Wien die einzige Metropole der Welt mit einem großen **Weinanbaugebiet** ist? Schon im Mittelalter waren die Erträge so groß, dass auf kaiserlichen Erlass hin saure Weine zum Anrühren des Mörtels für den Stephansdom verwendet werden mussten. Heute erwirtschaften rund 400 Weinbauernfamilien auf einer Fläche von 690 ha rund 20 000 hl Wein pro Jahr.

• ... dass die erste Frau, die jemals allein um die Welt reiste, aus Wien stammte (► 179)? **Ida Pfeiffer** (1797–1858) kam nach Südamerika, zu den »Menschenfressern« auf Sumatra und nach Madagaskar. Ihre Reiseberichte wurden zu Bestsellern.

• ... dass der berühmte **»Kaiserschmarren«** ursprünglich »Kaiserinschmarren« hieß? Die Wiener Köche hatten ihn Elisabeth 1854 anlässlich ihrer Hochzeit mit Franz Joseph gewidmet. Dem Kaiser schmeckte das Dessert besser als der figurbewussten Kaiserin, also wurde es umbenannt.

• ... dass Wiener in Hollywood immer eine große Rolle gespielt haben? **Fred Zinnemann** (geb. 1907) war der Regisseur von *High Noon* und *Ein Mann für alle Jahreszeiten*. Hinter *Das Schweigen der Lämmer* und *Der mit dem Wolf tanzt* steckt als Produzent auch ein Wiener, **Eric Pleskow** (geb. 1924). **Billy Wilder** (1906–2002), der unvergleichliche Regisseur von *Manche mögen's heiß* und *Das Apartment*, der oft als Wiener bezeichnet wird, wurde genau genommen in Sucha bei Krakau geboren, seine Kindheit und Jugend aber verbrachte er in Wien.

Erster Überblick

Ankunft

Wien ist eine überschaubare Großstadt. Egal, ob Sie mit Flugzeug, Bahn oder Auto kommen, der Weg ins Zentrum dauert nicht lange.

Flughafen Wien-Schwechat

Der Vienna International Airport (VIE) liegt rund 15 km südöstlich der Innenstadt und ist der bedeutendste Flughafen Österreichs. Ein Informationsschalter befindet sich im Ankunftsbereich, der telefonische Informationsdienst des Flughafens ist unter 70 07-222 33 täglich rund um die Uhr erreichbar.

Vom Flughafen in die Stadt

CAT, Schnellbahn und Busse verkehren zwischen 5 und 24 Uhr im 30-Minuten-Takt.

- Der **CAT** (City Airport Train) bringt Sie am schnellsten – in 16 Minuten – vom Flughafen in die Stadt (U-Bahn-Haltestelle: Landstraße/Wien Mitte). Interessant für den Rückflug: für manche Flüge kann man vom Vorabend bis 75 Minuten vor Abflug das Gepäck am Terminal Wien Mitte einchecken. Eine Fahrkarte kostet 9 Euro, hin und retour 15 Euro. Die Tickets sind allerdings im Wiener Liniennetz sonst nicht gültig.
- Mit der **Schnellbahn** zu fahren, ist die günstigste Variante: Die Linie S 7 fährt 32 Minuten nach Landstraße/Wien Mitte und hält auch an anderen Stationen. Mit der Fahrkarte um 3 Euro können Sie auf den Wiener Linien weiterfahren.
- Ein Ticket für die **Busse** der **Vienna Airport Line** kostet 6 Euro, berechtigt aber nicht zum Umsteigen auf andere Verkehrsmittel. Eine Linie fährt in 20 Minuten vom Flughafen zum Schwedenplatz, zu Stoßzeiten kann es allerdings länger dauern. Eine andere Linie führt vom Flughafen zu den Haltestellen Südbahnhof und Westbahnhof.
- Ein **Taxi**-Standplatz befindet sich nördlich der Ankunftshalle. Eine Fahrt bis ins Zentrum dauert etwa 20 Minuten und kostet stolze 35 Euro. Günstiger ist es, wenn Sie mit öffentlichen Verkehrsmitteln in die Stadt fahren und dann ein Taxi zum Hotel nehmen.

Ankunft am Bahnhof

- Der **Westbahnhof** ist im Stil der 1950er-Jahre erbaut. Von den Bahnsteigen kommt man in eine zweigeschossige Halle mit Schaltern und Geschäften. Wie auf den meisten Bahnhöfen ist das Publikum sehr gemischt, achten Sie gut auf Ihr Gepäck! Der Bahnhof ist an das Wiener U-Bahn-Netz angeschlossen und liegt am oberen Ende der Einkaufsmeile Mariahilfer Straße.
- Der **Südbahnhof**, in dem Züge aus dem Süden, also aus Italien oder Slowenien ankommen, steht vor der Generalsanierung. Er liegt außerhalb des Zentrums, in unmittelbarer Nähe von Schloss Belvedere. Von hier kommt man am besten mit der Schnellbahn oder der Straßenbahn in die Stadt.

Touristeninformationen

In der Tourist-Info Wien erhalten Sie kostenlos Tipps und Informationen über Wien, Veranstaltungen und Hotelzimmer. Die Tourist-Info **Zentrum** in Wien 1., Albertinaplatz hat täglich von 9–19 Uhr geöffnet. Die Tourist-Info **Flughafen Wien** ist in der Ankunftshalle gegenüber der Gepäckausgabe. Sie ist von 8.30 bis 21 Uhr besetzt.

Unterwegs in Wien

Zur Orientierung

Wien ist in 23 Bezirke unterteilt, die sich rund um den 1. Bezirk, die Innenstadt, reihen. Zwischen Ringstraße und Gürtel liegen die urbanen Bezirke 2 bis 9 mit vielen Altbauten und Botschaftsvierteln. Die Außenbezirke sind sehr unterschiedlich: Während der 10., 11. und 16. Bezirk typische Arbeiterbezirke sind, gelten der 13. und 19. Bezirk als Nobelgegenden. Die Bezirke 21 und 22 liegen jenseits der Donau, hier entstehen neue Stadtteile mit modernen Wolkenkratzern.

Straßen

Die wichtigsten Straßen Wiens sind:

- **Kärntner Straße, Graben, Kohlmarkt** – noble Einkaufsstraßen im Zentrum
- **Ringstraße** – verläuft rund um die Innenstadt
- **Mariahilfer Straße** – beliebteste Einkaufsstraße der Stadt
- **Gürtel** – stark befahren, in den historischen Stadtbahnbögen befinden sich heute Bars und Szenelokale

Öffentliche Verkehrsmittel

Mit den »Öffis« kommt man in Wien überall hin, am schnellsten mit der U-Bahn, am schönsten mit der Straßenbahn.

U-Bahn

- Offiziell wurde die Wiener U-Bahn **1976 eröffnet**, manche Linien fahren auf Strecken der mehr als 100 Jahre alten Stadtbahn. Das U-Bahn-System wird kontinuierlich ausgebaut.
- Die U-Bahn verkehrt **täglich ab ca. 5 Uhr**. Die letzten Züge fahren gegen 0.30 Uhr vom Stadtzentrum ab. Die Intervalle betragen 5 Minuten, zu Spitzenzeiten 2 bis 4 Minuten und nach 20.30 Uhr 7 bis 8 Minuten.
- Es gibt **fünf farblich gekennzeichnete** U-Bahn Linien (U 1 – rot, U 2 – violett, U 3 – orange, U 4 – grün, U 6 – braun).
- Am Bahnsteig zeigt eine **elektronische Tafel** die Endstation des nächsten Zuges und die ungefähre Wartezeit an.
- Auf dem Schild mit dem Stationsnamen finden Sie in weißer Schrift **Hinweise zu den Ausgängen** (die oft weit auseinander liegen!) und **Umsteigemöglichkeiten**.

Straßenbahn, Schnellbahn und Busse

- **Straßenbahnen** (Tram) sind mit Nummern oder Buchstaben (z. B. 1, 10, oder D) gekennzeichnet, **Busse** mit einer Kombination (z. B. 1A, 10A oder 156B), und die **Schnellbahn** erkennen Sie am S (z. B. S 45, S 7).
- Die Buslinien **1A**, **2A** und **3A** überbrücken kurze Distanzen im Zentrum.
- Nicht alle Linien verkehren täglich zwischen 5 und 24 Uhr. **Genaue Informationen** entnehmen Sie bitte den Fahrplänen, die an den Stationen aushängen. Fahrpläne und Fahrtstrecken finden Sie auch im Internet auf www.wienplan.com oder www.vor.at.
- Ein dichtes Netz von **Nachtautobuslinien** verkehrt jede Nacht von ca. 0.45 bis 5 Uhr. Auf diesen Linien gelten die normalen Fahrscheine, die Haltestellen sind mit einem blauen N gekennzeichnet.

Fahrkarten

- Innerhalb der Stadtgrenzen Wiens gelten für alle Verkehrmittel **dieselben Fahrscheine**, auch wenn Sie umsteigen.

- Es finden regelmäßig **Fahrscheinkontrollen** statt, sollten Sie kein gültiges Ticket haben, müssen Sie mit einer Strafe von 60 Euro rechnen.
- **Fahrkarten erhalten Sie** an den Automaten der U-Bahn-Stationen, in Tabak-Trafiken, bei den Vorverkaufsstellen und auch direkt in Straßenbahn oder Bus (Münzen bereithalten).
- Empfehlenswert ist die **Wien-Card**, ein Ticket um 16,90 Euro, mit dem Sie 72 Stunden lang unterwegs sein können und zusätzlich Vorteile bei Eintrittskarten, beim Shopping, in Restaurants oder beim Heurigen genießen. Erhältlich auch bei der Tourist-Info und in vielen Hotels.
- Ansonsten gibt es eine 24-Stunden-Karte um 5 Euro, eine 72-Stunden-Karte um 12 Euro, eine 8-Tage-Karte um 24 Euro, die auch von mehreren Personen gleichzeitig benutzt werden kann, und Einzelfahrscheine um 1,50 Euro. Achtung: Die meisten Tickets müssen **vor Fahrtantritt entwertet werden!**
- **Kinder** bis sechs Jahre fahren immer, Kinder bis 15 Jahre an Sonn- und Feiertagen sowie während der Wiener Schulferien gratis.

Taxi

An nahezu allen stark frequentierten Ecken Wiens, an Verkehrsknotenpunkten und vor Hotels gibt es Taxi-Standplätze. Natürlich können Sie auch ein Taxi, das frei ist (erkennbar am leuchtenden gelben Schild), anhalten oder eines rufen (z. B.: 601 60, 401 00, 313 00 oder 814 00). Nachts und an Sonn- und Feiertagen werden geringe Zuschläge verrechnet.

Auto

- Der 1. Bezirk ist werktags von 9 bis 19 Uhr eine **gebührenpflichtige Kurzparkzone**, die Bezirke 2 bis 9 und 20 sind es werktags von 9 bis 20 Uhr. Wenn Sie Strafzettel vermeiden wollen, müssen Sie einen gültigen Parkschein hinter die Windschutzscheibe legen. Die kostenlosen Zehn-Minuten-Parkscheine (dürfen nicht mit anderen kombiniert werden) sowie die Parkscheine für eine halbe, eine und anderthalb Stunden erhalten Sie in Tabak-Trafiken.
- Die **Parkdauer** ist mit 1,5 Stunden begrenzt. Vorsicht: in Geschäftsstraßen können Gültigkeitstage und Parkdauer abweichen. Beachten Sie die Schilder!
- Am Stadtrand finden Sie **Park-and-ride-Anlagen** mit U-Bahn-Anbindung, in den innerstädtischen Bezirken **kostenpflichtige Garagen**.
- Detaillierte Informationen im Internet: **www.parkeninwien.at**

Busrundfahrten

Beliebt und bequem sind Busrundfahrten mit Hop-on-hop-off-Bussen, die alle großen Sehenswürdigkeiten abklappern. Während man bei diesen Bussen ein- und aussteigen kann, wann man will (je nach Ticket), gibt es auch Busgesellschaften, die fixe Touren anbieten (www.viennasightseeingtours.com, Tel. 712 46 83; www.cityrama.at, Tel. 534 13-0).

Fiaker

Wie in der guten alten Kaiserzeit kann man die Stadt vom Fiaker aus kennen lernen. Die Pferdekutschen stehen am Stephansplatz, am Heldenplatz und vor der Albertina. Eine Altstadttour kostet zwischen 40 Euro (20 Minuten) und 95 Euro (1 Stunde).

Fahrrad

Bei U-Bahn-, Bus- und Tramhaltestellen stehen in 40 Terminals rund 300 Fahrräder bereit. Wer ein Rad benützen will, muss sich im Terminal mit seiner Bankomatkarte einloggen. Bei der Rückgabe genügt es, das Fahrrad abzustellen. Die erste Stunde ist gratis, ab der zweiten Stunde sind 2 Euro zu zahlen.

Eintrittspreise
Die Eintrittspreise für Museen und andere im Text erwähnte Sehenswürdigkeiten sind in folgenden Kategorien angegeben:
Preiswert: unter 3 Euro
Mittel: 3–7,50 Euro
Teuer: über 7,50 Euro

Übernachten

In Wien können Sie in modernen Designerzimmern oder in stilvollen Prunkräumen nächtigen. Hotels und Pensionen findet man in der ganzen Stadt, die teuersten und vornehmsten in der Innenstadt, die günstigsten am Stadtrand. Aber egal, ob Sie ein Luxushotel bevorzugen, Wert auf Hightech-Ausstattung legen oder eine günstige Unterkunft in einer Pension suchen, Wien hat für alle Wünsche das richtige Zimmer.

Reservierung

Damit Sie genau die Unterkunft finden, die Ihren Wünschen entspricht, empfiehlt es sich, rechtzeitig zu reservieren. Auf www.info.wien.at können Sie online 260 Hotels, Pensionen und Apartments reservieren, die telefonische Hotline zur Hotelreservierung erreichen Sie täglich von 9 bis 19 Uhr unter Tel. 245 55. Kommen Sie ohne Reservierung nach Wien, hilft Ihnen die Tourist-Info (► 36) gerne weiter.

Hotels und Pensionen

Wien hat einige noble **Luxushotels**, die wirklich wunderschön, aber nicht für alle erschwinglich sind. Kleiner Tipp: auch bei einem Drink in der Hotelbar oder einer Melange im Café kann man das Flair dieser besonderen Häuser genießen. **Pensionen** sind kleiner und meist günstiger als Hotels. Die Rezeption findet man oft nicht im Erdgeschoss, da eine Pension nur Teile eines Gebäudes ausmacht. Sämtliche Preise verstehen sich in der Regel für ein Zimmer mit Frühstück, meist mit Frühstücksbüfett. Auch die Ortstaxen und Steuern sind im Normalfall im Zimmerpreis enthalten.

Apartments

Für längere Aufenthalte eignen sich Apartments mit kleiner Kochnische und regelmäßiger Reinigung. Die Preise variieren stark je nach Lage und Ausstattung. Sehr nett sind die Apartments im **Schlossquadrat** (Wien 5., Margaretenstr. 77, Tel. 545 14 71, www.schlossquadr.at).

Jugendherbergen und Saisonhotels

Es gibt einige günstige Jugendherbergen, die allerdings stark frequentiert sind, eine Reservierung ist empfehlenswert. Sehr zentral liegt die **Jugendherberge Myrthengasse** (Wien 7., Myrthengasse 7/Neustiftgasse, Tel. 523 63 16, Fax 523 58 49) und mit wunderschönem Blick auf Wien, etwas außerhalb die **Schlossherberge am Wilhelminenberg** (Wien 16., Savoyenstr. 2, Tel. 485 85 03-700, Fax 485 85 03-702). **Saisonhotels** fungieren den Rest des Jahres als Studentenheime, sie haben meist wenig Atmosphäre, sind jedoch günstig, wie etwa das nahe dem Museumsquartier liegende Hotel **Atlas** (Wien 7., Lerchenfelderstr. 1–3, Tel. 401 76 55, Fax 401 76 20, www.academia-hotels.co.at).

Hotels

Hotelpreise
Preise für ein Doppelzimmer mit WC/Bad und Frühstück:
€€€€ über 180 Euro
€€€ 120–180 Euro
€€ 80–120 Euro
€ unter 80 Euro

Altstadt Vienna €€€

Das schmucke Flairhotel liegt zentral in der Nähe der Shoppingmeile Mariahilfer Straße. Das besondere Ambiente der Hotelpension lädt zum Wohlfühlen ein, die Zimmer sind äußerst geschmackvoll eingerichtet, und der Tag beginnt mit einem wirklich reichhaltigen Frühstücksbüfett. Ein Hotel, in dem man sich gut betreut und angenehm zu Hause fühlt.

192, westl. A2 Wien 7., Kirchengasse 41 526 33 99-0, Fax 523 49 01 Volkstheater www.altstadt.at

Anatol €€€

Ein modernes Stadthotel in unmittelbarer Nähe zur Mariahilfer Straße und zum Westbahnhof. Es wurde erst kürzlich renoviert, und die modern und geschmackvoll-schlicht eingerichteten Zimmer lassen in puncto Funktionalität und Hightech-Ausstattung (W-Lan) nichts zu wünschen übrig. Beachten Sie die besonders günstigen Packages, die immer wieder angeboten werden.

192, westl. A1 Wien 6., Webgasse 26 599 96-0, Fax 599 96-55 Zieglergasse www.austria-trend.at/anw

Arcotel Wimberger €€

Ein großer Pluspunkt dieses Hotels ist seine praktische Lage: In nur 5 Minuten erreicht man zu Fuß den Westbahnhof und die U-Bahn. Auch die Stadthalle mit ihren Konzerten und Events sowie das Raimundtheater befinden sich in Spaziernähe. Günstige Zimmer, freundliches Personal und ein äußerst beliebter sonntäglicher Jazzbrunch mit ausgesuchten Bands sprechen für das Haus am Gürtel.

198, östl. C4 Wien 7., Neubaugürtel 34–36 521 65-0, Fax 521 65-810 Westbahnhof www.arcotel.at

Art Hotel €

Ein durchwegs junges Hotel, vor allem preiswert und bunt. Der Name Art Hotel verspricht allerdings mehr Kunst und Design, als das Hotel letztendlich halten kann. Aber das engagierte Team, die Lage in Naschmarkt-Nähe und die günstigen Zimmerpreise machen das Haus durchaus interessant. Hotelgästen steht außerdem eine Internetecke zur freien Verfügung.

194, südwestl. A1 Wien 5., Brandmayergasse 7–9 544 51 08, Fax 544 51 08-10 Pilgramgasse www.thearthotelvienna.at

Austria Trend Hotel Beim Theresianum €

Das familiäre Hotel liegt zentrumsnah im direkten Umfeld vieler historisch bedeutender Sehenswürdigkeiten wie dem Schloss Belvedere. Die Zimmer sind nett eingerichtet, der Service ist freundlich, und was das Haus besonders sympathisch macht, ist seine sonnige Terrasse. Nachmittags erwartet die Gäste Gratiskaffee und ein Kuchenbüfett.

194, südl. C1 Wien 4., Favoritenstr. 52 505 16 06, Fax 505 16 09 Südtirolerplatz www.austria-trend.at/thw

Bristol €€€€

Seit 1892 steht das imposante imperiale Haus zwischen Ring, Oper und dem Einkaufsboulevard Kärntner Straße für Gastlichkeit der sehr gehobenen Art. Ein klassisches Luxushotel mit wunderschönen Zimmern und eleganten Suiten, livrierten Kofferträgern, ausgezeichnetem Service und allem, was einfach dazugehört. Das Vier-Hauben-Restaurant *Korso* ist eines der besten der Stadt, die Bar eine klassische Bar mit Klaviermusik.

193 D2 Wien 1., Kärntner Ring 1 515 16-0, Fax 515 16-550 Karlsplatz www.westin.com/bristol

Coburg €€€€

Das behutsam renovierte Palais aus dem 19. Jh. ist gewissermaßen das jüngste Luxushotel der Stadt, es wurde 2004 mit einem ungeheuren Presseecho eröffnet. Alle Suiten haben edle Marmorbäder, einige sogar einen eigenen Garten, und das mitten in der Innenstadt. Die Hightech-Ausstattung ist auf neuestem Stand, das hauseigene Spa – wie das ganze Hotel – ein Ort des Wohlfühlens und Genießens. Im Restaurant *Coburg* finden Sie die vermutlich aufregendste und beste Küche Wiens, unbedingt reservieren.

193 E2/3 Wien 1., Coburgbastei 4 518 18-0, Fax 518 18-1 Stubentor www.coburg.at

Das Triest €€€€

Das Designhotel in den ehemaligen Pferdestallungen der Postkutschenlinie Wien-Triest zählt zu den schönsten Hotels der Stadt: Modernes Design fügt sich geschmackvoll in die alten Gewölbe. Im Zimmerpreis sind Büfettfrühstück, Fitnesscenter und Sauna enthalten. Das hoteleigene Restaurant *Collio* ist ausgezeichnet und die *Silverbar* legendär. Wenn Robbie Williams oder David Bowie in Wien sind, logieren sie im Triest.

194 B1 Wien 4., Wiedner Hauptstr. 12 589 18-0, Fax 589 18-18 Karlsplatz www.dastriest.at

Domizil €€€

Die hübsche Hotelpension lockt nicht mit vordergründigem Pomp, dafür aber mit echtem Wiener Charme. Die 40 Zimmer sind individuell und liebevoll gestaltet. Einer der großen Pluspunkte ist die geografische Lage: Der Stephansdom ist nur 50 m entfernt, und das Figaro-Haus ist überhaupt gleich um die Ecke. So ist das *Domizil* der ideale Ausgangpunkt für Erkundungen der historischen Altstadt. Den Auftakt zu einem beschwingten Tag in Wien bildet das reiche Frühstücksbüfett – und ein Glas Sekt.

193 E3 Wien 1., Schulerstr. 14 513 31 99, Fax 512 34 84 Stephansplatz www.hoteldomizil.at

Donauwalzer €

Das zentrumsnahe, gutbürgerliche und familienfreundliche Stadthotel beeindruckt durch günstige Preise, besondere Wochenendarrangements und außergewöhnliche Angebote wie Leihräder. In der Nähe findet man zum Beispiel die Heurigen in Ottakring oder die Volksoper. Der einzige Nachteil des Hotels ist seine Lage am Gürtel, einer der Hauptverkehrsadern Wiens.

194, westl. A4 Wien 17., Ottakringer Str. 5 405 76 45-0, Fax 40 57 64 59 99 Alserstraße www.donauwalzer.at

Dorint Biedermeier €€

Inmitten des romantischen Biedermeierensembles im Sünnhof liegt das gepflegte und freundliche Hotel, das mit »Zimmern zum Wohlfühlen« wirbt. Die Innenstadtnähe und der City-Airport-Train-Terminal ums Eck sind eindeutige Pluspunkte des Hotels. Besonders schön ist der Aufenthalt zur Adventzeit, wenn im Sünnhof ein Weihnachtsmarkt stattfindet.

195 E3 Wien 3., Landstraßer Hauptstr. 28 716 71-0, Fax 716 71-503 Landstraße/ Wien Mitte, Rochusgasse www.dorint.com/wien

Hilton Vienna €€€€

Der Hotelbau aus den 1970er-Jahren wurde neu herausgeputzt und generalüberholt. Heller, moderner und schöner präsentiert sich das *Hilton Vienna* nun als Österreichs größtes Konferenzhotel. Es liegt gleich neben Stadtpark und Ringstraße, nicht weit vom Zentrum entfernt. Fast 600 luxuriöse Gästezimmer und Suiten, ein tolles Restaurant und der Jazzclub *Birdland* machen das *Hilton* zu einer ausgezeichneten Wahl. Besonders praktisch: die direkte Flughafenanbindung durch den City-Airport-Train-Terminal vis-à-vis vom Hotel.

195 E3 Wien 3., Am Stadtpark 717 00-0, Fax 713 06 91 Landstraße/Wien Mitte www.hilton.de/wien

Ibis Wien Mariahilf €

Riesiger Hotelbau mit schlichten, aber freundlichen Zimmern. Das Hotel liegt nahe dem Westbahnhof (und somit der U-Bahn!) und nicht weit vom Raimundtheater entfernt. Wer keinen Luxus-Schnickschnack und keine prunkvollen Zimmer erwartet, wird dank der attraktiven Preise zufrieden sein.

198, östl. C4 Wien 6., Mariahilfer Gürtel 22–24 599 98, Fax 597 90 90 Westbahnhof www.ibishotel.com

Imperial €€€€

Das wunderschöne Ringstraßenpalais wurde 1873 zur Weltausstellung in ein Hotel umgebaut und zählt seither zu den besten Adressen der Stadt. Staatsgäste genießen hier die vornehm-noble Gastfreundschaft ebenso wie Schauspieler und Popstars. Ein repräsentatives Haus, direkt an der Ringstraße, mit im deutschsprachigen Raum einzigartigem Butlerservice, gebügelten Zeitungen und allen erdenklichen Annehmlichkeiten. Die hauseigene Imperial-Torte schmeckt übrigens auch im angenehm ruhigen Café des Hotels.

193 D1/2 Wien 1., Kärntner Ring 16 501 10-0, Fax 501 10-410 Karlsplatz www.luxurycollection.com/imperial

König von Ungarn €€€€

Sie möchten das Wien der Kaiserzeit kennen lernen? Dann sind Sie hier genau richtig: Im Herzen der Altstadt, gleich hinter dem Stephansdom, vermittelt das Hotel die Atmosphäre altösterreichischer Gastlichkeit. Ein Teil des Restaurants befindet sich im ehemaligen Wohnhaus Mozarts, dem Figaro-Haus. Ganz besonders idyllisch ist es, sich im überdachten Innenhof von den Stadtspaziergängen auszuruhen.

193 D3 Wien 1., Schulerstr. 10 515 84-0, Fax 515 84-8 Stephansplatz www.kvu.at

Landhaus Fuhrgasslhuber €€

Für alle, die in der Stadt und doch auf dem Lande wohnen wollen, empfiehlt sich das rustikal-romantische Landhaus. Das Hotel liegt mitten im Heurigenort Neustift am Walde, malerisch umgeben von grünen Weinbergen. Wer etwas ländlichere Atmosphäre mag, gerne spazieren geht und seine Abende bevorzugt beim Heurigen verbringt, wird sich in der gastfreundlichen Pension mit ausgezeichnetem Frühstücksbüfett und sehr bemühtem Service bestens erholen.

194, nordwestl. A5 Wien 19., Rathstr. 24 440 30 33, Fax 440 27 14 Bus 35A Neustift am Walde www.fuhrgassl-huber.at

Le Meridien €€€€

Dieses Haus ist ein Musterbeispiel für modernes Hoteldesign mit trendiger Einrichtung und aufwändiger Ausstattung. Das feine Restaurant, die glamouröse Bar und der ausgedehnte Wellnessbereich samt Fitnessstudio haben dem erst 2004 eröffneten Haus der internationalen Luxushotelkette zu fünf Sternen verholfen. Die Lage zwischen Oper, Hofburg und Museumsquartier ist einzigartig.

192 C2 Wien 1., Opernring 13–15 588 90-0, Fax 588 90 90 90 Karlsplatz www.tiscover.at/lemeridien-vienna

Neuer Markt €€

Im 2. und 3. Stock eines Gründerzeithauses liegt diese Pension direkt am Neuen Markt, nur wenige Minuten von Stephansdom und Kärntner Straße entfernt. Die Zimmer des familiär geführten Hauses sind nicht gerade hypermodern, aber sehr sauber und nett, der Service ist freundlich, und die Preise sind für die zentrale Lage günstig.

193 D3 Wien 1., Seilergasse 9 512 23 16, Fax 513 91 05 Stephansplatz www.hotelpension.at

Palais Schwarzenberg €€€€

Fürstliches Logis bietet das Hotel im Palais Schwarzenberg. Viele der 44 Zimmer schauen in den zum Palais gehörenden größten Privatpark im Zentrum von Wien. Die 38 Zimmer im Haupttrakt sind individuell mit Stilmöbeln und den dazu passenden Gemälden aus der jeweiligen Epoche eingerichtet. Für die sechs Designerzimmer im linken Seitentrakt zeichnet Prof. Paolo Piva verantwortlich. Er verwendete afrikanische Hölzer für die Parkettböden und stattete die Räume mit den von ihm selbst entworfenen Wittmann-Möbeln aus.

195 D2 Wien 3., Schwarzenbergplatz 9 798 45 15, Fax 798 47 14 Karlsplatz Tram D Gusshausstraße www.palais-schwarzenberg.com

Sacher €€€€

Vermutlich das charmanteste der großen Häuser mit den vielen Sternen – traditionsreich, weltberühmt und immer noch in Familienbesitz. Es ist ein Haus mit Geschichte, ein Hotel mit Stil und die Heimat der legendären Sacher-Torte. Das erstklassige Luxushotel mit persönlicher Atmosphäre liegt sehr zentral, gleich hinter der Oper, zwischen Kärntner Straße und Albertinaplatz. Auch wenn das Urlaubsgeld vielleicht nicht für eines der herrlichen, mit wertvollen Antiquitäten eingerichteten Zimmer reicht, ein Stück Sacher-Torte im Sacher-Eck' bei der Kärntner Straße ist bei einem Wien-Besuch Pflicht!

192/193 C/D2 Wien 1., Philharmonikerstr. 4 514 56-0, Fax 514 56-810 Oper www.sacher.com

Viennart €€€

In diesem gut ausgestatteten Vier-Sterne-Hotel ist das funktionale Design modern, geschmackvoll und hell. Aber das Besondere an diesem Haus ist die hervorragende Lage: In unmittelbarer Nähe befinden sich Volkstheater, Museumsquartier, Spittelberg, Ringstraße, Mariahilfer Straße und unzählige Beisln, Bars und Lokale.

192 A2 Wien 7., Breite Gasse 9 523 13 45-0, Fax 523 13 45-111 Volkstheater www.austrotel.at

Zur Schwalbe €€

Das charmante, ruhige Hotel mit netten Zimmern liegt im 16. Bezirk, also etwas außerhalb. Vom familiär geführten Unternehmen ist man mit der nahen U-Bahn in 12 Minuten am Stephansplatz, wer im Grünen Erholung sucht, kann in nur 5 Gehminuten im Wienerwald spazieren gehen. Herzlicher Service und angemessen-günstige Preise machen das Vororthotel attraktiv.

194, westl. A4 Wien 16., Degengasse 45 486 11 81 Ottakring

Essen und Trinken

Sie möchten die typische »Wiener Küche« kennen lernen? Dazu bieten die unzähligen Wiener Restaurants, Beisln, Kaffeehäuser und Würstelstände ausreichend Gelegenheit!

Kulinarische Traditionen

Die typische Wiener Küche war immer schon »Fusion« – sie hat ihre Wurzeln in Böhmen, Österreich, Ungarn und auf dem Balkan. Diese Traditionen werden weiterhin hochgehalten und zeitgemäß mit überraschenden Einflüssen aus der ganzen Welt vermischt.

Kleine Gerichte

- Das traditionelle **Wiener Frühstück** besteht aus Kaffee mit Kaisersemmel oder Kipferl, darauf Butter und Marmelade. Freilich werden allerorts auch andere Frühstücksvariationen bis zum umfangreichen Brunch serviert.
- Wen in Wien der kleine Hunger plagt, der sollte neben Hamburger, Pizzaschnitte und Kebab auch an den Wiener **Würstelstand** denken. Hier heißen die Imbiss-Klassiker Debreziner (scharf!), Käsekrainer und Burenwurst.
- Die etwas feinere Alternative dazu sind die traditionsreichen Brötchen von ***Trzesniewski*** (➤ 79).
- Im **Wiener Beisl** – eine Art kleines Gasthaus – bekommt man typische Hausmannskost, die außen an einer Schiefertafel angepriesen wird. Ein modernes Beisl ist das ***Immervoll*** (Wien 1., Weihburggasse 17, Tel. 513 52 88, tägl. 12–24 Uhr).
- Die beste **vegetarische** Adresse ist ***Wrenkh*** (Wien 1., Bauernmarkt 10, Tel. 533 15 26, tägl. 11.30–15 und 18–23 Uhr)

Getränke

- **Kaffee** hat in Wien eine lange Tradition und wird auf zahlreiche Arten serviert (➤ 28).
- Der Wiener **Wein** schmeckt am besten bei einem Heurigen am Stadtrand (z. B. Grinzing, Neustift am Walde oder Stammersdorf). Stadtheurige wie ***Zum Haydn*** (Wien 6., Haydngasse 7, Tel. 597 21 60, tägl. 16 bis 23 Uhr) vermitteln diese Stimmung auch im Zentrum.
- Auch das **Bier** hat in Wien Tradition, eine schöne Gasthausbrauerei in einem ehemaligen Kloster ist das ***Salm Bräu*** (➤ 155).

Tipps rund ums Essen

- In guten Restaurants empfiehlt es sich unbedingt, einen Tisch zu **reservieren**.
- Die meisten Lokale **schließen** ihre Küche zwischen 22 und 23 Uhr, viele Restaurants haben sonntags geschlossen.
- Das Gedeck ist im Preis meist inbegriffen, falls nicht, muss das in der Speisekarte vermerkt sein. Üblich sind 5 bis 10 % **Trinkgeld**.

Preise
Die Preisangaben gelten pro Person für ein Essen ohne Getränke.
€ unter 12 Euro **€€** 12–25 Euro **€€€** über 25 Euro

Einkaufen

Noble Boutiquen, gemütliche Geschäfte, bunte Märkte und funktionale Einkaufszentren – Wien ist für jede Einkaufstour gerüstet und macht dem Luxusshopper ebensoviel Freude wie dem Schnäppchenjäger.

Wohin zum Einkaufen?

- Wiens klassische Einkaufsmeile ist die **Mariahilfer Straße** zwischen Innenstadt und Westbahnhof. Hier finden Sie die großen Modeketten und Hunderte von Geschäften mit Flippigem für junges Publikum. Wer ausgefallene Mode, Schuhe und Accessoires sucht, wird in der **Neubaugasse**, einer Seitengasse der Mariahilfer Straße, fündig.
- In der Innenstadt bilden **Kärtner Straße**, **Graben** und **Kohlmarkt** mit Designerläden, Juwelieren und Parfümerien ein Shopping-Eldorado im gehobeneren Preissegment.
- Trendkaufhäuser wie ***Steffl*** (Wien 1., Kärntner Str. 19) und ***Gerngroß*** (Wien 7., Mariahilfer Str. 38–48) sowie die **Ringstraßengalerien** (Wien 1., Kärntner Ring 5–7) bieten großflächige Einkaufsmöglichkeiten bei jedem Wetter.
- Die Einkaufszentren am Stadtrand versprühen die typische auswechselbare Shoppingmall-Atmosphäre, bei jenem im **Gasometer** ist immerhin die Architektur der ehemaligen Gasbehälterglocken sehenswert.

Die besten Märkte

- Der **Naschmarkt** (► 135) ist der größte und stimmungsvollste Markt Wiens, im Anschluss daran wird samstags immer der legendäre **Flohmarkt** abgehalten.
- Der **Brunnenmarkt** (Wien 16., Brunnengasse) ist ein Multikulti-Markt im Gastarbeiterviertel.
- **Rathausplatz** und **Spittelberg** verwandeln sich in der Vorweihnachtszeit in stimmungsvolle Adventmärkte, auf der **Freyung** (► 58) finden Bauernmärkte sowie zu Ostern und im Advent Kunsthandwerksmärkte statt.

Einkaufstipps

Souvenirs mit Stil und traditionsreiche Waren aus Wien sind als **Wien Products** gekennzeichnet, bei der Tourist-Info gibt es dazu ein Informationsblatt, in dem alle Qualitätsbetriebe von *Manner Schnitten* über modernen Schmuck bis zu edlen Möbelstoffen vermerkt sind (www.wienproducts.at).

Öffnungszeiten

Auf dem Markt beginnt das Einkaufsvergnügen schon um 6 Uhr morgens, Supermärkte haben meist montags bis donnerstags von 8 bis 19 Uhr geöffnet, freitags bis 19.30 und am Samstag bis 17 Uhr. Die Geschäfte in den Einkaufsstraßen und Einkaufszentren Wiens haben im allgemeinen montags bis freitags von 9 bis 18.30 Uhr und samstags von 9 bis 18 Uhr geöffnet, viele halten donnerstags bis 21 Uhr offen.

Steuer

Nicht-EU-Bürger haben ab einer Einkaufssumme von 75 Euro Anspruch auf Rückvergütung der Mehrwertsteuer (20 %), die im Kaufpreis enthalten ist. Verlangen Sie beim Verkäufer den Global Refund Cheque, den sie bei der Ausreise am Zoll abstempeln lassen müssen, um bei einer von 600 Rückvergütungsstellen Ihr Geld zu bekommen. Nach Abzug der Bearbeitungsspesen sind das rund 13 % des Einkaufspreises.

Ausgehen

Von Oper bis Disco, von Jazz bis DJ-Lines – in Wien ist immer etwas los. Ob Sie E-, U-, Sub- oder doch nur Ess-Kultur genießen wollen, Sie werden garantiert fündig.

Informationsquellen

Unverzichtbar ist die Stadtzeitung *Falter*, sie erscheint mittwochs und enthält das Programm der kommenden Woche mit allen Ausstellungen, Kinovorstellungen, Führungen, Konzerten, Flohmärkten und Events (www.falter.at). Der *Falter* ist ebenso wie Wiens zweite Stadtzeitung *City* in jeder Tabak-Trafik erhältlich. Noch mehr Programm gibt´s im Internet unter www.hauptstadt.at.

Kartenvorverkauf

Auf www.ticketline.cc können Sie sich schon daheim über kommende Veranstaltungen informieren und Karten bestellen. Telefonische Bestellung ist unter 880 88 möglich. Außerdem können Sie am Veranstaltungsort, in Hotels und Kartenbüros in der Innenstadt Tickets kaufen.

Oper, Theater, Musical und Jazz

- **Staatsoper** (➤ 98) und **Volksoper** (Wien 9., Währingerstr. 78, Tel. 514 44-30, www.volksoper.at) sind für bedeutende Interpreten und beeindruckende Inszenierungen bekannt. Auch Konzerte im **Musikverein** (➤ 131) und im **Konzerthaus** (➤ 136) versprechen klassischen Hörgenuss.
- Das **Burgtheater** (➤ 102) und seine Dependance **Akademietheater** sind die renommiertesten Bühnen Wiens, **Theater in der Josefstadt** und **Kammerspiele** (www.josefstadt.org) versprechen traditionelle Inszenierungen, während das **Volkstheater** (www.volkstheater.at) und das **Schauspielhaus** (www.schauspielhaus.at) moderner sind.
- Die Hits weltbekannter Musicals erklingen im **Raimundtheater** (Wien 6., Wallgasse 18, Tel. 599 77-0, www.musicalvienna.at).
- Wiens schönster Jazzclub ist das ***Porgy & Bess*** (➤ 68), der eleganteste Joe Zawinuls ***Birdland*** (➤ 158).
- Höhepunkte der Ballsaison sind der Wiener **Opernball** im Fasching, zu dem jedes Jahr internationale Prominenz anreist, der **Life Ball**, ein schrilles HIV-Charity-Event im Mai, und der Kaiserball in der Hofburg, bei dem in der Silvesternacht ins neue Jahr gewalzt wird. Für alle Veranstaltungen muss man rechtzeitig Karten bestellen!

Livemusik, Bars und Clubs

- Während große Teile des Gürtels als Rotlichtviertel verschrien sind, hat sich in den **Stadtbahnbögen** eine rege Lokalszene etabliert. Die besten sind ***rhiz*** (Bogen 37, Tel. 409 25 05, Mo–Sa 18–4, So bis 2 Uhr), ***Buddha Club*** (Bogen 172, Tel. 479 88 49, tägl. 18–4 Uhr) oder ***babu*** (Bogen 181, Tel. 479 48 49, Mo–Do 7–2, Fr bis 4, Sa 9–4, So bis 2 Uhr).
- Im **»Bermuda-Dreieck«** (➤ 68) nahe dem Schwedenplatz reiht sich eine Bar an die andere, das Publikum ist jung und trinkfreudig; gute Stimmung ist fast garantiert.
- Zu den coolsten Clubs zählt das ***Flex*** am Donaukanal (Abgang Augartenbrücke, Tel. 533 75 25, ab 22 Uhr). Der ***Volksgarten*** (➤ 112) ist die älteste Diskothek der Stadt und das ***U4*** (Wien 12., Schönbrunner Str. 222, Tel. 815 83 07, 22–5 Uhr) die legendärste.

Das mittelalterliche Wien

Erste Orientierung

Jeder Stein Geschichte, das ist der historische Stadtkern Wiens. Die Gässchen um den alles dominierenden Stephansdom sind hochromantisch, aber nicht nur das. Zwischen den uralten Mauern von Kirchen, Klöstern, Stiften und Palais hat sich junges Leben etabliert.

Ein Spaziergang durch den ältesten Teil Wiens gleicht einer Zeitreise in die Vergangenheit. In vielen der malerischen Gässchen scheint die Zeit stehen geblieben zu sein. Sie sind noch mit altem Kopfsteinpflaster belegt, und in zahlreichen Innenhöfen klettern Efeu und Rosen die alten Mauern hoch.

In dieser nostalgischen Atmosphäre gibt es eine Menge zu entdecken. Die Sehenswürdigkeiten reichen von den Fundamenten des römischen Vindo-

Nach schönen alten Dingen muss man in den engen Gässchen nicht lange suchen

Seite 47: Blick vom Nordturm des Stephansdoms

Barocke Pracht: das Palais Kinsky auf der Freyung

bona über die ältesten Kirchen der Stadt bis zum ehemaligen Judenviertel und den prachtvoll renovierten Palais auf der Freyung. Und außerdem haben sich in den alten Gassen feine Läden und schicke In-Lokale angesiedelt. Auch nachts ist jede Menge los, denn hier pulsiert die Kneipenszene!

★ Nicht verpassen!

Nach Lust und Laune!

Im Schatten des Stephansdoms führt ein Labyrinth aus engen, verschlungenen Gässchen ins Mittelalter. Genießen Sie die Atmosphäre der alten, dicken Gemäuer, lassen Sie sich von der schummrigen Mystik der Kirchen verzaubern, und kehren Sie auf weiten Plätzen mit modernem Leben wieder in die Gegenwart zurück.

Das mittelalterliche Wien an einem Tag

9 Uhr

Der Tag beginnt mit dem Besuch des 1 **Stephansdoms** (➤ 52). Machen Sie einen Rundgang durch den Dom, fahren Sie mit dem Lift auf den Nordturm, bestaunen Sie die wuchtige Glocke namens »Pummerin«, und genießen Sie den Blick auf die Stadt. Trinken Sie einen Kaffee in der *Aida* (➤ 66) am Stephansplatz, und spazieren Sie dann die Singerstraße hinunter zum 3 **Franziskanerplatz** (➤ 60).

11 Uhr

In der verträumten Domgasse ist im 4 **Figaro-Haus** (➤ 60) Mozarts Wohnung zu finden. Dann geht's weiter zur 5 **Jesuitenkirche** (links; ➤ 61). Auf dem Dr.-Ignaz-Seipel-Platz sollten Sie ein Weilchen stehen bleiben und die klare Schönheit des frühbarocken Ensembles auf sich wirken lassen. Durch die romantische Sonnenfelsgasse und die Schönlaterngasse spazieren Sie dann zu dem idyllisch ruhigen 6 **Heiligenkreuzerhof** (➤ 61) und weiter zum 7 **Fleischmarkt** (➤ 62) mit seinen zahlreichen Geschäften.

12.30 Uhr

Im 8 **Griechenbeisl** (➤ 62), Wiens vermutlich ältestem Gasthaus, werden Sie beim Mittagessen sicher nicht alleine sein, denn es ist ein richtiger Touristenmagnet, die Atmosphäre ist es aber wert, ein bisschen Rummel in Kauf zu nehmen.

14 Uhr

Spazieren Sie nun hinauf in die engen, romantischen Gässchen des »Bermuda-Dreiecks« (➤ 68). Das ist ein höchst lebendiges Vergnügungsviertel, das natürlich erst abends so richtig interessant wird. Mitten darin finden Sie die efeuumrankte 9 **Ruprechtskirche** (links; ➤ 62)! Wandern Sie dann weiter über den 10 **Hohen Markt** (➤ 63) zum 11 **Judenplatz** (➤ 56), und versäumen Sie auf keinen Fall, dort das Misrachi-Haus zu besuchen, bevor Sie weiter zum Platz 12 **Am Hof** (➤ 63) gehen.

16.30 Uhr

Auf der 13 **Freyung** (rechts; ➤ 58) ist es nahezu obligatorisch, zuerst durch die Passage des Palais Ferstel zum Café *Central* zu gehen und dort einen Kaffee zu trinken. Machen Sie dann einen Rundgang um die Freyung, schauen Sie die renovierten Palais an, und treten Sie ruhig in die hübschen Innenhöfe ein, die Atmosphäre dort wird Ihnen gefallen. Das Schottenstift und die Schottenkirche sind natürlich auch einen Besuch wert, aber dann ist es Zeit fürs Kunstforum. Dort empfiehlt es sich auf jeden Fall, die aktuelle Kunstausstellung zu besuchen. Sie bekommen garantiert etwas Erstklassiges zu sehen. Oder ist Ihnen eher nach ein bisschen Einkaufen zu Mute? An attraktiven Läden mangelt es auf der Freyung ebenfalls nicht.

19 Uhr

Sollten Sie Lust auf Jazz haben, dann ist das *Porgy & Bess* (links; ➤ 68) für diesen Abend sicher das Richtige. Und zum Entspannen bietet sich danach ein Glas Champagner in der *Eden Bar* (➤ 68) an.

1 Stephansdom

Der »Steffl«, wie die Wiener ihren geliebten und verehrten Stephansdom gerne nennen, ist der unbestrittene Mittelpunkt der Stadt. Er gilt als Höhepunkt der Wiener Gotik und als Meisterwerk der Steinmetzkunst. Darüber hinaus ist der alles überragende Bau auch das nationale Wahrzeichen Österreichs.

Allein die technischen Daten des Stephansdoms sind beeindruckend. Der gewaltige Dom besteht aus 20 000 m^3 Sandstein, ist 108 m lang, 39 m breit, und die Spitze des Südturms ragt 137 m in den Himmel.

Die Baugeschichte reicht in das 12. Jh. zurück, in die Zeit, in der die neuen Babenberger Herrscher ein repräsentatives Gotteshaus benötigten. Sie begannen mit dem Bau einer dem hl. Stephan geweihten Basilika, diese brannte jedoch zweimal nieder. Um 1260 ließ König Ottokar II. von Böhmen eine romanische Kirche errichten. Ihre Reste bilden heute den Haupteingang, das Riesentor und die Westfassade. Erst eine Generation später, unter Herzog Albrecht II., wurde weitergebaut. 1359 gab der Habsburger Herzog Rudolf IV., der Stifter, den Startschuss für den Umbau im nun aktuellen gotischen Stil. Der Hallenchor, das Langhaus mit seinem riesigen, mit farbig glasierten Ziegeln gedeckten Satteldach und der Südturm wurden errichtet.

Die gotische Kanzel, das kunsthistorische Juwel des Stephansdoms

Standfest gegen viele Feinde

Als Anfang des 16. Jhs. die Türken zur akuten Bedrohung für Wien wurden, mussten die Bauarbeiten eingestellt werden. Jetzt waren Befestigungsanlagen wichtiger, der Nordturm blieb unvollendet. Er wurde 1579 mit einem »Turmhelm« abgeschlossen. Unter ihm hängt freischwingend die Lieblingsglocke der Wiener, die 1711 aus dem Erz türkischer Kanonen gegossene **»Pummerin«**. Sie wiegt stolze 21 t. Auch wenn in der Fassade des Südturms immer noch zwei Kanonkugeln ste-

cken, die von den Türken auf die Kirche abgefeuert wurden, ging der »Steffl« aus den Türkenbelagerungen relativ unbeschadet hervor. Auch die Franzosen konnten ihm später nichts anhaben. In den letzten Tagen des Zweiten Weltkriegs allerdings erlitt er schwere Schäden. Im April 1945 legte ein Brand große Teile des Langhauses in Schutt und Asche. Dem Feuer fiel auch der hölzerne Dachstuhl, eine Glanzleistung gotischer Zimmermannskunst, zum Opfer. Weil ganz Österreich ihn unterstützte, wurde aber der Wiederaufbau nach dem Krieg von 1948 an in nur sieben Jahren so weit geschafft, dass erneut Gottesdienste abgehalten werden konnten. Der »Steffl« wurde so zum Symbol des Zusammenhalts nach den Schrecken der Hitler-Diktatur.

Der Dom als Kirche

Der Wiener Stephansdom hat aber natürlich nicht nur kulturelle Bedeutung, sondern ist auch Kirche. An jedem Wochentag werden sieben, an jedem Sonntag zehn Gottesdienste gefeiert. Besonders zu den hohen Feiertagen wie Ostern, Pfingsten und Weihnachten besuchen zahlreiche Kirchgänger die Messen. Besondere Gottesdienste werden oft live im Fernsehen übertragen. Zu den hohen Feiertagen und zum Jahreswechsel läutet dann auch die »Pummerin«.

Vor dem Eintritt in den Stephansdom ist ein kurzer Halt an dem von den beiden Heidentürmen flankierten **Riesentor** angebracht. Die romanischen Plastiken sind es wert, länger betrachtet zu werden. Drachen, Löwen und Basilisken symbolisieren die dämonischen Kräfte, den Kampf zwischen Gut und Böse. Da der Platz vor dem Dom lange als Marktplatz diente, sind im Mauerwerk neben dem Riesentor noch die so genannten Wiener Maße zu sehen, ein Brotlaib und zwei Längenmaße, die (kleinere) böhmische und die (größere) Wiener Elle.

Weihevollster Kirchenraum der Welt

Der Architekt Adolf Loos bezeichnete den Stephansdom als »weihevollsten Kirchenraum der Welt«. Sobald man den Innenraum betreten hat, muss man ihm Recht geben. Die aufstrebenden Säulen, das hohe Netzrippengewölbe und das Dämmerlicht verleihen dem dreischiffigen Langhaus eine entrückte, zeitlos wirkende Atmosphäre. So angenehm es aber ist, einfach dazustehen und zu schauen – es gibt auch eine Menge zu besichtigen.

Der berühmteste Kunstschatz des Stephansdoms ist die **Kanzel**. Um das Jahr 1514 aus sieben Sandsteinblöcken zusammengesetzt, zeigt die filigrane Steinmetzarbeit vier, übrigens nicht besonders schmeichelhaft porträtierte, Kirchenfürsten und am Sockel das liebevoll als »Fenstergucker« bezeichnete Bildnis des Dombaumeisters Anton Pilgram. Auf dem Stiegengeländer krie-

Vom Stephansdom aus geht es per Fiaker durch die Innenstadt

chen Kröten und Eidechsen aus Stein in die Höhe, Symbole für das Böse. Sie werden von einem Hund, dem Symbol des Guten, am Vordringen gehindert.

Weitere Höhepunkte sind der von Meister Pilgram geschaffene Fuß der 10 000 Pfeifen umfassenden **Riesenorgel**, der **Wiener Neustädter Altar** mit seinen 72 auf die Innen- und Außenflügel gemalten Heiligengestalten aus dem Jahr 1447 in der linken und das **Hochgrab Friedrichs III.** aus rotem Marmor in der rechten Seitenkapelle. In ihrer noblen Schlichtheit besonders berührend ist die 650 Jahre alte ***Dienstbotenmadonna***. Der Legende nach konnte die Unschuld eines des Diebstahls bezichtigten Dienstmädchens bewiesen werden, nachdem sie diese Madonna um Hilfe gebeten hatte.

Links: Alt und Neu: die Glasfassade des Haas-Hauses und die Heidentürme des Stephansdoms

KLEINE PAUSE

Nehmen Sie einen Drink und einen kleinen Imbiss im **Dachcafé des Haas-Hauses** am Stephansplatz. Nirgendwo sonst ist der Stephansdom so zum Greifen nah zu bewundern. Und auf dem Weg zum Café können Sie den von Hans Hollein erbauten modernen Konsumtempel, der wegen seiner architektonischen Kühnheit lange für Aufregung sorgte, von innen kennen lernen.

193 D3 · Wien 1., Stephansplatz · Innenraum Mo–Sa 6–22, So 7–22 Uhr; Führungen Mo–Sa 10.30, 15, So nur 15 Uhr; Lift auf den Nordturm April–Juni, Sept./Okt. tägl. 8.30–17.30, Juli/Aug. 8.30–18, Nov.–März 8.30–17 Uhr · Stephansplatz · Bus 1A, 2A, 3A Stephansplatz · Führungen mittel; Lift zum Nordturm mittel · www.stephansdom.at

STEPHANSDOM: INSIDER-INFO

Top-Tipps: Wenn es Ihre Kondition erlaubt, dann steigen Sie die 343 Stufen zur **Türmerstube im Südturm** hinauf (tägl. 9–17.30 Uhr, Eintritt: mittel). Die Aussicht aus den vier Fenstern wird Sie alle Mühen vergessen lassen.

- In die fälschlich »Katakomben« genannten **Gruftanlagen** unter dem Dom können Sie nur im Rahmen einer Führung hinuntersteigen (tägl. 10–11.30/13.30–16.30 Uhr, Eintritt: mittel). Zu sehen sind die Krypta, Eingeweideurnen und Sarkophage der Habsburger und mehrerer Bischöfe sowie Gebeine aus dem Bürgerfriedhof des 18. Jhs., der um den Stephansdom angelegt war.
- Bei schönem Wetter werden von Juni bis September samstags um 19 Uhr **Abendführungen mit Dachrundgang** durchgeführt. Treffpunkt ist beim Südturm.

Geheimtipp: Besuchen Sie den Stephansdom in den **frühen Morgen- oder in den Abendstunden**. Wenn es still ist, kommt die Atmosphäre des Doms erst richtig zur Geltung.

11 Judenplatz

Von den römischen Kasernen über das mittelalterliche Judenviertel zum berührenden Ort des Gedenkens – kaum ein anderer Platz spiegelt die lange und wechselvolle Geschichte der Stadt so wider wie der Judenplatz.

Lange Zeit war der Platz ein recht unspektakulärer Ort. Erst die Ausgrabungen, die von 1995–98 für die Errichtung eines 1994 von Simon Wiesenthal angeregten Mahnmals durchgeführt wurden, brachten seine lange Geschichte ans Tageslicht. Dieser Stadtteil wurde erstmals von den Römern besiedelt, sie errichteten hier im 1. Jh. n. Chr. Kasernen für ein großes Legionslager. Ab dem 12. Jh. entstand dann das Judenviertel.

Eines der größten mittelalterlichen Judenviertel

Das Ghetto besaß 70 Häuser, die so angeordnet waren, dass ihre Rückwände nach außen hin eine Mauer bildeten. Im Zentrum stand das erstmals 1205 erwähnte Schul- oder Bethaus, eine der größten Synagogen Europas. Die Wiener jüdische Gemeinde machte damals 5 % der Stadtbevölkerung aus. Die meisten Familien waren nicht reich, die Judenstadt entwickelte sich aber zu einem Zentrum berühmter jüdischer Gelehrter. 1421 wurden 210 Juden verbrannt, die anderen vertrieben und die Synagoge zerstört. Mehr als ein halbes Jahrtausend später entdeckten Archäologen nun die Reste der Synagoge, Grundmauern, Teile des Fliesenbodens und die Fundamente der sechseckigen *Bima*, auf der die Thora gelesen wurde.

Holocaustdenkmal

Heute gilt der Judenplatz mit Mahnmal, Ausgrabungen und Museum als Ort der Erinnerung. Dominiert wird der Platz vom Mahnmal der britischen Bildhauerin Rachel Whiteread.

Rachel Whitereads Mahnmal am Judenplatz

Der im Jahr 2000 enthüllte weiße Stahlbetonkubus ist von starker Symbolkraft. Er stellt eine nach außen gestülpte Bibliothek aus 7000 Büchern dar, die Türen sind verschlossen, die Buchrücken nach innen gekehrt. Der nicht betretbare

Das Misrachi-Haus, eine Dependance des Jüdischen Museums

Ausstellung im Untergeschoss des Misrachi-Hauses

Raum und die nicht mehr lesbaren Bücher stehen für den unwiederbringlichen Verlust der 65 000 österreichischen Juden, die zu Opfern des Nazi-Regimes wurden. Auf Bodenfliesen rund um das Mahnmal sind die Namen jener Orte festgehalten, an denen sie zu Tode kamen.

KLEINE PAUSE

Das Restaurant ***Gustl Bauer*** in der zum Platz Am Hof führenden Drahtgasse garantiert mit seiner Wiener und böhmischen Küche eine nahrhafte Erholungspause. Wundern Sie sich nicht, wenn Sie zu Ohrenzeugen lebhafter Debatten werden. Das ist das Stamm-Beisl des früheren Bürgermeisters Dr. Helmut Zilk und vieler Wiener Stadtpolitiker.

192 C4 Herrengasse Bus 1A Heidenschuss/Am Hof

JUDENPLATZ: INSIDER-INFO

Top-Tipp: Die Ausgrabungen sind im Erdgeschoss und in den Kellerräumen des Museums **Misrachi-Haus** (Wien 1., Judenplatz 8, So–Do 10–18, Fr bis 14 Uhr, Eintritt: mittel), einer Außenstelle des Jüdischen Museums (Palais Eskeles, Wien 1., Dorotheergasse 11, Tel. 535 04 31, So–Fr 10–18, Do bis 20 Uhr, U-Bahn: Stephansplatz, Eintritt: frei, www.jmw.at), zu besichtigen. Drei moderne Schauräume informieren mit audiovisuellen Mitteln über Alltag, Wirtschaft und Religion der mittelalterlichen Gemeinde. Eine Computeranimation rekonstruiert die Judenstadt um 1400 und erlaubt einen virtuellen Rundgang durch die Gassen und in die Synagoge. In Schaukästen sind überdies zahlreiche Ausgrabungsstücke zu sehen.

13 Freyung

Die Freyung ist einer der elegantesten Plätze der Stadt. Gesäumt von prachtvollen, aufwändig renovierten Palais, hat sie sich zu einem urbanen Zentrum entwickelt, in dem Kunstinteressierte spektakuläre, ständig wechselnde Ausstellungen erwarten. Zum großstädtischen Flair tragen aber auch die Passagen und Innenhöfe der Palais bei, in denen sich hübsche Läden und Lokale etabliert haben.

Im Mittelalter hatte der nahezu dreieckige Platz die wenig ehrenvolle Aufgabe, der Stadt als Mülldeponie zu dienen. Wenn die Müllberge gerade einmal nicht allzu hoch waren, traten hier vorbeiziehende Gaukler und Spielleute auf, und in dringenden Fällen wurden auf dem Platz auch im Schnellverfahren Galgen für Verräter errichtet. Von dieser düsteren Vergangenheit ist nichts mehr übrig.

Tempel der Kunst

Wo früher das Bethaus der Schottenkirche stand, befindet sich jetzt das **Kunstforum** der Bank Austria. Hier werden regelmäßig hochinteressante Wechselausstellungen gezeigt, die sich wirklich lohnen. (Wien 1., Freyung 8, Tel. 537 33, Sa–Do 10–19, Fr bis 21 Uhr, Eintritt: teuer, www.kunstforumwien.at)

Eine Reihe von Palais ...

Die eine Seite des Platzes bildet das von Lukas von Hildebrandt entworfene **Palais Daun Kinsky**, ein Glanzstück barocker Baukunst. In seinen fürstlichen Räumlichkeiten finden festliche Bankette statt. Das ebenfalls barocke **Palais Harrach** wird seit 1994 vom Kunsthistorischen Museum für hochkarätige Ausstellungen, Lesungen und Konzerte genützt. Das anschließende **Palais Ferstel** wurde 1856–60 von Heinrich Ferstel im Stil der italienischen Architektur für die Österreichisch-Ungarische Bank gebaut. Bis 1877 war hier die Wiener Börse untergebracht. Später verfiel das Gebäude, bis es 1975 samt dem Café *Central* (► 28, 66) restauriert wurde. Heute werden die Prunkräume im 1. Stock für Tagungen und Bankette vermietet.

Die Schottenkirche an der Stirnseite der Freyung

Das Café *Central*, einst Treffpunkt der Wiener Literaten

... und andere Sehenswürdigkeiten

Im Norden begrenzt das **Schottenstift** die Freyung. Es wurde im Jahr 1155 von dem Babenberger Herzog Heinrich II. Jasomirgott gegründet, der Mönche aus Irland, das damals Scotia maior hieß, nach Wien gerufen hatte – mit Schotten hat dieses Stift also nichts zu tun. Die Mönche hatten das Recht, Asylsuchende aufzunehmen, sie konnten im Stift von der Gerichtsbarkeit nicht belangt werden – daher der Name Freyung. In der Kirche des Schottenstiftes liegt Heinrich II. Jasomirgott begraben.

An der Ecke des verkehrsberuhigten Platzes zur Renngasse steht der 1846 nach Entwürfen von Ludwig Schwanthaler gefertigte **Austria-Brunnen** (► 30), dessen Bronzefiguren die Flüsse Elbe, Donau, Weichsel und Po symbolisieren, einst die Hauptflüsse der Monarchie.

KLEINE PAUSE

Gehen Sie durch die Passage im Palais Ferstel in die Herrengasse. In der Konditorei des Café ***Central*** (► 66) wird Sie außer den süßen Köstlichkeiten auch die Atmosphäre des hohen, luftigen Raumes begeistern.

192 B/C4 Herrengasse, Schottentor Tram 1, 2, D Schottentor, Bus 2A, 3A Herrengasse

FREYUNG: INSIDER-INFO

Top-Tipp: In der **Gemäldegalerie** im 1. Stock des Schottenstiftes sind bedeutende Werke des 17., 18. und 19. Jhs. zu sehen (Do–Sa 10–17, So 11 bis 17 Uhr, Eintritt: mittel). Das Highlight ist der Altar des »Wiener Schottenmeisters« aus den Jahren 1469–80. Auf dem Detail *Flucht nach Ägypten* können Sie die älteste Ansicht Wiens sehen.

Nach Lust und Laune!

Der idyllische Innenhof des Erzbischöflichen Palais

2 Erzbischöfliches Palais

Das barocke Palais wurde in den Jahren 1632–41 nach Entwürfen von Giovanni Coccapani errichtet. Der ausgedehnte Bau hat je eine Fassade zum Stephansplatz, zur Rotenturmstraße und zur Wollzeile hin. Das Palais war und ist der Sitz der Bischöfe und Erzbischöfe Wiens. Zu besichtigen ist hier das Dom- und Diözesanmuseum, das sakrale Kunst aus Gotik, Barock und Renaissance zeigt. Den Kern des Museums bilden die Bestände des Domschatzes samt einigen kostbaren ehemaligen Ausstattungsstücken des Stephansdoms.

193 D3 Wien 1., Stephansplatz 6 515 52-35 60 Di–Sa 10–17 Uhr Stephansplatz Bus 1A, 2A, 3A Stephansplatz mittel www.dommuseum.at

3 Franziskanerplatz

Auf dem durch große Steinkugeln vom Verkehr abgeschotteten Franziskanerplatz fühlt man sich auf Anhieb in eine mittelalterliche Stadt in Italien versetzt. Diesen Eindruck vermittelt die **Franziskanerkirche**, Wiens einziger Sakralbau im Renaissancestil. Ihr Giebel ragt hoch über die schmale Fassade hinaus. Den Hochaltar schuf 1707 Andrea Pozzo, der Meister der Scheinarchitektur. Interessant ist die aus Böhmen stammende Gnadenstatue *Madonna mit der Axt* aus dem 15. Jh. Sie hat ihren Namen daher, dass Protestanten versucht haben sollen, sie zu zerstören, es jedoch sowohl misslang, sie zu verbrennen als auch mit einer Axt zu zerstören, denn die Axt blieb in Marias linker Schulter stecken.

193 D3 Stephansplatz Bus 1A, 2A, 3A Stephansplatz

4 Figaro-Haus

In der engen, malerischen Domgasse lässt es sich auf Mozarts Spuren wandeln. Mozart zog in Wien elfmal um, erhalten ist aber nur die Wohnung, die er von September 1784 bis April

Die unzerstörbare *Madonna mit der Axt*

1787 in der Beletage des damals noch so genannten Camesina-Hauses in der Domgasse 5 bewohnte. Glaubt man den Biografen, dann verlebte Mozart in diesem Haus mit Frau Constanze und Sohn Karl seine glücklichsten Jahre. Er komponierte hier zahlreiche Werke, darunter die Oper *Die Hochzeit des Figaro*. Heute ist die Wohnung als Erinnerungsstätte eingerichtet.

193 D3 Wien 1., Domgasse 5 513 62 94 Di–So 9–18 Uhr Stephansplatz Bus 1A, 2A, 3A Stephansplatz mittel, So frei

5 Jesuitenkirche

Die ehemalige Universitätskirche umrahmt zusammen mit der Alten Universität und der Akademie der

»Historyworld« vermittelt Geschichte hautnah

Wissenschaften, die Mitte des 18. Jhs. als Aula der Alten Universität errichtet wurde, den Dr.-Ignaz-Seipel-Platz. Der Zauber dieses Platzes kommt besonders abends voll zur Geltung, wenn Scheinwerfer das frühbarocke Ensemble von perfekter Harmonie in ein unwirkliches Licht tauchen. Die Kirche wurde von Kaiser Ferdinand II. gestiftet, als er den Jesuiten die Universität anvertraute. Gebaut wurde sie 1623–31.

Besonders interessant ist die illusionistische Malerei des Andrea Pozzo im Hauptschiff. Die Kirche ist nach Norden ausgerichtet, dadurch hatte Pozzo mit schlechten Lichtverhältnissen zu kämpfen. Er integrierte deshalb das Hochaltarbild, das die Aufnahme Marias in den Himmel zeigt, in die Architektur, setzte das Bild in einen flachen Erker und erschloss eine natürliche Lichtquelle, indem er zwischen Bild und Rahmen schmale Fenster einfügte. In den Kapellen hinten rechts, wo ein an die Kirche anschließendes hohes Gebäude den Lichteinfall behindert, wird es noch interessanter. Pozzo leitete das Licht um, indem er die schmalen Seitenluken durch Spiegel ersetzte.

193 E3 Wien 1., Dr.-Ignaz-Seipel-Platz Stubentor Tram 1, 2, D Stubentor, Bus 1A Riemergasse

6 Heiligenkreuzerhof

Zwischen der Köllnerhofgasse und der Schönlaterngasse liegt ein weitläufiger, besonders idyllischer Hof. Er gehört den Zisterziensern der Abtei Heiligenkreuz. Die

Die Türme der Griechischen Kirche überragen den Fleischmarkt

Räumlichkeiten um den Hof sind als Privatwohnungen vermietet (der berühmte Kabarettist Helmut Qualtinger hat lange hier gewohnt); in den Kellergewölben, die zum Teil noch aus dem

Mittelalter stammen, präsentiert sich neuerdings »Historyworld« als Art »Wachsfigurenkabinett« auf wienerisch: 60 lebensgroße Figuren erzählen österreichische Geschichte. Neben mittelalterlichen Folterszenen wird auch Mozarts Klassik-Ära dargestellt. Und Kaiserin Maria Theresia und Kaiser Franz Joseph sind auch dabei.

193 E4 Wien 1., Schönlaterngasse 5 513 78 78 tägl. 9–19 Uhr Stephansplatz Bus 1A, 2A, 3A Stephansplatz teuer, So frei www.historyworld.co.at

7 Fleischmarkt

Nachdem die Türken geschlagen waren und keine Gefahr mehr darstellten, entwickelte sich Wien zu Beginn des 18. Jhs. zu einem Knotenpunkt für den Handel mit dem Orient. Türkische, griechische und levantinische Kaufleute – nach ihnen ist das *Griechenbeisl* benannt – siedelten sich in der Umgebung des Fleischmarktes an und wickelten den Warenverkehr mit dem Orient ab. Die byzantinisch anmutende Fassade der Griechischen Nichtunionierten Kirche erinnert auch heute noch an diese Zeit.

193 E4 Schwedenplatz Tram 1, 2, 21, N, Bus 2A Schwedenplatz

8 Griechenbeisl

In den Matrikeln der Stadt findet sich eine Eintragung aus dem Jahr 1447 über den Verkauf eines Hauses; sie weist das *Griechenbeisl* als ältestes Gasthaus Wiens aus. Seine Anfänge gehen aber noch weiter zurück, die Fundamente stammen aus römischer Zeit. Um die Mitte des 17. Jhs., in den Zeiten der Pest, erdachte und sang der Bänkelsänger Augustin hier das berühmte Lied *Oh du lieber Augustin, alles ist hin* (► 20). Daran erinnert die Figur des Augustin, die aus einem vergitterten Kellerraum unter dem Eingang hervorlugt. Das *Griechenbeisl* hat schon viele prominente Gäste gesehen, auf der Decke eines Gewölbes haben sich Mozart und Beethoven, Einstein und Gina Lollobrigida verewigt.

193 E4 Wien 1., Fleischmarkt 11 533 19 77 tägl. 11–1 Uhr (warme Küche 11.30–23.30 Uhr) Schwedenplatz Tram 1, 2, 21, N, Bus 2A Schwedenplatz www.griechenbeisl.at

9 Ruprechtskirche

Das kleine, efeuumrankte Gotteshaus, das wie ein ruhender Pol aus dem turbulenten »Bermuda-Dreieck« (► 68) herausragt, ist die älteste Kirche Wiens. Sie steht auf einer Anhöhe über dem Donaukanal, von der

Maître Leherb

Werfen Sie einen Blick in das Haus Franziskanerplatz 6. Dort wohnte der Wiener Surrealist Maître Leherb bis zu seinem Tod 1997. Von ihm stammt auch der hübsche Taubenbrunnen im Hauseingang.

bereits im Mittelalter eine Stiege hinab zur Anlegestelle für die Salzschiffe führte. Gegründet soll die Ruprechtskirche bereits um 470 worden sein. Im schlichten Inneren der im 11. Jh. erbauten Kirche sind Glasmalerein aus dem 13. Jh. und eine *Schwarze Madonna*, die man bei Türkenangriffen oder zu Zeiten der Pest anrief, zu sehen.

193 D4 Wien 1., Ruprechtsplatz Schwedenplatz Tram 1, 2, 21, N, Bus 2A Schwedenplatz

10 Hoher Markt mit Ankeruhr

Unter dem Pflaster des ältesten Platzes Wiens entdeckten Archäologen römische Ruinen. Im Mittelalter standen hier neben der Schranne, dem Gerichtsgebäude, der Pranger für den Strafvollzug und der Narrenkotter, in den Irre gesperrt wurden. Der Platz diente auch lange als Fischmarkt, und hier endete die erste Wasserleitung Wiens. Der Vermählungsbrunnen in der Mitte stammt von Joseph Emanuel Fischer von Erlach.

Glanzpunkt ist die **Ankeruhr** in der Ostecke des Platzes. Der Jugendstilmaler Franz von Matsch schuf sie 1911 als Dekoration für den Schwebebogen zwischen dem Firmensitz der Anker-Versicherung und dem Nachbarhaus. Die Besonderheit der Uhr ist eine Figurenparade. Täglich genau um Schlag 12 Uhr öffnen sich die Türen und es erscheinen zwölf überlebensgroße Figuren aus der Stadtgeschichte Wiens, darunter Marc Aurel, Karl der Große und Rudolf I.

Die Ankeruhr am Hohen Markt ist ein berühmtes Jugendstilkunstwerk

Barockpracht der Kirche Zu den neun Chören der Engel

Römische Ruinen

Versäumen Sie nicht, im Haus Nr. 3 am Hohen Markt durch den Abgang im Café *Salut im Garten* zu den römischen Ausgrabungen hinunterzusteigen. Dort sind Reste des römischen Lagers Vindobona und Fundamente des Palastes zu sehen, in dem wahrscheinlich Kaiser Marc Aurel gewohnt hat. (Di–So 9–12.15/13–16.30 Uhr, Eintritt: preiswert)

193 D4 Stephansplatz Bus 1A, 2A, 3A Hoher Markt

12 Am Hof

Um den weiten Platz Am Hof ließ sich 1155 der Babenberger Heinrich II. Jasomirgott einen Herrschersitz erbauen. Er entwickelte sich zu einem Zentrum höfisch-ritterlicher Kultur, in dem Künstler wie Walther von der Vogelweide auftraten. Herrschaftlich wirkt der Platz Am Hof auch heute noch, nicht zuletzt wegen der Kirche Zu den neun Chören der Engel, dem Palais Collalto, in dem der 6-jährige Mozart sein Konzertdebüt gab, und der mächtigen Mariensäule, die an die Bedrohung durch die Schweden im Dreißigjährigen Krieg erinnert.

192 C4 Herrengasse Bus 1A Am Hof

Wohin zum ... Essen und Trinken?

Preise
Die Preisangaben gelten pro Person für ein Essen ohne Getränke.
€ unter 12 Euro **€€** 12–25 Euro **€€€** über 25 Euro

Restaurants

Cantinetta Antinori €€
Das Restaurant in nächster Nähe des Stephansdoms gehört der berühmten Adelsfamilie Antinori aus Florenz, die sich schon in 26. Generation mit der Produktion von Weinen beschäftigt. Die Einrichtung des Restaurants ist gediegen und von schlichter Eleganz, kulinarisch orientiert es sich an den Köstlichkeiten der Toskana, die mitunter auch ganz schön deftig sein können.

193 D3 Wien 1., Jasomirgottstr. 3/5 533 77 22 tägl. 11.30 bis 24 Uhr (warme Küche bis 23 Uhr) Stephansplatz Bus 1A, 2A, 3A Stephansplatz

Fabios €€€
Das *Fabios* besteht aus Restaurant, Bar und Lounge und gilt als schönstes Designrestaurant der Stadt, als architektonisches Schmuckstück. Die Glasfront zur Tuchlauben lässt sich im Sommer zur Gänze öffnen, dann wird das ganze Lokal zu einer Terrasse. Die Küche ist mediterran, leicht und raffiniert, zu den Spezialitäten zählen lauwarmer, geschmorter Oktopus und Steinbuttfilet.

192 C4 Wien 1., Tuchlauben 6 532 22 22 Mo–Sa 10–1 Uhr (warme Küche 12–23.30 Uhr) Stephansplatz Bus 1A, 2A, 3A Petersplatz

Figlmüller €
Das urige Lokal im Alt-Wiener Stil liegt in der schmalen Passage zwischen der Wollzeile und dem Lugeck. Hier gibt es die größten Wiener Schnitzel der Stadt. Dazu wird traditionellerweise ein gemischter Salat gegessen und ein »G'spritzter« getrunken, ein Achtelliter Wein, der mit Soda aufgespritzt wird. Die Stimmung ist beim *Figlmüller* immer ungezwungen und locker.

193 D3 Wien 1., Wollzeile 5 512 61 77 tägl. 11–22.30 Uhr Stephansplatz Bus 1A, 2A, 3A Stephansplatz

Gösser Bierklinik €
Die Einrichtung ist auch nach der Renovierung so geblieben, wie sie immer war, traditionell und urgemütlich. In der *Gösser Bierklinik* dreht sich alles um die Bierkultur. Zum gepflegten Gerstensaft gibt es im Erdgeschoss feine Wiener »Schmankerln«, im 1. Stock werden täglich wechselnde Kreationen des Küchenchefs serviert. Lassen Sie sich überraschen!

192 C4 Wien 1., Steindlgasse 4 533 75 98 12 Mo–Sa 10 bis 23.30 Uhr Stephansplatz Bus 1A, 2A, 3A Petersplatz

Haas & Haas €€
An der Rückseite des Stephansdoms verbirgt sich eines der angenehmsten Lokale der Stadt. Rechts vom Teehaus *Haas & Haas* führt eine unauffällige Tür in das gleichnamige Restaurant, das im Sommer einen der schönsten, vom Trubel der City durch dicke Mauern abgeschirmten Garten betreibt. Dort lässt sich in aller Ruhe moderne, leichte Küche genießen, Roastbeef auf Blattsalat zum Beispiel.

193 D3 Wien 1., Stephansplatz 4 512 26 66 Mo–Fr 8–20, Sa bis 18.30 Uhr Stephansplatz Bus 1A, 2A, 3A Stephansplatz

Indochine 21 €€€

Die spezielle Esskultur der Länder Vietnam, Laos und Kambodscha kombiniert mit dem europäischen Zeitgeist des 21. Jhs., das ist die Philosophie des *Indochine 21*. Das Restaurant bezaubert aber nicht nur durch seine hochinteressante Küche, sondern auch durch sein Styling. Die geflochtenen Korbmöbel und die stilvolle Verbindung Restaurant-Bar-Lounge machen es zu etwas ganz Besonderem.

193 F3 Wien 1., Stubenring 18 513 76 60 tägl. 12–24 Uhr (warme Küche 12–15/18–24 Uhr, Barfood 18 bis 24 Uhr) Stubentor Tram 1, 2, Bus 1A, 74A Stubentor

Martinelli €€

Im ohnehin wunderbar italienisch anmutenden Innenhof des Palais Harrach verbreitet die Trattoria *Martinelli* noch zusätzliches Italien-Feeling. Das Ambiente ist edel und hat südliches Flair. Die Küche ist inspiriert von den Hügeln der Toskana, auf der Speisekarte finden sich Köstlichkeiten wie Kalb, Rind, Kaninchen, gebraten mit Oliven oder geschmort in dunklem Wein. In diesem Lokal mit seinem besonderen Ambiente wirkt ein Abendessen wie ein kleiner Kurzurlaub in Italien.

192 C4 Wien 1., Freyung 3 533 67 21 Mo–So 12–15/18 bis 24 Uhr Herrengasse, Schottentor Tram 1, 2, D Schottentor Bus 2A, 3A Herrengasse

Neu Wien €€

Ein »Achterl« an der Bar, ein gemütliches Zusammensitzen, ein Essen an den adrett gedeckten Tischen oder ein Besuch bei KIK (Kultur Im Keller), diese Möglichkeiten bietet das *Neu Wien*. Das Lokal hat eine angenehme Wohnzimmeratmosphäre, die Küche ist gut und nicht aufdringlich modisch. Das ansprechend gestylte Lokal gilt als gehobener Künstlertreff.

193 E3 Wien 1., Bäckerstr. 5 512 09 99 Mo–Sa 18–1 Uhr Stubentor Bus 1A Riemergasse

Ofenloch €€

Der Besitzer dieses bereits seit 300 Jahren bestehenden Lokales ist Sammler. Er trägt seit Jahren von allen möglichen Orten zusammen, was ihm gefällt. Entsprechend liebevoll sind die Räume des Restaurants dekoriert – der Stolz des Hauses ist die beachtliche Sammlung von Flaschenkorken. Küche und Keller bieten Traditionelles und Aktuelles, die Speisekarte präsentiert sich in Form einer altertümlichen Zeitung, *Ofenloch's Localblatt*.

192 C4 Wien 1., Kurrentgasse 8 533 88 44 Mo–Sa 10–24 Uhr (warme Küche 12–22.45 Uhr) Stephansplatz Bus 1A, 2A, 3A Petersplatz

Oliver's Restaurant €

Das kleine, gemütliche Lokal gegenüber vom Eingang zum Heiligenkreuzerhof hat sich auf frischen Fisch und Pastagerichte spezialisiert. Mittags und abends gibt es ein preiswertes Tagesmenü. Außerdem ist es ein Künstlertreff mit wechselnden Ausstellungen.

193 E4 Wien 1., Schönlaterngasse 4 512 71 68 Mo–Sa 11–14.30/17.30–24 Uhr Stephansplatz Bus 1A, 2A, 3A Stephansplatz

Oswald & Kalb €

Die Mischung aus Szenebar und Speiselokal ist bereits seit zwei Jahrzehnten ein beliebter Treffpunkt. Die Räume sind urig und gemütlich, die Küche ist bodenständig und fein. Vor allem am Stammtisch im hinteren Teil des Lokals haben im Laufe der Jahre schon viele Prominente und Künstler gesessen und diskutiert.

193 E3 Wien 1., Bäckerstr. 14 512 13 71 tägl. 18–2 Uhr Stubentor Bus 1A Riemergasse

Zu den 3 Hacken €

Das einstige Stammlokal von Franz Schubert und seinen Freunden ist auch heute noch ein urtypisches Gasthaus. In dem kleinen Garten vor dem Haus sitzt man an einfachen Tischen mit grün-weiß gemusterten Tischtüchern. Die Küche ist bodenständig, sie reicht vom klassischen Tafelspitz bis zu Innereien wie Gespicktes Herz, dazu gibt es feine Weine aus Österreich und Italien.

193 E3 Wien 1., Singerstr. 28 512 15 19 Mo–Sa 11.30–24 Uhr Stephansplatz Bus 1A, 2A, 3A Stephansplatz

Zum Scherer €

Das »Steh- und Sitzbeisl mit Pfiff«, wie es sich selbst nennt, hat holzgetäfelte Wände und ist gemütlich und traditionell möbliert. Die jungen Besitzer haben darauf geachtet, die alte Beislatmosphäre beizubehalten und ihr trotzdem einen modernen Touch zu geben. In der Küche dominiert Alt-Österreichisches wie die Leberpfanne oder der Zwiebelrostbraten. Im Sommer herrscht Hochbetrieb im Garten draußen vor dem Lokal.

192 C4 Wien 1., Judenplatz 7 533 51 64 Mo–Sa 10–24 Uhr Herrengasse Bus 1A Heidenschuss/Am Hof

Cafés

Aida

Verteilt auf verschiedene Bezirke gibt es in Wien 27 ganz in Rot und Rosa gehaltene *Aida*-Cafés. Sie sind als Treffpunkt beliebt oder als Ort für einen schnellen Espresso und ein Stück exquisiter Torte aus der eigenen Konditorei.

193 D3 Wien 1., Stock-im-Eisen-Platz 2 512 79 25 Mo–Sa 7–20, So 9–20 Uhr Stephansplatz Bus 1A, 2A, 3A Stephansplatz

Central

Das Café *Central* im Palais Ferstel ist eine Legende. Es wurde zur Wahlheimat von Generationen von Schriftstellern und Intellektuellen. An die geistigen Höhenflüge der Gäste von einst erinnert seit der letzten Renovierung, die dem Café allerdings die schummrige Patina genommen hat, die lebensgroße Figur des Schriftstellers Peter Altenberg, die an einem Marmortischchen sitzt. Im Café *Central* kann man gut essen, die Wiener Küche und die Patisserie sind erstklassig.

192 C4 Wien 1., Herrengasse 14 533 37 63 26 Mo–Sa 8–20, So 10–18 Uhr, Juli/Aug. So geschl. Herrengasse, Schottentor Tram 1, 2, D Schottentor, Bus 2A, 3A Herrengasse

Das Kleine Café

Mitte der 1970er-Jahre von Architekt Hermann Czech gestaltet, macht *Das Kleine Café* seinem Namen alle Ehre. Es besteht aus lediglich fünf Marmortischen, ein paar Thonet-Stühlen und Ledersitzbänken. Das Lokal des Wiener Schauspielers Hanno Pöschl hat eine ganz besondere Atmosphäre und ist ein beliebter Künstlertreff. Bei schönem Wetter kann das Lokal mehr Gäste aufnehmen, dann stehen ein paar zusätzliche Tische im Freien zur Verfügung.

193 D3 Wien 1., Franziskanerplatz 3 kein Telefon Mo–Sa 10–2, So 13–2 (Küche auch nach Mitternacht) Stephansplatz Bus 1A, 2A, 3A Stephansplatz

Delia's

Schick, gestylt, mit einer hübschen Bar, ist das *Delia's* die moderne Alternative zum Café *Korb*. Das kulinarische Angebot ist bescheiden, aber zeitgemäß, zum »caffè forte e più« gibt es pikante oder süße Snacks. Der Garten schließt an den des Café *Korb* an.

193 D4 Wien 1., Tuchlauben 8 533 04 26 Mo–Sa 8–24, So 10 bis 24 Uhr Stephansplatz Bus 1A, 2A, 3A Stephansplatz

Diglas

Alt-Wiener Kaffeehaustradition repräsentiert das gediegene *Diglas* in der Wollzeile. Das geräumige Eckcafé ist prächtig ausgestattet, mit Marmorfußboden, Holzvertäfelung an den Wänden und geschliffenen Kristallglastüren. Das Angebot an warmen Speisen ist groß, mittags gibt es ein Tagesmenü, und die Mehlspeisen stammen aus der eigenen Konditorei. Entsprechend gut ist das Kaffeehaus besucht, oft ist es gar nicht so leicht, einen Tisch zu ergattern, nicht einmal im Garten auf dem Gehsteig vor dem Haus.

193 E3 Wien 1., Wollzeile 10
512 57 65 tägl. 7–24 Uhr
Stephansplatz, Stubentor Bus 1A Riemergasse

Korb

Das Café *Korb* glänzt nicht durch modernes Mobiliar, im Gegenteil, es wirkt recht abgewohnt, und das schon lange. Dennoch, oder vielleicht auch gerade wegen der angenehmen Patina, ist »das Korb« eine echte Wiener Institution. Es bietet mehr warme Gerichte als so manches Beisl, rühmt sich, den besten Apfelstrudel von Wien zu haben, und gilt als Treffpunkt für Geschäftsleute und Künstler, die in der schönen Jahreszeit den Garten bevölkern. Im Keller ist eine besondere Attraktion zu entdecken, eine alte Kegelbahn.

193 D4 Wien 1., Brandstätte 7–9
533 72 15 Mo–Sa 8–24, So 11 bis 23 Uhr Stephansplatz Bus 1A, 2A, 3A Stephansplatz

Wohin zum ... Einkaufen?

Die engen Gassen des alten Wiener Stadtkerns sind nicht nur zum Flanieren und Schauen bestens geeignet, sondern auch zum Einkaufen. Es gibt zahlreiche Boutiquen, Antiquitäten- und Buchläden und eine Menge an interessanten Geschäften mit einem ganz speziellen, oft originellen Angebot. Viele der Geschäfte sind wienerisch geblieben, viele haben aber auch einen modernen Touch.

Hinter dem Stephansdom

Die **Vinothek St. Stephan** (Stephansplatz 6) hat ein riesiges Sortiment an internationalen Weinen, Raritäten und Altweinen, dazu Single Malt Whiskeys, Clivenöle und Balsamico. Die **Galerie Ambiente** (Lugeck 1A) ist auf Bugholzklassiker spezialisiert, hochinteressant sind auch die neuen Möbel *Design Marlowe*, die im alten Stil gefertigt werden, und das Teddybärmuseum, dessen Ausstellungsstücke allerdings nicht verkäuflich sind. In der kleinen, aber feinen **Schatzecke** (Wollzeile 5, Passage) gibt es antike Schmuckstücke in allen Preisklassen, auch für die kleinste Brieftasche. Das **Geschenks-Gewölbe** (Fleischmarkt 16) führt antike und neue Bären und Puppen, dazu hübsche kleine Antiquitäten und Geschenkartikel. Die Schuhboutique **Le Petit Chou** (Kühfußgasse 2/Petersplatz 9) hat sich auf kleine Füße spezialisiert, dort gibt es süße Kinderschuhe und Accessoires.

Freyung

Infolge der Verkehrsberuhigung des Platzes und der Renovierung der Palais hat sich auf der Freyung eine Reihe schöner Geschäfte etabliert. In der von der Freyung zum Arkadenhof des Palais Ferstel führenden Passage sind es vor allem zwei kleine Läden, die Aufmerksamkeit verdienen: **Katze & Kater** (Freyung 2) führt entzückende Heimtiger aus bemaltem Holz oder Porzellan, und das in allen Farben und Größen. **Xocolat** (Freyung 2) bezeichnet sich selbst als Lustrevier für Entdecker und Eroberer, und das zu Recht, denn hier gibt es alles aus der Welt der Schokolade. **Tomas Lisa Interiors** (Herrengasse 14) auf der anderen Seite des Palais Ferstel führt ausgesucht hübsche Dinge für die Wohnung, darunter auch Lampen, Accessoires und kleine Gebrauchsgegenstände wie Notizblöcke. Der **Klosterladen im Schottenstift** (Freyung 6) hat Geistiges und Geistliches im Angebot. Das Spezialitätengeschäft für klösterliche Produkte, das es in ähnlicher Form übrigens schon im 18. Jh. gab, führt Brände, Kräuterliköre und Wein sowie Lebensmittel aus der stiftseigenen Landwirtschaft (Obst, Wurst, Mohnöl), dazu Bücher und Devotionalien.

Wohin zum ... Ausgehen?

Der älteste Teil Wiens wird nachts am lebendigsten. In den engen Gässchen um den Stephansdom geht das Leben nach Einbruch der Dunkelheit erst richtig los. Hier machen die Wiener gern ihre »Beisltouren«, sie ziehen von einem Lokal zum anderen.

Bermuda-Dreieck

In der Umgebung der Ruprechtskirche, am Rabensteig, in der Seitenstettengasse und am Ruprechtsplatz hat sich Anfang der 1970er-Jahre ein lebhaftes Vergnügungsviertel etabliert, das »Bermuda-Dreieck«: Plötzlich reihten sich dort verschiedene lustige Lokale aneinander. Man konnte essen, trinken, Musik hören und dann einfach weiterziehen. Viele der Lokale gibt es auch heute noch, und sie sind nach wie vor total in.

Das bereits 1973 eröffnete Lokal **Zum Kuchldragoner** (Seitenstettengasse 3, Tel. 533 83 71, So–Do 11–2, Fr/Sa bis 4 Uhr) bietet Wiener Küche und ein gemütliches, unkompliziertes Ambiente. **Ma Pitom** (Seitenstettengasse 5, Tel. 535 43 13, So–Do 17–3, Fr/Sa bis 4 Uhr) ist ein quirliges, lustiges Bierlokal mit besonders schönem Garten bei der Ruprechtskirche. Auch das **Krah Krah** (Rabensteig 8, Tel. 533 81 93, Mo–Sa 11–2, So bis 1 Uhr) setzt auf Bier, hier gibt es Sorten aus aller Welt. Das **Salzamt** (Ruprechtsplatz 1, Tel. 533 53 32, Mo–Fr 12–2, Sa/So 17–2 Uhr) ist ein beliebtes Speiselokal. Der **Rote Engel** (Rabensteig 5, Tel. 535 41 05, So–Di 16–2, Mi/Do bis 3, Fr/Sa bis 4 Uhr) ist der Ort für Livemusik; in den letzten 15 Jahren sind dort schon 700 Musikgruppen aufgetreten, mit Rock, Pop, Funk und Jazz. Ermüdungserscheinungen sind trotzdem keine zu bemerken.

MUSIK

In den Kellerräumen des Hauses Riemergasse 11 wurde schon Mitte des 19. Jhs. Theater gespielt. Später gab es dort Kabarett, Revue und Kino. Die Räume des heutigen **Porgy & Bess** (Riemergasse 11, Tel. 512 88 11, Mo–Sa ab 19, So ab 20 Uhr) sind modern und aufwändig gestaltet, hier trifft sich alles, was an Jazz interessiert ist. Das Programm ist abwechslungsreich und interessant.

Im **Jazzland** (Franz-Josefs-Kai 29, Tel. 533 25 75, Mo–Sa ab 19 Uhr, Musik ab 21 Uhr) ist die Zeit stehen geblieben. Das Lokal ist so schummrig und verraucht, wie man es von einem echten Jazzclub erwartet, die Stimmung ist oft wirklich toll. Gespielt wird Traditionelles von Swing, Blues, Dixie zu Modern.

BARS

Seit rund 20 Jahren ist die kleine, aber feine **Broadway Piano-Bar** (Bauernmarkt 21, Tel. 533 28 49, Mo–Sa ab 21 Uhr) mit altösterreichisch-ungarischem Flair ein Treffpunkt für Künstler und Genießer. Auf dem Programm stehen Theater und Chansonabende, es gibt jeden Abend Livemusik, Hausherr Bela Koreny spielt Klavier, und das macht jeden Abend zu einem wunderbaren, unvergesslichen Erlebnis.

Die legendäre **Eden Bar** (Liliengasse 2, Tel. 512 74 50, Mo–Sa 21 bis 4 Uhr) hat auch nach Jahrzehnten nichts von ihrem Charme verloren. Hier trifft sich alles, was in Wien Rang und Namen hat, zum »Reden in der Eden«. Es gibt jeden Abend Livemusik. Hausherr ist Heinz Schimanko, Wiens charismatischer »König der Nacht«, er achtet streng auf Etikette. Herren ohne Krawatten haben keinen Zutritt – für den Notfall gibt es an der Garderobe Abhilfe. In den Schaukästen vor dem Lokal sind die aktuellen Fotos der Barbesucher zu bewundern. Sie sind eine echte Attraktion in der Liliengasse.

Das Herz der Kaiserstadt

Erste Orientierung

In keinem anderen Teil von Wien ist der Glanz der Kaiserzeit stärker spürbar als in diesem. Die Hofburg, die Albertina und die belebten Straßen spiegeln auch heute noch Macht und Eleganz der ehemaligen Donaumetropole wider. Hier gibt es noch Geschäfte mit liebenswert verstaubtem k.u.k. Flair, daneben aber auch richtige Konsumtempel mit internationaler Ausstrahlung und tolle Lokale.

Das Herz der alten Kaiserstadt schlägt mit nahezu jugendlichem Ungestüm. Das zeigt sich besonders im Bereich Kohlmarkt und Graben. Hier ist in den letzten Jahren vieles in Bewegung gekommen. Altes hat Neuem Platz gemacht, und über allem liegt eine gediegene, großstädtisch-noble Atmosphäre. Nicht zuletzt wegen der zahlreichen eleganten Lokale ist ein neues, urbanes Lebensgefühl zu spüren. Aber auch die touristischen Highlights wurden in den letzten Jahren mit größtem Aufwand auf Hochglanz gebracht: Von der Hofburg mit ihren tollen Museen über die Hofreitschule bis zur Albertina erstrahlt alles in neuer Pracht.

Oben: Die Hofburg zieht die Menschen in Massen an

Links: Der Graben bietet auch gemütliche Sitzplätze

Rechts: Glitzerparadies Swarovski

Seite 69: Der Kohlmarkt führt zum Michaelertor

★ Nicht verpassen!

- **1 Hofburg** ➤ 74
- **5 Kohlmarkt und Graben** ➤ 78
- **7 Kapuzinergruft** ➤ 80
- **8 Albertina** ➤ 82

Nach Lust und Laune!

- **2** Spanische Hofreitschule ➤ 84
- **3** Michaelerkirche ➤ 84
- **4** Loos-Haus ➤ 84
- **6** Peterskirche ➤ 85
- **9** Dorotheum ➤ 85
- **10** Josefsplatz ➤ 86
- **11** Burggarten ➤ 86
- **12** Palmenhaus ➤ 86

Hofburg und Albertina sind die Highlights des Herzens der Kaiserstadt. K.u.k. Flair erleben Sie aber auch beim Bummeln in den Straßen, die Wiens Ruf als elegante und prächtige Stadt begründet haben.

Das Herz der Kaiserstadt an einem Tag

9 Uhr

Beginnen Sie diesen Tag kaiserlich, mit der 1 **Hofburg** (links; ➤ 74). Hier sollten Sie sich nicht damit begnügen, das »Labyrinth der Habsburger« nur von außen anzuschauen. Die Kaiserappartements, das Sisi-Museum, die Silberkammer und die Schatzkammer haben wirklich viel zu bieten – Exponate und eine Atmosphäre, die einzigartig ist auf der Welt. Eine weitere Besonderheit ist auch die direkt bei der Hofburg liegende 2 **Spanische Hofreitschule** (➤ 84).

12 Uhr

Stärken Sie sich im Café *Hofburg* (➤ 90) ein wenig, und machen Sie sich dann auf zum Bummel über den 5 **Kohlmarkt** (➤ 78). Bestaunen Sie bei *Schullin* (➤ 91) eleganten modernen Schmuck und bei *Siedler* (➤ 91) antiken, schauen Sie die Auslage von *Demel* (➤ 90) an, die immer besonders kreativ gestaltet ist, kaufen Sie kandierte Veilchen, Sisis Lieblingsnascherei, und gehen Sie dann an den Auslagen von Chanel, Gucci und Louis Vuitton vor bis zum 5 **Graben** (➤ 78).

13 Uhr

Ein feines, leichtes und modernes Mittagessen bekommen Sie bei *Meinl am Graben* (rechts; ➤ 88). Danach müssen Sie am Graben die Auslagen des Spezialgeschäftes für feine Wäsche anschauen, der *Schwäbischen Jungfrau* (rechts oben; ➤ 91), und dann die vom Einrichtungshaus

Rasper gegenüber, denn dort findet sich alles, was eine Wohnung schick und modern macht. Die Auslagen der Juweliere *Heldwein* und *Haban* (➤ 91) bieten Ihnen noch glitzernde Lichtblicke des Lebens, aber dann wird es ernst. In der 7 **Kapuzinergruft** (➤ 80) erleben Sie die einzigartige habsburgische Inszenierung des Todes.

15 Uhr

Die kühne moderne Architektur im Aufgangsbereich und die aufwändig restaurierten Räumlichkeiten der 8 **Albertina** (➤ 82) werden Ihnen bald wieder Lust aufs Diesseits machen. Schauen Sie sich die aktuelle Ausstellung an, und danach wird dann nur noch nach Herzenslust gebummelt.

17 Uhr

Die uralten, engen Seitengassen des Grabens eignen sich zum Stöbern für alle, die Freude an schönen alten Dingen haben. Hier reihen sich große und kleine Antiquitätengeschäfte aneinander, hier finden sich exklusive Stücke ebenso wie kleine alte Schmuckstückchen zu akzeptablen Preisen. Versäumen Sie auf keinen Fall einen Rundgang durch das 9 **Dorotheum** (➤ 85). Das Nebeneinander von Kunst und Kitsch in der wunderschönen Palaisatmosphäre wird Sie bezaubern.

19 Uhr

Spazieren Sie zum Schluss noch etwas durch den 11 **Burggarten** (➤ 86), wo Sie auch das 12 **Palmenhaus** (rechts; ➤ 86) mit seiner tollen Brasserie finden, die sich an diesem Tag für das Abendessen anbietet. Und danach? Ein Kasinobesuch (➤ 92) wäre einmal etwas anderes. Und wer weiß, vielleicht haben Sie in Wien ja Glück im Spiel ...

1 Hofburg

Das »Labyrinth der Habsburger«, so wird die Hofburg oft scherzhaft bezeichnet, und das nicht zu Unrecht. Im Laufe der 600 Jahre, in denen die Hofburg den Habsburgern nahezu ohne Unterbrechung als Residenz diente, haben sie so lange einen Trakt nach dem anderen angefügt, bis ein riesiger Komplex entstanden war.

Das Sisi-Museum erweckt die Kaiserzeit zu neuem Leben

Die Hofburg präsentiert sich heute wie ein in sich abgegrenzter Stadtteil. Sie erstreckt sich über eine Fläche von 240 000 m², umfasst 18 Trakte, 19 Höfe und insgesamt 2600 Räume. Rund 5000 Menschen arbeiten heute in der Hofburg.

Die Anfänge

Begonnen hat alles mit dem **Schweizerhof**, der nach der Schweizer Garde benannt ist, die hier zu Maria Theresias Zeiten wachte. Wann genau dieser älteste Trakt entstand, ist nicht bekannt, 1279 aber wurde er erstmals urkundlich erwähnt. Das Castro Wiennensi war eine richtige Burg, mit vier Ecktürmen, Wassergraben und Zugbrücke, und es diente dem Habsburger Rudolf I. als Residenz. Der Kern dieser Burg ist erhalten, ebenso wie die **Burgkapelle**, die allerdings später umgebaut wurde.

Auch das auffallend in Rot-Schwarz-Gold gehaltene **Schweizertor** ist jünger, es wurde erst 1552 von Pietro Ferabsco gestaltet. In diesem Trakt befindet sich die **Schatzkammer**, in der Sie neben vielen anderen weltlichen und geistlichen Preziosen die Insignien des Heiligen Römischen Reiches besichtigen können, darunter die tausendjährige Reichskrone, der Reichsapfel, das Reichsschwert, das Reichskreuz und der kostbare Burgunderschatz.

Unglaublich, aber wahr

Zur Zeit Kaiserin Maria Theresias fanden in der Hofburg zur Demonstration von Macht und Reichtum opulente Schauessen statt, bei denen das Volk zuschauen durfte. Ein solches Essen kostete so viel wie der Bau der Karlskirche.

Weitere Bauten

Der zweitälteste Teil der Hofburg liegt etwas außerhalb des Komplexes, von diesem getrennt durch die Reitschulgasse. Es ist die **Stallburg**, ein Renaissanceschloss, das Kaiser Ferdinand I. 1558–65 als Residenz für seinen aus Spanien zurückkehrenden Sohn Maximili-

Das Schweizertor zählt zu den ältesten Teilen der Hofburg

an errichten ließ. In diesem Gebäude mit einem dreigeschossigen Renaissancearkadenhof residieren schon seit dem 18. Jh. die »Herren Lipizzaner« der Spanischen Hofreitschule (► 84).

Die **Amalienburg** stammt aus dem 16. Jh., sie war ursprünglich ein freistehendes Gebäude gegenüber vom Schweizertrakt. Diesen Trakt bewohnte zuletzt Kaiserin Elisabeth. Zur 150. Wiederkehr des Hochzeitstages von Elisabeth und Kaiser Franz Joseph wurde hier am 24. April 2004 das **Sisi-Museum** eröffnet. Es ist aber kein Museum im üblichen Sinn, sondern eine Art Inszenierung der faszinierenden Persönlichkeit der Kaiserin. Schwerpunkte bilden die Gedichte der Kaiserin, ihre Porträts, ihre Kleider und ihre (von Swarovski nachgebildeten) Schmuckstücke.

Kaiser Leopold I. ließ 1668–80 den Schweizertrakt mit der Amalienburg verbinden. Diesen **Leopoldinischen Trakt** bewohnten später Kaiserin Maria Theresia und Joseph II. Da die prachtvollen Repräsentationsräume seit 1946 als Amtssitz des österreichischen Bundespräsidenten dienen, kann dieser Teil der Hofburg nicht besichtigt werden.

Das Denkmal Kaiser Franz I. dominiert den Innenhof der Hofburg

Spektakuläre Veränderungen im Barock

Die wohl spektakulärste Veränderung erlebte die Hofburg, als Kaiser Karl VI. Joseph Emanuel Fischer von Erlach mit Zubauten beauftragte. 1723–35 wurde die **Nationalbibliothek** gebaut, deren Prunksaal zu den schönsten Bibliothekssälen der Welt zählt. Dann wurde die 57 m lange und 19 m breite **Winterreitschule** (➤ 84) errichtet und im Anschluss an sie die **Redoutensäle** an der Seite zum Josefsplatz. Die Winterreitschule ist von einer freischwebenden Decke überdacht und von einer von 46 Säulen getragenen Galerie umgeben.

Nach Plänen von Fischer von Erlach und Johann Lukas von Hildebrandt wurde 1726–30 auch der **Reichskanzleitrakt** errichtet, den ab Mitte des 19. Jhs. Kaiser Franz Joseph bewohnte. Durch das Kaisertor gelangen Sie in die **Kaiserappartements**, in denen die originale Einrichtung einen authentischen Eindruck von den Wohn- und Arbeitsräumen des Kaisers vermittelt. In der benachbarten **Silberkammer** können Sie wertvolles Tafelgerät bestaunen, darunter das Silber-, Bronze-, Glas- und Porzellangeschirr, das im Kaiserhaus im Alltag und bei festlichen Anlässen in Verwendung stand.

Zu Beginn des 19. Jhs. wurde an den Leopoldinischen Trakt der **Zeremoniensaal** angefügt. In dem von Louis de Montoyer gestalteten Saal finden heute viele Bälle statt.

Die Neue Hofburg bildet den seitlichen Abschluss des Heldenplatzes

Vollendung des Komplexes

Die letzte große Veränderung erlebte die Hofburg durch Kaiser Franz Joseph. Er beauftragte Ferdinand Kirschner mit dem Bau des **Michaelertraktes**. 1913, ein Jahr vor dem Ausbruch des Ersten Weltkrieges, war der Bau vollendet, dessen 50 m

Für Kinder

Kaiserin Elisabeth und das Leben in der Hofburg können Kinder (6–12 Jahre) bei einer **Führung für Familien** durch das Sisi-Museum kennen lernen. Zum Schluss gibt es einen Riesenspaß, dann dürfen die Kinder Kleider der Kaiserzeit anprobieren und sich in kleine Majestäten verwandeln. (Sa/So und an Feiertagen 10.30 und 14.30 Uhr, Dauer ca. 1 Stunde, Anmeldung Tel. 533 75 70-15, Eintritt: mittel).

Adler und Krone auf der Neuen Hofburg symbolisieren kaiserliche Macht

hohe, grünspanige Kuppel vom Kohlmarkt aus besonders elegant wirkt. Auf das Konto von Kaiser Franz Joseph geht auch die **Neue Burg**.

Die Hofburg beherbergt schon seit dem Ende des Ersten Weltkriegs keine Kaiser und keine tausendköpfige Dienerschar mehr. In den verschiedenen Trakten sind heute Amtsräume, Büros, Privatwohnungen, Konferenz- und Festsäle untergebracht, und die Stallungen der Lipizzaner: Die Hofburg lebt.

KLEINE PAUSE

Vom Café ***Spanische Reitschule*** (Eingang Michaelerkuppel) aus können Sie die Lipizzaner auf ihrem Weg zur Morgenarbeit beobachten.

192 C3 Herrengasse Tram 1, 2, D, J Burgring, Bus 2A, 3A Hofburg www.hofburg-wien.at

Kaiserappartements, Silberkammer, Sisi-Museum
533 75 70 tägl. 9–17 Uhr; Juli/Aug. 9–17.30 Uhr teuer

Schatzkammer
525 24-0 Mi–Mo 10 bis 18 Uhr teuer

Burgkapelle
533 99 27 Mo–Do 11–15, Fr bis 13 Uhr preiswert

Prunksaal Nationalbibliothek
Wien 1., Josefsplatz 1, 1.Stock 534 10-0 Mai–Okt. tägl. 10–16, Do bis 19 Uhr; Nov.–April tägl. 10–14, Do bis 19 Uhr mittel
www.onb.ac.at

HOFBURG: INSIDER-INFO

Top-Tipp: Von Mitte September bis Ende Juni können Sie bei der Sonntagsmesse in der Burgkapelle die **Wiener Sängerknabe**n singen hören, die von Mitgliedern von Chor und Orchester der Staatsoper begleitet werden. Karten muss man reservieren (Fax 533 99 27-75), Restkarten gibt es aber freitags an der Tageskasse bei der Burgkapelle.

5 Kohlmarkt und Graben

Kohlmarkt und Graben, das sind neben der Kärntner Straße die beiden elegantesten Flaniermeilen der Stadt. Dass sich die Stadt im Umbruch befindet, wird auch hier deutlich. An die Stelle vieler nobler Geschäfte sind in letzter Zeit internationale Ketten getreten – und die exquisiten Geschäfte renommierter Luxusmarken.

Graben

Der Graben ist nicht nur ein teures Pflaster, sondern auch ein geschichtsträchtiger Boden. Die Römer errichteten hier einen breiten Festungsgraben. Diesen ebneten die Babenberger um 1200 im Zuge ihrer Stadterweiterung ein. Zu den Planierarbeiten sollen englische Soldaten aus dem Gefolge des gefangenen Königs Richard Löwenherz herangezogen worden sein – wahr oder nur schön erfunden?

Als Einkaufsmeile diente der Graben schon im Mittelalter. Damals gab es aber nicht wie heute kostbaren Schmuck oder teures Parfum, sondern Brot, Fleisch und Gemüse. Seit 1693 spielt sich das Geschehen um die **Dreifaltigkeitssäule** ab, die den Graben bis heute dominiert. Sie wurde errichtet, weil Kaiser Leopold I. während der Pestepidemie von 1679, der

Um die Dreifaltigkeitssäule pulsiert das Leben am Graben

100 000 Wiener zum Opfer fielen, den Bau einer Gedenksäule gelobt hatte. Lodovico Burnacini gestaltete die prachtvolle Säule, auf der die heilige Dreifaltigkeit über einem Gebirge von Wolken thront.

In der Barockzeit stieg der Graben zu einem urbanen Zentrum auf, es entstanden Palais und Kaffeehäuser. Erhalten ist aus dieser Zeit lediglich das 1720 von Johann Lukas von Hildebrandt erbaute **Palais Bartolotti-Partenfeld** (Graben 11), ein frühes Miethaus.

Die Gebäude, die Sie heute zu beiden Seiten des Grabens sehen, stammen meist aus dem 19. und 20. Jh. Beachtung verdient vor allem das von Otto Wagner gebaute **Ankerhaus** (Graben 10). Das oberste Geschoss mit dem gläsernen Dachaufbau bewohnte Friedensreich Hundertwasser.

Der Graben mit seinen eleganten Geschäften ist verführerisch

Kohlmarkt

Auch die Geschichte des Kohlmarktes reicht bis in die Römerzeit zurück. Hier verlief die Fernhandelsstraße, die sich im Bereich des heutigen Michaelerplatzes mit der Limesstraße kreuzte. Im Mittelalter konnten die Wiener in diesem Bereich ihren Bedarf an Holz und Kohle decken, daher der Name. Aus der Barockzeit ist das große **Michaelerhaus** (Kohlmarkt 11) erhalten, in dem der junge Joseph Haydn eine Dachkammer bewohnte.

Heute ist der Kohlmarkt die absolute Luxusmeile der Stadt. Hier liegen die eleganten Geschäfte von Chanel (Kohlmarkt 5), Gucci (Kohlmarkt 5) und Louis Vuitton (Kohlmarkt 16), der Feinkosttempel *Meinl am Graben* (► 88) und die legendäre k.u.k. Hofzuckerbäckerei *Demel* (► 90) mit ihren umwerfenden Torten.

Die Snacks von *Trzesniewski* sind legendär

KLEINE PAUSE

Die besten Brotaufstriche der Stadt bekommen Sie bei ***Trzesniewski*** (Dorotheergasse 1). Im Sommer können Sie Ihren feinen Snack (Speck mit Ei!) an einem Tischchen stehend vor dem Lokal einnehmen.

192/193 C/D3 Stephansplatz Bus 2A, 3A Habsburgergasse

KOHLMARKT UND GRABEN: INSIDER-INFO

Top-Tipp: In der engen Passage zwischen Michaelerplatz und Habsburgergasse erwartet Sie ein Stück mittelalterliches Wien: ein **Kalksteinrelief der Ölbergszenerie** von 1494 und ein **Schmerzensmann** von 1430.

Geheimtipp: Ob Sie müssen oder nicht, steigen Sie am Graben in die **Öffentliche Toilette** hinunter. Die 1904 von Wilhelm Beetz gestaltete Anlage ist ein echter Hit!

7 Kapuzinergruft

Die Wiener Kaisergruft unter der Kapuzinerkirche zeigt eindrucksvoll die Vergänglichkeit der Habsburger-Dynastie. Hier liegen 146 Angehörige des Adelsgeschlechts und mehr als drei Jahrhunderte österreichischer Geschichte begraben.

Eine steile Stiege führt hinab in die Kaisergruft, darüber prangt das Wort »Silentium«. Die Mahnung zur Stille erinnert daran, dass die letzte Ruhestätte der Habsburger ein geweihter Ort ist. Kaiserin Anna verfügte 1617, dass innerhalb der Stadtmauern Wiens ein Kapuzinerkloster samt Begräbnisstätte für sie und ihren Gemahl Kaiser Matthias errichtet werden sollte. Die sterblichen Überreste des Gründerpaares wurden 1633 in der Kaisergruft bestattet. Seither fanden hier, von den Kapuzinerpatres sorgsam bewacht, weitere 144 Personen die letzte Ruhe. Unter den Toten befinden sich 12 Kaiser und 19 Kaiserinnen und Königinnen.

Der Sarg von Kaiser Karl VI.

Wandel des Totenkults

Die einzelnen Räume sind Spiegelbilder ihrer Zeit, wie die karge »Gründergruft«, die barock-theatralische »Maria-Theresiengruft« oder die schlichte »Neue Gruft« aus den 1960er-Jahren. Besonders beeindruckend ist der mit Basreliefs verzierte **Prunksarkophag von Maria Theresia und Franz Stefan** in dem vom Kaiserpaar selbst entworfenen Mausoleum. Hier ist übrigens auch die einzige Nicht-Habsburgerin bestattet: Gräfin Karoline Fuchs-Mollardt, die Erzieherin der Kaiserin.

Der schmucklose Kupfersarg von Maria Theresias Sohn und Nachfolger Joseph II. dokumentiert anschaulich den Übergang vom Barock zur Aufklärung.

Die Kapuzinergruft wurde immer wieder vergrößert, so ließ auch Kaiser Franz Joseph 1908 in weiteren Kellerräumen des Klosters ein würdiges Mausoleum für sich, seine Gattin Elisabeth und Kronprinz Rudolf errichten. Zuletzt wurde hier 1989 Kaiserin Zita, die Gemahlin des letzten österreichischen Kaisers Karl I., bestattet.

Die Herzen der Habsburger

Drei Jahrhunderte lang hat man die Habsburger ganz nach ihrem Bestattungsritual zur letzten Ruhe gebettet: Die Leichname wurden seziert, ihre Herzen befinden sich in Silberbechern konserviert in der Augustinerkirche, ihre Eingeweide ruhen in der Herzogsgruft tief unter dem Stephansdom, und nur die einbalsamierten Körper befinden sich in der Kapuzinergruft.

KLEINE PAUSE

Nur wenige Schritte von der Kapuzinergruft entfernt, finden Sie im ***Culinarium Österreich Haus*** (Neuer Markt 10–11) viele Spezialitäten.

193 D3 Wien 1., Tegetthoffstr. 2 · 512 68 53/16 · tägl. 9.30–15.30 Uhr · Stephansplatz · Bus 1A, 2A , 3A Stephansplatz · mittel · www.kaisergruft.at

KAPUZINERGRUFT: INSIDER-INFO

Top-Tipps: Nehmen Sie sich für den **Sarg Maria-Theresias** viel Zeit. Die Details und Figuren symbolisieren auf einzigartige Weise den Kampf zwischen dem Tod und der auf Fortbestand ausgerichteten Macht einer Herrscherfamilie.
• Werfen Sie einen Blick auf die **Vitrine beim Eingang**, hier stellen die Kapuziner seit kurzem zwölf Objekte wie Reliquiare oder ein Kreuz aus Bergkristall aus der geistlichen Schatzkammer aus.

Geheimtipp: Fragen Sie den Kapuzinermönch am Eingang, ob momentan **Reisegruppen oder Schulklassen** die Gruft besichtigen. Wenn ja, kommen Sie später wieder – und genießen Sie die Monumentalität der Todesdenkmäler in aller Stille.

8 Albertina

Das Palais Albertina, das eine der größten grafischen Sammlungen der Welt beherbergt, bot jahrzehntelang einen unerfreulichen Anblick. Seit der aufwändigen Renovierung und Wiedereröffnung des Palais im März 2003 ist die Albertina jedoch zu einem strahlenden Glanzlicht in der neuen Museumslandschaft Wiens geworden und schlägt alle Besucherrekorde.

Die Albertina ist mit Glanz und Gloria neu erstanden. Hans Holleins kühnes Flugdach, der viel diskutierte Soravia-Wing, der Lift aus Glas und Stahl, der die 11 m vom Straßenniveau zum Eingang überwindet, die Rolltreppe und der neu gestalte-

te Eingang, das alles ist hochinteressante Architektur. Innen setzt sich die Spannung fort. Besucher kommen zuerst in den marmorverkleideten Windfang, dann in das in hellem Travertin gehaltene Foyer und in den Harriet-Hartmann-Court. Hier befinden sich die Kassen, die Zugänge zum eleganten Restaurant und zum raffiniert ausgestatteten Shop.

Die Albertina erstrahlt seit kurzem in neuem Glanz

18 Prunkräume erstrahlen in neuem Glanz

Die Prunkstiege führt hinauf zu den Prunkräumen. Erstmals seit 100 Jahren sind hier 18 habsburgische Räume wieder auf Hochglanz gebracht worden. Die kleineren Räume der **»Herrenseite«** präsentieren sich vom Goldkabinett bis zum Billardzimmer im Stil von Louis XVI. Die **»Damenseite«** mit Musensaal und Audienzsaal hingegen ist in purem Klassizismus gehalten.

Seine heutige Form hat das Palais im Wesentlichen Ende des 18. und Anfang des 19. Jhs. erhalten, als Albert Herzog von Sachsen-Teschen und seine Frau, Erzherzogin Marie Christine, die Lieblingstochter von Maria Theresia, es nach

Das Highlight der »Damenseite« ist der Musensaal

Plänen von Louis de Montoyer umgestalten ließen. Die klassizistischen Teile stammen vom nächsten Besitzer, von Erzherzog Karl, dem Sieger der Schlacht bei Aspern, der damit Joseph Kornhäusel beauftragte.

Neu sind die in der Bastei errichtete Halle **White Cube** für Ausstellungen der klassischen Moderne und die **Propter-Homines-Halle** mit etwa zehn gleich großen Raumabschnitten im Piano Nobile. Als dritte Ausstellungshalle dient die dem Portikus vorgelagerte **Pfeilerhalle**.

Die in der renovierten Albertina gezeigten Ausstellungen, allen voran die große Albrecht-Dürer-Ausstellung in 2003, erwiesen sich als Publikumsmagnete. Schon in den ersten neun Monaten nach der Wiedereröffnung kamen rund 800 000 Besucher. So interessant die Exponate sind, die der Öffentlichkeit präsentiert werden, so groß ist auch der Wert der wegen ihrer Lichtempfindlichkeit nicht ständig gezeigten Schätze: 65 000 Zeichnungen und rund 1 Mio. druckgrafische Blätter. Die Architektursammlung umfasst 25 000 Pläne, Skizzen und Modelle, und mit der Fotosammlung Albertina besitzt Österreich erstmals ein Zentrum für historische und zeitgenössische Fotografie.

KLEINE PAUSE

Das hochelegante **Restaurant** in der Albertina ist der adäquate Rahmen für einen feinen Snack.

192 C2 · Wien 1., Albertinaplatz 3 · 534 83 · tägl. 10–18, Mi bis 21 Uhr · Oper · Tram 1, 2, D, J Oper, Bus 3A Albertinaplatz · teuer · www.albertina.at

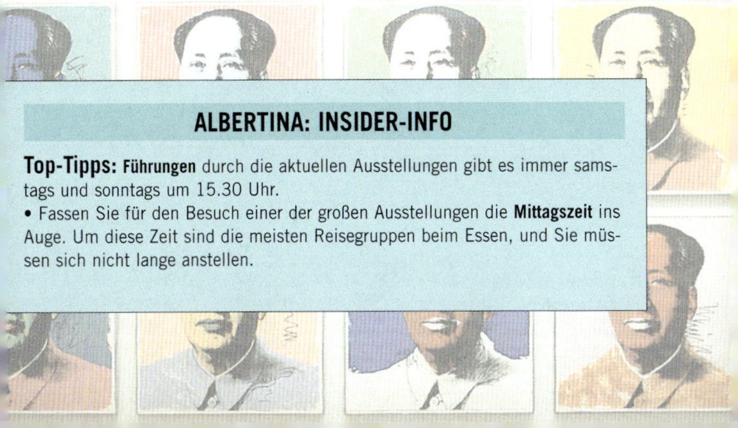

ALBERTINA: INSIDER-INFO

Top-Tipps: Führungen durch die aktuellen Ausstellungen gibt es immer samstags und sonntags um 15.30 Uhr.

• Fassen Sie für den Besuch einer der großen Ausstellungen die **Mittagszeit** ins Auge. Um diese Zeit sind die meisten Reisegruppen beim Essen, und Sie müssen sich nicht lange anstellen.

Nach Lust und Laune!

2 Spanische Hofreitschule

Wenn Sie zwischen der Stallburg und der Hofburg Hufe klappern hören, dann sind das die Lipizzaner. 1580 wurde in Lipica, einem Dorf im heutigen Slowenien, das k.u.k. Hofgestüt gegründet, das Pferde für die repräsentative Reitkunst züchtete. Heute gelten die Lipizzaner als die älteste Kulturpferderassse Europas, sie zeichnen sich durch vollendeten Körperbau, Intelligenz und kraftvolle Grazie aus. In Wien verrichten 64 Hengste ihre tägliche Morgenarbeit in der prachtvollen Winterreitschule, dabei dürfen Besucher zusehen.

192 C3 Wien 1., Michaelerplatz 1 533 90 31 Besucherzentrum (Eingang Michaelerkuppel) Di–Sa 9 bis 16 Uhr: Karten und Programminfo für Morgenarbeit mit Musik (Di–Sa 10 bis 12 Uhr) und andere Vorführungen Herrengasse Bus 2A Michaelerplatz teuer www.srs.at

3 Michaelerkirche

Die Kirche, in der Mozarts *Requiem* kurz nach seinem Tod uraufgeführt wurde, vereint romanische, gotische und barocke Stilemente. Große Teile der dreischiffigen Pfeilerbasilika stammen aus dem 13. Jh. ebenso wie der untere Teil des schlanken Turmes, der wie ein ausgestreckter Finger in den Himmel ragt. Ihren letzten großen Umbau erlebte die Kirche Ende des 18. Jhs. Besonders beeindruckend ist das imposante Stuckrelief *Engelssturz*, das Karl Georg Merville 1782 schuf. In den Katakomben wurden 1631–1784 rund 4000 Menschen bestattet. Dort sind heute Hunderte bemalter Särge und mumifizierter Leichen zu sehen, die zum Teil mit barocken Gehröcken und Perücke ausgestattet sind.

192 C3 Wien 1., Michaelerplatz 533 80 00 Gruftführungen Mo–Do 11, 15, Fr 11, 13 Uhr Herrengasse Bus 2A Michaelerplatz

4 Loos-Haus

Kaum ein Gebäude Wiens hat so heftige Diskussionen ausgelöst wie das Loos-Haus am Michaelerplatz. Adolf Loos verzichtete 1910–11 bei der Errichtung des Geschäfts- und Wohnhauses für die Herrenschneiderei Goldmann & Salatsch auf jegliche

Die Vorführungen der Lipizzaner sind eine Touristenattraktion

Engel spielen in der Michaelerkirche eine große Rolle, innen und außen

Art von Schmuck und Ornament. Die Wiener nannten das Gebäude, dessen Fenster nicht einmal eine Umrahmung haben, das »Haus ohne Augenbrauen«. Kaiser Franz Joseph hasste das Loos-Haus, für ihn war es ein Symbol einer neuen, nüchternen Zeit, die er nicht mehr verstand. So oft er konnte, mied er den Ausgang aus der Hofburg zum Michaelerplatz. 1989 wurde das Loos-Haus für die Raiffeisenbank renoviert.

192 C3 Wien 1., Michaelerplatz 3 Herrengasse Bus 2A Michaelerplatz

6 Peterskirche

Die wahrscheinlich schönste Barockkirche Wiens befindet sich an dem Ort, an dem schon im 4. Jh. die erste Kirche Wiens stand, die aus Teilen einer Kaserne des römischen Lagers gebaut worden war. Die heutige Peterskirche wurde auf Initiative von Kaiser Leopold I. nach Plänen von Gabriele Montani 1703 begonnen und 1733 von Johann Lukas von Hildebrandt fertig gestellt. Die Kirche wirkt mit ihrer großen grünen Kuppel und ihren beiden Ecktürmen vom Graben her besonders imposant. Im Inneren beeindrucken vor allem Michael Rottmayrs Kuppelfresko und die reich geschmückte Kanzel von Mathias Steindl.

193 D3 Wien 1., Petersplatz Stephansplatz Bus 1A, 2A, 3A Petersplatz

9 Dorotheum

Das Dorotheum, von den Wienern liebevoll »Pfandl« genannt, ist eine Wiener Kuriosität. 1707 von Joseph I. als Pfandamt gegründet, um die Bevölkerung vor dem Zinswucher zu schützen, zog es 1788 in das aufgelassene Dorotheerkloster. Vor rund 100 Jahren erhielt es in der Dorotheergasse ein eigenes prunkvolles Palais. In einer Flucht von Schauräumen findet der Sammler dort alles, was sein Herz begehrt, Kunst ebenso wie Kitsch. Erwerben kann man die Schätze bei Auktionen oder im Freiverkauf. »Tante Dorothee« galt lange als gute Möglichkeit, bei Bedarf seine Silberlöffel oder den abgewetzten Persianer der Erbtante gegen Bargeld einzutauschen. In den letzten Jahren entwickelte es sich zu einem der führenden Auktionshäuser Europas auf höchstem Niveau.

192 C3 Wien 1., Dorotheergasse 17 515 60 Mo–Fr 10–18, Sa 9–17 Uhr Stephansplatz Bus 3A Plankengasse www.dorotheum.com

10 Josefsplatz

Der rechteckig angelegte Platz wird wegen seiner Geschlossenheit und seiner strengen Schönheit oft als einer der schönsten Plätze Europas bezeichnet. Seit er vor kurzem vom Autoverkehr befreit wurde, kommt er voll zur Geltung. In der Mitte des Platzes steht das Reiterstandbild des Reformkaisers Joseph II., das der Tiroler Franz Anton Zauner 1795–1807 schuf. Auf dem Sockel sind Reliefszenen zu sehen, die den Kaiser mit Europa und Merkur zeigen, den Symbolen für Reisen und Handeln. Den Hintergrund des Platzes bildet die herrliche Barockfront der Nationalbibliothek, daran schließen sich rechts und links die Seitenflügel und die Redoutensäle an.

192 C3 Stephansplatz Bus 3A Plankengasse

11 Burggarten

Diese Parkanlage hieß ursprünglich Kaisergarten und war nur dem Kaiserhaus vorbehalten. Erst 1919 wurde sie der Öffentlichkeit zugänglich gemacht. Der Neuen Burg und dem Palmenhaus vorgelagert, bildet sie eine herrliche grüne Oase. Spaziergänger können sich an einem großen Teich mit Enten entspannen und ein paar Besuche abstatten: Hier sind die Kaiser Franz I. und Franz Joseph I. sowie Mozart in Bronze, Blei und Marmor verewigt. Hunde haben in diesen Park wie in alle Bundesgärten der Stadt übrigens keinen Zutritt!

192 C2 Wien 1., Burgring Oper Tram 1, 2, D, J, Bus 57A Opernring

12 Palmenhaus

»Ein Abgesang habsburgischer Größe«, so wird das Palmenhaus im Burggarten oft bezeichnet. Tatsächlich ist es die letzte große Orangerie Europas. Hofarchitekt Friedrich Ohmann errichtete es 1901 in einer Zeit, in der es Mode war, die Natur durch »Städtisches Grün« zu ersetzen. Die kühne Konstruktion aus Stahl und Glas wurde vor wenigen Jahren restauriert. Jetzt beherbergt sie eines der attraktivsten Lokale der Stadt (► 89) und das Schmetterlingshaus, in dem man den Zauber eines tropischen Regenwaldes erleben kann.

192 C2 Wien 1., Burggarten 533 85 70 April–Okt. Mo–Fr 10–16.45, Sa/So, feiertags bis 18.15 Uhr; Nov.–März tägl. 10–15.45 Uhr Oper Tram 1, 2, D, J, Bus 57A Opernring mittel

Im Dorotheum kommt so manches gute Stück unter den Hammer

Wohin zum ... Essen und Trinken?

Preise
Die Preisangaben gelten pro Person für ein Essen ohne Getränke.
€ unter 12 Euro **€€** 12–25 Euro **€€€** über 25 Euro

Restaurants

Barbaro €€
City-Feeling, das vermittelt dieser Edelitaliener am Neuen Markt, der sich über drei Etagen erstreckt. Im Keller befindet sich die Cantina, im Parterre das Bistro und im 1. Stock die geräumige Bar sowie Räumlichkeiten des gehobenen Restaurants. Die Küche ist mediterran-italienisch orientiert, zu den Spezialitäten zählt Lamm auf Bohnen.

193 D3 Wien 1., Neuer Markt 8 955 25 25 Bistro tägl. 8–24, Cantina tägl. 18–24, Bar/Restaurant tägl. 11.30–4 Uhr Stephansplatz Bus 1A, 2A, 3A Stephansplatz

Do&Co Albertina €€
Für das Restaurant in der Albertina wurden vor allem zwei Materialien verwendet: dunkles Rio-Palisander-Holz aus einem einzigen Baum und ostanatolischer Rosso-Levanto-Marmor. Die warmen Farbtöne dieser Materialien verleihen dem Lokal eine angenehme Atmosphäre. Interessant ist die marmorne Bar, an der man sich gegenübersitzend isst. Wie die Speisen – verfeinerte Wiener Küche, internationale Gerichte und Fisch – entstehen, kann man in der Schauküche beobachten. Besonders schön ist die Terrasse Richtung Burggarten.

192 C2 Wien 1., Albertinaplatz 1 532 96 69 tägl. 10–24 Uhr, durchgehend warme Küche Oper Tram 1, 2, D, J Oper, Bus 3A Albertinaplatz

Do&Co Stephansplatz €€€
Das exklusive Restaurant hoch oben im Haas-Haus ist bereits ein Klassiker. Die Küche – auch hier verfeinerte Wiener und internationale Küche und Fisch – ist exquisit. Das beste aber ist nach wie vor der Blick auf den Stephansdom, der ist hier von der Terrasse aus wirklich einmalig.

193 D3 Wien 1., Stephansplatz 12 535 39 69 tägl. 12–15/18–24 Uhr Stephansplatz Bus 1A, 2A, 3A Stephansplatz

Ephesus €€
Das Restaurant in unmittelbarer Nähe zum Graben gilt als »Edeltürke«. Die Auswahl an levantinischen und türkischen Spezialitäten ist groß. Besonders gut schmecken die delikaten Speisen im Schanigarten.

192 C3 Wien 1., Bräunerstr. 8 533 90 91 Mo–Sa 11–24 Uhr Stephansplatz Bus 1A, 2A, 3A Stephansplatz

Esterhàzykeller €
Über steile Stiegen geht es tief hinunter ins unterirdische Wien. In diesem Keller haben schon die Verteidiger Wiens während der Türkenbelagerung Trost beim Wein gesucht. Die Atmosphäre ist urig, zu essen gibt es Hausmannskost, zu trinken hervorragende Weine aus der esterhàzyschen Schlosskellerei in Eisenstadt.

192 C4 Wien 1., Haarhof 1 533 34 82 Mo–Fr 11–23, Sa/So 16–23 Uhr (warme Küche bis 22 Uhr) Herrengasse Bus 2A, 3A Herrengasse

Göttweiger Stiftskeller €
Dieses Lokal ist eines der wenigen noch authentischen Alt-Wiener Re-

likte. Von Design oder modischem Interieur keine Spur, das macht es so angenehm. Es hat eine große Theke, Extrazimmer und im Sommer sogar ein paar Tische und Sessel im Freien. Das Essen ist deftig und wegen des großen Umsatzes immer frisch, es gibt Hausmannskost und dazu, wie es sich für einen Stiftskeller gehört, guten Wein.

193 D3 Wien 1., Spiegelgasse 9 512 78 17 Mo–Fr 8–23 Uhr (warme Küche bis 22 Uhr), Sa bis 16 Uhr Stephansplatz Bus 1A, 2A, 3A Stephansplatz

Ilona Stüberl €

Das Lokal ist klein und urig und nichts für Menschen, die an Gastritis leiden. Alle anderen können sich an himmlischen ungarischen Spezialitäten erfreuen, an deftigen Krautrouladen, Gulasch in verschiedenen Variationen und Paprikahuhn.

192 C3 Wien 1., Bräunerstr. 2 533 90 29 tägl. 12–23 Uhr (warme Küche bis 22 Uhr) Stephansplatz Bus 1A, 2A, 3A Stephansplatz

Levante €

Das große türkische Lokal ist meist gerammelt voll, und das hat mit seiner Qualität zu tun. Die türkische Küche mit delikaten Vorspeisen, Lamm- und Gemüsegerichten ist immer frisch und duftet verführerisch.

192 C3 Wien 1., Wallnerstr. 2 533 23 26 tägl. 11–23.30 Uhr Herrengasse Bus 2A, 3A Herrengasse

Marktrestaurant Rosenberger €

Gut und preiswert lässt es sich in dem riesigen, zwei Stockwerke in die Tiefe reichenden Restaurant essen. Das Zentrum bildet ein künstlicher Marktplatz, auf dem man sich sein Menü samt Salat selbst zusammenstellen kann. Auch beim Essplatz kann man wählen, zwischen »Wiener Kaffeehaus«, »Gartenlaube« oder »Omas Küche«. Wer in diesem Lokal Assoziationen zu Autobahnraststätten hat, liegt richtig: *Rosenberger* zeichnet auch für die Restaurants entlang der österreichischen Autobahnen verantwortlich.

193 D2 Wien 1., Maysedergasse 2 512 34 58 tägl. 10.30–23 Uhr Oper Tram 1, 2, D, J, Bus 3A Oper

Meinl am Graben €€€

Dieses Restaurant ist ein absolutes *must* für Gourmets. Es liegt in Wiens bestem Feinkostgeschäft mit überwältigender Auswahl. Das Niveau der Speisen und Getränke ist absolut spitze. Was das Lokal so angenehm macht, ist aber die lockere Atmosphäre.

192 C3 Wien 1., Graben 19 532 33 34–35 Mo–Fr 8–24, Sa 8.30–24 Uhr (warme Küche bis 24 Uhr) Herrengasse Bus 3A Bognergasse

Mörwald im Ambassador €€€

Das modern gestylte Restaurant im Hotel *Ambassador* ist ein Gourmettreff und ein beliebter Ort für gehobene Business-Lunches. Die Küche ist kreativ, zum Essen gibt es eine beachtliche Auswahl an Weinen.

193 D3 Wien 1., Neuer Markt 5 96 16 11 61 Mo–Sa 12–23 Uhr (warme Küche 12–15/18–23 Uhr) Stephansplatz Bus 1A, 2A, 3A Stephansplatz

Novelli €€€

Der edle Italiener liegt gegenüber vom Café *Bräunerhof* in einem alten Palais. Das Interieur ist gestylt und nobel, die Speisekarte beeindruckend, es gibt Pasta und Fischspezialitäten vom Feinsten. Einen Hauch Florenz bringt auch der große Gastgarten mitten in die Wiener Innenstadt.

192 C3 Wien 1., Bräunerstr. 11 513 42 00–0 Mo–Sa 11–1 Uhr (warme Küche 12–14/18–23 Uhr) Stephansplatz Bus 2A, 3A Habsburgergasse

Orpheus €€

Dieser Grieche ist schon beinahe eine Wiener Institution. Die Spezialitäten aus Kreta, Lamm und Fisch kommen nach wie vor in unverändert guter Qualität auf den Tisch, und das in liebenswerter Atmosphäre. Im Schanigarten vor dem Haus sitzt es sich besonders nett und im Kellergewölbe ist abends Stimmung angesagt.

193 D3 Wien 1., Spiegelgasse 10 512 38 88 Mo–Do, So 11.30–24, Fr/Sa 12–24 Uhr (warme Küche bis 23 Uhr) Stephansplatz Bus 1A, 2A, 3A Stephansplatz

Palmenhaus im Burggarten €€€

Schon allein das lichtdurchflutete Jugendstilambiente macht das Lokal zu einem der schönsten der Stadt, das kulinarische Angebot von Café, Brasserie und Bar steht der Eleganz der Umgebung aber in nichts nach. Zur Auswahl stehen Gerichte der verfeinerten Wiener und mediterranen Küche und ein ausgesuchtes, monatlich wechselndes Sortiment von Weinen, hauptsächlich aus Frankreich und Österreich.

192 C2 Wien 1., Burggarten, Eingang hinter der Albertina 533 10 33 tägl. 10–2 Uhr (warme Küche 12 bis 24 Uhr); Nov–März Mo, Di Ruhetag Oper Tram 1, 2, D, J Oper, Bus 3A Albertinaplatz

Sky-Restaurant €€

Das modern gestylte Restaurant im letzten Stockwerk des Kaufhauses *Steffl* bietet Wiener und internationale, auf mediterran und asiatisch ausgerichtete Küche. Von der großen Terrasse aus hat man einen herrlichen Blick über die Dachlandschaft der Innenstadt und zum Stephansdom.

193 D3 Wien 1., Kärntnerstr. 19 513 17 12 Mo–Sa 12–15/18–1 Uhr (warme Küche bis 23 Uhr) Stephansplatz Bus 1A, 2A, 3A Stephansplatz

Yugetsu €€€

Japan in Wien erstreckt sich über zwei Etagen. Im Parterre gibt es feine Sushis, im 1. Stock die Erlebnisgastronomie der Teppanyaki-Küche. Samstags, sonn- und feiertags steht ein Sushi-Büfett zur eigenen Auswahl bereit. Das Angebot ist interessant und delikat.

192 C2 Wien 1., Führichgasse 10 512 27 20 tägl. 12–15/18–24 Uhr (warme Küche 12–14.30/18–23 Uhr) Oper Tram 1, 2, D, J, Bus 3A Oper

Zum Schwarzen Kameel €€

Das noble Lokal ist schon lange ein Szenetreff und Klassiker von gleichbleibend hoher Qualität. Im vorderen Teil liegt ein Feinkostladen und ein Bereich, in dem man Imbisse, wie die feinen belegten Brötchen, und dazu ein Glas erstklassigen Wein aus der hauseigenen Weinhandlung genießen kann. Der anschließende Restaurantbereich ist mit seinem Hauch von Jugendstil gediegen und angenehm.

192 C4 Wien 1., Bognergasse 5 533 81 25 Mo–Sa 8.30–24 Uhr (warme Küche 12–14.30/18–22.30 Uhr) Herrengasse Bus 3A Bognergasse

Cafés

Bräunerhof

In Thomas Bernhards legendärem Stammcafé haben Stil und Atmosphäre der Wiener Kaffeehauskultur überlebt. Hierher kommen die Antiquitätenhändler aus der Umgebung zum Mittagessen, und hier trifft man sich gerne zu Geschäftsbesprechungen oder zu einem Rendezvous. Am Wochenende gibt es Livemusik vom Trio Schelz.

192 C3 Wien 1., Stallburggasse 2 512 38 93 Mo–Fr 8–21, Sa bis 19, So 10–19 Uhr Stephansplatz Bus 2A, 3A Habsburgergasse

Café de l'Europe

Das Café, von dem aus man das Geschehen am Graben praktisch aus der ersten Reihe beobachten kann, präsentiert sich frisch gestylt und schick. Hier lässt es sich prima sitzen und schauen und dabei eine kleine Erfrischung und einen Snack genießen. Besonders nett ist der Tea-Room im 1. Stock.

193 D3 Wien 1., Graben 31 532 14 69 Mo–Fr 7–24, Sa 7.30–24, So 9–24 Uhr (Küche bis 23 Uhr) Stephansplatz Bus 1A, 2A, 3A Stephansplatz

Demel

Die k.u.k. Hofzuckerbäckerei bietet das Nonplusultra der Wiener Tortenkunst und hat eine wechselhafte Geschichte hinter sich; vor kurzem wurde sie von *Do&Co* übernommen. Im Wintergarten wurde eine Schaubäckerei eingerichtet, und in den Kellerräumen zeigt das Marzipanmuseum süße Kunstwerke des Hauses. Die straßenseitig gelegenen Salons sind jetzt Verkaufsräume für die köstlichen *Demel*-Süßigkeiten wie Schokolade, Bonbons und – kandierte Veilchen.

192 C3 ✉ Wien 1., Kohlmarkt 14 ☎ 535 17 17 🕐 tägl. 10–19 Uhr Ⓤ Herrengasse 🚌 Bus 2A, 3A Herrengasse

Griensteidl

Das legendäre Literatencafé gegenüber vom Eingang in die Hofburg ist heute ein elegantes Kaffeehaus mit rot bezogenen Thonet-Stühlen aus schwarzem Holz. Die Auswahl an Speisen und internationalen Zeitungen ist beeindruckend.

192 C3 ✉ Wien 1., Michaelerplatz 2 ☎ 535 26 92 17 🕐 tägl. 8–23.30 Uhr (warme Küche bis 23 Uhr) Ⓤ Herrengasse 🚌 Bus 2A, 3A Herrengasse

Hawelka

Die Legende lebt. Dort, wo sich einst Künstler die Nächte um die Ohren geschlagen haben, sitzen jetzt zwar häufig Touristen auf den durchgesessenen Polsterbänken, die Atmosphäre ist aber immer noch sensationell. Und die frischen Buchteln um 22 Uhr gibt es auch noch jede Nacht.

192 C3 ✉ Wien 1., Dorotheergasse 6 ☎ 512 82 30 🕐 Mo, Mi–Sa 8–2, So 16–2 Uhr Ⓤ Stephansplatz 🚌 Bus 1A, 2A, 3A Stephansplatz

Hofburg

Im Inneren Burghof, vor den Eingängen zu Kaiserappartements, Silberkammer und Sisi-Museum liegt dieses hübsche Café mit seiner großen Terrasse. Kulinarisch orientiert es sich am Geschmack des Kaisers, es gibt vorzüglichen Kaiserschmarren. Für zwischendurch empfiehlt sich der »Habs-Burger«, schon allein wegen des Namens.

192 C3 ✉ Wien 1., Innerer Burghof 1 ☎ 241 00-0 🕐 tägl. 9–20 Uhr Ⓤ Herrengasse 🚌 Tram 1, 2, D, J Burgring, Bus 2A, 3A Hofburg

Kondtorei Lehmann

Zentral am Graben gelegen, ist diese Konditorei ein idealer Treffpunkt für alle, die es gerne süß haben. Die hausgemachten Torten sind erstklassig, zusätzlich gibt es aber auch kleine, feine Snacks. Vom Schanigarten aus lässt sich das pulsierende Leben am Graben herrlich beobachten.

192 C3 ✉ Wien 1., Graben 12 ☎ 512 18 15 🕐 Mo–Sa 8.30–19 Uhr Ⓤ Stephansplatz 🚌 Bus 2A, 3A Graben-Petersplatz

Mozart

Dieses Kaffeehaus hat eine wirklich lange Tradition, sie reicht bis in das Jahr 1794 zurück. Zur Biedermeierzeit erlebte es turbulente Zeiten, denn da war es ein beliebter Künstlertreff. Heute ist es wegen seiner Nähe zu Albertina und Hofburg ein idealer Ort für Wien-Besucher, eine kleine Pause einzulegen und dabei typische Wiener Atmosphäre zu erleben.

192 C2 ✉ Wien 1., Albertinaplatz 2 ☎ 241 00–210 🕐 tägl. 9–24 Uhr Ⓤ Oper 🚌 Tram 1, 2, D, J Oper, Bus 3A Albertinaplatz

Yohm

Lange hat es gedauert, aber dann hat sich das *Yohm* doch gegen die Bürokratie durchgesetzt und konnte einen großen Schanigarten am Graben eröffnen. Mit Glas eingefasst, elegant gestylt und von Riesenschirmen gegen Regen und Sonne geschützt, ist es ein beliebter Treffpunkt für das schicke Wien. Zu Kaffee und Drinks gibt es feine Snacks, auch aus der asiatischen Küche.

192 C3 ✉ Wien 1., Graben ☎ 533 29 00 🕐 tägl. 8–24 Uhr Ⓤ Stephansplatz 🚌 Bus 2A, 3A Graben-Petersplatz

Wohin zum ... Einkaufen?

Graben, Kohlmarkt, Kärntner Straße, das ist das Herz der Wiener City. Es schlägt vor allem für Stadtbummler, die ein kleines Stück Wien mit nach Hause nehmen wollen. Möglichkeiten dazu gibt es massenhaft. Sie reichen von den kostbaren, glitzernden Kleinigkeiten, die schon Marilyn Monroe als ihre besten Freunde bezeichnet hat, über Kleidungsstücke von unvergänglicher Eleganz oder im hippsten Design bis hin zu kleinen, auf der Zunge schmelzenden Verführungen aus Schokolade.

Die Shoppingmeile, auf die der »Steffl« lächelnd niederblickt, ist ideal für kleine, höchst elegante Päckchen. Darin kann, auf Samt gebettet, ein Smaragdring von den Juwelieren **Haban** (Graben 12 und Kärntner Str. 2) oder **Heldwein** (Graben 13) ruhen, eine Jugendstilbrosche von **Siedler** (Kohlmarkt 3) oder ein futuristisch gestyltes Schmuckstück von **Schullin** (Kohlmarkt 7) oder **Skrein** (Spiegelgasse 5).

In einem etwas größeren Päckchen lassen sich Schätze aus Wien transportieren, die jede Wohnung adeln: röschenverzierte Kaffeetässchen der Porzellanmanufaktur **Augarten** (Stock-im-Eisen-Platz 3), hauchdünne Gläser von **Lobmeyr** (Kärntner Str. 26), Glitzerndes von **Swarovski** (Kärntner Str. 8), exquisiter Hausrat von **Rasper & Söhne** (Graben 15) oder feinste Tisch- und Bettwäsche von der **Schwäbischen Jungfrau** (Graben 26).

Auch internationaler Luxus hat sich in den letzten Jahren am Kohlmarkt etabliert. **Cartier** (Kohlmarkt 1), **Armani** (Kohlmarkt 3), **Chanel** und **Gucci** (Kohlmarkt 5), **Louis Vuitton** (Kohlmarkt 16), **Ferragamo** (Kohlmarkt 7) und **Chopard** (Kohlmarkt 16) haben hier Geschäfte eröffnet.

Das Synonym für Herrenbekleidung ist **Knize** (Graben 13). Das elegante Geschäft überzeugt schon beim Eingang durch Understatement. Das schmale Portal, entworfen von Adolf Loos, lässt nicht ahnen, dass im 1. Stock Zimmerfluchten mit knarrenden Parkettböden, Wandschränken, Vitrinen und höflichem, verbindlichem Personal zur Verfügung stehen. Allerdings geht man zum *Knize* nicht, um nach einem neuen Sakko zu stöbern. Bei *Knize* lässt man sich ausstatten, mit allem, was ein Mann von Welt so braucht: Maßanzug, individuell gefertigtes Hemd, Kaschmirpullover, Accessoires. Damen werden von *Knize* gleich nebenan bedient, in einem eigenen Geschäft.

Der Inbegriff für weibliche Mode aber ist in Wien **Adlmüller** (Kärntner Str. 41). Der Ruf des Hauses stammt noch aus der Zeit, in der Professor Adlmüller gefeierte Sängerinnen der Staatsoper und Damen der Gesellschaft selbst in große Abendroben hüllte.

Die jugendlich-avantgardistische Mode ist in Wien ebenfalls stark vertreten. Zu den interessantesten Geschäften zählen **Neumann** (Seilergasse 3) mit Mode von Prada und vielen anderen internationalen Marken, **Helmut Lang** (Seilergasse 6) und **Firis** (Bauernmarkt 9) mit Stücken belgischer und italienischer Designer. Liebhaber eleganter, italienischer Taschen finden ihr Paradies, wenn sie vom Hauptportal des Stephansdoms Richtung Peterskirche gehen: **Pitti** (Goldschmiedgasse 5) führt trendige Handtaschen und Accessoires. Die passenden Schuhe gibt es in nächster Nähe, bei **d`Ambrosio** (Jasomirgottstr. 6). Mit Leder ist auch **Robert Horn** (Bräunerstr. 7) berühmt geworden. Der international gefeierte Lederwarendesigner entwirft ganz im Sinn der zeitlosen Ästhetik eines Adolf Loos Taschen und Geldbörsen.

Die Seitengassen des Grabens bedeuten überhaupt das Reich unvergänglicher Schönheit und Eleganz. In der Dorotheergasse, Stallburggasse, Bräunerstraße und Spiegelgasse reiht sich ein Antiquitätengeschäft an das andere, mit Barockschränken, Rennaissancetruhen, Teppichen, Uhren, Gemälden, Lampen, Porzellan und – vor allem antikem Schmuck. Ein Geheimtipp ist der kleine und feine Laden von Elisabeth **Reichel** und Johann **Kilianowitsch** (Dorotheergasse 14), in dem es hübschen Jugendstil- und Art-déco-Schmuck aus Bakelit gibt – zu vernünftigen Preisen.

Im Antiquariat des Musikhauses **Doblinger** (Dorotheergasse 10) finden sich tatsächlich noch Erstdrucke der Familien Strauß, Lanner und Fahrbach, der Wiener Schule und der Wiener Klassik.

Ein ideales Mitbringsel sind kandierte Veilchen von **Demel** (Kohlmarkt 14) – eleganter geht es nicht, oder fast nicht, denn auch die kleinsten handgemachten Bonbons der Welt von **Altmann & Kühne** (Graben 30) in ihren Kistchen mit Motiven der Wiener Werkstätte haben es in sich.

Wohin zum ... Ausgehen?

Im Bereich der tagsüber stark frequentierten Shoppingmeilen der Innenstadtgassen ist auch nachts einiges los. Hier gibt es eine Reihe von hübschen Bars, in denen man bei angenehmer Musik Cocktails oder andere gepflegte Getränke und raffinierte Snacks genießen kann.

Bars

Die berühmteste Bar ist die winzige **Loos Bar** (Kärntner Durchgang 10, Tel. 512 32 83, im Sommer tägl. 12–4 Uhr, im Winter So–Mi 12–4, Do–Sa 11–5 Uhr), ein Jugendstiljuwel. Adolf Loos hat sie 1907 gebaut, er verwendete Spiegel, um den kleinen Raum optisch zu vergrößern. Die Loos Bar galt lange als Symbol für die Wiener Avantgarde in Kunst und Architektur. Nach einer wechselvollen, nicht immer ruhmreichen Geschichte hat sie ihren alten Glanz zurückgewonnen. Jetzt gibt es zur Vergrößerung sogar ein kleines Stehtischchen vor dem Lokal.

Die luxuriöse, modern gestylte **Onyx Bar** (Stephansplatz 12, Tel. 535 39 69, Mo–Sa 9–2 Uhr) im Haas-Haus punktet mit ihrem Blick auf den nachts wunderschön beleuchteten Stephansdom. Zu den Drinks gibt es kleine feine Imbisse und fernöstliche Gerichte.

Die **Reiss-Bar** (Marco-d'Aviano-Gasse 1, Tel. 512 71 98, Mo–Do, So 11–2, Fr/Sa 10–3 Uhr) ist der »Champagner-Treff« der Stadt. Hier gilt vor allem die Devise »sehen und gesehen werden«. Zum prickelnden Genuss werden Köstlichkeiten wie Tramezzini, Lachs, Kaviar und Austern serviert.

»In« ist zur Zeit die **Sky-Bar** (Kärntner Str. 19, Tel. 513 17 12, Mo–Sa 11.30–4, So 18–3 Uhr) im obersten Stock des Kaufhauses *Steffl*. In der modern gestylten, großen Bar ist dienstags und donnerstags ab 21 Uhr Livemusik zu hören. Besonders angenehm ist die Terrasse, von der aus der Stephansdom zu sehen ist.

Die **Europa Bar** (Neuer Markt 3, Tel. 515 94–0, tägl. 11–1 Uhr) am Neuen Markt vis-a-vis vom Donner-Brunnen ist ein idealer Ort, um einen turbulenten Tag in der City ausklingen zu lassen. Ihr modernes Ambiente und edles Design schaffen eine großstädtische Atmosphäre, die sich optimal für elegante Treffen nach Einbruch der Dunkelheit eignet.

Kasino

Wer sein Glück am Spieltisch versuchen will, hat im Wiener **Casino** (Kärntner Str. 4, Tel. 512 48 36, tägl. 15–4 Uhr) die beste Gelegenheit dazu. Vielleicht lässt sich hier ja das nötige Kleingeld für den Bummel über Kohlmarkt und Graben erspielen.

Die westliche Ringstraße

Erste Orientierung

6 km lang, 60 m breit und flankiert von herrlichen Monumentalbauten, Wohnpalais und Parks – die Ringstraße ist der großzügige Prachtboulevard, der das Herz der Innenstadt umschließt. Der westliche Teil ist der interessanteste. Hier liegen die Kunsttempel Staatsoper und Burgtheater und große Museen mit einzigartigen Schätzen. Und das Museumsquartier ist ein aufregendes, pulsierendes Kunstviertel.

Die Ringstraße wurde gebaut, als Mitte des 19. Jhs. der Aufstieg Wiens zur Metropole begann. Das europaweit einzigartige Gesamtkunstwerk umfasst 150 öffentliche Bauwerke, Parks und 650 noble Zinshäuser für die zu Geld gekommene Industrie- und Börsengesellschaft. Das Tolle an der Ringstraße ist, dass sie so gut wie vollständig erhalten ist, ein Spiegel imperialer Pracht.

Fußgänger haben auf der Ringstraße heute allerdings nicht viel zu lachen. Über die Hauptverkehrsader der Stadt rollen Tag und Nacht Tausende Autos, hinter den Fiakern staut es sich besonders. Wer es sich nicht in den Kopf setzt, die Ringstraße abseits der dafür vorgesehenen Möglichkeiten zu überqueren, kommt zu Fuß aber entlang der Nebenfahrbahnen gut voran.

Seite 93: Die neugotische Pracht des Rathauses

Ein Ort mit Vergangenheit: der Heldenplatz

Das Burgtheater ist eine der berühmtesten deutschen Sprechbühnen

★ Nicht verpassen!

- 1 **Staatsoper** ➤ 98
- 3 **Kunst- und Naturhistorisches Museum** ➤ 100
- 6 **Burgtheater** ➤ 102
- 12 **Museumsquartier** ➤ 103

Nach Lust und Laune!

- 2 Akademie der bildenden Künste ➤ 106
- 4 Heldenplatz ➤ 106
- 5 Volksgarten ➤ 107
- 7 Mölker Bastei ➤ 107
- 8 Universität ➤ 107
- 9 Börse ➤ 108
- 10 Rathaus ➤ 108
- 11 Parlament ➤ 108

Hier geht es von einem Prachtbau zum anderen und hinein in die wunderbare Welt der Wiener Museen und in das lebendige neue Kunstbiotop Museumsquartier, in dem es sich auch gut flanieren, shoppen, essen und trinken lässt.

Die westliche Ringstraße an einem Tag

9 Uhr

Beginnen Sie den Rundgang zu den monumentalen Ringstraßenbauten stilvoll mit der 1 **Staatsoper** (➤ 98). Umkreisen Sie den elitären Musiktempel einmal, und bleiben Sie dann ein wenig auf höchstem Niveau: bei einem Kaffee im noblen Hotel *Sacher* (➤ 110). Auf Ihrem Weg zur 2 **Akademie der bildenden Künste** (➤ 106) kommen Sie am Goethe- und am Schiller-Denkmal vorbei. Die Akademie wird Ihnen durch ihren üppigen, der italienischen Hochrenaissance nachempfundenen Stil sofort auffallen. Vielleicht nehmen Sie sich die Zeit, das Gebäude auch von innen zu erkunden, es lohnt sich, selbst wenn Sie nicht alle Säle sehen wollen.

10.30 Uhr

Über die Ringstraße gehen Sie nun zum 3 **Kunsthistorischen Museum** (oben; ➤ 100). Eilen Sie darin nicht von einem Saal zum anderen, sondern lassen Sie zuerst einmal Glanz und Atmosphäre des Gebäudes auf sich wirken. Und wenn Sie die Breughels im 1. Stock besucht haben, legen Sie bei einem Snack im Kuppelsaal eine kurze Pause ein. Im **3 Naturhistorischen Museum** (➤ 101) gleich gegenüber können Sie in die wunderbare Museumsatmosphäre vergangener Zeiten eintauchen. Die Originaleinrichtung, die vielen Vitrinen, die Wandgemälde und die zahllosen Exponate sind eine Welt für sich.

12.30 Uhr

Nach dem Besuch der beiden Museen überqueren Sie die Ringstraße und gelangen durch das Äußere Burgtor zum **4 Heldenplatz** (➤ 106). Gehen Sie weiter in den **5 Volksgarten** (➤ 107), und machen Sie vor dem marmornen »Sisi«-Denkmal einen Hofknicks. Nehmen Sie auf der langen Sesselreihe Platz, und genießen Sie den Duft der Rosen. Mittagessen im **6 Burgtheater** (oben; ➤ 102)? Aber sicher. Im Restaurant *Vestibül* (➤ 111) macht schon allein der stilvolle Rahmen des berühmten Theaters das Essen und Trinken zum Genuss.

14 Uhr

Spazieren Sie nun über den Rathausplatz zum **11 Parlament** (➤ 108) und dann über den Maria-Theresien-Platz zum **12 Museumsquartier** (➤ 103). Lassen Sie sich von der barocken Fassade des MQ nicht irritieren. Hinter den alten Mauern verbirgt sich modernste Museumskultur. Machen Sie einen Rundgang durch das Museum Moderner Kunst und dann eine Kaffeepause im wieder erweckten *Glacis Beisl*.

16.30 Uhr

Wenn Sie noch die Kraft dazu haben, ist ein Besuch der Schieles im Leopold Museum des MQ (links) zu empfehlen. Wenn nicht, dann nichts wie schnell zurück ins Hotel und erholen für den Abend.

19 Uhr

Haben Sie sich Karten für das Burgtheater oder die Staatsoper besorgt? Falls nicht, können Sie die Gestaltung des Abends auch den Karten überlassen, die Ihr Hotelportier vielleicht gerade »zufällig« zur Hand hat.

Staatsoper

Die romantisch-historisierenden Formen brachten der Wiener Staatsoper von Anfang an den Ruf ein, sie sehe einem Bahnhof zum Verwechseln ähnlich. Aber was zählt, sind die inneren Werte, das »Haus am Ring« begründet Wiens Ruf als Musikmetropole. Darüber hinaus ist es so etwas wie ein Teil der österreichischen Identität.

Das neue k.u.k. Hofoperntheater war als erster der Monumentalbauten der Ringstraße geplant. Mit dem Bau wurde 1863 begonnen. Noch vor der Eröffnung im Mai 1869 wurde es von der öffentlichen Meinung zerrissen. Der Bau mit seiner Loggia, den seitlichen Arkaden und dem metallenen Tonnen-

dach erntete dermaßen vernichtende Kritiken, dass sich der Innenarchitekt Eduard van der Nüll das Leben nahm. Und der für die Bautechnik verantwortliche August von Siccardsburg kränkte sich so, dass er wenige Wochen später einem Herzinfarkt erlag.

Im Zweiten Weltkrieg fiel die Staatsoper nach einem Fliegerangriff in Schutt und Asche. Als sie 1955 mit Beethovens *Fidelio* wieder eröffnet wurde, bedeutete das so etwas wie den inoffiziellen Festakt nach der Wiedererlangung der österreichischen Souveränität.

Für den Opernball verwandelt sich die Staatsoper in einen riesigen Ballsaal

Kunst auf höchster Ebene

Die Wiener Staatsoper setzte von Anfang an Maßstäbe für höchste Kunstansprüche, mit internationalen Spitzeninterpre-

Für Kinder
Im Zelt auf der Dachterrasse werden kleinen Besuchern **Opernaufführungen** geboten (Information: Tel. 514 44-20 19).

Tickets kann man auch auf der Straße kaufen

ten, Regisseuren und Bühnenbildnern. Auch in der Liste der Direktoren gaben stets bedeutende Musiker den Ton an – Gustav Mahler (1897–1907), Richard Strauss (1919–24), Herbert von Karajan (1956–64) und Claudio Abbado (1986–91). Dass man es den Wienern nur selten recht machen kann, bekamen allerdings auch die berühmtesten Direktoren zu spüren. Und die leidvolle Erfahrung, dass das Raunzen und Intrigieren zu den geheimen Leidenschaften der Wiener zählt, mussten auch alle machen. Wen die Wiener allerdings verehren, den heben sie in den Himmel. Auch das haben Künstler von Weltrang erfahren.

Beeindruckendes Repertoire

Die Wiener Staatsoper ist eine der ersten Opernadressen der Welt. Gespielt wird an 300 Tagen im Jahr. Das Repertoire umfasst rund 50 Opern und 20 Ballettwerke. Dazu zählen Verdis *Aida* ebenso wie Mozarts *Zauberflöte*, Wagners *Ring des Nibelungen* oder Puccinis *La Bohème*.

Einmal im Jahr, am letzten Donnerstag im Fasching, verwandeln sich Bühne und Parkett der Staatsoper in einen großen Tanzboden. Dann geht in dem blumengeschmückten Haus das glänzendste Ereignis der Ballsaison über die Bühne, der Opernball. Die »Nacht der Nächte« ist übrigens rundum ein Gewinn: An diesem Abend schreibt die Staatsoper schwarze Zahlen.

KLEINE PAUSE

Gehen Sie auf einen schnellen Espresso in die ***Aida*** gegenüber der Staatsoper (Opernring 7). Hier fühlen Sie sich an den kleinen Tischchen in die 1970er-Jahre zurückversetzt!

192 C2 · Wien 1., Opernring 2 · 514 44-0 · Karlsplatz · Tram 1, 2, D, J, 62, 65 Karlsplatz · www.staatsoper.at

STAATSOPER: INSIDER-INFO

Top-Tipp: Besichtigen können Sie die Staatsoper von innen nur im Rahmen einer **40-minütigen Führung** (Eintritt: mittel). Die Termine hängen davon ab, ob Proben stattfinden. Den Zeitplan verrät ein Aushang im Eingang. Im Juli und August gibt es sechs Führungen täglich. (Anmeldung: Tel. 514 44-26 06, Fax 514 44-26 26)

3 Kunst- und Naturhistorisches Museum

Äußerlich gleichen sich die Museumszwillinge des Kunst- und Naturhistorischen Museums wie ein Ei dem anderen. Sie verfügen jeweils über vier Geschosse, zwei Innenhöfe, einen großen achteckigen Kuppelturm und vier kleinere Nebenkuppeln. Innerlich aber sind sie grundverschieden.

Zwischen den beiden großen Museen thront Maria Theresia samt Gefolge

Errichtet wurden die beiden imposanten Museen von Karl von Hasenauer und Gottfried Semper im Stil der Renaissance. Sie sind identisch – bis auf eine Kleinigkeit: Während das »Kunsthistorische« auf der Spitze *Pallas Athene* trägt, die Schutzherrin von Kunst und Wissenschaft, ziert sein Gegenüber der Sonnengott *Helios*.

KHM

Schon der Eintritt ist ein Erlebnis: Das Treppenhaus und der marmorne Kuppelsaal mit der Cafeteria sind an Großzügigkeit und Eleganz nicht zu überbieten. Die Marmorgruppe des Theseus von Antonio Canova, Lünettenbilder von Hans Makart und Zwickelbilder von Ernst und Gustav Klimt geben einen Vorgeschmack auf die Kunstschätze – von denen allerdings einer fehlt: Im Mai 2003 wurde die *Saliera*, das Salzfass von Benvenuto Cellini, geraubt. Seither zählt das Kleinod im Wert von 50 Mio. Euro zu den meistgesuchten Kunstwerken der Welt.

Das KHM verdankt die meisten seiner kostbaren Stücke der Sammelleidenschaft der Habsburger. Die Ägyptisch-Orientalische Sammlung zeigt interessante Exponate der alten Kultur am Nil, die Antikensammlung zählt mit ihren Kleinplastiken und kostbaren Kameen zu den bedeutendsten der Welt, das Münzkabinett gibt mit 700 000 Objekten aus drei Jahrtausenden einen Überblick über Geschichte und Entwicklung des Geldes, und die Kunstkammer präsentiert eine Fülle von Groß- und Kleinplastiken, wissenschaftlichen Instrumenten, Automaten und Uhren.

Die Gemäldegalerie zeigt herrliche Rubens-Bilder

Der 1. Stock beherbergt den absoluten Höhepunkt des Museums, die Gemäldegalerie. Sie ist die viertgrößte ihrer Art in der Welt. Im Ostflügel ist die größte Breughel Sammlung überhaupt zu sehen (*Turmbau zu Babel*, *Bauernhochzeit*, Saal X), dazu auch Werke zahlreicher niederländischer und flämischer Maler, unter ihnen die wegen ihrer prallen Sinnlichkeit beeindruckenden Bilder von Rubens (*Das Pelzchen* in Saal XIII zeigt, dass Cellulitis an den Oberschenkeln kein Makel ist). Der Westflügel bietet praktisch einen Querschnitt durch die Geschichte der europäischen Malerei.

NHM

Während sich das Kunsthistorische Museum in den letzten Jahren durch Events und Sonderausstellungen zu einem Publikumsmagneten entwickelt hat, dämmert das Naturhistorische Museum vergleichsweise in einem Dornröschenschlaf dahin. Dabei besitzt es eine der größten naturwissenschaftlichen Sammlungen Europas. Die zahllosen Schaustücke werden in seit über 100 Jahren unverändertem Ambiente präsentiert, und das hat gewiss auch seinen Reiz. Und außerdem sind auch hier unermessliche Schätze zu sehen wie beispielsweise die älteste Menschenplastik der Welt.

Die Dinosaurier des NHM begeistern vor allem kleine Besucher

KLEINE PAUSE

Die Kuppelsäle beider Museen beherbergen **Cafés** mit einer ganz besonderen Atmosphäre (► 109).

192 B2 · KHM: Wien 1., Burgring 5; NHM: Wien 1., Burgring 7 · KHM: 525 24-0; NHM: 521 77 · KHM: Di–So 10–18, Do bis 21 Uhr (Gemäldegalerie); NHM: Mi–Mo 9–18.30, Mi bis 21 Uhr · Volkstheater · Tram 1, 2, D, J, Bus 2A, 57A Burgring · teuer · www.khm.at; www.nhm-wien.ac.at

KUNST- UND NATURHISTORISCHES MUSEUM: INSIDER-INFO

Top-Tipps: Schöne Aussichten garantiert die Führung **»Über den Dächern von Wien«** auf die Dachterrasse des NHM. (Anmeldung: Tel. 521 77-335)
- Im **Mikrotheater** des NHM wird die Welt des Mikrokosmos live auf eine Kinoleinwand projeziert, jedes Wochenende 13.30, 15 und 16.15 Uhr.

6 Burgtheater

Das Burgtheater war zwar einer der letzten großen Ringstraßenbauten, dafür aber der erste, der elektrisch beleuchtet wurde. Ein Ort des Lichtes war es von Anfang an: Es galt und gilt als eine der besten deutschen Sprechbühnen, auch, wenn es zurzeit Trends folgt, die das Publikum irritieren.

Elitär präsentiert sich das Burgtheater auch innen

Errichtet wurde das Burgtheater 1874–88 nach Plänen von Karl Hasenauer und Gottfried Semper. Ähnlich wie bei der Staatsoper reagierten die Wiener auch diesmal ablehnend. Das ist heute vergessen. Der Zuschauerraum trägt seine Vergangenheit als ehemaliges »Kaiserliches Hoftheater« stolz zur Schau, in den Logen und Rängen dominiert roter Samt.

Zahllose namhafte Schauspieler begeisterten über die Jahrzehnte das Publikum des Burgtheaters, und die Bühne dieses Hauses gilt auch heute noch als höchstes Ziel für Schauspielerkarrieren. Glaubenskriege um die Kunst gab es immer wieder. Claus Peymann, der die »Burg« 1986–99 leitete, warf die Presse »Entweihung« des Ortes vor. Aber auch jetzt, in der »Ära Bachler«, schlagen die Wellen oft hoch. Für viele endet die Theaterwelt bei Schiller, und das Neue, Progressive und Schrille ist gewöhnungsbedürftig. Davon aber gibt es hier jede Menge.

KLEINE PAUSE

Das ***Vestibül*** (➤ 111) ist der richtige Ort für eine Pause.

192 B4 · Wien 1., Dr.-Karl-Lueger-Ring 2 · 514 44-41 40 · Kassensaal tägl. 8–18 Uhr und 1 Std. vor Vorstellungsbeginn; Führungen tägl. 15, Sa/So 11 und 15 Uhr · Rathaus, Herrengasse · Tram 1, 2, D Burgtheater · mittel · www.burgtheater.at

BURGTHEATER: INSIDER-INFO

Top-Tipp: Bücher mit Schwerpunkt Theater und Literatur führt die Buchhandlung ***Leporello*** (außer an vorstellungsfreien Tagen tägl. 17–22 Uhr).

Geheimtipp: Beachten Sie die **Fresken** der Feststiegen. Einige stammen von Ernst und Gustav Klimt.

12 Museumsquartier

Eine lang gezogene Barockfassade, dahinter aufragend die zwei riesigen Kuben der großen Museen, einer weiß und einer schwarz – so präsentiert sich das Museumsquartier (MQ) vom Maria-Theresien-Platz aus. Spätestens in dem enormen Innenhof wird aber klar, dass hier etwas ganz Neues entstanden ist, ein 60 000 m² großes Stadtbiotop der Künste, großzügig und zukunftsweisend.

Das Areal des heutigen MQ trug 300 Jahre lang das Stigma der unvollendeten Größe. Es begann damit, dass Kaiser Karl VI. im Jahr 1713 den Barockarchitekten Johann Fischer von Erlach damit beauftragte, auf dem Glacis draußen vor der Stadt kaiserliche Hofstallungen zu errichten. Der Idealplan wurde nie zur Gänze realisiert, die kaiserlichen Pferde fühlten sich hinter der längsten Barockfassade Wiens aber dennoch wohl.

Das Mumok ist aus nahezu schwarzem Basalt errichtet

Zu Beginn des 20. Jhs. änderten sich die Zeiten. Die Monarchie ging unter, durch die Erfindung des Automobils wurden die Pferde arbeitslos, und die riesige Stall- und Wagenburg brauchte kein Mensch mehr. Ab 1921 fand das ehemalige Luxusquartier der k.u.k. Pferde daher eine neue Verwendung als Messe- und Ausstellungsareal, es wurde zum Messepalast.

Das Leopold Museum wirkt durch den Muschelkalk strahlend weiß

Heiß umkämpfte neue Ideen

Gegen Ende des vorigen Jahrhunderts konnte von einem »Palast« kaum mehr die Rede sein. Die Barockfassade stand zwar noch, viele der Gebäude auf dem riesigen Areal aber verwitterten langsam vor sich hin – bis 1980 die Idee aufkam, den ganzen Komplex völlig anders zu nutzen. Von da an wurde gestritten.

Sechs Jahre, von 1980 bis 1986, dauerten zuerst einmal die Diskussionen über ein »Museumsquartier«. Mehrere Kommis-

Das Café *Leopold* wurde zu einem urbanen Kommunikationszentrum

sionen entwickelten Konzepte. Den Architektenwettbewerb gewann 1990 das Wiener Büro Ortner & Ortner. Damit ging es erst richtig los. Es hagelte Proteste, und eine Bürgerinitiative brachte sogar den geplanten »Leseturm« zu Fall.

Trotz aller Querelen war im April 1998 Baubeginn, und das größte Kulturprojekt der Zweiten Republik nahm seinen Lauf. Bei der Eröffnung 2001 war dann alles anders, jetzt war Jubel angesagt. Es zeigte sich, dass Ortner & Ortner ihr bestimmendes bauliches Motiv perfekt durchgezogen hatten: die gegenseitige Durchdringung von historischer und moderner Architektur, die spektakuläre Verbindung von Alt und Neu, von Kunst und Naherholung.

Ort der Vielfalt

Das MQ entwickelte sich zu einem aufregenden Kulturviertel und zu einem Ort der Vielfalt. Bildende und darstellende Kunst, Architektur, Musik, Mode, Film, neue Medien, Kinderkultur und kleine Kulturinitiativen finden ebenso Platz wie Museen und Ausstellungshäuser.

Den Innenhof des Gebäudekomplexes prägen drei große Bauten: das Leopold Museum mit seiner Verkleidung aus weißem Muschelkalk, das Museum Moderner Kunst Stiftung Ludwig Wien (Mumok) aus dunklem Basalt und mit sphärisch gekrümmtem Dach und der Ziegelbau der Kunsthalle Wien. Letzterer verbirgt sich hin-

Für Kinder

Als lustvoller Einstieg in die Welt der Museen ist das **Zoom Kindermuseum** gedacht. In dem Multimedialabor **Zoomlab** können sich Kids ab sieben Jahren an der Schnittstelle zwischen realer und virtueller Welt bewegen, als Regisseure, Soundmaster, Autoren und Akteure. Der **Zoom Ozean** entführt Kinder unter sechs Jahren in eine Zauberwelt unter Wasser, und das **Zoom Atelier** gibt kleinen Künstlern Gelegenheit, gestalterisch tätig zu werden.

Abends wird das MQ zu einer hochinteressanten Flaniermeile

ter der Halle E+G, der ehemaligen Winterreithalle, in der jetzt das Tanzquartier Wien untergebracht ist.

Im **Leopold Museum** ist die umfangreiche, ursprünglich private Sammlung von Rudolf Leopold zu sehen. Auf fünf Ebenen sind Werke österreichischer Künstler ausgestellt, den Schwerpunkt bildet die Malerei des 19. und 20. Jhs. Wien um 1900 ist mit Arbeiten von Gustav Klimt, Richard Gerstl, Koloman Moser und Oskar Kokoschka prominent vertreten. Das Highlight ist im Tiefgeschoss zu finden: die große Egon-Schiele-Kollektion, die mit ihren zahlreichen Zeichnungen auch international gesehen zu den herausragendsten der Welt zählt.

Im Eingangsbereich des MQ ist die Barockarchitektur erhalten

Das **Mumok** ist das größte österreichische Museum für moderne und zeitgenössische Kunst. Die Sammlungsschwerpunkte sind Klassische Moderne und Pop Art, Fotorealismus, Fluxus, Nouveau Réalisme und Wiener Aktionismus.

Dass Wien durch das MQ um eine gewaltige Attraktion reicher geworden ist, zeigen die Besucherzahlen: Im ersten Jahr kamen rund 2 Mio. Etwas mehr als die Hälfte besuchte Ausstellungen oder Veranstaltungen bis hin zu Festivals. Die andere Hälfte aber kam, um den Stadtviertelcharakter zu erleben und die Vorzüge des Areals als Naherholungsgebiet zu nutzen, zum Sitzen, Plaudern, Essen, Trinken, Flanieren und Shoppen.

KLEINE PAUSE

In der ***Kantine*** gibt es eine kleine, feine Tagesauswahl an warmen Speisen.

192 A2 · Wien 7., Museumsplatz 1 · 523 58 81, Infoline 0820 600 600 (nur in Österreich) · Leopold Museum Mi–Mo 10–19, Do bis 21 Uhr; Mumok Di–So 10–18, Do bis 21 Uhr · Museumsquartier · Tram 49, Bus 48A Volkstheater, Bus 2A Museumsquartier · teuer · www.mqw.at

MUSEUMSQUARTIER: INSIDER-INFO

Top-Tipp: Gehen Sie die Mariahilfer Straße ein kurzes Stück hinauf bis zum Einrichtungshaus Leiner (Wien 7., Mariahilfer Str. 18). Dort gibt es eine Cafeteria mit **Dachterrasse**, die den besten Überblick über das gesamte Areal des MQ gewährt.

Nach Lust und Laune!

Italien stand für die Fassade der Akademie der bildenden Künste Pate

2 Akademie der bildenden Künste

Die Fresken und die Terrakottafiguren in den Nischen zwischen den Bogenfenstern lassen schon die Fassade von Theophil Hansens Akademie der bildenden Künste auffallen. Das Innere ist durch die Aula mit den Deckenbildern von Anselm Feuerbach erst recht spektakulär. Die Gemäldegalerie von Weltruhm zeigt Werke aus fünf Jahrhunderten. Vertreten sind u. a. Bosch, Cranach d. Ä., Rubens und Rembrandt. Sehenswert ist vor allem das *Weltgerichts-Tryptichon* von Hieronymus Bosch mit seinen bizarren und gruseligen Bildphantasien. Das Kupferstichkabinett besitzt eine Fülle an Biedermeierbildern und alten Baurissen.

192 C2 Wien 1., Schillerplatz 3 588 16-0 Di–So 10–18 Uhr Karlsplatz Tram 1, 2, D, J Oper/Babenbergerstraße, Bus 59A Oper, 57A Babenbergerstraße teuer www.akbild.ac.at

4 Heldenplatz

Der Heldenplatz ist einer der schönsten Plätze der Stadt. Vom Haupteingang der Neuen Burg wirkt er wie ein Panoramabild: im Vordergrund die Reiterstandbilder von Erzherzog Karl und Prinz Eugen von Savoyen, rechts der Leopoldinische Trakt der Hofburg, der Amtssitz des Bundespräsidenten, dann die Silhouetten von Burgtheater, Rathaus und Parlament und das Äußere Burgtor mit dem Mahnmahl für die 1939–45 getöteten Widerstandskämpfer.

In der Neuen Burg sind unglaubliche Schätze zu finden: die herrlichen Lesesäle der Nationalbibliothek, das Ephesos-Museum, das Papyrus-Museum mit der größten Papyrussammlung der Welt (!) und etwas weiter zum Ring hin das Völkerkundemuseum.

Zu einem schicksalsträchtigen Ort wurde der Heldenplatz 1938, als Hitler vom Balkon über dem Haupteingang der Neuen Burg aus den »Anschluss« an das »Deutsche Reich« verkündete. Tausende jubelten – und später wollte niemand dabei gewesen sein. Der Makel ist geblieben.

192 B3 Volkstheater Tram 1, 2, D, J, Bus 2A Burgring

5 Volksgarten

Der Volksgarten ist ein Paradies für Rosenliebhaber. In den Beeten blühen Tausende von Rosen in allen nur erdenklichen Farben. Kleine Täfelchen weisen auf Persönlichkeiten hin, nach denen sie benannt sind. Ein historisches Kleinod ist der 1822 errichtete Theseustempel. Das romantische Denkmal für Kaiserin Elisabeth aus weißem Marmor ist eine Pilgerstätte für »Sisi-Fans«. Und in der kleinen Meierei sind die frechsten Spatzen der Stadt unterwegs. Sie setzen sich ungeniert auf den Tellerrand und holen sich ihren Teil vom Apfelstrudel.

192 B3 Herrengasse Tram 1, 2, D, J Dr.-Karl-Renner-Ring

Brandkatastrophe

In dem nichtssagenden Neubau schräg gegenüber der Börse (► 108) befindet sich das Polizeipräsidium. An diesem Platz stand das Ringtheater, das 1881 einem Brand zum Opfer fiel. In den Flammen kamen 400 Menschen ums Leben. Der Ringtheaterbrand zählt zu den legendären Katastrophen der Wiener Stadtgeschichte.

7 Mölker Bastei

Die Mölker Bastei ist einer der wenigen erhaltenen Reste der Befestigungsanlagen. Im Pasqualatihaus erinnern zwei Gedenkräume an Ludwig van Beethoven, der in diesem Haus unter anderem die Oper *Fidelio* komponierte (geöffnet Di–So 10–12.15/ 13–16.30 Uhr). Um die Ecke, in der Schreyvogelgasse, steht das »Dreimäderlhaus«. Es ist durch die gleichnamige Operette bekannt geworden, die sich um eine Romanze Franz Schuberts mit hier wohnhaften »drei Mäderln« dreht. Die Romanze ist frei erfunden, das hübsche Haus mit der Biedermeierfassade ist Realität.

192 B4 Schottentor Tram 1, 2, D Schottentor

8 Universität

Der Bau der Universität wurde 1870 in Angriff genommen. Heinrich Ferstel plante das Zentralgebäude im Stil der Neorenaissance. Die Uni Wien wurde übrigens schon 1365 gegründet und gilt als älteste deutschsprachige Universität. Leicht ist das Studentenleben heute nicht: Der Sparkurs der Regierung macht allen zu schaffen, dazu herrscht akute Raumnot und Mangel an modernen, technischen Hilfsmitteln.

192 B4 Wien 1., Dr.-Karl-Lueger-

Zur Rosenzeit ist der Volksgarten ein duftendes Paradies

Ring 1 Schottentor Tram 1, 2, D Schottentor

9 Börse

Eine ziegelrote Fassade kennzeichnet die Börse, die auf der rechten Seite des sonst eher uninteressanten Schottenrings thront. 1877 konnte die von Maria Theresia 1771 gegründete Börse nach zahlreichen Umzügen endlich in das von Theophil Hansen errichtete Gebäude einziehen. In den späten 1980er-Jahren erlebte die Börse dort Höhenflüge, sie war kurz sogar der am raschesten wachsende Finanzplatz der Welt. Heute ist sie überdies eine gute Adresse für Gourmets und Blumenfreunde.

192 C5
Wien 1., Schottenring 16 Schottentor Tram 1, 2, D, Bus 3A Börse

10 Rathaus

Es waren die Liberalen mit Kajetan Felder an der Spitze, die dem Kaiser 1870 die Zustimmung zum Bau eines Rathauses abrangen. Heute ist das 1872–83 von Friedrich Schmidt erbaute Rathaus das administrative Herz der Stadt. Das Rathaus hat alles, was ein neugotischer Prunkbau braucht: offene Arkaden, Loggien, Balkone, Spitzbogenfenster und reichen plastischen Schmuck. Der Festsaal ist der größte von ganz Österreich. Auf der Spitze des 98 m hohen Hauptturmes wacht der Rathausmann, ein Wahrzeichen Wiens. In den letzten Jahren hat sich der Platz vor dem Rathaus zu einem kommunikativen Zentrum entwickelt. Wo es früher nur am 1. Mai rundging, wenn sich die Sozialisten zu dem 1889 von Viktor Adler begründeten Maiaufmarsch versammelten, ist jetzt praktisch immer etwas los.

192 A4 Wien 1., Rathausplatz Gratisführungen Mo, Mi, Fr 13 Uhr Rathaus Tram 1, 2, D Rathausplatz/Burgtheater

In der Börse sind kulinarische Genüsse hoch im Kurs

11 Parlament

Mit seiner harmonisch gegliederten Fassade und der elegant geschwungenen Rampe gilt das Parlament als das künstlerisch wertvollste Bauwerk der Ringstraßenzeit. Das Gebäude wurde 1873–83 nach Plänen von Theophil Hansen errichtet. Es beherbergte in den letzten Jahrzehnten der Monarchie beide Kammern des damaligen Reichstages, das Abgeordneten- und das Herrenhaus. Die Schwierigkeit für den Architekten bestand darin, ein einziges Gebäude für beide zu bauen. Er löste das Problem, indem er ein Peristyl schuf, eine zentrale Halle mit 24 Marmorsäulen, und an die Längsseiten je einen würfelförmigen Saalbau angliederte. In ihnen tagen heute National- und Bundesrat. Der ultimative Schmuck des Gebäudes ist der Pallas-Athene-Brunnen (► 30).

192 A3 Wien 1., Dr.-Karl-Renner-Ring 3 Führungen Mo, Mi 10, 11, Di, Do 14, 15, Fr 11, 13, 14, 15 Uhr Lerchenfelder Straße Tram 1, 2, D, J, 46, 49 Stadiongasse/Parlament preiswert

Wohin zum ... Essen und Trinken?

Preise
Die Preisangaben gelten pro Person für ein Essen ohne Getränke.
€ unter 12 Euro **€€** 12–25 Euro **€€€** über 25 Euro

Restaurants

Halle €

Das Café-Restaurant der Kunsthalle Wien und der Wiener Festwochen liegt in der ehemaligen Winterreithalle. Der Stuck der Kaiserloge bildet einen interessanten Kontrast zum modernen Design. Die Küche ist jung, leicht und mediterran, die Frühstückskarte ist reichhaltig, mittags gibt es ein Menü und für zwischendurch Sandwiches. Im Sommer kann man im Haupthof im Freien sitzen.

192 A2 Wien 7., Museumsplatz 1 523 70 01 tägl. 10–2 Uhr Museumsquartier Tram 49, Bus 48A Volkstheater, Bus 2A Museumsquartier

Hansen €€

Eines der interessantesten Restaurants der Stadt liegt im Souterrain der Börse. Das Lokal geht nahtlos in das üppige Grün des Blumen-, Pflanzen- und Gartenbaugeschäfts der Firma Lederleitner über, entsprechend gut duftet es. In einer Schauküche entstehen mediterran-kreative Gerichte. Interessant ist auch die Frühstückskarte.

192 C5 Wien 1., Wipplingerstr. 34 532 05 42 Mo–Fr 9–21 Uhr (warme Küche bis 20 Uhr), Sa 9–17 Uhr (warme Küche bis 15 Uhr) Schottentor Tram 1, 2, D, Bus 3A Börse

Il Museo €

Das Café-Restaurant im Mumok hat einen Seiteneingang und ist daher nicht an die Öffnungszeiten des Museums gebunden. Auf der Karte stehen italienische Spezialitäten und täglich frischer Fisch. Im Gastgarten gibt es Snacks, Eis und Süßes. Besonders gemütlich sind die Weinbar und die Leselounge.

192 A2 Wien 7., Museumsplatz 1 525 00-14 40 tägl. 10–1 Uhr Museumsquartier Tram 49, Bus 48A Volkstheater, Bus 2A Museumsquartier

KHM/NHM €€€

Im Kunsthistorischen Museum und seinem naturhistorischen Zwilling kommen seit kurzem zum Kunstgenuss auch kulinarische Genüsse. Im Kuppelsaal des KHM gibt es jeden Donnerstag ein exquisites Abendbüfett und jeden Sonntag Brunch. Ein teurer Spaß, aber sicher schon allein wegen des Ambientes unvergesslich. Im Kuppelsaal des NHM bietet das Café *Nautilus* mittwochabends ein dreigängiges saisonales Menü.

192 B2 Wien 1., Burgring 5 bzw. 7 KHM: 526 13 61; NHM: 260 69–24 98 KHM: Di–So 10–18, Do bis 22 Uhr; NHM: Mi–Mo 9–18.30, Mi bis 21 Uhr Volkstheater Tram 1, 2, D, J, Bus 2A, 57A Burgring

Korso €€€

Reinhard Gerer, oft als der kreativste unter den kreativen Wiener Spitzenköchen bezeichnet, sorgt schon seit Jahren in diesem Gourmettempel für Qualität auf höchster Ebene. Haute Cuisine, Spitzenweine und der hochelegante Rahmen machen ein Essen zum Erlebnis. Neuerdings gibt es auch einen Schanigarten namens *Cabrio* vor dem Lokal an der Hinterseite des Hotel *Bristol*. Hier reicht man an einigen Bartischen in der frischen Luft köstliche Kreationen für den kleinen Appetit.

193 D2 Wien 1., Mahlerstr. 5 51 51 65 46 So–Fr 12–14/18–23, Sa 18–23 Uhr Oper Tram 1, 2, D, J, Bus 3A Kärtnerring/Oper

Sacher €€€

Traditionelle Wiener Eleganz pur, dafür garantiert ein Essen oder ein Kaffee im *Sacher*. Das Restaurant *Anna Sacher* ist mit einer Gemäldesammlung von Anton Faistauer und den ersten elektrischen Kronleuchtern in Wien ausgestattet. Die *Rote Bar* hat einen Wintergarten mit Blick zur Staatsoper, der im Sommer durch versenkbare Fenster zu einer Terrasse wird. Ab 19 Uhr tafelt man bei Pianomusik. Für das *Sacher* gilt: einmal im Leben muss man den weltberühmten Tafelspitz (gekochtes Rindfleisch) gekostet haben, und danach die Original Sacher-Torte.

192 C2 Wien 1., Philharmonikerstr. 4 514 56 Anna Sacher tägl. 12–15/18–24 Uhr (warme Küche bis 23.30 Uhr); Rote Bar tägl. 12–24 Uhr (warme Küche bis 23.30 Uhr); Café Sacher tägl. 8–24 Uhr Oper Tram 1, 2, D, J, Bus 3A Kärtnerring/Oper

Sacher Eck' €€

Wer *Sacher*-Genüsse nicht zelebrieren, sondern in angemessenem Tempo kennen lernen will, hat dazu neuerdings hier Gelegenheit. Die lichtdurchflutete Atmosphäre, die Hochtische mit Barhockern und die elegante Bar sind der überaus stilvolle Rahmen für einen leichten Snack und ein Glas Wein zwischendurch.

193 D2 Wien 1., Philharmonikerstr. 2 514 56-699 tägl. 9–1 Uhr Oper Tram 1, 2, D, J, Bus 3A Kärtnerring/Oper

Shambala €€

Innovativ und cool gestylt sind Bar und Restaurant im neuen Hotel *Le Meridien* am Opernring. Hier dominieren violetter und lila Filz sowie hellbeiges Leder, alles getaucht in rosa Licht. Die Küche gibt sich international: neue französische Küche mit Einflüssen aus aller Welt, darunter asiatisch, nordafrikanisch und europäisch. Die Bar wechselt dreimal täglich die Farben: Vormittags ist sie grün beleuchtet, mittags blau und abends pink. Angestrahlte Milchglaswände bilden Kuben, in die man sich wie in eine Loge zurückziehen kann.

192 C2 Wien 1., Robert-Stolz-Platz 1 588 90-0 tägl. 6.30 bis 24 Uhr (warme Küche bis 23 Uhr), Barbetrieb tägl. 11–1 Uhr Oper Tram 1, 2, D, J, Bus 3A Kärtnerring/Oper

Smutny €

Hier findet man herrliche alte Kacheln in Dunkelgrün und den Duft der Kaiserzeit. Das älteste Wiener Budweiser-Bierlokal ist für seine urtypische Wiener und Böhmische Küche berühmt. Zu den Stammgästen zählen Darsteller und Musiker der nahen Staatsoper und des Theaters an der Wien ebenso wie die Professoren und Studenten der Akademie der bildenden Künste. Die Menüs wechseln täglich, dazu kommen saisonbedingte Köstlichkeiten zur Spargel-, Schwammerl- oder Wildzeit. Für vierbeinige Gäste sieht die Speisekarte das Hundemenü »WUFF!« vor.

192 C2 Wien 1., Elisabethstr. 8 587 13 56 tägl. 10–24 Uhr (warme Küche bis 23 Uhr) Oper Tram 1, 2, D, J, Bus 3A Kärtnerring/Oper

Una €

Das Restaurant des Architekturzentrums Wien ist besonders interessant gestaltet: Die französischen Architekten Anne Lacaton und Jean-Philippe Vassal statteten die Deckengewölbe mit türkischen Fliesen aus. In dem orientalisch angehauchten Ambiente gibt es außer dem Mittagsmenü österreichische, italienische und amerikanische Küche. Im Sommer wird auch im Garten serviert.

192 A2 Wien 7., Museumsplatz 1 523 65 66 Mo–Fr 9–24, Sa 10–24,

So 10–19 Uhr Museumsquartier
Tram 49, Bus 48 A Volkstheater, Bus 2A Museumsquartier

Vestibül €€

Die elegante Großstadtbrasserie befindet sich an einem der weihevollsten Orte Wiens, im Burgtheater. Das Ambiente ist unüberbietbar, und auch der Gastgarten zählt schon allein wegen seiner Lage zu den schönsten der Stadt. Die Küche ist ambitioniert, leicht, aber auch wienerisch. Eines der beliebtesten Gerichte ist das »Kalbsbeuschel« (Kalbslunge) mit Schnittlauchknödel.

192 B4 Wien 1., Dr.-Karl-Lueger-Ring 2 532 49 99 Mo–Fr 11–24, Sa ab 18 Uhr (warme Küche 11–14.30/18–23 Uhr) Rathaus, Herrengasse Tram 1, 2, D Burgtheater

Cafés

Kurkonditorei Oberlaa

Die *Kurkonditorei Oberlaa* am Neuen Markt ist eine der ersten Adressen für exquisites Konfekt, herrliche Torten und erstklassiges Essen. Entsprechend groß ist oft das Gedränge. Im Lokal in der Babenbergerstraße gegenüber dem Kunsthistorischen Museum ist es weniger schlimm – und das bei gleicher Qualität (Kurbadtorte!) Das Konfekt eignet sich übrigens hervorragend als süßes Mitbringsel aus Wien!

192 B2 Wien 1., Babenbergerstr. 7 586 72 82 Mo–Sa 8–19, So 10–19 Uhr Museumsquartier Tram 1, 2, D, J, Bus 2A, 57A Burgring

Landtmann

1873 wurde »Wiens eleganteste Kaffeelocalität« eröffnet. Seither ist dieses Ringstraßencafé mit seiner großen Terrasse zur Institution geworden. Zu den Gästen zählten Sigmund Freud, »die« Dietrich, Romy Schneider, Burt Lancaster, Hillary Clinton und Paul McCartney. Die erstklassige Küche und die verführerischen Mehlspeisen genießen die Schauspieler vom gegenüberliegenden Burgtheater ebenso gerne wie die Politiker aus dem nahen Rathaus und Parlament und den Parteizentralen.

192 B4 Wien 1., Dr.-Karl-Lueger-Ring 4 24 100-0 tägl 7.30–24 Uhr Rathaus, Herrengasse Tram 1, 2, D Burgtheater

Meierei Volksgarten

Kein Gourmettempel und kein Nobelcafé, dafür aber ein Stück liebenswertes Wien, das ist die Meierei im Stadtpark. Seit 1930 versorgt sie Spaziergänger in ihrem hübschen, kreisrund um das kleine Gebäude in der Mitte angelegten Gastgarten mit Kaffee, kleinen Imbissen und den Klassikern der Wiener Küche.

192 B3 Wien 1., Volksgarten 533 21 05 1. April–26.Okt. je nach Wetter tägl. 8–20 Uhr Herrengasse Tram 1, 2, D, J, Bus 2A, 57A Burgring

Schottenring

Das 1879 gegründete Ringstraßencafé gegenüber der Börse gibt sich klassisch und zukunftsorientiert zugleich. Die feine Mehlspeisenküche und die Livemusik halten die Tradition hoch, und die Web-Surfstation spricht junge Besucher an. Insgesamt ist es ein Kaffeehaus wie es sein soll: solide, unauffällig, nicht gestylt und doch elegant.

192 C5 Wien 1., Schottenring 19 315 33 43 Mo–Fr 6.30–23, Sa/So 8–21 Uhr Schottentor Tram 1, 2, D, Bus 3A Börse

Sluka

Die Arkaden beim Rathaus beherbergen eine Café-Konditorei, die höchste Ansprüche erfüllt: Beim *Sluka* treffen sich Beamte des Rathauses zu einem süßen oder pikanten Imbiss oder zu Kaffee und Torte – und dass dabei das eine oder andere politische Thema durchdiskutiert wird, ergibt sich ganz von selbst.

192 A4 Wien 1., Rathausplatz 8 405 71 72 Mo–Fr 8–19, Sa 8–17.30 Uhr Rathaus Tram 1, 2, D Rathausplatz/Burgtheater

Wohin zum ... Einkaufen?

Die westliche Ringstraße zählt nicht zu den Shoppingmeilen der Stadt. Wer einen Blick in die Shops der Museen und in einige spezielle Läden wirft, wird aber dennoch hübsche Dinge finden.

Museumsshops

Im **Museumsquartier** gibt es einiges zu kaufen. Eigene Shops betreiben das Architekturzentrum, die Kunsthalle Wien, das Leopold Museum und das Mumok. Sie führen Bücher, Kunstdrucke, T-Shirts, Taschen und zahllose hübsche Kleinigkeiten, die das Herz erfreuen. Neben dem Shop der Kunsthalle Wien hat die Lomographische Gesellschaft den weltweit ersten **Lomoshop** eingerichtet, dort gibt es alles rund um die kultigen Fotokameras. Der kleine **Cheap Shop** im Quartier 21 hat eine große Auswahl an Tonträgern und eine Infoplattform zum Surfen. Und im **MQ daily**, dem Biogeschäft beim Haupteingang, gibt es feinste biologische Produkte, Snacks und ein Stehcafé.

Auch im **KHM** und im **NHM** kann man zwischen den Kunstdrucken, Nachbildungen ausgestellter Objekte, Schmuckstücken und Büchern lange stöbern.

Verschiedene Geschäfte

Sädtler Classic (Opernring 13) ist der exklusive Laden für alles, was stilvoll blüht, grünt und duftet.

Tee für alle Lebenslagen, darunter echte Raritäten und alles, was das Teetrinken sonst noch zu einem Erlebnis macht, ist in **Demmers Teehaus** (Mölker Bastei 5) zu finden.

Die original Sacher-Torte im Holzkistchen, verpackt als »süßen Gruß aus Wien«, gibt es in der **Sacher Confiserie** (Philharmonikerstr. 4) zu kaufen.

Wohin zum ... Ausgehen?

An der westlichen Ringstraße ist in der Staatsoper und im Burgtheater die hohe Kunst beheimatet. Abgesehen davon ist in diesem Teil der Stadt abends nicht viel los. Auch Abendlokale und Kneipen sind hier, vom MQ einmal abgesehen, dünn gesät. Zum Abtanzen aber gibt es Gelegenheit.

Gesellschaftstanz steht von Anfang Mai bis Mitte September im Mittelpunkt des Tanzcafés im **Volksgarten** (Heldenplatz, Tel. 533 05 18, ab 22 Uhr). Freitags und samstags gibt es ein gemischtes Programm mit Boogie Woogie, Rock 'n' Roll und allen Standard- und lateinamerikanischen Tänzen. Es gibt einen Outdoor- und für Schlechtwetter einen Indoor-Dancefloor. In der Volksgarten Diskothek geht ganzjährig bei Clubbings, Hip-Hop, House und Hits der 1970er-Jahre die Post ab!

Die Passage (Burgring/Ecke Babenbergerstr., Tel. 961 88 00) steht für Clubculture unter dem Ring: Ursprünglich wurde die Babenberger Passage zwischen Hofburg und Kunsthistorischem Museum als Fußgängerunterführung geplant. Das erwies sich als Flop und die Passage stand jahrelang leer. Jetzt wurde sie von der Veranstaltergruppe Sunshine Enterprises als cooler Club wiederbelebt. In futuristischem Ambiente mit flexiblen Designelementen und aufwändiger Lichtanlage steht gepflegter Clubsound, Dance- und Housemusic auf dem Programm.

Immer beliebter wird das **Café Leopold** im MQ (Museumsplatz 1, Tel. 523 67 32, So–Mi 10–2, Do–Sa bis 4 Uhr), das Wien ein völlig neues urbanes Feeling beschert hat. Hier gibt es abends Barbetrieb, Essen nach Mitternacht und Videoprojektionen österreichischer Experimentalfilmer.

Schönbrunn und Wiental

Erste Orientierung

Sucht man in Wien ein starkes Symbol für eine ganze Ära, dann findet man es in Schönbrunn. Nichts repräsentiert die Kaiserzeit so sehr wie das prachtvolle Schloss und sein Park. Das Wiental hingegen zeigt, wie sehr die Stadt bis heute der Kunst und den Sinnenfreuden zugeneigt ist.

Das Schloss, der einzigartige Park und der älteste Tiergarten der Welt, das alles macht Schönbrunn zu einem prachtvollen Aushängeschild von Wien, ja von ganz Österreich. Die gesamte Anlage ist seit langem in die Liste des Weltkulturerbes eingetragen. Tatsächlich vermittelt sie wie kaum ein anderer Ort den Sinn des Kaiserhauses für elitäre Schönheit. Hier ist der einstige Glanz der Habsburger-Monarchie noch lange nicht verblasst.

Weiter stadteinwärts, im Wiental, liegen die höchst außergewöhnlichen Bauten der Secession und der Karlskirche und die großen, weltberühmten Musiktempel wie der Musikverein und das Konzerthaus. Auf dem Weg dorthin locken kulinarische Genüsse. Entlang des bunten, quirligen Naschmarktes sind in letzter Zeit zahlreiche Restaurants entstanden, die Multikulti-Essen vom Feinsten bieten.

S. 113: Schloss Schönbrunn, eine der am häufigsten besuchten Attraktionen Österreichs

Links oben: Der Pinguin wohnt im Tiergarten von Schönbrunn

Rechts: Auf dem Naschmarkt macht das Einkaufen richtig Spaß

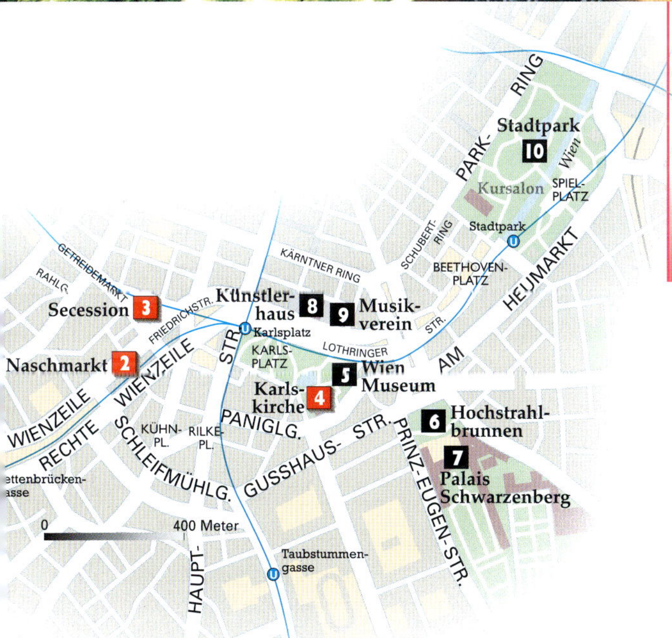

★ Nicht verpassen!

1. **Schloss Schönbrunn** ➤ 118
2. **Naschmarkt und Wienzeile** ➤ 123
3. **Secession** ➤ 126
4. **Karlskirche** ➤ 128

Nach Lust und Laune!

5. Wien Museum ➤ 130
6. Hochstrahlbrunnen ➤ 130
7. Palais Schwarzenberg ➤ 130
8. Künstlerhaus ➤ 131
9. Musikverein ➤ 131
10. Stadtpark ➤ 131

Dieser Tag steht ganz im Zeichen des Genusses. Zuerst bekommen Sie in Schloss und Park Schönbrunn Architektur und Gartenkunst von vollendeter Schönheit zu sehen, danach gehen Sie auf dem Naschmarkt auf kulinarische Weltreise, und zum Abschluss des Tages steht klassische Musik auf dem Programm.

Schönbrunn und Wiental an einem Tag

9 Uhr

Beginnen Sie diesen Tag in der Sommerresidenz der Habsburger, in **1 Schloss Schönbrunn** (➤ 118). Sobald Sie das Schloss von außen sehen, werden Sie verstehen, warum es in die erhabene Unesco-Liste des Weltkulturerbes aufgenommen wurde. Dieser Eindruck verstärkt sich, wenn Sie im Inneren einige der prachtvollen Räume durchschreiten: das Arbeitszimmer des Kaisers, das Große Rosa Zimmer, den anschließenden Spiegelsaal, in dem das »Wunderkind« Mozart Maria Theresia etwas vorspielte, und das herrliche Porzellanzimmer.

11.30 Uhr

Wieder im Freien, heißt es nach der Rokokopracht tief durchatmen. Der Spazierweg durch das sorgfältigst zurechtgestutzte und nach allen Regeln der barocken Gartenkunst gepflegte Grün des Parks ist nun eine wahre Freude. Bei der Gloriette (oben) angekommen, können Sie dann einen Blick auf das Schloss und auf Wien genießen, der nahezu unwirklich schön ist. Bleiben Sie hier ruhig ein Weilchen, vielleicht bei einem erfrischenden Getränk im Café *Gloriette* (➤ 134) sitzend.

13.30 Uhr

Beim Mittagessen haben Sie an diesem Tag die Qual der Wahl. Auf dem **2 Naschmarkt** (rechts; ➤ 123), den Sie mit der U 4 erreichen, umgeben Sie Wolken der unterschiedlichsten Gerüche. Hier wird türkisch und italienisch, indisch und japanisch, thailändisch und chinesisch gekocht und ein Gericht duftet und schmeckt besser als das andere. Da hilft nichts, als einfach bummeln und durchkosten.

15 Uhr

Am Ende des Naschmarktes erwartet Sie ein vollkommen anderes Highlight der Wiener Architektur, die geradlinig gestaltete, von ihrer Kuppel aus goldenem Lorbeerlaub bekrönte **3 Secession** (➤ 126). Versäumen Sie nicht, einzutreten und dieses interessante Bauwerk von innen zu betrachten – Klimt's *Beethoven-Fries* wartet auf Sie!

16 Uhr

Nach einem Kaffee oder einem Glas Wein in dem kleinen Café hinter der Secession überqueren Sie den Karlsplatz und schreiten zur Besichtigung der **4 Karlskirche** (➤ 128). Der helle Kirchenraum, die große, wie schwebend wirkende ovale Kuppel und die herrlichen Barockfresken, das alles wird Sie beeindrucken.

17 Uhr

Spazieren Sie noch über den neu gestalteten Schwarzenbergplatz zum **6 Hochstrahlbrunnen** (unten; ➤ 130), und gönnen Sie sich dann eine Rast. Denn an diesem Abend sollten Sie fit sein, er gehört nämlich der klassischen Musik im Konzerthaus (➤ 136) oder im **9 Musikverein** (➤ 131). Und nach den herrlichen Klängen der Philharmoniker oder Symphoniker empfiehlt sich ein angemessen stilvoller Gute-Nacht-Trunk in der Bar des Palais Schwarzenberg.

1 Schloss Schönbrunn

Die Sommerresidenz der Habsburger mit ihrer barocken Parklandschaft und dem ältesten Tiergarten der Welt ist eines der bedeutendsten Kulturdenkmäler des Landes. Die imperiale Schlossanlage liegt im Westen Wiens und wurde 1997 in die Unesco-Liste des Weltkulturerbes aufgenommen.

Alles begann damit, dass Kaiser Maximilian II. 1559 den Herrensitz in der ehemaligen Katterburg kaufte, zu einem Jagdschloss ausbaute und einen ersten Tiergarten für Edelfische und Jagdwild anlegte. »Was für ein schöner Brunnen!«, befand Kaiser Matthias 1612, als er durch dieses Jagdrevier spazierte, und so kam das Anwesen später zu seinem Namen.

Nach der Verwüstung bei der Türkenbelagerung 1683 baute Johann Bernhard Fischer von Erlach 1696–1700 im Auftrag von Leopold I. für dessen

Sohn Joseph I. die kaiserliche Residenz Schloss Schönbrunn. Das gigantische Bauvorhaben auf dem Gloriettehügel sollte Versailles in Prunk und Glanz übertreffen, was sich allerdings als nicht realisierbar erwies, und so wurde das Schloss in einer Sparvariante gebaut und blau-rosa gestrichen. Das typische »Schönbrunner Gelb« wurde erst 1752 aufgetragen.

1728 erwarb Karl VI. die Anlage und schenkte sie seiner Tochter Maria Theresia. In ihrer Regierungszeit baute der Hofarchitekt Nikolaus Pacassi Schönbrunn zu einem Residenzschloss im Rokokostil aus. Eine glanzvolle Epoche begann, das Schloss wurde zum Mittelpunkt des höfischen und politischen Lebens. Alljährlich im Sommer übersiedelte der gesamte Hof mit 2000 Dienern, Zofen, Gärtnern und Handwerkern von der Hofburg nach Schönbrunn. Maria Theresia kümmerte sich um die Ausstattung des Schlosses, ihr Gemahl Franz Stephan um den Garten.

Vom Neptunbrunnen aus hat man einen herrlichen Blick auf das Schloss

Als Maria Theresia starb, waren Schloss, Park und Gloriette fertig. Später bewohnten Kaiser Franz Joseph I. und Kaiserin Elisabeth das Schloss regelmäßig, Franz Joseph wurde in Schönbrunn geboren und starb hier. 1918 unterschrieb Kaiser Karl I. im blauen Salon seinen Regierungsverzicht. Nach der Beseitigung der schweren Bombenschäden aus dem Zweiten Weltkrieg wurden die Schauräume 1948 wieder eröffnet.

Ein Rundgang durch das Schloss

Das Schloss hat 1441 Räume, 40 davon können besichtigt werden. Dazu zählen die Apartments von Franz Joseph und Elisabeth im Westflügel, der Mitteltrakt mit den Festsälen und Repräsentationsräumen sowie die kostbaren Audienzzimmer des Kaiserpaares Maria Theresia und Franz Stephan im Ostflügel. Besonders sehenswert sind das **Arbeitszimmer** des Kaisers mit den Porträts von Franz Joseph und Sisi, der prunkvolle **Spiegelsaal**, in dem das erste

Für Kinder

Im Schloss gibt es ein Kindermuseum und eigene Führungen für Kinder, in denen alles über das Leben der Kaiserkinder, Kleidung und Erziehung erzählt wird (Sa/So und feiertags 10.30, 14.30 Uhr, Juli/Aug. auch Mo–Fr 14.30 Uhr).

Konzert des sechsjährigen Mozarts vor Maria Theresia stattfand, und die **Chinesischen Kabinette**. Als Napoleon 1805 und 1809 Wien besetzte und Schönbrunn als Hauptquartier wählte, schlief er vermutlich in dem heute als **Napoleon-Zimmer** bekannten Raum. Sein Sohn, Herzog von Reichstadt, wuchs in Schönbrunn auf und starb hier mit nur 21 Jahren. Die Habsburger-Kaiser haben an der Ausstattung der Zimmer persönlich mitgearbeitet: Die Entwürfe zur Dekoration des **Porzellanzimmers** wurden vermutlich von Maria Theresias Schwiegertochter Isabella von Parma, der ersten Gemahlin Kaiser Josephs II., angefertigt. Die 213 blauen Tuschezeichnungen stammen von Kaiser Franz I. Stephan und einigen seiner Kinder. Im westlichen Seitenflügel befindet sich das **Schlosstheater**, in dem auch heute noch Aufführungen statt-

Rechts: Das Ölgemälde von Eduard Ender zeigt den kleinen Mozart bei Kaiserin Maria Theresia

finden. In der ehemaligen Winterreitschule kann man die **Wagenburg** besichtigen, eine Sammlung historischer Prunk- und Gebrauchswagen.

Kaiserliche Prachtentfaltung in Vollendung: der Spiegelsaal

Der barocke Schlosspark

Südlich des Schlosses erstreckt sich der 185 ha große, frühbarocke Park, der bereits 1695 im französischen Stil angelegt wurde. Maria Theresia ließ den Garten nach 1770 neu gestalten: Am Fuße des Schönbrunner Berges entstand der **Neptunbrunnen** (von 10–14 Uhr in Betrieb) und auf der Bergkuppe die **Gloriette**. Vom Dach des Pavillons in Form eines dreiteili-

gen Triumphtores, das reich an Verzierungen und Symbolen ist, hat man eine großartige Aussicht auf Wien. Die mythologischen Figuren entlang des **Großen Parterres** entstanden ebenso unter Maria Teresia wie der **Obeliskbrunnen** und die **Römische Ruine** unweit des namensgebenden **Schönen Brunnen**. Im westlichen Teil des Parks liegen der historische **Irrgarten**, der **Tiergarten Schönbrunn** und der **Botanische Garten**. Das monumentale **Palmenhaus** wurde 1882 fertig gestellt und ist für seine Orchideenzucht weltbekannt. Ganz in der Nähe entstand 1904 als letztes Bauunternehmen des Kaiserhofes das Sonnenuhrhaus, das heute als **Wüstenhaus** das tierische und pflanzliche Leben in der Wüste zeigt.

Der Tiergarten

Bereits 1570 existierte auf dem Schönbrunner Gelände ein Wildpark, der Bau der ersten Menagerie ist dem Gemahl Maria Theresias, Franz Stephan, zu verdanken. Zentrum und bis heute Kernstück dieser Anlage ist der **Frühstückspavillon des Kaisers**, um den 13 Gehege, die zum Teil noch erhalten sind, angeordnet wurden. Die erste Giraffe sorgte 1828 für enormes Aufsehen in Wien: Hüte, Frisuren, Trinkgefäße, Gebäck – alles war plötzlich »à la Giraffe«.

1906 kam im Tiergarten zum ersten Mal ein Elefant in einem Zoo zur Welt. Fast 100 Jahre später zählen die hier geborenen Elefantenkinder Abu und Mongu zu den Lieblingen der Zoobesucher. Großzügige Gehege und artgerechte Lebensräume prägen heute den modernen Tiergarten. In einem riesigen Waldgehege heulen die Wölfe, im Regenwaldhaus gehen zweimal täglich (14.15/15.15 Uhr) Tropengewitter nieder und die Geparde jagen ihre Beute, die von einem umgebauten Skilift durchs Gehege gezogen wird. Das Panda-Pärchen frisst täglich seine rund 60 kg Bambus, im Polarium tauchen Pinguine und Robben, während sich im

Vom Café in der Gloriette genießt man einen herrlichen Blick

Aquarien- und Terrarienhaus unter anderem kleine Nemo-Clownfische tummeln.

KLEINE PAUSE

Das schönste Ambiente im Zoo bietet das **Café im ehemaligen Frühstückspavillon des Kaisers** im Zentrum der Gehege. Etwas rustikaler ist der ***Tirolerhof***, den Sie an dem Gehege der Wölfe vorbei auf der Anhöhe finden. Im Schlosspark können Sie sich im **Café in der Gloriette** (► 134) stärken, etwas abseits im Osten gelegen, verströmt die ***Meierei*** im Kronprinzengarten den Charme der 1950er-Jahre – hierher verirren sich kaum Touristen und es gibt köstliche Kuchen!

Unter der Glas- und Eisenkonstruktion des Palmenhauses gedeihen tropische Pflanzen

Schloss Schönbrunn

198 B/C3 · Wien 13., Schönbrunner Schlossstr. · 81 11 32 39 · Schloss April–Juni/Sept./Okt. 8.30–17 Uhr, Juli–Aug. 8.30–18 Uhr, Nov.–März 8.30–16.30 Uhr; Park April–Okt. ab 6 Uhr, Nov.–März ab 6.30 Uhr bis Einbruch der Dunkelheit · Schönbrunn · Tram 10, 58, Bus 10A Schloss Schönbrunn · teuer · www.schoenbrunn.at

Tiergarten Schönbrunn

198 A2 · Wien 13., Maxingstr. 13b · 877 92 94-0 · tägl. ab 9 Uhr; Schließzeiten Feb. 17 Uhr, März, Okt. 17.30 Uhr, April 18 Uhr, Mai–Sept. 18.30 Uhr, Nov.–Jan. 16.30 Uhr · Hietzing · Tram 10, 58, Bus 10A, 51A, Kennedybrücke, Hietzing · teuer · www.zoovienna.at

SCHLOSS SCHÖNBRUNN: INSIDER-INFO

Top-Tipps: Besonders interessant sind die **Fütterungen im Zoo:** Affen 10, 14.30 Uhr, Koalas 10.15 Uhr, Mähnenrobben 10.30, 15.30 Uhr, Königspinguine 11 Uhr, Mandrille 14 Uhr, Geparde Mo, Mi, So 15 Uhr, Tiger/Jaguare So–Di, Do/Fr 14 Uhr, Wölfe So–Di, Do/Fr 11 Uhr, Schmutzgeier So 11.30 Uhr, Elefanten 16 Uhr.

- Wenn Sie länger Zeit haben, kaufen Sie den ***Schönbrunn Pass Gold***: Das Ticket ist ein Jahr lang gültig und beinhaltet den Eintritt zu sämtlichen Sehenswürdigkeiten des Areals (jeweils einmal) sowie diverse Ermäßigungen.
- In der Orangerie finden nahezu täglich **Schlosskonzerte** statt. Infos und Tickets unter Tel. 812 50 04.
- Ein Erlebnis für Kinder ist das **Marionettentheater** im Hofratstrakt. Infos und Tickets unter Tel. 817 32 47.

Geheimtipp: Vor der Ostfassade des Schlosses – direkt über der ehemaligen Hofküche – finden Sie den wunderschönen **Kronprinzengarten** (April–Okt. ab 9 Uhr). Die Blumenbeete im ältesten Gartenteil Schönbrunns wurden nach Stickereimustern angelegt, ein romantischer Laubengang, Pavillons und Zitrusbäume machen den Garten vor Kronprinz Rudolphs ehemaligen Apartments absolut sehenswert!

2 Naschmarkt und Wienzeile

Der Fluss, der Wien seinen Namen gab, ist längst nicht mehr das idyllische Bächlein von einst, sondern ein dünnes Rinnsal. Und aus dem »Kaiserboulevard«, der über dem Wienfluss nach Schönbrunn führen sollte, ist nie etwas geworden. Dort, wo der Wienfluss überdacht wurde, befindet sich heute dennoch ein hochinteressanter Stadtteil.

Der Wienfluss hat ein schweres Schicksal hinter sich. Im Mittelalter gedieh an seinen Ufern noch Wein, aber dann ging es rapid bergab. Zuerst siedelten sich Färber an und verschmutzten das Wasser, später kamen Sägewerke und Mühlen und dann die Industrie. Um 1900 war der Wienfluss tot und stank.

Samstags wird der Naschmarkt durch einen Flohmarkt ergänzt

Aber weil das Sterben in Wien immer etwas mit Pomp zu tun hat, wurde auch der Wienfluss zu einer prachtvollen Leich'. Mit ihrer Inszenierung wurde Otto Wagner beauftragt. Er begradigte den Wienfluss um 1900, tiefte seine Sohle ein und baute Ufermauern, von denen aus das Flussbett überwölbt werden sollte. Nie hat es ein Projekt gegeben, das dem Charakter einer Stadt besser entsprochen hätte als dieses: In den letzten Jahren der sterbenden Monarchie sollte über einem gestorbenen Fluss ein Prachtboulevard gebaut werden, der »Kaiserboulevard«.

Auch der Ausgang dieses Projektes ist typisch. Es begann noch üppig mit der Überwölbung des Flusses beim Stadtpark, dann kamen der völlig misslungene Karlsplatz und die Prachtbauten entlang der Wienzeile. Alles andere ging unter wie die Monarchie. Aus dem »Kaiserboulevard« wurde ein Torso, ein 500 m langer Tunnel vom Stadtpark bis zum Ende des Flohmarktes (U-Bahn: Kettenbrückengasse).

Bemerkenswerte Bauwerke

Von Schönbrunn kommend, sticht am Ende dieses Tunnels die **Station Kettenbrückengasse** ins Auge. Die von Otto

Theater an der Wien

Gegenüber vom Naschmarkt liegt das Theater an der Wien, eines der traditionsreichsten Theater der Stadt. Es wurde 1798 bis 1801 erbaut, aus dieser Zeit ist aber nur das Papagenotor in der Millöckergasse erhalten. In diesem Theater wurden berühmte Werke uraufgeführt, darunter 1791 Mozarts *Zauberflöte*, 1805 Beethovens *Fidelio* und 1874 Johann Strauß' *Fledermaus*. 1945–55 war das Theater an der Wien das Ausweichquartier für die zerbombte Staatsoper. In den 1980er-Jahren wurde es zur ersten Musicalbühne Wiens mit Publikumserfolgen wie *Cats*. In nächster Zukunft soll es wieder eine Opernbühne werden.

Wagner errichtete Stadtbahnstation wurde vor wenigen Jahren stilgetreu renoviert. Rund 100 m weiter stadteinwärts sind in der Linken Wienzeile zwei weitere Schmuckstücke des Architekturpioniers zu bewundern, das **Majolikahaus** (Nr. 40) und daneben das mit Medaillons von Koloman Moser verzierte **Eckhaus zur Köstlergasse** (Nr. 38, ➤ 24).

Auf dem Areal gegenüber geht es samstagvormittags immer turbulent zu. Hier findet der **Flohmarkt** (➤ 135) statt und im Anschluss daran der Bauernmarkt, auf dem Rustikales angeboten wird, vom Selchfleisch bis zum Biogemüse.

Auf dem Naschmarkt sind Obst und Gemüse von erster Qualität

Der Naschmarkt

Ein Kosmos für sich ist der sich anschließende Naschmarkt. Er begann um 1775 als Milchmarkt und wurde später zum Obst- und Gemüsemarkt im Bereich des Karlsplatzes. Nach der Überwölbung des Wienflusses übersiedelte er an seinen heutigen Platz. In seiner alten Form existiert er nur noch am stadtauswärts gelegenen Ende. Dort sind die »Standln« noch richtige Bretterbuden, Obst und Gemüse sind billig, und gefeilscht wird in allen Sprachen des ehemaligen Vielvölkerstaates.

Je weiter man Richtung Stadt kommt, desto nobler wird der Markt. In der Mitte haben Türken, Perser, Chinesen, Japaner und Griechen ein multikulturelles Kleinklima geschaffen. Sie verkaufen Obst, Gemüse, Fleisch, Käse und Oliven, betreiben Imbisslokale und Restaurants, und alles ist in eine Duftwolke von Kebab eingehüllt.

Das obere, stadteinwärts gelegene Ende des Naschmarktes hat sich in jüngster Vergangenheit gemausert.

Dort haben sich Luxusläden mit exquisiten, hochpreisigen Delikatessen etabliert (► 135). Daneben sind interessante, trendige Restaurants mit Schanigärten entstanden, in denen es von asiatischer Küche bis zu edlem Meeresgetier alles gibt.

Nach der Secession (► 126) mündet die Wienzeile in den **Karlsplatz**. Spätestens seit der Überwölbung des Wienflusses ist dieser Platz ein verkehrstechnisches Desaster. Und er hat auch sonst ein schlechtes Charisma. Nach dem Zweiten Weltkrieg war hier der Resselpark das Zentrum des »Schleichhandels«, und heute spielt sich in den Zugängen der U-Bahn die Drogenszene ab.

Stilmix auf dem Karlsplatz: Musikvereinsgebäude und Wagners Stadtbahnstation

Das Obst am Naschmarkt ist so gut, dass man sich drin eingraben könnte!

KLEINE PAUSE

Die verschiedensten Köstlichkeiten locken hier auf Schritt und Tritt (► 133). Einen wirklich feinen italienischen Snack bekommen Sie im ***Piccolo Gourmet*** (► 135).

---

192 B1 ✉ Wien 6., Naschmarkt ⊙ Verkaufsstände Mo–Fr 6–18.30, Sa 6–17, jeder 1. Sa im Monat 6–18 Uhr; Bauernmarkt Sa 6.30–17 Uhr; Flohmarkt Sa 6.30–18 Uhr (auch feiertags) Ⓤ Kettenbrückengasse, Karlsplatz 🚌 Tram 62, 65 Bus 4A, 59A Karlsplatz

NASCHMARKT UND WIENZEILE: INSIDER-INFO

Top-Tipp: Wenn Sie **Gedränge** scheuen, dann ist der Naschmarkt am Freitagnachmittag und Samstagvormittag nichts für Sie!

Muss nicht sein! Meiden Sie den Karlsplatz und seine U-Bahn-Zugänge **nach Einbruch der Dunkelheit**. Hier sind Dealer und Junkies unterwegs.

3 Secession

»Goldener Krauthappl«, so nennen die Wiener die von einem großen, goldenen Lorbeerball dominierte Secession in unmittelbarer Nähe des Naschmarkts. Das auf diese Art liebevoll verunglimpfte Gebäude ist der bedeutendste Jugendstilbau der Stadt.

Die Gruppe junger rebellischer Künstler, die sich 1897 selbstständig machte und die später federführend für den Jugendstil in Wien werden sollte (➤ 24), benötigte ein eigenes Haus. Also beauftragten die Secessionisten, die »Abgespaltenen« den Otto-Wagner-Schüler Joseph Maria Olbrich mit dem Bau eines Ausstellungsgebäudes.

Der neue Repräsentationsbau war von Anfang an umstritten und heiß diskutiert. Seine puristisch klaren Linien, der kubische Block des eigentlichen Gebäudes und der große Lorbeerball als Kuppel stießen auf heftigen Widerstand und Unmut. »Das gehört sofort abgerissen!«, forderten viele Wiener

Einst Skandalbau, heute Aushängeschild: die Secession

Die Secession ist bis ins kleinste Detail durchgestylt

lautstark, ungeachtet des Leitmotivs über dem Portal: »Der Zeit ihre Kunst, der Kunst ihre Freiheit«.

Ein Blätterdach für die Kunst

Olbrich gelang es mit diesem Kunsttempel aber, Wien um ein eigenwilliges, höchst interessantes Bauwerk zu bereichern, das auch heute noch progressiv und spannend wirkt. Das »Krauthappl« symbolisiert übrigens die Zusammengehörigkeit von Kunst und Natur – unter dem Blätterdach sollte die Kunst wachsen und sich entfalten können.

Das Löwengespann mit dem römischen Kaiser Marc Aurel seitlich der Secession verdankt seine Existenz weitaus weniger tiefgründigen Überlegungen. Die von Arthur Strasser für die Weltausstellung 1901 geschaffene Bronzegruppe wurde hier ursprünglich nur provisorisch aufgestellt. Sie steht immer noch da – Provisorien halten in Wien eben länger als anderswo.

Die Secession ist ihrer ursprünglichen Bestimmung als Ausstellungsraum für zeitgenössische Kunst treu geblieben. Sie bildet nach wie vor den Rahmen für zahlreiche viel beachtete Wechselausstellungen. Und die Gemüter erhitzt sie auch noch. Vor der Renovierung zum Jubiläum »100 Jahre Secession« tauchte sie der Künstler Marcus Geiger 1998 in grelles Rot – und schon kochte der Volkszorn wieder.

KLEINE PAUSE

An der Rückseite des Gebäudes liegt in einem kleinen Park das **Café *Secession***, das vom gegenüberliegenden Weinexperten *Wein & Co* betrieben wird. Hier kann man bei einem kleinen Snack und einem exquisiten Glas Wein wie auf einer Insel im (Verkehrs-) Strom rasten (Mai–Ende Sept. tägl. 10–24 Uhr).

192 C1 · Wien 1., Friedrichstr. 12 · 587 53 07 · Di–So 10–18, Do bis 20 Uhr · Oper, Karlsplatz · Tram 1, 2, D, J, Bus 3A, 59A Oper, Karlsplatz · mittel · www.secession.at

SECESSION: INSIDER-INFO

Top-Tipp: Führungen durch die Secession gibt es samstags um 15 Uhr und sonntags um 11 Uhr.

Geheimtipp: Nehmen Sie sich Zeit für den ***Beethoven-Fries*** von Gustav Klimt. Er entstand 1902 für eine Ausstellung, wurde später aber abgelöst und verkauft. 1985 kehrte er in die Secession zurück und ist jetzt in einem eigens für ihn geschaffenen Raum im Souterrain zu sehen. Klimt stellt in diesem monumentalen, 34 m langen und 2,20 m hohen Kunstwerk Beethovens *Neunte Symphonie* als Weg durch Krankheit und Leid zur reinen Liebe dar.

4 Karlskirche

Das pompöse Gotteshaus war von Anfang an als starkes Symbol gedacht. Es ist ein unübersehbares Zeichen für den Universalanspruch von Kirche und Kaisertum. Das Kreuz auf der Laterne der Kuppel steht für die Allmacht Gottes, die Kronen und Adler auf den beiden Triumphsäulen für die Macht des Kaisers.

Genau genommen ist die Karlskirche eine Votivkirche. 1713, als die Pest in Wien fast 10 000 Menschenleben forderte, gelobte Kaiser Karl VI., dem Pestheiligen Karl Borromäus eine Kirche zu bauen. Den Auftrag für den Bau des Gotteshauses in dem damaligen Auwäldchen des noch nicht regulierten Wienflusses gewann gegen starke Konkurrenz 1714 Johann Bernhard Fischer von Erlach. Er und, nach seinem Tod 1723, sein Sohn Joseph Emanuel schufen mit dem Budget von 300 000 Gulden ein einzigartiges Kunstwerk, eine 80 m lange und 60 m breite Kirche, die von der Innenstadt her in der Verlängerung der Achse Herrengasse-Augustinerstraße weithin sichtbar war.

Imposante Tr umphsäulen zieren Fische von Erlachs rockes Meist werk

Prächtig von außen ...

Dem zentralen, von der patinagrünen Kuppel dominierten Bau ist eine Halle in Form eines griechischen Tempels vorgelagert, dessen **Giebelrelief** Szenen der Pestepidemie zeigt. Auf dem Giebel steht der hl. Borromäus, umgeben von Allegorien der vier Tugenden Bußfertigkeit, Barmherzigkeit, Gebetseifer und Religion, alles Werke von Lorenzo Mattielli.

Flankiert wird der Bau von zwei reliefverzierten **Triumphsäulen**, die fast bis zur Kuppel reichen. Sie symbolisieren die Herkulessäulen des Weltreiches. Daran schließen sich seitlich zwei **Glockentürme** an, die entfernt an Pagoden erinnern. Die **Freitreppe** begrenzen zwei mächtige Engelsfiguren von Franz Caspar.

... und von innen

Im Inneren ist die »Hagia Sophia von Wien«, wie der größte Barockdom nördlich der Alpen bald genannt wurde, nicht minder beeindruckend. Der ovale **Hauptraum** wird von der 72 m hohen Kuppel überwölbt, und diese wirkt durch die perspektivisch gemalte Scheinarchitektur des Gaetano Fanti am unteren Kuppelrand noch mächtiger.

Das **Kuppelfresko** schuf der schon zu seiner Zeit berühmte Deckenmaler Johann Michael Rottmayr 1725–30. Es zeigt den hl. Borromäus, der die Heilige Dreifaltigkeit um Erlösung von der Pest anfleht. Rottmayrs zahlreiche kleinere Bilder im Chorbogen, in den Kapellen und über der Orgel vermitteln ebenso wie die überreichen Stukkaturen von Albert Camesina den Eindruck barocker Üppigkeit. Dazu trägt auch der von Johann Bernhard Fischer von Erlach konzipierte **Hochaltar** mit dem durch plastische Wolkenformationen zum Licht Gottes aufschwebenden Borromäus bei.

KLEINE PAUSE

Im **Otto Wagner Pavillon**, einer zum Café umfunktionierten Stadtbahnstation am Karlsplatz, können Sie in schöner Jugendstilatmosphäre Snacks genießen.

193 D1 · Wien 4., Kreuzherrengasse 1 · Mo–Sa 9–12.30/13–18, So 13–18 Uhr · Karlsplatz · Tram 62, 65, Bus 4A, 59A Karlsplatz · mittel · www.karlskirche.at

KARLSKIRCHE: INSIDER-INFO

Top-Tipp: Während der Restaurierungsarbeiten (voraussichtliches Ende 2006) bringt ein **Lift** Besucher bis zu den Fresken in der Kuppel. Die **Panoramafenster** hoch oben bieten einen herrlichen Blick auf Wien.

- Im 1. Stock zeigt das **Borromeo-Museum** Interessantes zur Geschichte der Karlskirche und aus dem Leben des hl. Borromäus.

Geheimtipp: Beachten Sie die moderne **Plastik *Hill Arches* von Henry Moore** im Teich vor der Kirche. Nach der barocken Üppigkeit im Inneren der Karlskirche ist ihre nüchterne Schlichtheit eine Wohltat für das Auge.

Nach Lust und Laune!

5 Wien Museum

Das Wien Museum (ehemals Historisches Museum der Stadt Wien) am Karlsplatz ist mit seinem Stahlskelettbau aus den späten 1950er-Jahren von außen eine Beleidigung fürs Auge. Innen aber hat es viel zu bieten. Umfangreiche Sammlungen dokumentieren die Geschichte der Stadt von den Kelten an. Am interessantesten sind die originalen Glasfenster und Sandsteinfiguren vom Stephansdom, die Objekte von den beiden Türkenbelagerungen sowie Exponate aus Barock, Biedermeier und Jugendstil.

193 D1 Wien 4., Karlsplatz 505 87 47 Di–So 9–18 Uhr Karlsplatz Tram 62, 65, Bus 4A, 59A Karlsplatz mittel

6 Hochstrahlbrunnen

Als der neue Hochstrahlbrunnen am 24. Oktober 1873 in Anwesenheit des Kaisers und sämtlicher Honoratioren der Stadt aus Anlass der Vollendung der Ersten Hochquellenleitung in Betrieb gehen sollte, bescherte er seinen Erbauern eine Blamage ersten Ranges, er versagte seinen Dienst. Nach bangen Minuten des Wartens endlich schoss die hohe Wassersäule doch noch in den Himmel – und seither funktioniert der Hochstrahlbrunnen (► 30). Im Sommer wird er sogar farbig beleuchtet. Hinter dem Brunnen befindet sich das halbkreisförmige Befreiungsdenkmal, das an die Befreiung Wiens durch die Rote Armee erinnern soll. (► 181)

193 E1 Wien 3., Schwarzenbergplatz Karlsplatz Tram D Gusshausstraße

7 Palais Schwarzenberg

Das Palais Schwarzenberg, das jetzt praktisch mitten in der Stadt liegt, wurde ursprünglich als Gartenpalais am Glacis errichtet, mit schönem

Karyatiden im Goldenen Saal des Musikvereins

Blick auf die basteiumgürtete Innenstadt. Mit seinem Bau beauftragte Fürst Mansfeld-Fondi 1697 Johann Lukas von Hildebrandt. 1716 übernahm Fürst Adam Franz von Schwarzenberg die Baustelle und übergab sie Johann Bernhard Fischer von Erlach. Nach dessen Tod 1723 vollendete sein Sohn Joseph Emanuel den Bau. Das auch heute noch im Besitz der Familie Schwarzenberg befindliche Palais wirkt durch seine hübsch gegliederte Fassade zur Stadt hin besonders interessant. Es beherbergt eines der schönsten Luxushotels der Stadt, dessen Restaurant und Bar sich auch für Nicht-Hotelgäste empfiehlt.

193 E1 Wien 3., Schwarzenbergplatz 9 Karlsplatz Tram D Gusshausstraße

8 Künstlerhaus

Das Künstlerhaus wurde 1865–68 im Stil der italienischen Renaissance als Ausstellungs- und Versammlungsgebäude der »Genossenschaft der bildenden Künstler Wiens« errichtet. An seiner Frontfassade befinden sich acht Marmorstatuen: Dürer, Michelangelo, Raffael, Rubens, Leonardo da Vinci, Velázquez, Bramante und Tizian. Im Künstlerhaus wurden in jüngster Vergangenheit spektakuläre Großausstellungen gezeigt. Jetzt wird es generalrenoviert.

193 D1 Wien 1., Karlsplatz 5 587 96 63 Karlsplatz Tram 62, 65, Bus 4A, 59A Karlsplatz

9 Musikverein

Nach Plänen von Theophil Hansen entstand 1867–69 das Musikvereinsgebäude des 1814 gegründeten Musikvereins. Hausherren sind die Wiener Philharmoniker. Außer ihnen waren in dem Haus mit der nahezu unglaublichen Akustik schon so gut

Johann Strauß Sohn funkelt mit der Sonne um die Wette

wie alle internationalen Musikgrößen zu hören. Der Musikverein wurde 2004 um vier neue Säle erweitert. Neben dem weltberühmten Goldenen Saal, von dem aus jedes Jahr das Neujahrskonzert in alle Welt übertragen wird, stehen nun auch der Gläserne, der Metallene (für junges Publikum), der Hölzerne und der Steinerne Saal zur Verfügung.

193 D1 Wien 1., Bösendorferstr. 12 505 81 90, Infoline 505 13 63 Tageskasse Mo–Fr 9–19.30, Sa 10–10 Uhr Karlsplatz Tram 62, 65, Bus, 4A, 59A Karlsplatz www.musikverein.at

10 Stadtpark

An Stelle des alten Wasserglacis liegt jetzt der liebevoll gepflegte Stadtpark. Er wurde 1862 nach Plänen von Josef Selleny und Rudolf Siebeck im englischen Landschaftsstil angelegt. Von hier aus präsentiert sich das Bett des Wienflusses besonders interessant. Der 2 km unterirdisch fließende Fluss tritt durch ein Jugendstilportal wieder zu Tage, flankiert von Pavillons, Mauern und Stiegen. Zahlreiche Denkmäler erinnern an Berühmtheiten wie Schubert und Lehar. Ziel Tausender Besucher und wahrscheinlich die meistfotografierte Sehenswürdigkeit Wiens ist das in Marmor und Gold gehaltene Monument für Johann Strauß Sohn.

193 E/F2/3 Stadtpark

Wohin zum ... Essen und Trinken?

Preise
Die Preisangaben gelten pro Person für ein Essen ohne Getränke.
€ unter 12 Euro **€€** 12–25 Euro **€€€** über 25 Euro

Restaurants

Collio €€€
Norditalienische Küche mit Schwerpunkt Friaul bietet das ebenso wie die *Silver Bar* von Sir Terence Conran exzellent gestylte Restaurant im Hotel *Das Triest*. Es gibt stets frischen Fisch, im Sommer wird im Innenhof gegrillt. Die Weinkarte bietet eine Riesenauswahl an österreichischen, italienischen und französischen Weinen.

194 B1 Wien 4., Wiedner Hauptstr. 12 589 18-133 Mo–Fr 12–14.30/18.30–22, Sa 18.30–22 Uhr Karlsplatz Tram 62, 65 Paulaner Kirche

Hietzinger Bräu €€
Das mit großem Abstand beste Restaurant im Nobelbezirk Hietzing gehört der Familie Plachutta und wurde ebenso wie das Lokal in der Wollzeile 38 im 1. Bezirk zum Synonym für erstklassige Rindfleischspezialitäten. Vom Schulterscherzel über den Tafelspitz wird alles in Rindsuppe serviert, dazu gibt es die köstlichsten Beilagen.

198, westl. A3 Wien 13., Auhofstr. 1 877 70 87 Mo–Fr 11.30–15/18–23.30, Sa/So 11.30 bis 24 Uhr (warme Küche bis 14.30 bzw. 22.30 Uhr) Hietzing-Tiergarten Tram 58, 60 Dommayergasse

Palais Schwarzenberg €€€
Eines der elegantesten Restaurants der Stadt mit nur 35 Sitzplätzen liegt gartenseitig im fürstlichen Palais Schwarzenberg. Durch die hohen Scheiben des Wintergartens, die sich im Sommer komplett aufmachen lassen, bietet sich ein herrlicher Blick in den hauseigenen Park. Die Küche ist eine modern orientierte Wiener Küche. Nach dem Essen empfiehlt sich ein Drink in einer der schönsten Bars der Stadt, in der *Palais Bar*.

193 E1 Wien 3., Schwarzenbergplatz 9 798 45 15-600 tägl. 12–14/18–22 Uhr, Palais Bar tägl. 10–1 Uhr Karlsplatz Tram D Gusshausstraße

ra'mien €€
Ein besonders interessantes, in hellem Grau-Weiß gestyltes Asia-Lokal. Den farblichen Kontrast bilden die in Rot gehaltene Cocktail- und die Nudelbar, hinter der die Nudeln vor Publikum handgefertigt werden. Die Nudelsuppen und Reisgerichte, die hier mittags angeboten werden, sind ein wirkliches Gedicht. Abends gibt es eine breit gefächerte Palette an thailändischen, japanischen, chinesischen und vietnamesischen Gerichten.

192 B1 Wien 6., Gumpendorfer Str. 9 585 47 98 Di–So 11 bis 24 Uhr, Bar Di/Mi und So 20–2, Do–Sa bis 4 Uhr Museumsquartier Bus 57A Köstlergasse

Schwarzer Adler €€
Dieses Restaurant ist seit langem bekannt für seine Wiener Küche der Spitzenklasse, es gibt interessante Vorspeisen und exquisite Fischgerichte. Das Ambiente ist gediegen und gemütlich, mit Stoffservietten und besonders schönen Gläsern. Beeindruckend ist die Weinkarte, sie umfasst zahlreiche österreichische und internationale Spit-

zenweine, die die Wahl nicht leicht machen.

194, südwestl. A1 · Wien 5., Schönbrunner Str. 40 · 544 11 09 · Di–Sa 11–14.30/18–23 Uhr, Juli/Aug. auch Mo 18–23 Uhr (warme Küche bis 22.30 Uhr) · Pilgramgasse · Bus 12A, 13A, 59A Margaretenplatz

Silberwirt €€

Dieses Restaurant ist ein Prototyp des gehobenen Wiener Beisls, die Speisekarte bietet Traditionelles wie Schulterscherzel, Wiener Schnitzel und Backhuhn, aber auch italienische Teigwaren. Mittags gibt es ein preisgünstiges zweigängiges Menü. Zusammen mit den umliegenden Lokalen bildet der Silberwirt das »Schlossquadrat«, das sich um erstklassige Küche, gepflegte Weine (Glaskultur) und ansprechendes Ambiente bemüht.

194 A1 · Wien 5., Schlossgasse 21 · 544 49 07 · tägl. 12 bis 24 Uhr (warme Küche 12–22.30 Uhr) · Pilgramgasse · Bus 12A, 13A, 59A Margaretenplatz

Zu den 3 Buchteln €

Dieses gemütliche Restaurant hat sich neben der Wiener Küche auch auf böhmische Gerichte spezialisiert. Hier darf man nicht an das Kalorienzählen denken, besonders nicht, wenn man eine der herrlichen warmen Mehlspeisen bestellt. Und das sollte man in Wien auf jeden Fall einmal tun!

194 A1 · Wien 5., Wehrgasse 90 · 587 83 65 · Mo–Sa 18–24 Uhr (warme Küche bis 23 Uhr), Juli geschl. · Pilgramgasse · Bus 12A, 13A, 59A Margaretenplatz

Zur Goldenen Glocke €€

Zwei Wandgemälde mit einer Gesamtlänge von 12 m, auf denen die Wiener Operetten- und Theaterprominenz des ausgehenden 19. Jhs. abgebildet ist, machen den Schanigarten dieses klassischen Alt-Wiener Restaurants zum wahrscheinlich schönsten der Stadt. Auch die Speisekarte ist beeindruckend, es gibt Innereien, Rindfleisch und erstklassige Gerichte der gehobenen Wiener Küche, dazu Spezialitätenwochen.

194 B1 · Wien 5., Kettenbrückengasse 9 · 587 57 67 · Mo–Sa 11–14.30/17.30–24 Uhr · Kettenbrückengasse · Bus 59A Kettenbrückengasse

Naschmarkt

Der Naschmarkt wird zunehmend als Ort beliebt, an dem man auch hervorragend essen kann. An seinem oberen Ende und an der Seite zur Linken Wienzeile hin sind einige interessante Restaurants entstanden, in denen sich kulinarische Weltreisen unternehmen lassen. **Calamari und Strandhaus** (Stand 1–5, Mo–Fr 9.30–19.30, Sa bis 16.30 Uhr) sind zwei Restaurants der Nordsee-Kette, die hier ganz exzellenten frischen Fisch und Krustentiere anbieten, ebenso **Umar Fisch** (Stand 76, Mo–Sa 11 bis 23 Uhr), in dem man sich zeitweise wie in einem Strandrestaurant am Mittelmeer fühlen kann. Im **Indian Pavillon** duftet es nach Curry und Koriander, hier gibt es indische Spezialitäten, auch zum Mitnehmen (Stand 74–75, Mo–Fr 11–18.30, Sa bis 17 Uhr). Asiatische Köstlichkeiten aus dem Wok und duftende Nudelgerichte kann man bei **Take-Nudel** genießen (Stand 87, Mo–Sa 10.30–22 Uhr), ebenso bei **Mr. Lee** (Stand 278–280, Mo–Sa 10.30 bis 22 Uhr). Die beiden cool gestylten **TokoRi** Restaurants sind ein kleines Stück Japan in Wien, mit herrlichen Sushis, Teriyaki und Sashimis (Stand 261–277 gegenüber dem Theater an der Wien, Mo–Sa 11 bis 23 Uhr, Stand 177–178, Mo–Sa 9.30–19 Uhr). Das **Naschmarkt Deli** (Stand 421–436, Mo–Fr 7–22, Sa bis 24 Uhr) macht sich das frische Marktangebot zu Nutze, es gibt köstliche kleine Gemüsegerichte und knackige Salate. Sehr beliebt sind die Frühstücksspezialitäten und der Kaffee aus einer kleinen italienischen Rösterei. Donnerstags ist Jazz zu hören, gelegentlich sorgen auch DJs für coolen Sound.

Cafés

Dommayer
Das elegante Kaffeehaus hat eine lange und klingende Geschichte hinter sich. Gegründet 1787, wurde es ab 1833 als *Kasino Dommayer* zum Zentrum des biedermeierlichen Gesellschaftslebens. Johann Strauß Vater und Lanner haben hier aufgespielt, und die »Millefleurs-Bälle« und »Rosenfeste« waren legendär. Heute ist das *Dommayer* ebenso nobel wie der Bezirk Hietzing, in dessen Zentrum es sich befindet. Von erster Qualität sind auch die Torten und sonstigen Speisen, die hier serviert werden. Samstagnachmittags gibt es im *Dommayer* Konzerte (14–16 Uhr) und von Mai bis September wird jeden dritten Samstag im Monat auf der Gartenbühne Theater gespielt (ab 17.30 Uhr).

198, westl. A3 Wien 13., Auhofstr. 2 877 54 65 tägl. 7 bis 24 Uhr (warme Küche bis 23 Uhr) Hietzing-Tiergarten Tram 58, 60 Dommayergasse

Drechsler
Es ist nicht schön, es ist nicht elegant, aber es hat Charakter – und es hat in aller Frühe schon offen. Daher ist das höchst sympathische *Drechsler* ein beliebter Ort für die abschließende Gulaschsuppe von Nachtschwärmern, die von Veranstaltungen oder sogar Bällen kommen. Bis 7 Uhr früh gelten die »Nachtpreise« – aber die sind wirklich nicht sehr hoch.

194 B2 Wien 6., Linke Wienzeile 22 587 85 80 Mo–Fr 3–20, Sa bis 18 Uhr Kettenbrückengasse Bus 57A Köstlergasse

Gloriette
Die Aussicht von diesem Café in der Gloriette oberhalb von Schloss Schönbrunn ist wirklich ein Traum: Der Park und das Schloss liegen zum Greifen nah, und dahinter erstreckt sich das Häusermeer der Stadt. Samstags und sonntags kann man hier ab 9 Uhr früh bei klassischer Musik kaiserlich frühstücken (Büfett).

198 B2 Wien 13., Schlosspark Schönbrunn, Gloriette 879 13 11 tägl. 9 bis eine Stunde vor Parksperre Schönbrunn Tram 10, 58, Bus 10A Schloss Schönbrunn

High Tea
Dieses Lokal ist ein Teehaus der besonderen Art. Es verbindet Hightech mit Wohnzimmeratmosphäre. In einem Raum kann man es sich auf Großmutter-Sofas gemütlich machen. Zwei Internet-Workstations und zwei Laptop-Netzanschlüsse können kostenlos genützt werden.

194 C2 Wien 4., Paniglgasse 17 504 15 08 Sept.–April Mo–Fr 9–22, Sa bis 18.30 Uhr; Mai–Aug. Mo–Sa 9–18.30 Uhr; die ersten drei Augustwochen geschl. Karlsplatz Tram 62, 65 Paulaner Kirche

Museum
Das Café *Museum* entstand 1899 nach Plänen von Adolf Loos. Ganz im Stil des strengen Puristen wurde die Einrichtung schlicht und frei von dekorativen Elementen gehalten. Das trug ihm schon bald nach der Eröffnung den Namen »Café Nihilismus« ein. 2003 wurde es generalrenoviert – und wirkt, jetzt sogar der Kaffeehauspatina beraubt, nihilistischer denn je. Das Café ist ein zentraler, beliebter Treffpunkt.

192 C2 Wien 1., Operngasse 7 586 52 02 Mo–Sa 8–24, So 10–24 Uhr Karlsplatz Tram 62, 65 Bus 4A, 59A Karlsplatz

Sperl
Dieses berühmte Kaffeehaus hat dank behutsamer Renovierungen seinen schönen, alten Charakter erhalten. In dem großzügigen Café gingen um 1900 Künstler ebenso wie hohe Militärs ein und aus. Jetzt ist es ein beliebter Treffpunkt für Künstler, Intellektuelle und – Romantiker.

194 B2 Wien 6., Gumpendorfer Str. 11 586 41 58 Mo–Sa 7–23, So 11–20 Uhr, Juli/Aug. So geschl. Museumsquartier Bus 57A Köstlergasse

Wohin zum ... Einkaufen?

Das Wiental zwischen Secession und Kettenbrückengasse eignet sich bestens zum Einkaufen. Der Flohmarkt und der Naschmarkt bieten jede Menge Gelegenheit, etwas Interessantes zu ergattern.

Auf dem **Flohmarkt** ist jeden Samstag Hochbetrieb (6.30–18 Uhr). Die Verkäufer, darunter zahlreiche professionelle Händler, kommen schon in den frühen Morgenstunden und packen ihre Schätze aus. Bis zum Nachmittag kann man dann nach Herzenslust stöbern. Die Palette reicht von alten Gläsern über Porzellan, Bücher, Schallplatten, Möbel bis hin zu echten oder fast echten Jugendstillampen und alten Kleidern. Mit etwas Glück gelingt es hier immer, ein besonders liebenswertes Stück zu ergattern.

Der **Naschmarkt** ist schlicht und einfach das Paradies für Genussmenschen. Hier kann man seinen Bedarf an Obst und Gemüse der Saison decken. Außergewöhnlich groß ist auch das Angebot an exotischen Früchten aus aller Welt – hier kaufen die vielen in Wien lebenden Ausländer ein, die bei internationalen Organisationen wie der Uno beschäftigt sind.

Ein Highlight ist seit vielen Jahren **Strmiska** mit dem besten Sauerkraut und den köstlichsten Salzgurken der Stadt (Stand 248), und **Der Urbanek** ist schon lange ein Fixpunkt. In und vor dem winzigen Feinkostgeschäft, in dem es herrlichen Schinken, Käse und Wein gibt, drängt sich zeitweise alles, was in Wien »in« ist (Stand 46).

Das obere Ende des Naschmarktes entwickelt sich immer mehr zur Luxusmeile. **Poehl** führt herrliche italienische Salamis, Olivenöl und Teigwaren (Stand 168), im **Käseland** kann man unter Käsespezialitäten wie Vorarlberger Bergkäse und »Wilder Kaiser« aus den Kitzbühler Alpen wählen (Stand 172). Gleich daneben gibt es in einem kleinen, eleganten Geschäft jetzt auch die feinen Torten und Süßigkeiten der **Kurkonditorei Oberlaa** (Stand 175). Saures in höchster Vollendung bietet hingegen **Gegenbauer** an. Bei diesem Essigspezialisten kann man Raritäten wie Johannisbeeressig, fünf Jahre im Eichenfass gereiften Quittenbalsam oder »Edelsauren« bekommen, einen Trinkessig (Stand 111–114).

Kulinarisch hochinteressant ist auch die dem Naschmarkt gegenüberliegende Seite der Linken Wienzeile: **Piccini** (Linke Wienzeile 4) ist seit vielen Jahren der Spezialist für Feinkost aus Italien; neben Mortadella, Prosciutto und Teigwaren gibt es hier auch feine Antipasti. Wer gleich an Ort und Stelle leckere italienische Kleinigkeiten essen will, hat dazu im **Piccolo Gourmet** (Linke Wienzeile 4, Mo–Fr 11–19.30, Sa 9.30–14 Uhr) nebenan Gelegenheit.

Wohin zum ... Ausgehen?

In diesem Stadtteil lässt sich herrlich Wein trinken, und es gibt auch eine ganze Reihe von Lokalen mit hochinteressantem modernem Design.

Bars

Aux Gazelles (Rahlgasse 5, Tel. 585 66 45) ist zurzeit eines der schönsten und interessantesten Lokale der Stadt. Auf rund 2000 m² bietet es in exklusivem Rahmen mit nordafrikanischem Touch die unterschiedlichsten Annehmlichkeiten. Es gibt ein Café & Deli (Mo–Do 8–2, Fr/Sa bis 4, So 10–21 Uhr) mit Frühstücksvariationen, Mittagsmenüs, mediterranen Spezialitäten und orientalischen Salaten (auch zum Mitnehmen). Daran angeschlossen ist die elegante Kaviar & Austernbar (Mo–Sa 8–2, So 14–1). Die Brasserie (Mo–Fr 12–15/18–23, Sa 18–23 Uhr) ist durch einen begrünten Innenhof von der Küche getrennt und bietet französische und maghrebinische Spezialitäten. Geradezu aufregend schön ist die orientalisch angehauchte Club Bar (Mo–Do 21–2, Fr/Sa bis 4 Uhr), in der das wechselnde Musikprogramm von Soul bis orientalischem Beat reicht. Der absolute Hit des *Aux Gazelles* ist das große Hammam (Di–Fr 15–23, Sa/So 11 bis 22 Uhr), ein orientalisches Dampfbad mit drei Temperaturzonen und dem wunderschönen Salon de Thé daneben, in dem man sich nach der Badeprozedur stilvoll entspannen kann.

Das schick und cool gestylte **Theatercafé** (Linke Wienzeile, Tel. 585 62 62, Mo–Sa 9.30–2, So 15 bis 1 Uhr) neben dem Theater an der Wien entwickelte sich rasch zu einem In-Lokal. Mittags gibt es hier verfeinerte Wiener Küche, abends trifft sich an der langen Bar die Wiener Szene. Und wenn ein Abend bis in den frühen Morgen dauert, ist das hier auch kein Pech, denn das Café *Drechsler* ist ja nur ein paar Schritte entfernt.

Das **Vinissimo** (Windmühlgasse 20, Tel. 586 48 88, Mo–Sa 11 bis 23) ist eine gelungene Mischung aus Vinothek und Bistro. Im Raimundhof, der zur Mariahilfer Straße hinaufführt, gibt es einen kleinen Schanigarten. Die Weinauswahl ist groß, die Küche ist italienisch orientiert mit österreichischen »Schmankerln«, die Hälfte der Speisen ist vegetarisch.

Die Bar **Wein & Co** (Getreidemarkt 1, Tel. 585 72 57, Mo–Fr 10–24, Sa 9–24, So 11–24 Uhr) ist ein wichtiges Ziel für Weinliebhaber. Die Auswahl an österreichischen und internationalen Weinen ist riesengroß, in der Bar wird der Ladenpreis verrechnet. Zum Wein gibt es kleine warme Speisen und mediterrane Spezialitäten vom kalten Büfett. Sonntags von 11 bis 16 Uhr ist »Happy Sunday«, da wird für offene Weine nur der halbe Preis verrechnet.

Die **Silverbar** (Wiedner Hauptstr. 12, Tel. 589 18-133, Mo 18–2, Di–Sa 19–3, So 15.30–24 Uhr) im Hotel *Das Triest* ist schon allein wegen ihres noblen und ausgefallenen Designs sehenswert, für das kein geringerer als Sir Terence Conran verantwortlich zeichnet. Die Bar bietet eine interessante Auswahl an Cocktails, dazu gibt es Jazz-, Latino- und Soulmusik.

Etwas ganz besonderes ist das **Schikaneder** im Schikaneder-Kino (Margaretenstr. 22–24, Tel. 585 58 88, tägl. 18–4, bzw. eine halbe Stunde vor Beginn des Films). In dem modernen Lokal sorgt eine besonders lange Bar und eine ebenso lange Sitzreihe gegenüber für Atmosphäre mit Pfiff. Es gibt Drinks und interessante Cocktails.

MUSIK

In diesem Teil der Stadt liegen die beiden Institutionen, die neben der Staatsoper Wiens Ruf als Welthauptstadt der Musik begründen und in denen der auf der ganzen Welt berühmte »Wiener Klangstil« entstanden ist. Im **Konzerthaus** (Lothringerstr. 20, Tel. 242 00, Infoline 24 20 01 00, Tageskasse Mo–Fr 9–19.45, Sa bis 13 Uhr), in dessen Westtrakt übrigens die Hochschule für Musik und darstellende Künste untergebracht ist, sind die Sphärenklänge der Wiener Symphoniker zu hören und im **Musikverein** (➤ 131) jene der Philharmoniker.

Der **Kursalon Hübner Wien** bildet den imperialen Rahmen für Musik aus Wien, der besonders von ausländischen Besuchern geschätzt wird. Ab dem Mittag erklingen im Restaurant *Johann* (Johannesgasse 33, Tel. 512 57 90, tägl. 11.30 bis 24 Uhr) und ab 15 Uhr auf der Terrasse Operetten- und Walzerklänge, und abends spielt das Salon-Orchester Alt-Wien täglich Strauß-Melodien (10. April–31. Okt 20.30, sonst 19.30 Uhr).

Belvedere, Prater und Donau

Erste Orientierung

Dieser Bereich der Stadt ist mit dem Schloss Belvedere und den Bauten Friedensreich Hundertwassers auf höchst unterschiedliche Art von aufregender Architektur geprägt. Der Prater und der Donaustrand sind die großen Erholungsgebiete der Stadt.

Das Belvedere, das Schloss des Prinzen Eugen, gilt mit seinem prachtvollen Park als grandioses barockes Gesamtkunstwerk. Und Friedensreich Hundertwasser hat mit seiner bunten, abenteuerlichen Architektur Bauwerke geschaffen, die weit jenseits der üblichen Norm liegen. Der Prater lädt mit seinen riesigen Wald- und Wiesenflächen geradezu dazu ein, spazieren zu gehen, einfach in der Sonne zu sitzen oder auch Sport zu treiben. Ein Teil der »Grünen Lunge Wiens«, der Wurstelprater, ist aber dem reinen Spaß vorbehalten: Autodrom, Geisterbahn und Spiegelkabinett garantieren dort eine echte »Hetz«, und das schon lange.

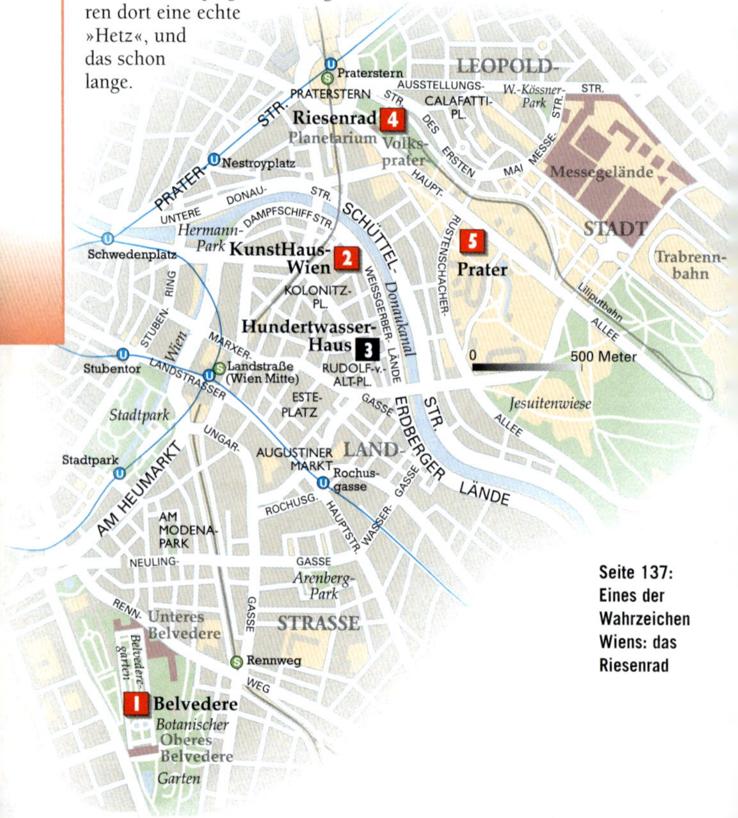

Seite 137: Eines der Wahrzeichen Wiens: das Riesenrad

Dass Wien am Strand liegt, zeigt sich an der Donau. Das Gänsehäufel, die Alte Donau und die Donauinsel sind die Stadtgebiete, in denen die Wiener Sport treiben und Badefreuden genießen können wie sonst nur an der Adria. Und an der Copa Cagrana herrscht den ganzen Sommer Urlaubsstimmung bei wunderbar duftendem Multikulti-Essen und Musik aus fernen Ländern.

★ Nicht verpassen!

Nach Lust und Laune!

rlaubs-Feeling isst sich auf er Donauinsel enießen

Lernen Sie zuerst weltberühmte Barockarchitektur und Kunstwerke und dann die farbenfrohe, exzentrische Welt des Friedensreich Hundertwasser kennen. Danach gehört der Tag dem reinen Vergnügen: Im Prater und an der Donau stehen alle Zeichen auf Spaß, Unterhaltung und Entspannung.

Belvedere, Prater und Donau an einem Tag

9 Uhr

Dieser Tag beginnt mit dem 1 **Belvedere** (➤ 142). Im Oberen Belvedere werden Sie die herrliche Barockarchitektur des Palais und die prachtvollen Gemälde von Klimt, Kokoschka und Schiele auf Anhieb faszinieren. Bevor Sie durch den Park zum Unteren Belvedere (unten) spazieren, halten Sie an und schauen Sie auf die Stadt, die wie ausgebreitet vor Ihnen liegt. Jetzt werden Sie den Namen des Palais verstehen: Belvedere – schöner Blick.

11 Uhr

Im 2 **KunstHausWien** (➤ 144) sind Ihre Füße ebenso gefordert wie Ihre Augen. Der wellige Boden zwingt Sie, genau darauf zu achten, wohin Sie treten, und die Fülle an Farben und Formen, die auf Sie einstürmt, muss erst verkraftet werden. Aber beim Rundgang durch die Ausstellungsräume

werden Sie feststellen, dass man sich an diese Umgebung schneller gewöhnt, als gedacht – und dass man sie eigentlich gar nicht so bald wieder verlassen möchte. Aber das ist auch nicht notwendig, denn es gibt hier ein Café mit wunderschönem Garten, in dem Sie die Atmosphäre bei einem Imbiss noch länger auf sich wirken lassen können.

12.30 Uhr

Nach dem Besuch bei Hundertwasser erscheint die ganze Welt grau und trostlos. Im 5 **Prater** (oben; ➤ 148) aber verfliegt dieser Eindruck rasch. Hier ist es wieder bunt und laut. Fahren Sie zuerst mit dem 4 **Riesenrad** (➤ 146), und stürzen Sie sich dann ins lustige Gewühl. Ein Adrenalinstoß gefällig? Dann rein ins wilde »Volare«, danach ein bisschen bummeln mit der Liliputbahn, und zum Mittagessen geht's dann ins *Schweizerhaus* (➤ 155), zu »Stelze« und Bier.

15.30 Uhr

Den Kaffee sollten Sie in aller Ruhe im *Lusthaus* (links; ➤ 155) trinken. Nach all den Turbulenzen ist eine Verschnaufpause angesagt, schließlich steht Ihnen an der Donau noch einiges bevor.

17 Uhr

Ein wenig joggen oder ein erfrischendes Bad in der Donau? Auf der 8 **Donauinsel** (unten; ➤ 153) ist alles möglich, achten Sie nur darauf, genügend Energie zu behalten, um auf der Copa Cagrana (➤ 158) noch von einem Lokal ins andere ziehen und den Sonnuntergang genießen zu können.

19.30 Uhr

Die Wahrscheinlichkeit, dass Sie auf der Copa Cagrana bei Sirtaki oder Salsa-Rhythmen bis in die Puppen versumpfen, ist zwar groß, es gibt aber viele Alternativen. Eine davon wäre, den Abend im Freiluftkino der *Tribüne Krieau* (➤ 18) zu verbringen.

Belvedere

Barocke Baukunst in Vollendung, das stellt die Schlossanlage des Belvedere dar. Von dieser weltberühmten Sehenswürdigkeit aus, die außerhalb der Stadt auf einer Anhöhe liegt und große Kunstwerke beherbergt, genießt man einen unvergleichlich schönen Blick über Wien.

Prinz Eugen von Savoyen (1663–1736) war alles andere als ein Adonis. Kleinwüchsig und wenig umgänglich, entsprach er nicht dem Bild eines strahlenden Helden. Und doch wurde der in Paris geborene Prinz zum bedeutendsten Feldherren seiner Zeit. Seinem strategischen Geschick verdankt Österreich, dass die Türken besiegt und wichtige Siege im Spanischen Erbfolgekrieg errungen wurden.

Dem Haus Habsburg ebneten diese Siege den Aufstieg zur Großmacht. Das ließ man sich etwas kosten. Wie hoch Prinz Eugen belohnt wurde, lässt sich angesichts des Belvedere erahnen: Der Prinz sparte an nichts, als er Johann Lukas von Hildebrandt 1714–23 sein eigentlich aus zwei Schlössern bestehendes Sommerpalais errichten ließ.

Oberes Belvedere

Das Obere Belvedere ist der prächtigere der beiden Paläste. Es war von Anfang an nur für Repräsentationszwecke geplant. Entsprechend ist es auch ausgestattet. Schon allein die Fassade vermittelt ein Gefühl barocker Üppigkeit. Dieser Eindruck verstärkt sich im Inneren angesichts von Santino Bussis weißem Stuck in der **Sala terrena** und Carlo Carlones Fresken im **Gartensaal** und dem **Marmorsaal**.

Prinz Eugen hat sein Prunkschloss nie bewohnt, später aber beherbergte es berühmte Persönlichkeiten. Anton Bruckner verbrachte 1896 hier sein letztes Lebensjahr. Später wurde es zum Domizil des Thronfolgers Franz Ferdinand. Nach seiner Ermordung 1914 in Sarajevo stand das Schloss leer. 1955 erlangte es historische Bedeutung: Im Marmorsaal unterzeich-

Wirklich repräsentativ, das Obere Belvedere

Der Marmorsaal ist der Mittelpunkt des Unteren Belvedere

neten die Außenminister der alliierten Staaten den Österreichischen Staatsvertrag. Kanzler Leopold Figl sprach vom Balkon aus die legendären Worte: »Österreich ist frei!«.

Im Oberen Belvedere ist heute die **Österreichische Galerie des 19. und 20. Jhs**. untergebracht, eine hochinteressante Sammlung, die bedeutende österreichische Kunstwerke zeigt. Zu den Highlights zählen Gemälde von Klimt (*Der Kuss* hängt im 1. Stock, Raum 4!), Schiele, Kokoschka und Waldmüller.

Unteres Belvedere

Durch den weitläufigen Park mit Blick über Wien gelangt man zum Unteren Belvedere. Es wirkt von außen nahezu bescheiden, seine Innenräume haben es aber in sich. Auch hier bildet ein freskenverzierter **Marmorsaal** das Zentrum, nicht minder prunkvoll sind das **Goldkabinett** und die **Marmorgalerie**. Hier ist das Barockmuseum und in der Orangerie das Museum mittelalterlicher Kunst zu sehen.

KLEINE PAUSE

Genießen Sie ein Stück Belvedere-Torte im Café-Restaurant ***Schloss Belvedere*** (► 157)!

195 D1 Oberes Belvedere: Wien 3., Prinz-Eugen-Str. 27; Unteres Belvedere: Wien 3., Rennweg 6 795 57-0 Di–So 10–18 Uhr Oberes Belvedere: Tram D Schloss Belvedere, Tram 0, 18, Bus 13A Südbahnhof; Unteres Belvedere: Tram 71 Unteres Belvedere teuer www.belvedere.at

BELVEDERE: INSIDER-INFO

Top-Tipp: »Einblicke« heißt die Führung, die Sie in 30 Minuten zu den **Highlights der Galerie** bringt (Fr–So, in der Ferienzeit Di–So 11 Uhr).

Geheimtipp: Sollten Sie sich gerade mit **Heiratsgedanken** tragen: die Schlosskapelle im Oberen Belvedere ist ein ausgesprochen angemessener Rahmen für Ihr Jawort!

2 KunstHausWien

Dieses von Friedensreich Hundertwasser geplante Haus ist ein Museum völlig jenseits der üblichen Normen. Bunt, rund und lustig, stellt es ein Architekturabenteuer der modernen Zeit dar, ein außergewöhnliches Erlebnis für die Augen und die Füße.

Als es Ende der 1980er-Jahre darum ging, geeignete Räumlichkeiten für das umfangreiche Werk des österreichischen Malers Friedensreich Hundertwasser (1928–2000) zu finden, boten sich im 3. Wiener Gemeindebezirk in der Nähe des Donaukanals die Gebäude der ehemaligen Möbelfabrik der Gebrüder Thonet aus dem Jahr 1892 an. Zwei Jahre lang (1989–91) wurde umgebaut, dabei wurden zwei Häuser zusammengelegt. Was dann im April 1991 der Öffentlichkeit präsentiert wurde, war eine Sensation für die Stadt.

Bollwerk gegen eine falsche Ordnung der geraden Linie

Gestaltet hat der Meister das Museum persönlich. »Die Architektur des KunstHausWien ist das erste Bollwerk gegen eine falsche Ordnung der geraden Linie«, verkündete er und ließ keinen Stein auf dem anderen. Zur Straße hin fügte er einen Vorbau an und hofseitig ein Treppenhaus. Auch im Haus selbst gestaltete er alle Räumlichkeiten der vier Stockwerke höchst außergewöhnlich. Bunte Säulen, geschwungene Linien, farbig umrahmte Fenster und bunte Kacheln machen es zu einer phantasievollen Villa Kunterbunt.

Das wichtigste Stilmittel ist, dass der Boden in vielen Bereichen des Hauses in großen, unregelmäßigen Wellen verläuft. Man kann nicht einfach gedankenlos dahingehen, sondern

Hier kann man in Hundertwassers farbenprächtigen Werken schwelgen

Verwechslungsgefahr!
Auch wenn der Schein trügt, das Hundertwasser-Haus und das KunstHausWien sind nicht identisch. Ersteres ist das von Hundertwasser im Auftrag der Gemeinde Wien errichtete Wohnhaus für Privatpersonen (links; ► 152), und zweiteres ist das ebenfalls von Hundertwasser erbaute und hier beschriebene Museum.

muss darauf achten, wohin man seinen Fuß setzt. Das ist eine völlig neue Erfahrung. Hundertwasser entwickelte dafür seine ganz eigene Theorie: »Ein belebter, unebener Fußboden bedeutet eine Wiedergewinnung der Menschenwürde, die dem Menschen im nivellierenden Städtebau entzogen wurde.«

Hundertwasser und andere Künstler

Das KunstHausWien wird privatwirtschaftlich, ohne öffentliche Subventionen oder Steuergelder geführt. Die gesamte Ausstellungsfläche beträgt rund 4000 m². Im Erdgeschoss sind neben Kasse und Garderobe auch ein Museumsshop und ein Café-Restaurant untergebracht. In den beiden ersten Stockwerken wird ein Querschnitt durch Hundertwassers Œuvre gezeigt, das Malerei, Grafik, Tapisserien und Architekturmodelle umfasst. Der 3. und der 4. Stock sind internationalen Wechselausstellungen vorbehalten, die wegen ihres hohen Niveaus meist ein großes Publikum anziehen.

Nicht von dieser Welt: der Garten des Cafés im KunstHausWien

KLEINE PAUSE

Wenn Sie sich nach dem Rundgang durchs Museum von den bunten Farben und den geschwungenen Linien noch nicht trennen wollen, dann bleiben Sie noch ein Weilchen im *KunstHausCafé* (► 157). Genießen und bestaunen Sie die ganz außergewöhnliche Atmosphäre, die hier herrscht – etwas in dieser Art werden Sie nicht oft auf der Welt finden.

195 F4 · Wien 3., Untere Weißgerberstr. 13 · 712 04 91 · tägl. 10–19 Uhr · Schwedenplatz · Tram N, O Radetzkyplatz · teuer
www.kunsthauswien.com

KUNSTHAUSWIEN: INSIDER-INFO

Top-Tipp: Wenn Sie die Möglichkeit dazu haben, dann besuchen Sie das Museum an einem Montag. Feiertage ausgenommen, bezahlen Sie am **KunstHausMontag** nur 50 % des Eintrittspreises auf jede Karte.

4 Riesenrad

Nach dem Stephansdom ist das weithin sichtbare Riesenrad das zweite große Wahrzeichen Wiens. Dass es nach dem Zweiten Weltkrieg fast zeitgleich mit der Staatsoper und dem »Steffl« wieder aufgebaut wurde, zeigt, wie wichtig es den Wienern ist, nicht zuletzt als starkes Symbol für den Überlebenswillen der Stadt.

Das 50-jährige Thronjubiläum Kaiser Franz Josephs war der Anlass dafür, dass auch Wien, entsprechend dem damaligen Trend, ein riesiges Panoramarad erhalten sollte. Mit dem Bau wurde der englische Ingenieur Walter Basset beauftragt, der es 1896–97 errichtete. Exklusiv allerdings war seine Leistung nicht. Er stattete auch Chicago, London, Blackpool und Paris mit ähnlichen Panoramarädern aus.

Faszination von Anfang an

Das Riesenrad wurde auf Anhieb ein Publikumshit. Die Wiener genossen es, von einem der damals 30 roten Waggons aus auf ihre Stadt und das »Venedig in Wien« (➤ 149) zu ihren Füßen hinunterzuschauen. Und auch die technischen Daten beeindruckten. Ab den 1920er-Jahren wurde das Riesenrad immer wieder zur Filmlocation. Auch Szenen des Films *Der dritte Mann* wurden hier gedreht. 1944 kam das mächtige Räderwerk dann zum Stilstand. Ein Brand hatte es während des Zweiten Weltkriegs schwer beschädigt. Bald aber war das Riesenrad repariert und konnte 1947 seinen Betrieb wieder aufnehmen. Von nun an drehte es sich aus Sicherheitsgründen

Das Riesenrad war gleich eine Riesenattraktion

mit nur noch 15 Waggons. Wie beliebt die gemächliche Fahrt in luftige Höhen ist, zeigen die Besucherzahlen: Seit den 1950er-Jahren sind 30 Mio. Menschen damit gefahren.

Das Riesenrad heute, beliebt wie eh und je

Im Laufe der Zeit

Das Riesenrad dreht sich allerdings nicht nur im Kreis, sondern hat in den letzten Jahren auch einschneidende Neuerungen erfahren. An seinem Fuß laden neuerdings acht Waggons mit aufwändigen technischen Installationen und einem überdimensionalen Schaubild zu einem Rundgang durch 2000 Jahre Wiener Geschichte ein. Und nachts wird es dank der Lichtinstallationen des Lichtarchitekten Patrick Woodroffe in ein neues Licht gehüllt. Das Rad erstrahlt in weichem Gold, die Pylonen in kühlem Silber.

Technische Daten

- der höchste Punkt: 64,75 m über dem Boden
- Durchmesser des Rades: 60,96 m
- Achse des Riesenrades: 10,78 m lang, 0,5 m stark, 16,3 t schwer
- Gewicht der ganzen Radkonstruktion: 244,85 t
- Gesamtgewicht aller Eisenkonstruktionen: 430,05 t
- Geschwindigkeit: 0,75 m/sec = 2,7 km/h

KLEINE PAUSE

Das neue, cool gestylte **Café** mit seiner großen Terrasse vor dem Eingang zur Kassenhalle ist bestens geeignet für Erfrischungen vor oder nach Ihrem zehnminütigen »Höhenflug«.

196 A5 Wien 2., Prater 20 729 54 30 Jan./ Feb., Nov./Dez. 10–20 Uhr; März/April, Okt. 10–22 Uhr; Mai–Sept. 9–24 Uhr Praterstern Tram 0, 5, 21 Praterstern teuer www.wienerriesenrad.com

RIESENRAD: INSIDER-INFO

Top-Tipps: Beachten Sie das Riesenrad bei **Nacht**, denn nach Einbruch der Dunkelheit wird es zu einem Glockenturm, der allerdings nicht akustische, sondern Lichtsignale aussendet. Jeweils zwei Minuten vor jeder vollen Stunde beginnt es so oft aufzublitzen, wie die Nacht Stunden zählt. Wenn das Riesenrad zweimal hell aufleuchtet, wissen Sie, dass es zwei Uhr morgens ist. Und wenn es gar dreimal blitzt, ist es auch für Wiener Begriffe höchste Zeit, in die Federn zu steigen, dann ist es nämlich drei Uhr früh.

- Die Waggons des Riesenrades können auch **gemietet** werden. Kleine Feiern, Pressekonferenzen oder ein romantisches Dinner zu zweit, alles ist möglich. Der Mietpreis beträgt für die erste Stunde 260, für die zweite 188 und die dritte 116 Euro.

5 Prater

Ruhiges Erholungsgebiet und schrilles Vergnügungsviertel – der Prater ist beides und somit das Freizeit-Eldorado der Wiener schlechthin.

Die Geschichte des Praters ist so abwechslungsreich wie sein Angebot: einst sumpfige Auenlandschaft, dann kaiserlicher Forst und schließlich einer der ersten Vergnügungsparks der Welt. Heute findet man auf dem 6 km² großen Areal alte Pferderennbahnen und das moderne Messegelände, idyllische Alleen und abenteuerliche Hochschaubahnen.

Einstmals eine echte »Hetz« für die Wiener: die »Russische Schaukel«

Von der Au zum Ausflugsort

Der Prater war lange im Besitz verschiedener Klöster und adeliger Geschlechter, ehe ihn Maximilian II. 1564 zum Jagdrevier der Habsburger erklärte. Die Bevölkerung blieb von der lieblichen Landschaft ausgesperrt, bis Kaiser Joseph II. den Prater 1766 für alle Wiener öffnete. Im Westteil des Praters schlugen dann schon bald Wir-

Das Lusthaus war schon immer ein Ausflugsziel für Romantiker

Oben links: Nicht umzubringen: der nostalgische Rutschturm »Tobogan«

te, Kaffeesieder und Lebkuchenbäcker ihre Buden auf, es folgten Schaukeln, Ringelspiele und Kegelbahnen, der Wurstelprater ward geboren. Im Jahre 1814 wurde hier der Wiener Kongress in rund 40 Gasthäusern, 50 Kegelbahnen und mehreren Kaffeehäusern gefeiert. Der Volksprater wurde zu einer europäischen Sehenswürdigkeit, deren Ruhm 1873 zur Weltausstellung seinen Höhepunkt erreichte. Damals wurde auf der heutigen Kaiserwiese die Illusionenlandschaft »Venedig in Wien« gebaut, die jedoch im Gegensatz zum **Riesenrad** (► 146) die Zeit nicht überdauerte. Seit 1928 schnauft die **Liliputbahn**, eine Miniatur-Dampflok, vom Volksprater entlang der Hauptallee bis zum Stadion und zurück (Station hinter dem Riesenrad, www.liliputbahn.com, Eintritt: mittel).

Oben rechts: »Volare« ist nichts für Leute mit schwachen Nerven

Oben: Noble Abschläge garantiert der Golf-Club in der Freudenau

Der grüne Prater

Den größten Teil des Praters bildet der auf weite Strecken naturbelassene »grüne Prater« mit Wiesen, Wäldern und Teichen. Hier befinden sich das moderne Messegelände, die traditionsreiche Trabrennbahn Krieau, ein Golfplatz, das Ernst-Happel-Stadion und das Stadionbad. Die prächtige, fast 5 km lange Kastanienallee wurde bereits 1537 von Kaiser Ferdinand I. angelegt, sie führt vom Lusthaus bis zum Praterstern. Einst wandelte hier die gehobene Wiener Gesellschaft, es marschierten hier Napoleons Truppen auf, und der Wiener Kongress tanzte in den Kaf-

Pratermuseum

Nahe dem Riesenrad spürt das Pratermuseum im Planetarium der spektakulären Geschichte des Wiener Praters nach. (Tel. 726 76 83, Di–Fr 9–12.15/13–16.30, Sa/So und feiertags 14–18.30 Uhr, Eintritt: preiswert, Freitagvormittag und Sonntag frei)

Vom Blumen-Rad aus kann man eine herrliche Aussicht genießen

feehäusern an der Allee. Und heute? Heute laufen, radeln und skaten alle um die Wette, denn die **Prater Hauptallee** ist seit 1963 für den Autoverkehr gesperrt. Die **Jesuitenwiese** lockt mit dem größten Spielplatz Wiens, hier und auf den zahlreichen anderen Spiel- und Lagerwiesen ist genügend Platz, um Fußball zu spielen und zu faulenzen. Gleich neben dem **Lusthaus** (► 155) finden Sie die **Freudenau**, deren Pferderennbahnen mit der denkmalgeschützten Kaiserloge aus dem 19. Jh. äußerst sehenswert sind.

Wiener Wurstelprater

Seinen Namen hat das beliebte Vergnügungsviertel von der Figur des *Hanswurst*, die einst in den Puppentheatern die Kinder erheiterte. In den Anfangsjahren lockten Sensationen wie das Wachsfigurenkabinett, das Prater-Varieté, das Vivarium oder bizarre Abnormitätenshows Besucher in den Prater. Hier fand man immer die modernsten Attraktionen: 1844 das erste Eisenbahnkarussell, 1896 das erste Kino, 1897 das Riesenrad. Nachdem im Krieg alles zerstört worden war, wurde der Wurstelprater nach 1945 auf kleinerem Raum neu errichtet. Jedes Jahr überrascht der Prater seither mit noch schnelleren, wilderen und atemberaubenderen Attraktionen. Zu den neuesten Herausforderungen erlebnishungriger Draufgänger zählt **»Volare«**,

Wer war Calafatti?

Immer wieder stößt man im Wurstelprater auf seinen Namen: Der 1800 in Triest geborene Basilius Calafatti war einst der ungekrönte Praterkönig. Mit seiner Frau und den neun Kindern baute der kleine Salami- und Emmentalerverkäufer bald ein kleines Imperium auf, zauberte sogar für den Kaiser und ließ das erste Eisenbahnkarussell der Welt errichten. In der Mitte dieses Karussells stand eine 10 m hohe Figur mit exotischen Zügen, der »Große Chinese«, der zum Wahrzeichen des Praters und nach dem Krieg neu errichtet wurde. Auf dem Calafattiplatz erinnert er heute noch an den Prater-Pionier.

Für Kinder

In der **Kids Welt** können sich Ihre Kinder bei einmaligem Eintritt auf einem riesigen Areal mit vielen Attraktionen austoben, während Sie entspannt an Ihrem Tisch sitzen (Straße des Ersten Mai 118, Tel. 729 45 87, Eintritt: teuer, www.kidswelt.com).

eine Achterbahn, auf der man von 24 m Höhe in horizontaler Lage durch den 420 m langen Schienendschungel fliegt (beim Calafattiplatz). Aber auch einige Traditionsbetriebe halten dem Lauf der Zeit stand: das **Ponykarussell** aus dem Jahr 1887 (gegenüber dem *Schweizerhaus*), die hölzerne **Zwergerl-Hochschaubahn** (beim Radverleih) oder der nostalgische Rutschturm **»Toboggan«** aus den 1950er-Jahren. Antiquierte Attraktionen neben hochtechnischen Vergnügungsautomaten, das schnelle Glück in Spielhallen und noch schnellere Autodromanlagen, viel Musik und noch mehr Spaß – so präsentiert sich der Wurstelprater heute.

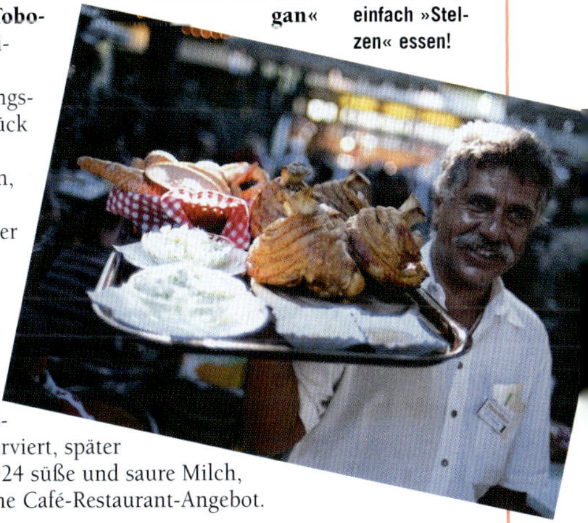

Im *Schweizerhaus* muss man einfach »Stelzen« essen!

KLEINE PAUSE

In der Hauptallee finden Sie die ***Meierei*** (Mai bis Sept.). 1873 wurden im damaligen Weltausstellungspavillon *American Drinks* serviert, später gab es Mineralwasser, ab 1924 süße und saure Milch, und heute gibt es das übliche Café-Restaurant-Angebot.

196 A–C 1–5 · Attraktionen: Ostern bis Ende Okt. 10–1 Uhr · Praterstern · Tram 0, 5, 21 Praterstern · www.prater.at

PRATER: INSIDER-INFO

Top-Tipps: Machen Sie eine Fahrt mit dem 35 m hohen **Blumen-Rad**, einer kleineren Version des Riesenrads. Die Aussicht aus den drehbaren Gondeln ist besonders in den frühen Abendstunden wunderschön!

• Der grüne Prater lässt sich herrlich mit dem **Rad** erkunden! Den Radverleih finden Sie beim *Schweizerhaus* in Richtung Hauptallee (Tel. 729 58 88, www.radverleih-hochschaubahn.com).

Geheimtipp: Hinter der Kasse der größten und längsten **Geisterbahn** Europas (Zufahrtstr. 143) sitzt ein Prater-Original: der Regisseur und Schauspieler Hermann Molzer. Der Theatermann ließ die Gruselbahn von Bühnenbildnern ausstatten und weiß immer ein paar nette Prater-Geschichten zu erzählen.

Muss nicht sein! So schön der grüne Prater tagsüber ist, so ungemütlich und **zwielichtig ist er in der Nacht**, bleiben Sie nach Einbruch der Dunkelheit auf den beleuchteten Straßen!

Nach Lust und Laune!

3 Hundertwasser-Haus

Eine Oase der Buntheit in der farblosen Großstadtwüste, das ist das Hundertwasser-Haus an der Ecke Löwengasse/Kegelgasse. In einer Gegend, die sonst hauptsächlich von gediegenen, so genannten Altbau-Wohnhäusern und Gemeindebauten geprägt wird, taucht plötzlich eine wild gegliederte, knallbunte Fassade auf. Sie besteht aus einem Durcheinander von verschieden großen und unterschiedlich umrahmten Fenstern, kleinen Balkonen, Erkern, Mosaikbändern, Zwiebeltürmen, Säulen und Bäumchen, die aus Terrassen wuchern. Friedensreich Hundertwasser hat dieses Haus 1983–85 gestaltet, es ist ein Gemeindebau mit 50 Wohnungen. Die spleenige Öko-Architektur setzt sich auch im Inneren des Hauses fort. Besichtigt werden kann das Haus aus Rücksicht auf die Privatsphäre der Mieter allerdings nur von außen, aber auch das lohnt sich.

195 F3 Wien 3., Ecke Löwengasse/Kegelgasse Tram N Hetzgasse

Friedrich Stowasser

Friedensreich Hundertwasser wurde 1928 als Friedrich Stowasser in Wien geboren. Das Enfant terrible der Kunstszene entwickelte eine ganz eigene, farbige Bildsprache und realisierte zahlreiche Architekturprojekte in Österreich, Deutschland, der Schweiz, in Kalifornien und Japan. Neuseeland wurde zu seiner zweiten Heimat. Im Februar 2000 starb er auf der »Queen Elizabeth II« im Pazifischen Ozean an Herzversagen.

6 Gänsehäufel

Das Gänsehäufel ist eine Wiener Institution. Seine Geschichte steht in engem Zusammenhang mit dem Aufschwung der Arbeiterbewegung und mit dem Entstehen einer eigenständigen Körper- und Sportkultur. 1907 übernahm die Stadt Wien die Insel an der Alten Donau und errichtete darauf ein erstes städtisches Strandbad mit Umkleidemöglichkeit für 4000 Personen. 1926–27 wurde die Insel durch eine Brücke mit dem »Festland Wien« verbunden. Im Zweiten Weltkrieg erlitt die Anlage durch 130 Bombentreffer schwere Schäden. Der Wiederaufbau war ein großes Anliegen der Stadt, er erfolg-

Eines der ältesten Strandbäder: das Gänsehäufel

Mit Büro- und Wohntürmen entsteht jenseits der Donau ein supermoderner Stadtteil

te rasch, und dann konnten wieder Tausende Wiener ihre Kabinen beziehen und den Sommer am Donaustrand genießen. Heute gilt das Gänsehäufel mit seiner Fläche von rund 33 ha und seinem 1000 m langen Naturstrand als größtes Strandbad Binneneuropas.

197 F2/3 Wien 22., Moissigasse 21 269 90 16 Im Sommer Mo–Fr 9 bis 20, Sa/So 8–20 Uhr Kaisermühlen Bäderbus von der U-Bahn-Station Kaisermühlen mittel

7 Alte Donau

Die Regulierung der Donau 1870–75 bewirkte, dass im Nordosten der Stadt ein mit dem Fluss nicht mehr verbundener Arm zurückblieb und zu einem See wurde, zur Alten Donau. Sie entwickelte sich schon um 1900 zu einem Badeparadies, und das ist sie bis heute geblieben. Hierher strömen die Wiener im Sommer zum Schwimmen, Segeln oder Ruderbootfahren. Zwischen Alter und Neuer Donau liegt der Donaupark. Das ehemalige Gelände der Wiener Internationalen Gartenschau 1964 ist jetzt ein Erholungsgebiet mit Rad- und Spazierwegen. Der darin aufragende 252 m hohe Donauturm bietet von seinem Drehrestaurant aus einen prachtvollen Fernblick. Ein Blickfang sind Moschee und Minarett des Islamischen Zentrums am nahen Hubertusdamm.

197 D5–F4 Alte Donau Bus 20B Alte Donau

8 Donauinsel

Als in den 1970er-Jahren in der Donau ein zweites Flussbett gegraben wurde, um die Hochwassergefahr einzudämmen, entstand in der Mitte eine Insel. 20 km lang und 200 m breit, entwickelte sie sich zum Freizeitparadies der Wiener. Ungestört vom Autoverkehr sind hier Radfahrer, Jogger, Inlineskater und Spaziergänger unterwegs. Die rund 40 km langen Schotterstrände eignen sich auch bestens zum Sonnenbaden und Schwimmen, und das alles mit Blick auf eine aufregende Skyline. Um die Uno-City ist mit dem Austria-Center, dem Andromeda-Tower, dem Wohnpark Donau-City und einer Reihe von Bürotürmen aus Glas und Stahl ein ultramoderner Stadtteil entstanden. Als Gegenstück dazu ragt der Milleniums-Tower auf der gegenüberliegenden Seite der Donau in den Himmel.

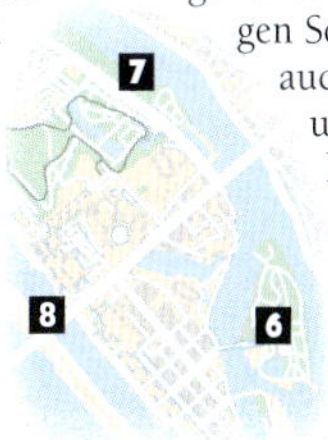

197 D2/3–F1 Donauinsel

Wohin zum … Essen und Trinken?

Preise
Die Preisangaben gelten pro Person für ein Essen ohne Getränke.
€ unter 12 Euro **€€** 12–25 Euro **€€€** über 25 Euro

Restaurants

Altes Jägerhaus €€
Das Gasthaus mit seinem schönen, großen Gastgarten liegt direkt gegenüber vom Lusthaus. Die Speisekarte bietet ein umfangreiches Angebot an interessanten Gerichten aus der Wiener Küche, sehr beliebt ist hier das Wiener Schnitzel. Die köstlichen Mehlspeisen sind hausgemacht und die Auswahl an heimischen und internationalen Weinen ist groß.

196, östl. C1 Wien 2., Freudenau 255 728 95 77 tägl. 9–23 Uhr (warme Küche 11.30–21.30 Uhr); Okt. bis März Mo und Di Ruhetag Bus 77A Lusthaus

Amon €€
Von Grund auf neu gestaltet, präsentiert sich das auf Wiener Urgerichte wie Wurzelfleisch und Zwiebelrostbraten spezialisierte *Amon*. Nach wie vor gibt es auch die beliebten Spezialitätenwochen, der Rahmen aber ist neu: Im vorderen Bereich wurde eine Wein- und Bierbar gestaltet, Gastgarten und Wintergarten sind frisch gestylt, und für kleine Gäste wurde ein Indoor-Spielplatz eingerichtet. In der Vinothek können sich Stammgäste mit Weinboxen einmieten, und wer sich Spezialitäten mit nach Hause nehmen will, kann an der Take-away-Vitrine auswählen.

196 B1 Wien 3., Schlachthausgasse 13 798 81 66 Mo–Sa 10–24, So 10–16 Uhr Schlachthausgasse Tram 18A Erdbergstraße, Bus 74A, 77A, 79A, 80A, 80B, 83A, 84A Schlachthausgasse

Hansy €
Das *Hansy* an einem der verkehrsreichsten Punkte der Stadt, an der Ecke Praterstern/Praterstraße, ist genau so, wie ein gutes traditionelles Wiener Gasthaus sein soll: Der Schankraum ist gekachelt, die Einrichtung einfach und der Gastgarten geräumig. Die Küche bietet den ganzen Tag über durchgehend Hausmannskost und saisonale Spezialitäten. Dazu gibt es das hauseigene Bier »Hansy-Bräu«.

195 E5 Wien 2., Praterstr. 67 214 53 63 tägl. 9–24 Uhr Praterstern Tram 5, 21, 0, Bus 80A Praterstern

Kiang €€
Cool und modern gestylt, wirkt das Kiang beim Rochusmarkt zwar eher wie ein keimfreies Labor, das Angebot an Speisen macht es aber zu einem der interessantesten asiatischen Restaurants der Stadt. Neben Sushi gibt es ständig wechselnde Tagesempfehlungen.

195 F2 Wien 3., Landstraßer Hauptstr. 50 715 34 70 tägl. 11.30–15/18–23.30 Uhr Rochusgasse Bus 4A, 74A Rochusgasse

Lindmayer €€
Das idyllisch an der Donau gelegene Restaurant hat sich auf Fisch und thailändische Gerichte spezialisiert. Bei schönem Wetter wird auf der großen, 150 Personen fassenden Terrasse mit herrlichem Blick auf den Strom serviert, auf der auch in der ärgsten Sommerhitze eine Brise für Abkühlung sorgt. Ein fünfminütiger Fußweg führt an der Donau entlang zu Wiens einziger buddhistischer Pagode, einem stillen und friedlichen Ort.

197, südl. E1 Wien 2., Lindmayer Str. 1 (Hafenzufahrtsstraße) 728 95 80 Mitte Feb.–Dez. Di–So 8 bis 22 Uhr Tram 21 Praterkai (15 Minuten Gehweg), Bus 80B Fa. Elan (gegenüber vom Restaurant)

Lusthaus €€
Der entzückende Pavillon am Ende der Prater Hauptallee hat eine lange Geschichte. An seiner Stelle stand schon ab 1560 ein kleines Jagdhaus, das Grüne Lusthaus. Kaiser Josef II. beauftragte den Architekten Isidore Canavale damit, es umzugestalten, und dieser brachte den einstöckigen Bau von 1781–83 in seine heutige Form mit acht Ecken, acht Säulen und einem umlaufenden Balkon. Bei einem Kaffee auf der kleinen Terrasse des Podestes oder bei einem Essen der gehobenen Wiener Küche im Lokal ist das Flair der Kaiserzeit auch heute noch immer spürbar. Das *Lusthaus* ist ein beliebter Ort für Veranstaltungen wie Familienfeiern oder alle möglichen Arten von Präsentationen. Wer das *Lusthaus* abends besuchen möchte, sollte daher vorher anrufen.

196, östl. C1 Wien 2 , Freudenau 254 728 95 65 Mai–Okt. Mo/Di, Do/Fr 12–23, Sa/So 12–18 Uhr; Nov.–April Do–Di 12–18 Uhr Bus 77A Lusthaus

Maestro €€€
Das Interieur des Restaurants im Wiener Konzerthaus präsentiert sich in elegantem Art déco. Elegant ist auch die Speisekarte, die sich auf gehobene, kreative Wiener Küche spezialisiert hat. Dazu gibt es eine sehr gut sortierte Weinauswahl.

195 D2 Wien 3., Am Heumarkt 6 714 89 11 tägl. 17.30–24, So und Mi ab 11.30 Uhr Stadtpark Tram 1, 2, 71, D, Bus 3A, 4A Schwarzenbergplatz

Salm Bräu €
Die urige Gasthofbrauerei befindet sich in den Kellern des Salesianerklosters. Die Biere sind erstklassig, sie werden nach historischen Rezepten gebraut. Dazu gibt es deftige Hausmannskost und von montags bis freitags ein preisgünstiges Tagesmenü.

195 E1 Wien 3., Rennweg 8 799 59 92 tägl. 11–24 Uhr (warme Küche bis 23 Uhr) Tram 71 Unteres Belvedere

Schweizerhaus €
Die knusprigsten »Stelzen« (Eisbein) der Stadt und dazu das gepflegteste Budweiser-Bier vom Fass, dafür ist Karl Kolariks *Schweizerhaus* im Prater berühmt. »Stelzen« und Bier sind aber noch lange nicht alles. Die Küche ist auch wegen ihrer echten böhmischen Spezialitäten bekannt wie zum Beispiel dem Spiegelkarpfen. In dem riesigen Garten, der 1300 Personen Platz bietet, ist die Stimmung immer grandios.

196 A5 Wien 2., Straße des Ersten Mai 116 728 01 52 15. März bis 31. Okt. Mo–Sa 10–23.30 Uhr Praterstern Tram 5, 21, 0, Bus 80A Praterstern

Seidl €
Das Gasthaus *Seidl* ist ein typisches Alt-Wiener Gasthaus mit gemütlichen Logen. Auch die Küche ist wienerisch, allerdings auf höchstem Niveau verfeinert, dabei aber echt und weit entfernt von Schickimicki-Allüren. Das Backhuhn wird als das beste der Stadt gerühmt, ein Gedicht sind auch die Geröstete Leber und das Gulasch. Die Getränkekarte ist beachtlich, es kann zwischen 400 verschiedenen Weinen gewählt werden. Einmal im Monat gibt es ein Weinmenü.

195 E2 Wien 3., Ungargasse 63 713 17 81 Mo–Fr 10–23 Uhr Tram 0 Neulinggasse

Stadtwirt €
Die burgenländisch-oberösterreichisch inspirierte Küche dieses gehobenen Beisls ist von erster Güte. Die Qualität hat sich herumgesprochen, es herrscht immer Hochbetrieb. Wer einen Platz im Lokal oder im Schanigarten bekommen will, sollte unbedingt vorher reservieren.

195 E3 Wien 3., Untere Viaduktgasse 45 713 38 28 Mo–Fr 9–24,

Sa 16–1 Uhr (warme Küche bis 23 Uhr), So 11–16 Uhr; Lounge- und Barbereich Mo–Fr 9–1, Sa 16–1, So 11–1 Uhr Landstraße/Wien Mitte Tram 0, Bus 74A Landstraße/Wien Mitte

Steirereck €€€

Das legendäre *Steirereck* der Familie Reitbauer zählt zu den hervorragendsten Restaurants Österreichs. 2004 wechselte es die Adresse. Es zog aus der Rasumofskygasse in den Stadtpark. Geblieben ist auch in der neuen, romantischen Umgebung die erstklassige Qualität der »Wienerischen Neuen Küche« und die hervorragende Auswahl an Käse, Wein, Whisky und Zigarren.

195 D3 Wien 3., Meierei im Stadtpark 713 31 68 Mo–Fr 19–24 Uhr Landstraße/Wien-Mitte Tram 0, Bus 74A Landstraße/Wien-Mitte

Taverna Lefteris €€

Der Grieche stammt aus Kreta, und sein Lokal gilt als eines der besten griechischen der Stadt. Bei Lefteris ist die Atmosphäre mediterran gemütlich, man fühlt sich wie auf Urlaub. Das Brot wird selbst gebacken, und die Auswahl an Vorspeisen ist beeindruckend. Die Moussaka schmeckt nirgends sonst so verführerisch.

195 F3 Wien 3., Hörnesgasse 17 713 74 51 Mo–Sa 18–24 Uhr Rochusgasse Bus 4A, 74A Rochusgasse

Wild €€

Das gemütliche typische Wiener Wirtshaus direkt am Radetzkyplatz punktet auch mit Wiener Küche. Bevorzugte Gerichte sind Klassiker wie Innereien, sie werden allerdings mit kreativem Einschlag zubereitet. Probieren Sie beispielsweise die Geröstete Leber. Mittags gibt es unter der Woche als Tagesteller ein vegetarisches Menü und eines mit Fleisch, beide sind wirklich sehr preisgünstig.

195 F4 Wien 3., Radetzkyplatz 1 920 94 77 Di–So 10–1 (warme Küche Di–Sa 11–23.30, So 11–22 Uhr) Landstraße/Wien Mitte Tram N, 0 Radetzkyplatz

Zum Alten Heller €

Tafelspitz, Rindfleisch und Rostbraten in allen möglichen Variationen wie französisch, spanisch oder »diabolo« gibt es in dem schönen Wiener Gasthaus, das auch für seinen mit großen Kastanien bestandenen Gastgarten bekannt ist. Je nach Saison werden auch feine Eierschwammerl- oder Spargelgerichte angeboten. Mittags gibt es einen preisgünstigen Tagesteller.

195 E2 Wien 3., Ungargasse 34 712 64 52 Di–Sa 10–23 Uhr (warme Küche 11.30–22 Uhr) Landstraße/Wien Mitte Tram 0 Ungargasse

Zur Steirischen Botschaft €

In dem urigen Restaurant, das einen mit alten Nussbäumen bestandenen Gastgarten hat, wird vorwiegend steirisch, aber auch international gekocht. Der Salat wird mit »Kernöl« angemacht, dem nussigen Kürbiskernöl, das wegen seiner dunkelgrünen Farbe oft spöttisch als »steirische Wagenschmiere« bezeichnet wird. Und unter den zahlreichen Weinen findet sich auch der steirische Schilcher. Unter der Woche stehen drei preisgünstige Mittagsmenüs zur Auswahl.

195 D2 Wien 3., Strohgasse 11 712 33 67 Mo–Fr 11.30–23, So 11–15 (warme Küche bis 14.30/18 bis 22 Uhr) Landstraße/Wien Mitte Tram 0 Ungargasse, Bus 4A Neulinggasse

Cafés

Galerie Zum Hundertwasser-Haus

Das Café bietet bei Kaffee und Kuchen oder Snacks wie Mozzarella mit Tomaten einen guten Blick auf die bunte, lustige Fassade des gegenüberliegenden Hundertwasserhauses. So ist hier nicht nur für den Magen etwas geboten. Ein Gastgarten vor dem Hundertwasser-Haus gehört zum Café.

195 F3 Wien 3., Kegelgasse 37–39 961 77 71 tägl. 9–23 Uhr Tram N Hetzgasse

KunstHausCafé

Das Café ist ebenso lustig, bunt und exzentrisch wie das gesamte KunstHausWien. An den aus verschiedenen Holzplatten zusammengefügten Tischen stehen 100 verschiedene, bunt lackierte Thonet-Stühle. Und der Garten ist im Sommer schon allein wegen seiner vielen, herrlichen, exotischen Blumen eine Sensation. Die Küche ist wienerisch mit Schnitzel und Tafelspitz.

195 F4 Wien 3., Untere Weißgerberstr. 13 712 04 97 tägl. 10 bis 23 Uhr Schwedenplatz Tram N, 0 Radetzkyplatz

Schloss Belvedere

Das Lokal im Oberen Schloss Belvedere ist mit seinem schönen, großen Garten ideal für eine kurze Pause nach der Besichtigung. Es gibt hausgemachte Torten (Belvedere-Torte!) und Mehlspeisen, Snacks und einen eigenen Eisstand, aber auch klassische Gerichte der Wiener Küche wie Schinkenfleckerl oder italienische Nudelgerichte, also auf jeden Fall für jeden ermatteten Besucher etwas.

195 D1 Wien 3., Prinz-Eugen-Str. 27 798 88 88 Sommer Di–So 10–18 Uhr; Winter Di–So 9–17 Uhr Tram D Schloss Belvedere, Tram 0, 18, Bus 13A Südbahnhof

Zartl

Das *Zartl* ist eines der schönsten klassischen Wiener Kaffeehäuser mit Logen und Billardtisch. Die Speisekarte umfasst hauptsächlich Gerichte der Wiener Küche. Eine Besonderheit ist das Extrazimmer. Dort tagen einmal pro Woche die Magier Wiens – allerdings hinter verschlossenen Türen. Im Winter gibt es sonntags Klaviermusik live (15.30–18.30 Uhr).

195 F3 Wien 3., Rasumofskygasse 7 7 2 55 60 tägl. 8–24 Uhr Rochusgasse Tram N, Bus 4A Rasumofskygasse

Wohin zum ... Einkaufen?

Der 3. Bezirk ist mit Einkaufsmöglichkeiten für die Nahversorgung der Bewohner gut ausgestattet. Wien-Besucher werden vor allem in den Shops der Museen fündig.

Die **Landstraßer Hauptstraße**, die in den letzten Jahren in mehreren Etappen neu gestaltet wurde, ist mit ihren zahlreichen Geschäften die umsatzstärkste Einkaufsmeile des 3. Bezirks. Hier reiht sich ein interessantes Geschäft an das andere. Es gibt Boutiquen, Schuhgeschäfte, Parfümerien und natürlich auch Supermärkte. Und dazwischen findet man Cafés und Möglichkeiten, den kleinen Hunger zu stillen. Am Anfang der Straße bietet der Markt im Zentrum Wien-Mitte eine Fülle von stets frischen Lebensmitteln, Fleisch und Gemüse. Für Wien-Besucher ist vor allem der **Rochusmarkt** mit seinen Obst-, Gemüse- und Feinkostläden interessant. Das **Arrigo** (Rochusmarkt, Stand 33) führt in seiner Vinothek tolle italienische, spanische und österreichische Weine.

Originelle Mitbringsel für die Kinder zu Hause hat **Norbert Navara** (Ausstellungsstr. 63). Dort gibt es Holzspielwaren, Handpuppen, Nostalgiespielwaren und Kaleidoskope, die jedes Kinderherz erfreuen.

Wer ausgefallene, hübsche Dinge sucht, wird in den Museumsshops fündig. Der Museumsshop im **KunstHausWien** ist eine Fundgrube für Kalender, Tassen, Geschenkpapier, Rollerpens, Schlüsselanhänger, Seidentücher und Poster mit Hundertwasser-Motiven. Der Museumsshop im **Belvedere** führt Gegenstände für alle Lebenslagen mit Klimt-Design, von Schals über Tücher zu Schirmen, außerdem gibt es schöne Kunstbücher, Schmuck und Poster.

Wohin zum ... Ausgehen?

Ausgehen kann man in diesem Teil Wiens nach Herzenslust. Der Name Copa Cagrana, der sich vom benachbarten Stadtteil Kagran ableitet, wurde zum Synonym für Spaß, Abfeiern und lange Nächte an der Donau. Auf diesem Teil der Donauinsel schießen ständig neue Lokale aus dem Boden, die Urlaubs-Feeling pur vermitteln, aber auch sonst gibt es einiges an Nachtleben zu entdecken.

Copa Cagrana

Von März bis Oktober pilgern Nachtschwärmer und Abenteuerlustige, Gourmets und Freunde der Multikulti-Küche zu den Lokalen unter freiem Himmel (Copa Cagrana erreichbar mit der U 1, Haltestelle Donauinsel).

Das **Rembetiko** (linkes Ufer, Tel. 263 66 33, tägl. 10–2 Uhr) ist eine griechische Taverne, die vor allem wegen ihrer Fisch- und Lammgerichte beliebt ist.

Die angrenzende Taverne **Ios** (linkes Ufer, Tel. 263 35 04, tägl. 11–2 Uhr) versetzt ihre Besucher mit griechischer Hausmannskost, Spezialitäten vom Holzkohlengrill, Retsina, Ouzo und Sirtaki-Musik in Urlaubsstimmung.

Das **Coccodrillo** (linkes Ufer, Tel. 263 71 71, Mo–Fr 10–2, Sa/So bis 4 Uhr) bietet auf seiner großen Terrasse direkt am Wasser Gegrilltes, Spareribs und Salate.

Im **All' Isola** (das letzte Lokal auf der Copa Cagrana, Tel. 06645 / 57 10 83, tägl. 10–2 Uhr) gibt es italienische Küche vom Feinsten, höchst delikate Antipasti, frischen Fisch und raffinierte Pastagerichte.

Musik

Weltklassemusiker aus den Bereichen Jazz, Pop und Worldmusic sind seit Mai 2004 live im **Birdland** (Am Stadtpark (Hilton Vienna), Tel. 21 96 39 15, Di–So 19–4 Uhr) der österreichischen Jazzlegende Joe Zawinul zu hören. Der anspruchsvolle Jazzclub ist nach dem legendären *Birdland* in New York benannt. Zum Musikgenuss gibt es auch kulinarische Genüsse in Form von internationaler Küche. Joe Zawinuls Lieblingsgericht, »Paprikahendl«, steht immer auf der Karte.

Bar

Im **A bar shabu** (Rotensterngasse/ Ecke Glockengasse, Tel. 06644 / 60 24 41, Di–Sa 21–4 Uhr) dreht sich nicht alles, aber vieles um ein grünes hochprozentiges Getränk. Das zeigt schon ein Blick auf den Namen, führt das kleine Lokal im 2. Bezirk doch stolz den Untertitel »Absinth Bar«. Hier werden immer wieder spannende Kunstprojekte präsentiert.

Schon wegen des hübschen Biedermeierambientes im renovierten Sünnhof, der 1984 immerhin mit dem Europa Nostra Preis ausgezeichnet wurde, ist die kleine **Biedermeier-Bar** (Landstraßer Hauptstr. 28, Tel. 71 67 15 28, tägl. 18 bis 2 Uhr) des Hotels *Mercure* sehenswert. Sie ist im Biedermeierstil mit Kirschholzmöbeln eingerichtet. Zu angenehmer Hintergrundmusik gibt es klassische Cocktails.

Ebenfalls Absinth-Drinks, dazu Highballs und eine große Auswahl an Gin- und Whisky-Drinks erwarten den Besucher in der **Hamburg Bar** (Neulinggasse 21, Tel. 718 98 18, Mo–Sa und feiertags 20 bis 2 Uhr, Sonntag Ruhetag) im 3. Bezirk. In der kleinen American-Bar sorgt jazzige Hintergrundmusik für Atmosphäre. Manchmal gibt es auch Livemusik und Jazz.

Eine kleine Tanzfläche besitzt die Cocktailbar **Magic** im 3. Bezirk (Marxergasse 14, Tel. 0676 / 917 16 13, Mo–Sa 21–4 Uhr). Es gibt Imbisse und zur Unterhaltung Tischfußball oder Gesellschaftsspiele.

Ausflüge

Was wäre Wien ohne den Wienerwald und die Donau? Diese Ausflugsziele führen in die Umgebung von Wien, zu romantischen Orten mit uralter Geschichte, in die liebliche Weingegend und zu kostbaren Schätzen hinter Klostermauern.

Klosterneuburg

Das Augustinerchorherrenstift Klosterneuburg wird wegen seiner monumentalen Ausmaße oft als der österreichische Escorial bezeichnet. Weltberühmt ist es vor allem wegen seiner Kunstschätze – und, nicht zuletzt, wegen seines Weines.

Gegründet hat das Stift Klosterneuburg Anfang des 12. Jhs. der Babenberger Leopold III. Mit seiner Heiligsprechung 1485 stieg es zum Landesheiligtum und später zum Aufbewahrungsort der Landeskrone auf. Um 1730 begann Karl VI. damit, es auszubauen. Kloster und Kaiserpalast sollten zu einer gigantischen barocken Anlage verschmelzen. Als der Kaiser zehn Jahre später starb, war erst ein Viertel dieses ehrgeizigen Planes realisiert. Und dabei blieb es.

Seite 159: Der Eingang zum Kaiserpalast in Klosterneuburg

Ein Ausdruck inniger Frömmigkeit: die Mariensäule

Die mittelalterlichen Türme der Stiftskirche zählen zum ältesten Teil der Anlage

Wer über die **Kaiserstiege** in die **Kaiserzimmer** hinaufsteigt, in denen Karl VI. 1739 übrigens nur eine einzige Nacht verbrachte, bekommt einen Eindruck von Pracht und Reichtum. Dieser Eindruck verstärkt sich einen Stock höher, im **Stiftsmuseum**, angesichts der kostbaren Sammlungen. Höhepunkte sind der Babenberger Stammbaum, ein 8 m breiter Bilderbogen, die Tafelbilder von Rueland Frueauf dem Jüngeren und erlesene Elfenbeinarbeiten.

Dass der Barockbau unvollendet geblieben ist, hat auch seine guten Seiten. So sind bis heute große Teile der mittelalterlichen Anlage erhalten. Romanische und gotische Elemente sind vor allem an den Außenmauern der **Stiftskirche** gut zu erkennen.

Wie der barocke Innenraum der Kirche sind auch die größten Kunstschätze nur im Rahmen einer Führung zu besichtigen. Bei einer solchen Führung gelangt man durch den Kreuzgang zur Leopolds-Kapelle mit dem **Verduner Altar**. Der Goldschmied Nikolaus von Verdun hat ihn 1181 als Kanzelbrüstung mit 45 Emailtafeln mit Szenen aus dem Alten und Neuen Testament geschaffen. 1330 wurde dieses Werk in einen Flügelaltar umgearbeitet. Ein zweiter gotischer Flügelaltar, der **Albrechts-Altar**, ist in der Sebastiani-Kapelle zu sehen.

Feine Weine

Eine Führung durch den vierstöckigen barocken Keller des ältesten und größten Weingutes Österreichs samt Verkostung ist ein Erlebnis! (Rathausplatz 24, Tel. 02243 / 411-548, Mo–Fr 9–18, Sa bis 17 Uhr)

Eine Sehenswürdigkeit ganz anderer Art ist das 1000-Eimer-Fass im **Binderstadl**, auf dem jedes Jahr am 15. November, dem Leopolditag, das Fasslrutschen stattfindet, ein Riesenspaß für Groß und Klein.

Klosterneuburg, Stiftsplatz 1 · 02243 / 411-212 · Stiftsmuseum 1. Mai–15. Nov. Di–So 10–17 Uhr; Führungen tägl. 10–17 Uhr · mittel · www.stift-klosterneuburg.at

Anfahrt: 12 km nördlich von Wien; S 40, Bus 239 Weidling bzw. Kierling

Wienerwald

Der Wienerwald wird oft als Symphonie in Grün bezeichnet. Er ist einer der größten Laubmischwälder Europas und eine typisch österreichische Landschaft. Dieser Ausflug führt an seinen unteren Rand, in die reizende Weingegend südlich von Wien.

1002 unterzeichnete der deutsche Kaiser Heinrich II. eine Schenkungsurkunde, die das Gebiet zwischen Triesting und Liesing an den babenbergischen Markgrafen Heinrich übertrug. Damit begann die Geschichte des Wienerwaldes. Nahezu 800 Jahre lang blieb der Kern des großen Waldgebietes ein Urwald. Anfang des 19. Jhs. aber entdeckte ihn die städtische Bevölkerung als romantischen Erholungsraum, er wurde zum Ziel für »Landpartien« und »Sommerfrischen«.

Perchtoldsdorf

Den Süden Wiens dominiert seit uralten Zeiten der Wein. Einer der malerischsten Weinorte ist Perchtoldsdorf, hier reiht sich ein Heuriger mit romantischen Weinlauben, blühendem Oleander und einfachen Tischen und Bänken aus Holz an den anderen. Bevor Sie einkehren, sollten Sie aber einen Rundgang durch den Ort machen und die restaurierten Mauern der **Herzogsburg** aus dem 14. Jh., die gotische **Hallenkirche**, das **Rathaus** und den **Wehrturm** besuchen. Die Mauern haben den Türken standgehalten, die 1683 auch Perchtoldsdorf belagerten.

Mödling

Das benachbarte Mödling ist ein pulsierendes Wirtschaftszentrum und eine wichtige Schulstadt. Der Altstadtkern ist mit seinen gepflegten Bürgerhäusern aus der Spätgotik und der Renaissance dennoch hinreißend. Ein Spaziergang ist wie ein Ausflug in die gute alte Zeit, als sich in Mödling gerne Künstler aufhielten. Manche Straßen und Plätze schauen auch heute noch so aus, als würde einer von ihnen gleich um die Ecke biegen, Schubert, Grillparzer, Waldmüller oder Beethoven, der hier die Sommer 1818–20 verbrachte – und in gewohnter Manier viermal umzog. Eine **Beethoven-Gedenkstätte** wurde im Hafnerhaus eingerichtet.

Ein beliebtes Ausflugsziel ist die **Hinterbrühl** mit der **Burg Liechtenstein**, dem größten profanen Bauwerk Österreichs im romanischen Stil. Die **Höld-**

Mödling ist mit seinem schönen Altstadtkern eine bezaubernde Kleinstadt

Im Wienerwald kann man herrliche Ausblicke genießen

richsmühle soll Schubert zu seinem Lied *Der Lindenbaum* inspiriert haben, und in der **Seegrotte** ist der größte unterirdische See Europas zu sehen.

Hinauf in die Weinberge von Gumpoldskirchen

Gumpoldskirchen hat mit seinem idyllischen **Weinwanderweg**, der hinauf in die Weinberge führt, etwas Besonderes zu bieten. Hier duftet es nach Erde und Wein, und am Wegrand informieren Bilder und Texte über den Weinbau und die für Gumpoldskirchen traditionellen Sorten Rotgipfler und Zierfandler. Noch ein Stück höher führt ein Kreuzweg aus der Mitte des 19. Jhs. bergan, der von der tiefen Frömmigkeit der Weinbauern zeugt. Während des halbstündigen Spaziergangs hat man immer wieder einen wunderschönen Ausblick auf den uralten Ort mit seinen Renaissancehöfen und der gotischen Pfarrkirche St. Michael, die vom Deutschen Orden betreut wird.

Der Wienerwald lädt zu ausgedehnten Wanderungen ein

Baden – ein mondäner Kurort mit k.u.k. Atmosphäre

Die liebevoll gepflegte Kleinstadt Baden besitzt ein einzigartiges Biedermeierensemble, und das verdankt sie einer Katastrophe. 1812 vernichtete eine Feuersbrunst die gesamte Stadt. Der Neubau erfolgte in lupenreinem Klassizismus. Einer der meistbeschäftigten Architekten war Josef Kornhäusel. Das **Rathaus**, das **Florastöckl** in der Frauengasse, der **Metternichhof** und das **Theresienschlössl** gehen auf sein Konto.

Baden war als Rheuma-Heilbad schon früh ein mondäner Kurort mit großzügigen Parkanlagen, eleganten Hotels und schönen Villen. Die k.u.k. Atmosphäre ist auf Schritt und Tritt zu spüren, beim Konzert im **Kurpark**, im **Doblhoffpark** mit

seiner Rosenpracht und beim **Trabrennen**. Die vielen prachtvollen Villen lassen an die hohen Beamte und Offiziere und an die berühmten Kurgäste wie Mozart, Schubert, Nestroy, Raimund und Grillparzer denken, die hier verkehrten.

So beschaulich Baden auch wirkt, so stark ist seine wirtschaftliche Dynamik. Baden hat sich als Schul- und Einkaufsstadt etabliert. Ein starker Publikumsmagnet ist das erste und älteste **Casino** Österreichs im Kurpark. Auch die aufwändig gestaltete, mit einem riesigen Glasdach überspannte **Römertherme** ist eine tolle Attraktion.

Im Casino Baden wird nicht nur Roulette gespielt, hier gehen auch glanzvolle Veranstaltungen über die Bühne

Baden blickt aber auch auf eine mehr als 250-jährige Theatertradition zurück. In der Stadt, in der Max Reinhardt und Katharina Schratt geboren wurden, findet jedes Jahr in der Sommerarena ein beliebtes Operettenfestival statt.

Der Undine-Brunnen im Kurpark

Hafnerhaus
Mödling, Hauptstr. 79 ☎ 02236 / 241 59 Mo–Mi 9–12 Uhr mittel

Hotel-Restaurant Höldrichsmühle
Hinterbrühl, Gaadnerstr. 34 ☎ 02236 / 26 27 40 tägl. 11 bis 22 Uhr vom Bhf. Mödling Bus 364 und 365 Höldrichsmühle

Seegrotte
Hinterbrühl, Grutschgasse 2a ☎ 02236 / 263 64 April–Okt tägl. 8.30–12/13–17 Uhr; Nov.–März tägl. 9–12/13–15, Sa/So bis 15.45 Uhr vom Bhf. Mödling Bus 364 und 365 Seegrotte mittel

Casino
Baden, Kaiser-Franz-Ring 1 ☎ 02252 / 444 96 tägl. ab 15 Uhr

Römertherme
Baden, Brusattiplatz ☎ 02252 / 450 30 Mo 12–22, Di–So 10–22 Uhr

Anfahrt: Mödling liegt 15 km südlich von Wien, Gumpoldskirchen 20 km und Baden 28 km. S 1 und S 2 fahren vom Südbahnhof Richtung Wiener Neustadt, es gibt Stationen in Gumpoldskirchen, Mödling und Baden. Vom Bahnhof Mödling fahren die Busse 364 und 365 in die Hinterbrühl. Zwischen der Wiener Oper und dem Casino Baden pendelt zwischen 14.20 und 3.15 Uhr halbstündlich der Casino Bus. Zwischen Wiener Oper und Baden-Josefsplatz verkehrt tagsüber die Badener Bahn viertelstündlich, ab 20.12 Uhr halbstündlich.

Heiligenkreuz

Umgeben von Wiesen und Feldern liegt das Stift Heiligenkreuz abgeschieden in einer Talmulde des sanfthügeligen Wienerwaldes. Es ist seit 850 Jahren ein kulturelles Zentrum und gilt als Weltkulturerbe.

Gegründet 1133 von dem Babenberger Leopold III., dem späteren Landespatron von Niederösterreich, ist das Zisterzienserstift auch heute noch ein Ort der Harmonie und Schönheit. Seinen Namen verdankt es einem Stück des Heiligen Kreuzes, das Herzog Leopold V. von seiner Pilgerreise nach Jerusalem mitbrachte und dem Stift 1188 übergab. Die **Kreuzreliquie** wird heute in der modernen Pfarrkirche aufbewahrt und ist dort auch zu besichtigen.

Spitzengastronomie

Zwischen Heiligenkreuz und Mayerling liegt das interessant und ambitioniert gestylte Restaurant und Hotel Hanner (Mayerling 1, Tel. 02258 / 23 78, Mo–Sa 12–14/18–22, So 12 bis 22 Uhr). Die 3-Hauben-Küche ist ein Traum!

Große Teile der Klosteranlage, die von Anfang an auch als Grablege der Babenberger geplant war, stammen aus dem Mittelalter. Das Langhaus der romanischen Pfeilerkirche, der gotische Hallenchor, der Kreuzgang und das Brunnenhaus entstanden bereits im 12. und 13. Jh., sie sind in ihrer ursprünglichen Form erhalten. Die Außenanlagen, die Türme, das Chorgestühl (achten Sie auf die Holzskulpturen!) und die prachtvolle Dreifaltigkeitssäule des 1663 in Venedig geborenen Giovanni Giuliani, der

Ein Chorgestühl mit wundervollen Schnitzereien schmückt die Stiftskirche

Romantik pur
Durch das Wiener Tor gelangen Sie vom Stift Heiligenkreuz zu einem barocken **Kreuzweg**, der von Meister Giuliani gestaltet wurde. Eine Allee von Winterlinden führt an den Stationen und Heiligenstatuen vorbei zur Kapelle. Wenn Sie dann die Straße überqueren, kommen Sie zum Waldfriedhof mit dem **Grab** von Mary Vetsera. Seine Inschrift lautet: »Wie eine Blume sprosst der Mensch auf und wird gebrochen«.

Josefsbrunnen, die Bibliothek und die Sakristei gehen auf das 17. Jh. zurück, sie sind im prunkvollen Stil des Barock gebaut.

Fast ebenso alt wie das Kloster ist der **Klostergasthof**. In seinen Gewölben und im schattigen Garten wird beste österreichische Hausmannskost serviert, dazu Weine aus der Stiftskellerei.

Geheimnisumwitterte Tragödie

Das nur 5 km von Heiligenkreuz entfernte Mayerling wurde zum Schauplatz einer Tragödie, die einst ganz Österreich erschütterte. Am 30. Januar 1889 ging Kronprinz Rudolf in seinem Jagdschloss in den Freitod, mit ihm kam seine Geliebte, die knapp 18-jährige Mary Vetsera, ums Leben. Die Hintergründe konnten bis heute nicht vollständig geklärt werden. Österreich verlor damit den Thronfolger und die Hoffnung auf Erneuerung und Reform. Das ehemalige Sterbezimmer ist jetzt eine Gedächtniskirche. In drei Räumen des Jagdschlosses ist heute ein Museum eingerichtet.

02258 / 87 03-33 tägl. 8–20 Uhr, Führungen Mo–Sa 10, 11, 14, 15, 16, So ab 11 Uhr
mittel www.heiligenkreuz.at

Jagdschloss Mayerling
Mayerling 3, Karmeliterkloster 02258 / 275 Mo–Sa 9–12.30/13.30–18, So ab 10 Uhr, im Winter bis 17 Uhr preiswert

Anfahrt: 30 km südwestlich von Wien; Postbus 1140 vom Bahnhof in Baden, Bahnbus 364 vom Bahnhof Mödling (➤ 164); Haltestelle Heiligenkreuz, Badner Tor für das Stift Heiligenkreuz und Mayerling für das Jagdschloss

Dampferfahrt in die Wachau

Wenn Sie einen romantischen Sonntag auf einem der schönsten Abschnitte der Donau erleben wollen, dann fahren Sie mit dem Schiff in die malerische Kultur- und Naturlandschaft der Wachau.

Oben: Kapitän auf großer Fahrt die Donau aufwärts

Vorbei am **Donauturm** und der Skyline des modernen Wien am rechten sowie Kahlenberg und Leopoldsberg am linken Ufer, verlässt das große Ausflugsschiff Wien. Gleich nach der Stadtgrenze, in **Korneuburg**, zeigen sich die grünen Hügel des Tullner Feldes. Mit zweimal 470 PS kämpft sich die MS Admiral Tegetthoff, das Flaggschiff der Donaudampfschifffahrtsgesellschaft (DDSG), stromaufwärts bis zur Blumenstadt **Tulln**, passiert Zwentendorf und bringt ihre bis zu 600 Passagiere zur Römer- und Nibelungenstadt **Traismauer**.

Die Altstadt von Krems ist ein historisches Juwel

Romantische Wachau

Die nächste Station ist die Doppelstadt **Krems-Stein**. Ihre mehr als tausendjährige Geschichte ist überall präsent, das sieht man auch von der Donau aus. Nicht ohne Grund zählen die historischen Gebäude der Altstadt zum Unesco-Weltkulturerbe.

In Krems beginnt die **Wachau**, jener Abschnitt des Donautales, der von der Marillenblüte bis zum Weinherbst unvergleichbare Eindrücke garantiert. Am linken Donauufer erhebt sich auf 449 m Höhe **Stift Göttweig**, das prächtige Benediktinerstift, das oft als das österreichische Montecassino bezeichnet wird. Wirkungsvoll zieht dann die malerische Landschaft am Schiff vorbei, wildromantische, steil ansteigende Steinterrassen, auf denen schon die Römer Wein kultivierten, Marillenbäume, dicht bewaldete Hügel und pittoreske Orte mit schönen, alten Kirchen.

In der Wachau gedeiht der Wein schon seit der Römerzeit

Wo Richard Löwenherz schmachtete

Die hoch über die Donau aufragende **Ruine Dürnstein** zählt zu den Wahr-

Donaudampfschifffahrtsgesellschaft (DDSG)

Die DDSG fährt von April bis Oktober jeden Sonntag die Strecke Wien–Dürnstein–Wien (Tagesticket Hin- und Rückfahrt: 25 Euro):
Abfahrt Reichsbrücke: 8.35 Uhr, Ankunft Dürnstein: 14.30 Uhr
Abfahrt Dürnstein: 16.40 Uhr, Ankunft Reichsbrücke: 21 Uhr

Wien 2., Handelskai 265/Reichsbrücke 588 80 (Plätze reservieren!) Mo–Fr 9–18 Uhr Vorgartenstraße Bus 11A Vorgartenstrasse www.ddsg-blue-danube.at

zeichen der Wachau. Einst war hier Richard Löwenherz, der König von England, gefangen. Wie es die Sage will, spürte ihn Blondel, sein treuer Diener auf, als er beim Anstieg zur Burg ein Lied anstimmte und aus einem Keller die zweite Strophe vernahm. 1193 wurde Richard Löwenherz befreit, ein Anteil des Lösegelds ermöglichte den Ausbau der Burg und den Aufschwung des Ortes.

Vom Schiff aus sticht in der ehemaligen Kuenringerstadt besonders der in den Originalfarben blau-weiß renovierte Kirchturm ins Auge. Er ist einer der schönsten Barocktürme Österreichs und gehört zum **Augustinerchorherrenstift**, in dem vor allem das Prunkportal und der Stiftshof sehenswert sind.

Fast zu schön, um wahr zu sein: Dürnstein mit dem Turm des Augustinerchorherrenstiftes

In der zweistündigen Pause sollten Sie durch Dürnstein spazieren. In den verwinkelten Gassen werden Sie außer der ehemaligen **Klarissinnenkirche** und dem **Stadttor** romantische Renaissanceinnenhöfe, wunderschöne Bürger- und historische Winzerhäuser begeistern. Zwischendurch können Sie sich mit einer Wachauer Spezialität (Wachauer Schinken und ein Glas Weißwein!) auf der berühmten Terrasse des Hotels *Schloss Dürnstein* stärken (Tel. 02711 / 212, April–Okt. warme Küche tägl. 12–14/18.30–21 Uhr). Doch vergessen Sie bei all den Schönheiten und köstlichen Genüssen nicht, dass schon um 16.40 Uhr die MS Admiral Tegethoff wieder in Richtung Wien ausläuft …

Stift Dürnstein

Dürnstein 1 02711 / 375 April–Okt. 9–18 Uhr preiswert

Bratislava

Wollte Urgroßmutter einmal rasch von Wien nach Pressburg fahren, brauchte sie nur in die Straßenbahn zu steigen. Ganz so bequem geht es heute zwar nicht mehr, ins heutige Bratislava ist es von Wien aus aber trotzdem nur einen Katzensprung.

In der Altstadt mit den Straßencafés pulsiert das Leben

So nah sich die beiden Donaustädte dank günstiger Verkehrsverbindungen früher waren, so sehr trennte sie später der Eiserne Vorhang. Bratislava war lange Zeit praktisch nicht mehr erreichbar. Das ist Vergangenheit, auch wenn die EU-Erweiterung 2004 die österreichischen Verkehrsplaner im Tiefschlaf überrascht hat.

Seit Bratislava 1993 zur Hauptstadt der Slowakischen Republik wurde, hat sich die 450 000 Einwohner zählende Stadt zu einem politischen, wirtschaftlichen und kulturellen Zentrum entwickelt. Bratislava ist keine düstere, trostlose Stadt mehr, sondern wirkt wie frisch aufpoliert.

Über dem Donauufer erhebt sich die stolze Burg von Bratislava

Blick von oben

Vor dem Stadtbummel sollten Sie über die Schlossstiege zur **Burg** hinaufsteigen. Der ehemalige Vorposten der Römer wurde seit dem 9. Jh. immer wieder umgebaut, zuletzt 1953–62. Von oben sehen Sie, wie sich in **Petrzalka** auf dem rechten Donauufer ein Plattenbaukomplex aus sozialistischer Zeit an den anderen reiht. Bratislava hat die größte Bevöl-

Tafeln wie zu Großmutters Zeiten

Köstlichen Braten mit Knödeln und dazu ein Bier bekommt man im Restaurant ***U Zlatého Orla***/Goldener Adler (Panská 14) oder im ***Arkadia*** (Zámocké schody/Schlossstiege) mit Aussicht auf die Donau.

kerungsdichte aller mitteleuropäischen Städte.

Altstadt mit prächtigen Palais

Wieder vom Burgberg zurück, gelangen Sie durch das Corvinus Tor in die **Altstadt**, die sich im Wesentlichen um drei Plätze gruppiert, den Hauptplatz, den Franziskanerplatz und den Primatialplatz. Hier wurde in den letzten Jahren viel renoviert, behutsam und mit Gefühl. Alte, dicke Mauern wurden zu neuem Leben erweckt, und oft ist ein liebenswerter Hauch Alt-Österreich zu spüren. Beginnen Sie Ihren Rundgang beim **Martinsdom**. In diesem gotischen Gotteshaus findet sich ein Beweis der früheren engen Beziehung zwischen Wien und Pressburg: Die Statue des hl. Martin (1734) hat Raphael Donner geschaffen, der auch für den Donner-Brunnen am Neuen Markt (➤ 30) in Wien verantwortlich zeichnet.

Für den ungarischen Adel war es im 17. und 18. Jh. ein *must*, nicht nur in Wien und Prag, sondern auch in Pressburg ein Palais zu besitzen. Wenn Sie vom Martinsdom durch die Ventúrska und Michalská zum **Michaelstor** spazieren, können Sie einige dieser Palais bewundern. Auf dem Weg zum Alten Rathaus sehen Sie das größte, das Palais des Erzbischofs. Im **Primatialpalais** (Primaciálny námestie, Rückseite des Alten Rathauses) wurde 1805 nach dem Sieg Napoleons bei Austerlitz der Friede von Pressburg unterzeichnet. In dem wunderschönen **Alten Rathaus** (Hlavné námestie, Di–So 9–17 Uhr) ist das Stadtmuseum einen Besuch wert.

Die Altstadt ist auch zum Flanieren ideal. Zwischen aufwändig renovierten historischen Gebäuden pulsiert das Leben in Fußgängerzonen, es gibt Shoppingmeilen mit exklusiven Boutiquen, Straßencafés und Kneipen. Das berühmteste »Wiener« Kaffeehaus ist ***Mayer*** (Hlavné námestie beim Alten Rathaus).

Oper, Operette und Ballett

Das Slowakische Nationaltheater ist einen Besuch wert. Karten sind an der Tageskasse zu bestellen. (Komenského námestie, Tel. 0042 / 17 / 533 38 90, Mo–Fr 8–18, Sa 9–13 Uhr)

In der Umgebung des Michaelstors liegen schöne historische Gebäude

---

Anfahrt: 60 km östlich von Wien; Schnellzüge fahren in Wien täglich vom Südbahnhof ab, Busse vom Südtirolerplatz (Platzreservierung Tel. 93 00 03 43 05); von 1. Mai bis 18. Oktober verkehren auch Tragflügelboote der DDSG (➤ 168)

Spaziergänge & Touren

1 DURCH DIE DONAUAUEN

Fahrradtour

Mit ihrer wildromantischen Landschaft ist die Lobau wie geschaffen für eine Radtour: Gekennzeichnete Radwege führen auf einer ebenen Strecke durch den Wiener Teil der Donauauen. Radeln Sie auf den Spuren von Napoleons Heer, und erholen Sie sich im grünen Auwald.

LÄNGE: 16 km **DAUER:** 3 Stunden
START/ZIEL: Radverleih Ostbahnbrücke ☎ 0664 / 974 37 18
Kaisermühlen, dann Bus 91A Lobau

1–2

Vom **Radverleih** geht es auf der Donauinsel stromabwärts und über die Steinspornbrücke zur Lobau; der Radweg führt entlang der Neuen Donau vorbei am **Kraftwerk Freudenau**, das jedes Jahr mehr als eine Milliarde Kilowattstunden Strom erzeugt. Beim Lobgrundtor biegen Sie links in den Nationalpark Donauauen ein.

2–3

In der Lobgrundstraße finden Sie bald rot-weiß-rote Hinweisschilder zum ersten von sechs **Napoleonsteinen**. Die sechs Gedenksteine wurden 1859 zum Gedenken an die Schlacht von Aspern (1809) errichtet. In dieser Schlacht fügte Erzherzog Karl (► 106) Napoleon die erste Niederlage zu und stoppte so seinen Triumphzug. **Am Brückenkopf** heißt jener Stein, der an die Zeit erinnert, als die Donau unreguliert war und die Franzosen den Übergang nur mit Hilfe von Pontonbrücken schaffen. Fahren Sie die Lobgrundstraße entlang rechts durch den **Ölhafen Lobau**. Sie kommen nun an eindrucksvollen Öltanks und Pipelines vorbei, die Erdgas in Hängebrücken über den Strom zur Raffinerie Schwechat befördern. Beim Königsgraben biegen Sie links in den Radweg entlang des Donau-Oder-Kanals ab.

Drahtesel werden bei der Ostbahnbrücke vermietet

3–4

Der **Donau-Oder-Kanal** sollte Wien bereits im 14. Jh. mit der rund 3000 km entfernten Oder verbinden. Von 1939–43 wurden in der Lobau und im Marchfeld einige wenige Kilometer der künstlichen Wasserstraße realisiert.

Am Ende des Lobau-Abschnitts finden Sie hier mitten im Auwald eine erfrischende **Wildbadestelle**. Fahren Sie dann weiter geradeaus bis zum nächsten Napoleonstein: **Übergang der Franzosen**. Hier setzte die französische Armee 42 Tage nach der Schlacht bei Aspern über den Donauarm, um die Österreicher bei Deutsch-Wagram doch noch zu schlagen.

4–5 Inmitten der Auenlandschaft befinden sich links, etwas abseits des Radwegs, zwei weitere Napoleonsteine: **Napoleons Pulvermagazin** und der **Franzosenfriedhof**, auf dem 3000 Franzosen in einem Massengrab beigesetzt sein sollen. Radeln Sie nun in großem Bogen fast rund um die Lobau, und Sie werden schließlich verstehen, warum der Name eigentlich »Wasserwald« bedeutet. Mit etwas

Geführte Touren und Radverleih

Die Mitarbeiter des Nationalparks bieten Gruppen ab sechs Personen kostenlos die Führung »Mit dem Rad durch die Lobau« an, Anmeldung: 02249 / 23 53. Räder können beim Radverleih Ostbahnbrücke ausgeliehen werden (bei Teilnahme an einer geführten Tour zu vergünstigten Tarifen). ? www.donauauen.at

Wann?

An einem sonnigen Wochenende sind Sie in der Lobau nicht alleine. Mehr Ruhe haben Sie wochentags, aber beachten Sie, dass der Radverleih von Montag bis Freitag erst um 11 Uhr (samstags, sonn- und feiertags um 9 Uhr) öffnet und Sie sich für Besichtigungen auf jeden Fall anmelden müssen.

Glück sehen Sie einen Graureiher, der gerade in einem Tümpel fischt, oder andere seltene Vögel in den Weiden- und Pappelauen. Die Altarme, die schon mehr als 130 Jahre vom Hauptstrom abgeschnitten sind, vermitteln wie die brachliegenden Felder das Gefühl der Unberührtheit. Fahren Sie entlang des einzigartigen Naturschutzgebietes bis zur Esslinger Furt.

5–6

Nun biegen Sie links ab und radeln bis zur Vorwerkstraße. Hier, im Herzen der Lobau, finden Sie allerlei Sehenswertes: beim Förstersteig etwa ein **Bibergehege** mit zwei

Ganz oben: Das informative Lobaumuseum
Oben: Die Panozzalacke lädt ein

Kleine Pause

Hungrige Radfahrer kehren gerne im ***Uferhaus Staudigl*** (Lobaustr., Tel. 02249 / 27 33, Di Ruhetag), einem urigen, gemütlichen Gasthaus mit schattigem Gastgarten ein. Sie finden es, wenn Sie kurz vor dem »Übergang der Franzosen« rechts über die Holzbrücke den Großenzersdorfer Arm queren. Am Ende der Tour können Sie Ihren Durst beim **Imbiss an der Panozzalacke** stillen.

Bibern, die am besten in der Abenddämmerung zu beobachten sind. Oder Sie machen einen Abstecher am **Demlkreuz** vorbei, das an den Gendarmen Franz Deml erinnert, der hier 1920 erschossen wurde. Bei der **Wurzelstation** können Sie das imposante Wurzelwerk eines Au-Baumes bestaunen, in einem Lehrtümpel den Lebensraum Au-Gewässer beobachten und in der »Hohlen Pappel« einen Baumriesen von innen bewundern. Zurück auf der Vorwerkstraße, finden Sie rechts nach dem Förstersteig das **Lobaumuseum** (am Wochenende und bei Voranmeldung geöffnet). Mit seinen Aquarien und Tierpräparaten informiert es über sämtliche Au-Bewohner und erklärt die Entwicklung vom kaiserlichen Jagdgebiet zum Nationalpark. Fahren Sie dann die Vorwerkstraße weiter bis zum **Napoleonstein**. Der Gedenkstein markiert das Ende jener Straße, auf der einst 96 000 Soldaten und unzählige Pferde zum Schlachtfeld bei Aspern gelangten.

6–7

Von hier geht es die Napoleonstraße zurück zur Lobgrundstraße, dann auf dem Stadtwanderweg 11 vorbei am letzten Napoleonstein, **Napoleons Hauptquartier 1809**, zur idyllischen **Panozzalacke**, einem Naturbadeplatz mit einer riesigen Spiel- und Lagerwiese.

7–8

Den Wanderweg retour kommen Sie zurück zum Nationalpark-Eingang, von wo Sie nun stromaufwärts wieder den Radverleih erreichen.

Dieser Gedenkstein erinnert an Napoleons Hauptquartier

2 GRINZING

Spaziergang

LÄNGE: 2 km **DAUER:** 1,5 Stunden (je nach Aufenthalt in den Heurigen auch länger)
START: Himmelstraße Grinzing Tram Nr. 38
ZIEL: Fernsprechamt Heiligenstadt Bus Nr. 38A

Grinzing ist das älteste und berühmteste Heurigenviertel Wiens. Inmitten malerischer Weinberge gelegen, bezaubert es mit seinem ursprünglichen Dorfcharakter. Wuchtige Torbögen öffnen sich in stille Einfahrten und kleine Gärten. Die einladenden Winzerhäuser stammen zum größten Teil noch aus dem 16. und 17. Jh.

Der Heurigenexpress bring Sie hin

1–2

Die Trambahnlinie 38 wird im Volksmund gern »Heurigenexpress« genannt, weil sie die Wiener auf schnellstem Weg zu ihrem Heurigen bringt. Von der Endstation gehen Sie die Himmelstraße links hinauf, vorbei am **Pöllinger Freihof** aus dem 14. Jh., der 1730 zeitweilig als Jagdpalais von Kaiserin Maria Theresia fungierte, bis zur spätgotischen Grinzinger Kirche. Zwölf Weinhauerfamilien erbauten die **Kirche zum Heiligen Kreuz** von 1417–26 aus eigenen Mitteln.

2–3

Wer möchte, kann von der Kirche über Managettagasse und Managettasteig einen Abstecher zum **Grinzinger Friedhof** machen. Hier ruht Gustav Mahler, dessen modernistischer Grabstein von seiner Witwe Alma Mahler-Werfel, die selbst in der Nähe begraben ist, in Auftrag gegeben wurde. Weiter findet man hier die Gräber des einarmigen Pianisten Paul Wittgenstein, dem Bruder von Ludwig Wittgenstein, sowie der Schriftsteller Heimito von Doderer und Thomas Bernhard.

3–4

Zurück an der Kirche, gehen Sie die Himmelstraße bergauf und biegen rechts in die Feilergasse ein, die zum **Alten Presshaus** führt

Tipp
Überwinden Sie den Anstieg hinauf zum Weingut ***Am Reisenberg*** (Oberer Reisenbergweg 15, Tel. 320 93 93, Anf. Mai–Ende Sept. Mo–Fr 16–24, So 12–24 Uhr). Ihre Mühe wird mit vorzüglichem Wein und einer großartigen Aussicht auf Wien belohnt.

(Cobenzlgasse 15, Tel. 320 02 03, tägl. 16–24 Uhr, Jan./Feb. geschl.). Das Presshaus stammt aus dem Jahr 1527 und ist die älteste Weinschänke Österreichs. Im eindrucksvollen Keller findet sich neben einer 250 Jahre alten Weinpresse und riesigen Fässern auch ein unterirdischer Gang, den die Weinbauern vor vielen hundert Jahren als Fluchtweg zur Grinzinger Kirche angelegt haben.

4–5

Spazieren Sie jetzt die Cobenzlgasse wieder hinunter, die am ältesten Haus Grinzings vorbeiführt: Der **Trummelhof** (Cobenzlgasse 30, Tel. 328 90 61, Mo–Sa ab 19 Uhr) wurde 1150 von den Babenbergern an der Stelle einer Römersiedlung errichtet, heute beherbergt er eine Bar. Wenige Schritte weiter lohnt sich ein Zwischenstopp beim **Heurigen Reinprecht** (Cobenzlgasse 22, Tel. 320 14 71-0, tägl. 15–24 Uhr, Mitte Dez.–Feb. geschl.) In den fast 400 Jahre alten, ehemaligen Klostergewölben werden jährlich rund 150 000 l Wein ausgeschenkt, hier können Sie die älteste und größte Korkenziehersammlung der Welt mit weit über 3000 Flaschenöffnern bestaunen.

5–6

Folgen Sie nun der Cobenzlgasse, die weiter stadteinwärts in die Sandgasse mündet. Diese geht schließlich in die Grinzinger Straße über. Beim **Haus Nr. 64** erinnert eine Tafel an Franz Grillparzer und Ludwig van Beethoven. Beide verbrachten hier 1808 einige Monate ihres Lebens.

So klingt die Wiener Weinseligkeit

Kleine Pause

Die zahlreichen Heurigenrestaurants bieten ein reichhaltiges, kaltes und warmes Büfett in typischer Atmosphäre, meist mit Livemusik. Der ***Feuerwehr-Wagner*** (Grinzinger Str. 53, Tel. 320 24 42, tägl.16–24 Uhr) ist berühmt für sein Backhendl, der ***Martin Sepp*** (Cobenzlgasse 34, Tel. 320 32 33-0, tägl. 11.30–24 Uhr) hat sich auf saisonale Gerichte spezialisiert. Im Edelbeisl ***Liebstöckl & Co*** (Sandgasse 12, Tel. 328 83 10, tägl.11–24 Uhr, warme Küche 11–23 Uhr) genießt man raffinierte Alt-Wiener Küche, im Wirtshaus ***Neuland*** (Cobenzlgasse 7, Tel. 320 00 63, Mo–Fr 16–1, Sa/So 11.30–1 Uhr) speist man in gestyltem Ambiente.

6–7

Biegen Sie links in die Armbrustergasse ein. Gegenüber vom ehemaligen Wohnhaus des langjährigen österreichischen Bundeskanzlers **Bruno Kreisky** (Armbrustergasse 15) führt die kleine Probusgasse stadteinwärts. Über holprige Pflastersteine kommen Sie zu einem anderen **Wohnhaus Beethovens** (Probusgasse 6, Di–So 9–12.15/13–16.30 Uhr). Eine kleine Treppe führt zu seiner Wohnung, in der er 1802 das berühmte *Heiligenstädter Testa-*

nicht verlassen hat. Beethoven erhoffte sich von seinem Aufenthalt hier in der Sommerfrische die Linderung seines Hörleidens. Als keine Besserung eintrat, schrieb er seinen Brüdern einen leidenschaftlichen, wütenden Brief, den er niemals abschickte und der als *Heiligenstädter Testament* in die Geschichte einging.

7–8

Mehr als 80 Mal wechselte Beethoven in Wien sein Quartier, kein Wunder also, dass sich am Ende der Probusgasse, am Pfarrplatz, ein weiteres Beethovenhaus befindet. In diesem Gebäude aus der Mitte des 17. Jhs. arbeitete der Komponist 1817 an der 9. Symphonie, heute treffen sich hier Prominente und Weinkenner beim Heurigen **Mayer am Pfarrplatz** (Pfarrplatz 2, Tel. 370 33 61, Mo–Sa 16–24, So 11 bis 24 Uhr). Die Fassade des romantischen Hauses ziert eine Statue des heiligen Florian, der das alte Gemäuer vor Feuer bewahren soll. Vorbei an der **Heiligenstädter Jakobskirche**, einem der ältesten Gotteshäuser Wiens mit baulichen Relikten aus dem 2. Jh., gelangen Sie über die Nestelbachgasse zurück zur Grinzinger Straße. Dort finden Sie stadteinwärts eine Haltestelle der Autobuslinie 38A, die zur U-Bahn-Station Heiligenstadt führt.

In der Sandgasse scheint die Zeit stehen geblieben zu sein

Wann?

Machen Sie den Spaziergang am Nachmittag, und lassen Sie den Tag gemütlich bei einem der vielen Heurigen ausklingen.

3 FRIEDHOF ST. MARX

Spaziergang

Egal, ob im Frühling zur Fliederblüte oder im Herbst, wenn Nebel zwischen den Grabreihen liegt, der Biedermeierfriedhof St. Marx ist zu jeder Jahreszeit romantisch. Und das, obwohl er längst gar kein Friedhof mehr ist, sondern ein Park. Angelegt 1784, stand er lediglich bis 1874 in Verwendung, dann erfolgte die Eröffnung des Zentralfriedhofs und die Gebeine vieler berühmter Toter wurden in dortige Ehrengräber umgebettet. In St. Marx verblieben nur die Gedenksteine.

LÄNGE: 1,5 km **DAUER:** 1 Stunde
START/ZIEL: St. Marx oder Bus 18, 74A St. Marx

1–2

Gehen Sie von der **S-Bahn-Station St. Marx** die Leberstraße entlang stadtauswärts. Bald werden Sie die Betonbrücke der A 23 sehen. Der **Eingang zum Friedhof** liegt vor der Autobahnbrücke rechts etwas unterhalb des Straßenniveaus. Sobald Sie das Backsteintor durchschritten haben, werden Sie spüren, wie Sie eine Atmosphäre der Ruhe umfängt. Eine breite Kastanienallee führt geradeaus. Beachten Sie die Todesengel links und rechts von der Allee.

2–3

Gehen Sie nun die Allee hinauf, und treten Sie immer wieder in die linken Reihen ein. Sie werden interessante Grabinschriften finden, wie

Viele Grabinschriften muten heute skurril an, wie diese von Josef März

Der Eingang zum Biedermeierfriedhof St. Marx

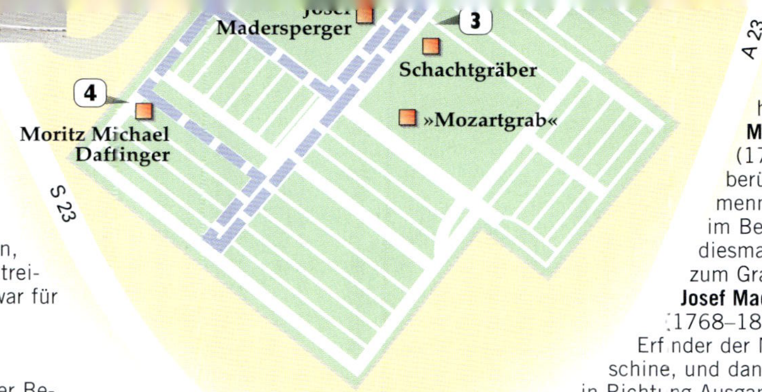

»Dem Andenken an Herrn Josef März, des Repräsentanten der bürgerlichen Lohnkutscher und Hausinhabers in der Leopoldstadt No 138«. Ebenfalls links liegt das Grab von **Ida Pfeiffer** (➤ 34). Sobald ihre Kinder aus dem Haus waren, unternahm diese Biedermeierdame Weltreisen, ganz auf sich allein gestellt. Das war für die damalige Zeit eine Sensation.

3–4

Wo die Grabreihen aufhören, beginnt der Bereich der ehemaligen **Schachtgräber**. Hier wurden die Toten in josephinischer Schlichtheit beerdigt, in Schachtgräbern für sechs Personen und ohne jedes Gedenkzeichen. Wolfgang Amadeus Mozart war einer von ihnen.

Das **»Mozartgrab«** wurde erst 1859 errichtet und bezeichnet den Platz der tatsächlichen Bestattung Mozarts nur ungefähr. Das Grab mit dem Säulenstumpf (ein Freimaurersymbol) und dem Trauerengel ist stets mit frischen Blumen geschmückt. Spazieren Sie auf der Hauptallee gerade weiter, und betrachten Sie die romantischen Grabsteine und Engel.

Kleine Pause

In der näheren Umgebung des Friedhofs gibt es **keine Einkehrmöglichkeit**. Nehmen Sie daher eine Kleinigkeit zu essen und eine Flasche Wasser mit.

4–5

Auf dem Rückweg sehen Sie sich nun die Gräber rechts der Allee an. Im hinteren Teil liegt das von **Moritz Michael Daffinger** (1790 bis 1849), er war der berühmteste Porträt- und Blumenmaler seiner Zeit. Wieder im Bereich der Schachtgräber, diesmal aber rechts, kommen Sie zum Grab von **Josef Madersperger** (1768–1850), dem Erfinder der Nähmaschine, und danach, schon in Richtung Ausgang, zum Grab von **Michael Thonet** (1796–1871), dem Erfinder der weltberühmten Bugholzmöbel.

✉ Wien 3., Leberstr. 6–8 ◷ Nov. bis März 7 Uhr bis Einbruch der Dunkelheit; April/Okt. 7–17 Uhr; Mai/Sept. 7–18 Uhr; Juni–Aug 7–19 Uhr ✋ frei

Auch das »Mozartgrab« ist leer

4 AUF DEN SPUREN DES DRITTEN MANNES

Spaziergang

LÄNGE: 3 km **DAUER:** 2,5 Stunden
START: Stadtpark 193 E2 Stadtpark
ZIEL: Teinfaltstraße 192 B4 Herrengasse, Schottentor

Der Stadtspaziergang auf den Spuren von Carol Reeds berühmtem Film *Der dritte Mann* (1949) führt in das unterirdische Kanalsystem und durch das Wien der Nachkriegszeit, als die Alliierten und der Schwarzmarkt die zerstörte Stadt prägten.

1–2

Gehen Sie vom **Stadtpark** die Lothringer Straße entlang bis zu jener **Litfaßsäule**, durch die Harry Lime in den Untergrund verschwand. Sie befindet sich zwischen dem Beethovenplatz auf der einen und dem Konzerthaus

Einladung zur organisierten Führung

anderen Straßenseite. Für den Film freilich wurde sie auf einem anderen Platz nachgebaut, aber dazu später, die Unterwelt ruft!

2–3

Über eine enge Wendeltreppe gelangen Sie – allerdings nur im Rahmen einer organisierten Führung – in die 2300 km messende **Wiener Kanalisation**. Nach der Cholera-Epidemie 1830 wurden alle

Die Story

Wien 1948: Der US-Schriftsteller Holly Martins (Joseph Cotten) möchte seinen Freund Harry Lime (Orson Welles) in Wien besuchen. Er kommt zu spät, Lime ist bei einem Autounfall verunglückt. Martins wird in dunkle Penicillinschieber-Geschichten verwickelt, ein Zeuge will einen dritten Mann am Unfallort gesehen haben. Es kommt zu einer spektakulären Verfolgungsjagd im Wiener Kanalnetz und zu einem dramatischen Showdown …

Sie möchten den Film (nochmals) sehen?
Die englische Originalversion des Films läuft jeden Freitag um 23.45 Uhr und jeden Sonntag um 14.30 Uhr im Burgkino (Wien 1., Opernring 21, Tel. 587 84 06).

wichtigen Bäche im Stadtgebiet eingewölbt und zwei große Sammelkanäle parallel zum Wienfluss gebaut. Das denkmalgeschützte

Durch die Litfaßsäule in den Untergrund

Tunnelgewölbe von Otto Wagner, das Sie nach der schmalen Treppe erreichen, wurde um 1900 fertig gestellt. Mit dieser monumentalen Anlage wurde der Wienfluss zwischen Stadtpark und Naschmarkt von der Oberfläche verbannt. Mehr als 100 Jahre später sind die Sammelkanäle für die Millionenstadt zu klein geworden: Es wird ein neuer Kanal gebaut. Wegen der Bauarbeiten beschränkt sich der unterirdische Teil der Führung für einige Jahre auf diesen Tunnel, in dem die spannenden Verfolgungsszenen mit Harry Lime entstanden sind. Wieder ans Tageslicht zurückgekehrt, gehen Sie die Lothringer Straße vor bis zum Schwarzenbergplatz.

3–4

Werfen Sie einen Blick nach links auf das **Heldendenkmal der Roten Armee** beim Hochstrahlbrunnen. Die fast 12 m hohe Bronzefigur stellt einen Russen dar und wurde am 19. August 1945 mit einer Parade sowjetischer, amerikanischer, englischer und französischer Truppen eingeweiht. Wien war von 1945 bis 1955 in vier Zonen aufgeteilt, die innere Stadt wurde von den vier Alliierten gemeinsam verwaltet. Gehen Sie vor zur Ringstraße, wo Sie links das **Hotel *Imperial*** sehen.

4–5

In der Besatzungszeit fungierte das noble Hotel als Hauptquartier des russischen Geheim-

Für den Ausflug in das Kanalsystem sind allerdings starke Nerven Bedingung

dienstes, von hier geht es weiter den Ring entlang, bis Sie rechts zur **Staatsoper** (➤ 98) abbiegen. Hinter der Oper finden Sie einen anderen Geheimdienstsitz, das **Hotel *Sacher***. Im 1860 erbauten Hotel hatten sich die Engländer einquartiert, unter ihnen der Autor der Geschichte, Graham Greene, der hier in den Akten unzählige Anregungen für seinen Schwarzmarktthriller fand.

5–6

Im **Café *Mozart*** (➤ 90), gleich hinter dem Hotel, trank Graham Greene gerne seinen Kaffee, und er ließ einige Szenen im Schanigarten des Cafés spielen. Der Philipphof auf dem Albertinaplatz, ein mehrstöckiges Wohnhaus mit einem großen Luftschutzkeller, wurde bei einem Bombenangriff 1945 völlig zerstört, 300 Menschen wurden lebendig begraben. Heute sehen Sie hier das **Mahnmal** des Bildhauers Alfred Hrdlicka. Gehen Sie die

bis zum Josefsplatz. Gegenüber dem Reiterdenkmal Kaiser Josephs II. sehen Sie das **Palais Pallavicini**, das in *Der dritte Mann* Harry Limes Wohnhaus – mit dem legendären Portier Paul Hörbiger – war.

6–7

Durch die Reitschulgasse kommen Sie zum **Michaelerplatz**, wo das Café *Marc Aurel* für den Film nachgebaut wurde. Über den Kohlmarkt und die Bognergasse geht es nun weiter zum nächsten Filmschauplatz: **Am Hof** (➤ 63) wurde die berühmteste Litfaßsäule der Filmgeschichte aus Holz nachgebaut und mit raffinierter Weitwinkeltechnik auf Zelluloid gebannt.

7–8

Gehen Sie weiter über die Freyung und die Teinfaltstraße zum **Mölkersteig**. Hier – im Torbogen der Schreyvogelgasse 8 – spielt eine weitere Schlüsselszene: Holly Martins bekommt erstmals Harry Lime zu Gesicht.

Vom Hotel *Sacher* aus zogen die Engländer ihre Fäden

Kleine Pause

Wenn Sie vor dem Start einen Kaffee trinken möchten, tun Sie das auf den Terrassen des ***Kursalon Stadtpark*** (Wien 3., Johannesgasse 33, Tel. 512 57 90-30, im Sommer tägl. 11.30 bis 24 Uhr).

8–9

Sollten Sie sich an einer organisierten Führung beteiligt haben, wird für Sie in ***Molly Darcy's Irish Pub*** (Wien 1., Teinfaltstr. 6) auf der Zither das weltberühmte *Harry Lime Theme* gespielt und Sie erfahren außerdem amüsante Anekdoten über den Komponisten Anton Karas und die britische Filmproduktion.

Geführte Tour

Die Führungen der Familie Timmermann finden ganzjährig montags und freitags um 16 Uhr ohne Anmeldung statt. Treffpunkt ist bei der U-Bahn-Station Stadtpark, Ausgang Johannesgasse (www.viennawalks.com, Tel. 774 89 01, teuer).

Praktisches

INFORMATION VORAB

Websites
- www.wien.info.at
- www.jugendinfowien.at

Deutschland
Österreich Werbung
München
Postfach 70 15 80
81315 München
☎ 089 / 66 67 01 00

Schweiz
Österreich Werbung
Zürich
Zurlindenstr. 60
8036 Zürich
☎ 01 / 451 15 51

REISEVORBEREITUNG

WICHTIGE PAPIERE

● Erforderlich
○ Empfohlen
▲ Nicht erforderlich

	Deutschland	Österreich	Schweiz
Pass/Personalausweis	●	●	●
Visum	▲	▲	▲
Weiter- oder Rückflugticket	▲	▲	▲
Impfungen (Tetanus oder Polio)	▲	▲	▲
Krankenversicherung	●	●	●
Reiseversicherung (► 188)	○	○	○
Führerschein (national)	●	●	●
Kfz-Haftpflichtversicherung	●	●	●
Fahrzeugschein	●	●	●

REISEZEIT

Wien

Hauptsaison / Nebensaison

JAN	FEB	MÄRZ	APRIL	MAI	JUNI	JULI	AUG	SEPT	OKT	NOV	DEZ
Nebensaison	Nebensaison	Nebensaison	Nebensaison	Hauptsaison	Hauptsaison	Hauptsaison	Hauptsaison	Hauptsaison	Hauptsaison	Nebensaison	Hauptsaison
1°C	3°C	8°C	14°C	19°C	22°C	25°C	24°C	20°C	14°C	7°C	3°C
Bedeckt	Bedeckt	Wechselhaft	Wechselhaft	Sonnig	Sonnig	Sonnig	Sonnig	Wechselhaft	Wechselhaft	Bedeckt	Bedeckt

Sonnig   Bedeckt   Regnerisch   Wechselhaft

Die angegebenen Temperaturen entsprechen den **durchschnittlichen Tagestemperaturen** des jeweiligen Monats. In Wien herrscht kontinentales Klima mit kaltem Winter, heißem Sommer und viel Regen im Frühjahr und Herbst. Die Donau versorgt Wien oft mit Frischluft, sodass die Stadt meist gut durchgelüftet ist. Wien hat zwar immer Saison, die schönste Reisezeit ist aber von Mai, wenn der Flieder blüht, bis Oktober, wenn sich in den Weingebieten am Stadtrand das Laub verfärbt. Das ganze Jahr über gibt es ein riesiges Kulturangebot: Theater, Musik und die vielen Museen lassen vergessen, wenn die Sonne einmal nicht vom Himmel lacht. Neuerdings wird Wien zunehmend auch um die Weihnachtszeit und um den Jahreswechsel attraktiv. Tausende Besucher kommen zu den Adventmärkten und zum Silvesterpfad.

Österreich
Wiener Tourismusverband
Obere Augartenstr. 40
1025 Wien
☎ 01 / 211 14-222

ANREISE

Mit dem Flugzeug: Der Flughafen Wien-Schwechat liegt ca.15 km südöstlich des Stadtzentrums. 60 Liniengesellschaften fliegen zu 140 Destinationen in 59 Ländern. Auch die Charterflüge starten und landen in Schwechat.

Preise: Die Ticketpreise schwanken stark, aufgrund der großen Konkurrenz der Anbieter kann man bei etwas Glück sehr günstige Tickets ergattern. Preisgünstig ist das »Red Ticket« der nationalen Airline AUA, es gibt permanent günstige Tickets und dazu wechselnde Specials. Die aktuellen Angebote finden Sie im Internet unter www.aua.com oder im Reisebüro.

Mit dem Zug: Wien ist mit IC, ICE, Eurocity und Regionalzügen erreichbar. Züge aus dem Westen, also aus Deutschland und der Schweiz, kommen am **Westbahnhof** an, Züge aus dem Süden, aus Italien und Slowenien, am **Südbahnhof**. Vom **Franz-Josefs-Bahnhof** fahren Regionalzüge nach Norden. Informationen über den Zugverkehr finden Sie im Internet unter www.oebb.at.

Mit dem Auto: Die A 1, die Westautobahn, führt von Salzburg und Linz, die A 2, die Südautobahn, von Klagenfurt und Graz nach Wien.

ZEIT

Wien befindet sich in der Zentraleuropäischen Zeitzone. Es gilt Mitteleuropäische Zeit (MEZ), die eine Stunde vor Greenwich-Zeit (GMT) liegt. Zwischen Ende März und Ende Oktober werden die Uhren um eine Stunde auf Mitteleuropäische Sommerzeit (MESZ) vorgestellt.

WÄHRUNG UND GELDWECHSEL

Währung: Seit dem 1. Januar 2002 ist die Währung wie in vielen europäischen Staaten der **Euro**. Die offizielle Abkürzung für den Euro ist EUR. Euro-Banknoten gibt es in den folgenden Nennwerten: 5, 10, 20, 50, 100, 200 und 500 Euro; Münzen in Nennwerten zu: 1, 2 und 5 für den Euro-Cent, 10, 20 und 50 für den goldfarbenen Euro-Cent. Zusätzlich gibt es eine 1-Euro- und 2-Euro-Münze.
Einen **Devisenrechner** zur Umrechnung verschiedener Währungen finden Sie im Internet: www.oanda.com.

Geldwechsel: In den Bahnhöfen und am Flughafen gibt es Wechselstuben. **Reiseschecks** können Sie bei allen Banken einlösen, die mit vielen Filialen überall in der Stadt zu finden sind. Außerhalb der Öffnungszeiten finden Sie viele **Geldautomaten**.

Kreditkarten werden mittlerweile in fast allen Hotels, Restaurants und Geschäften akzeptiert.

ZEITUNTERSCHIED

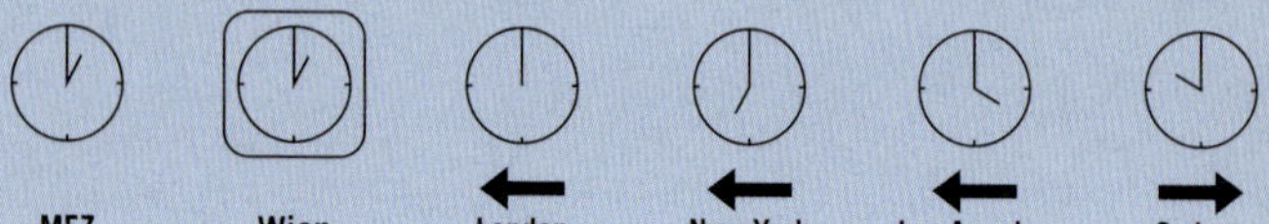

MEZ	Wien	London	New York	Los Angeles	Sydney
13 Uhr	13 Uhr	12 Uhr	7 Uhr	4 Uhr	22 Uhr

DAS WICHTIGSTE VOR ORT

KONFEKTIONSGRÖSSEN

Deutschland	Frankreich	Italien	
46	46	48	Anzüge
48	48	50	Anzüge
50	50	52	Anzüge
52	52	54	Anzüge
54	54	56	Anzüge
56	56	58	Anzüge
41	41	41	Schuhe (Herren)
42	42	42	Schuhe (Herren)
43	43	43	Schuhe (Herren)
44	44	44	Schuhe (Herren)
45	45	45	Schuhe (Herren)
46	46	46	Schuhe (Herren)
37	37	37	Hemden
38	38	38	Hemden
39/40	39/40	39/40	Hemden
41	41	41	Hemden
42	42	42	Hemden
43	43	43	Hemden
34	36	38	Kleider
36	38	40	Kleider
38	40	42	Kleider
40	42	44	Kleider
42	44	46	Kleider
44	46	48	Kleider
36	36	36	Schuhe (Damen)
37	37	37	Schuhe (Damen)
38	38	38	Schuhe (Damen)
39	39	39	Schuhe (Damen)
40	40	40	Schuhe (Damen)
41	41	41	Schuhe (Damen)

FEIERTAGE

1. Januar	Neujahr
6. Januar	Hl. Drei Könige
März/April	Ostersonntag, Ostermontag
1. Mai	Tag der Arbeit
Mai/Juni	Christi Himmelfahrt Pfingstsonntag, Pfingstmontag Fronleichnam
15. August	Mariä Himmelfahrt
26. Oktober	Nationalfeiertag
1. November	Allerheiligen
8. Dezember	Mariä Empfängnis
25. Dezember	Christtag
26. Dezember	Stephanitag

ÖFFNUNGSZEITEN

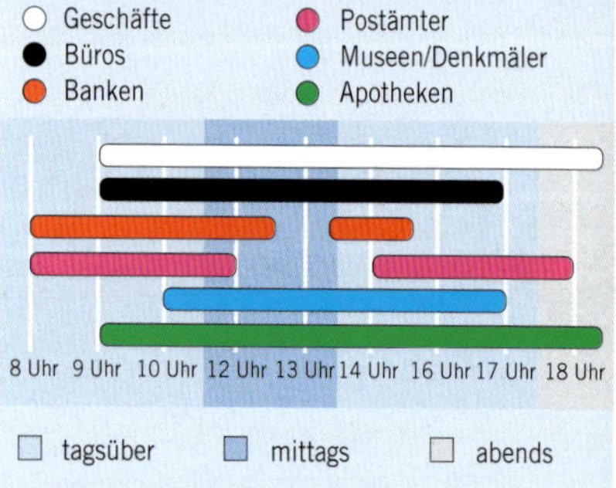

Geschäfte: Die Liberalisierung der Öffnungszeiten ist zurzeit ein heiß diskutiertes Thema. Im Allgemeinen haben die Geschäfte in der Innenstadt von Montag bis Freitag von 9 bis 18.30 und samstags von 9 bis 18 Uhr offen. Donnerstag- und Freitagabends haben bereits zahlreiche Supermärkte und Geschäfte in den Einkaufsstraßen länger offen.

Banken: Die Öffnungszeiten der Banken sind montags bis freitags 8 bis 12.30 und 13.30 bis 15, donnerstags bis 17.30 Uhr.

Museen: Die Öffnungszeiten variieren stark von Museum zu Museum

NOTRUFE:

POLIZEI 133

FEUERWEHR 122

RETTUNG 144

SICHERHEIT

Wien hat immer als relativ sichere Stadt gegolten, in jüngster Vergangenheit haben aber die Eigentumsdelikte rasant zugenommen. Vor allem Autoeinbrüche und Taschendiebstähle erschweren auch Touristen das Leben. Verschließen Sie also Ihre Handtasche gut, und erleichtern Sie Dieben die Arbeit nicht, indem Sie Ihre Geldbörse lose und leicht zu erwischen an sich tragen.

- Die U-Bahn ist ein beliebtes Revier der Taschendiebe. Machen Sie es ihnen auch dort nicht leicht.
- Meiden sollten Sie vor allem nachts den Karlsplatz und seine U-Bahn-Zugänge, sie sind fest im Griff der Dealer und Junkies.

POLIZEI

☎ 133 von jedem Telefon

TELEFONIEREN

Der Siegeszug des Handys hat Telefonzellen um ihre Existenzberechtigung gebracht. Einige gibt es aber trotzdem noch. Sie funktionieren mit Münzen oder Wertkarten, die man in Trafiken und Postämtern bekommt. Bei Telefonaten ins Ausland wählt man nach der Ländervorwahl die Rufnummer ohne die 0 der Vorwahl.

Internationale Vorwahlen:

Deutschland	**00 49**
Schweiz	**00 41**

POST

Postämter gibt es in allen Bezirken. Kleinere sind von Montag bis Freitag 8 bis 12 und 14 bis 18 Uhr geöffnet, größere haben keine Mittagspause. Rund um die Uhr ist die Hauptpost (Wien 1., Fleischmarkt 19) geöffnet. Die Postämter am West-, Süd- und Franz-Josefs-Bahnhof haben von 7 bis 22 Uhr offen. In den Postämtern kann man auch Papier- und Schreibwaren kaufen.

ELEKTRIZITÄT

Die Spannung beträgt 220 Volt. Reisende aus dem außereuropäischen Ausland sollten einen Adapter verwenden.

TRINKGELD

Meist werden Restaurant-, Getränke- und Taxirechnungen großzügig aufgerundet. Mit 5 % macht man nichts falsch.

Hotelportiers	1–2 Euro
Zimmermädchen	1–2 Euro
Stadtführer	nach Ermessen
Toiletten	30 Cent

BOTSCHAFTEN UND KONSULATE

Deutschland
☎ 711 54-0

Schweiz
☎ 79 50 50

GESUNDHEIT

Krankenversicherung: Falls in Wien ein Arzt aufgesucht werden muss, empfiehlt sich für Besucher aus dem Ausland eine spezielle Reisekrankenversicherung, da die normale Krankenversicherung für diese Kosten nicht aufkommt. Die Anschriften und Telefonnummern von Ärzten aller Fachrichtungen finden Sie in den Gelben Seiten der Telefonbücher. Den Ärztlichen Bereitschaftsdienst erreichen Sie unter Tel. 531 16-0.

Zahnarzt: Auch eine zahnmedizinische Behandlung ist nur für Inländer mit Versicherungskarte problemlos. Für Ausländer, die nicht entsprechend versichert sind, kann sie teuer werden. Den Zahnärztlichen Notdienst erreichen Sie unter Tel. 512 20 78. Anschriften und Telefonnummern von Zahnärzten finden Sie ebenfalls in den Gelben Seiten.

Wetter: Im Hochsommer kann es in Wien heiß werden. Achten Sie auf Sonnenschutz und trinken Sie ausreichend.

Medikamente: Es gibt viele Apotheken in Wien, die rezeptpflichtige und rezeptfreie Medikamente verkaufen. Welche Apotheke Nachtdienst hat, erfahren Sie aus den Tageszeitungen oder beim Apotheken-Bereitschaftsdienst Tel. 15 50 (Tonband).

Trinkwasser: Das Leitungswasser können Sie ohne Bedenken trinken. Das Wasser der öffentlichen Brunnen ist oft mit chemischen Mitteln versetzt – Vorsicht mit Hunden!

ERMÄSSIGUNGEN

In den Genuss von ermäßigten Eintrittskarten kommen Senioren, Behinderte und Soldaten bei Vorlage eines entsprechenden Nachweises. Ebenso erhalten Kinder, Jugendliche und Schülergruppen oft Ermäßigungen. Preiswert und attraktiv ist die **Wien-Card**. Sie kostet 16,90 Euro und berechtigt 72 Stunden zur Benützung von U-Bahnen, Straßenbahnen und Bussen. Zusätzlich gibt es Ermäßigungen in vielen Museen und bei Sehenswürdigkeiten. Kaufen können Sie die Wien-Card in über 200 Hotels und in den Tourist-Infos (► 38).

EINRICHTUNGEN FÜR BEHINDERTE

Straßenbahnen und Busse sind wegen des Einstiegs nur bedingt rollstuhlgeeignet. Ausnahmen sind die Niederflur-Busse der Linien 5A, 7A, 8A, 13A, 57A, 63A, 77A, 83A und 84A. Besser gerüstet für Fahrgäste mit Handicaps sind die **U-Bahn-Stationen**. Einen **tastbaren U-Bahn-Stationsplan** erhalten Sie bei den Wiener Linien (Tel. 79 09-0). Genaue Informationen über die Einrichtungen für Behinderte in Restaurants, Museen und Sehenswürdigkeiten finden Sie im Internet unter www.wien.info.at, Link »Reise, Buchen, Infos«, dann »Infos für Gäste mit Handicap«.

KINDER

Kinder sind praktisch überall willkommen. Kindertheater und spezielle Programme in den Museen sind selbstverständlich. Nähere Information unter www.kinderinfowien.at.

TOILETTEN

In der Nähe von Sehenswürdigkeiten gibt es überall öffentliche Toiletten.

FUNDSACHEN

Nach verlorenen Gegenständen kann man in den Magistratischen Bezirksämtern suchen.

VERANSTALTUNGEN RUND UMS JAHR

JANUAR/FEBRUAR

Neujahrskonzert: Am 1. Januar geben die Wiener Philharmoniker im Goldenen Saal des Musikvereins ihr berühmtestes Konzert, das via TV ein Milliardenpublikum in der ganzen Welt begeistert.

Wiener Eistraum: Auf dem Rathausplatz wird vor dem in allen Farben leuchtenden Rathaus zu Musik von Walzer bis Salsa Schlittschuh gelaufen.

Fasching: Wien tanzt auf rund 200 glanzvollen Bällen. Absoluter Höhepunkt ist der Opernball, zu dem internationale Prominenz anreist.

MÄRZ/APRIL

Osterklang: Bei dem Musikfestival sind in der Karwoche und zu den Osterfeiertagen im Musikverein, im Konzerthaus und an vielen andern Orten absolute Spitzenmusiker zu hören, darunter die Philharmoniker.

MAI/JUNI

Vienna City Marathon: Tausende Amateure und Leistungssportler nehmen an dem Marathon teil, der von Schönbrunn in den Prater führt.

Wiener Festwochen: Das Großereignis des Wiener Kulturlebens wird mit einem Riesen-Openair-Spektakel am Rathausplatz eröffnet. Zu sehen sind Neuinszenierungen von Klassikern, Premieren avantgardistischer Stücke und Inszenierungen renommierter europäischer Theater, oft in der Originalsprache. Gespielt wird an zahlreichen Orten.

Love Parade: Einen Tag lang wird die ehrwürdige Ringstraße zum Schauplatz eines bunten, ausgelassenen Mega-Spektakels.

Donauinselfest: Die größte Openair-Party auf der Donauinsel dauert drei Tage, Tausende Besucher strömen zu Musik und Sportshows.

Lange Nacht der Musik: Vom Treffpunkt am Heldenplatz geht es die ganze Nacht hindurch zu unterschiedlichsten Musikveranstaltungen der Richtungen Klassik, Jazz, Rock, Elektronik und Volksmusik/Ethno.

Life Ball: Dieser Ball ist exzentrisch und sensationell, sein Ertrag kommt der Aids-Hilfe zugute.

JULI/AUGUST

Jazzfest: Wien steht Anfang Juli im Zeichen internationaler Jazzgrößen, der zentrale Veranstaltungsort ist die Staatsoper.

Musikfilm-Festival: Auf dem Rathausplatz werden bis Anfang September täglich auf einer Großleinwand Opern-, Musical- und Operettenfilme gezeigt (Eintritt frei). Dazu gibt es Multikulti-Essen.

Klangbogen: Bei dem sommerlichen Musikfestival sind an den schönsten Aufführungsorten, darunter im Musikverein, im Konzerthaus und im Theater an der Wien, rund 150 Konzerte großer Orchester zu hören.

Impuls Tanz: Tanz von Klassik bis Avantgarde ist das Thema dieses Festivals. Tanztruppen aus der ganzen Welt zeigen an verschiedenen Orten, darunter im Burgtheater und im Akademietheater, Körperkunst auf höchster Ebene.

SEPTEMBER/OKTOBER

Praterfest: Anfang September steigt im Prater ein großes Volksfest.

Viennale: Bei diesem Festival im Oktober geht es um aktuelles Filmschaffen aus der ganzen Welt.

NOVEMBER/DEZEMBER

Schubertiade: In der zweiten Monatshälfte des Novembers widmet sich der Musikverein Schubert.

Adventzauber und Weihnachtsmärkte: In der Vorweihnachtszeit ist ganz Wien auf Advent- und Christkindlmärkten unterwegs. Die beliebtesten sind der am Rathausplatz, am Spittelberg, auf der Freyung, vor dem Schloss Schönbrunn und vor der Karlskirche.

Silvesterpfad: An den Tagen bis zum Jahreswechsel wird in der Innenstadt überschäumend gefeiert, an Sektständen, mit Straßentheater und Musik.

Kaiserball: In den Prunkräumen der Hofburg wird in der Silvesternacht im Walzerschritt ins Neue Jahr getanzt.

ane anbrådn	jdn. anflirten
ausg'steckt	Ein vor dem Haus ausgesteckter Reisigbuschen zeigt an, dass der Weinbauer zur Zeit Wein ausschenkt.
Båchhendl	Backhuhn
Bappn	Mund
Beisl	kleines Gasthaus
eh	ohnehin
Erdapfel	Kartoffel
Faschiertes	Frikadelle
gach	jäh
Gastgarten	zu einem Lokal gehöriger Sitzgarten, in dem serviert wird
Gebäck	Sammelbezeichnung für Semmeln, Salzstangerl, Kipferl etc.
g'schmackig	lecker
G'spritzter	⅛ Wein und ⅛ Soda gemischt
hålt	eben, meinetwegen
Häuplsalat	Kopfsalat
Heuriger	Weinausschank beim Winzer
Jause	jede Art von Zwischenmahlzeit
Kaffeetscherl	guter Kaffee
Kipferl	halbmondförmiges Weißgebäck
Knofl	Knoblauch
Kracherl	Limonade
Krätzl	Teil eines Stadtbezirks
Kriagl	½ l Bier
Kukuruz	Mais
Laberl	kleiner Laib
måtschgern	bekritteln, raunzen, leicht schimpfen
Mischung	⅛ Wein und ⅛ Mineralwasser gemischt
Ober	Abkürzung für Oberkellner
Obers	Sahne
Panier	Hülle aus Ei und Semmelbrösel
Paradeiser	Tomate
Pikkolo	der Jüngste des Kaffeehauspersonals
Rahm	saure Sahne
Schanigarten	Tische und Sessel eines Cafés oder Gasthauses, die vor dem Lokal auf der Straße aufgestellt werden
Schmäh	Gag, Pointe, Humor auf Wienerisch
Schmankerl	Leckerbissen
Schmattes	Trinkgeld
schnabulieren	genießen
Schulterscherzl	besonders gutes Stück Rindfleisch
Schwammerl	Pilz
Seidl	⅓ l Bier
Semmel	rundes, weißes Brötchen
Strohröhrl	Strohhalm
Topfen	Quark
Trafik	Tabak-, Zeitungs- und Papierwarenladen
tschechern	(Alkohol) trinken
Tschocherl	kleines Kaffeehaus
Wuchtl	Dampfnudel bzw. Gag

Cityplan

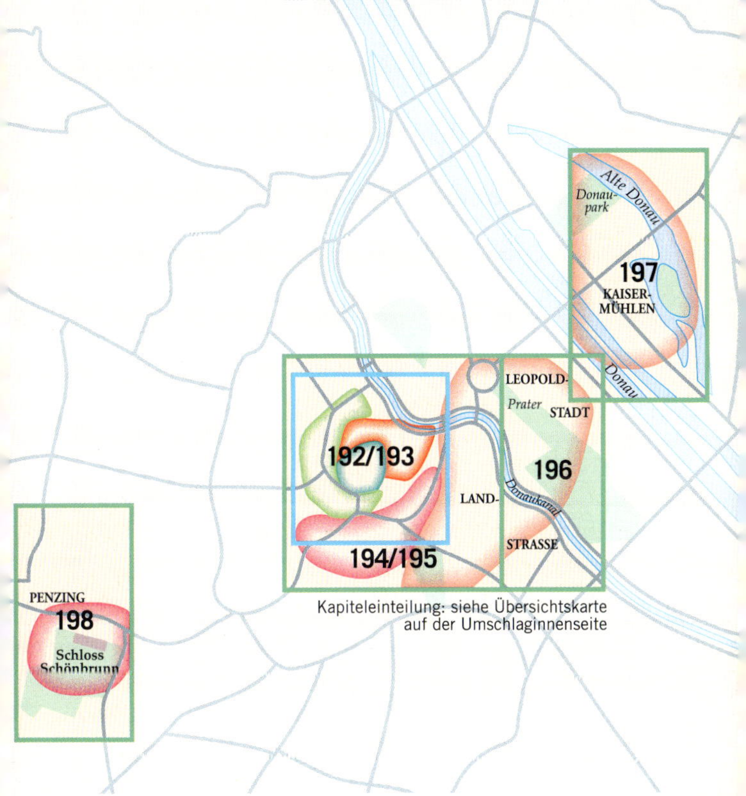

Kapiteleinteilung: siehe Übersichtskarte auf der Umschlaginnenseite

Legende

- Hauptstraße
- Nebenstraße
- Tunnel
- Fußweg
- Bahnlinie
- U-Bahn-Linie
- Park
- Wichtiges Gebäude
- Sehenswürdigkeit (im Text)
- U-Bahn-Station
- S-Bahn-Station

192/193 — 0 100 200 300 400 Meter

194–196/198 — 0 100 200 300 400 Meter

197 — 0 100 200 300 400 Meter

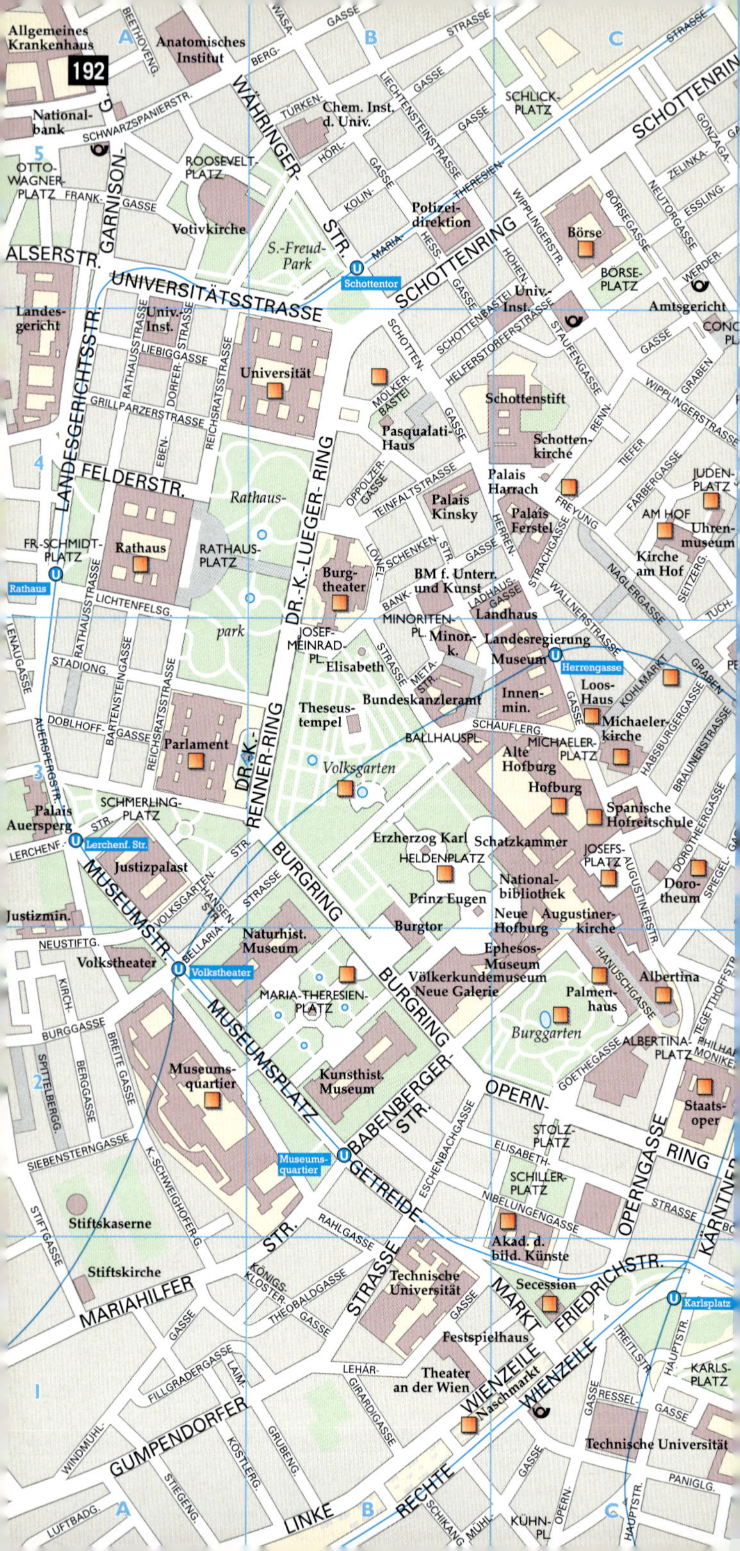

192
A
B
C
5
4
3
2
1
Allgemeines Krankenhaus
Anatomisches Institut
Nationalbank
Otto-Wagner-Platz
Roosevelt-Platz
Votivkirche
S.-Freud-Park
Chem. Inst. d. Univ.
Schlick-Platz
Schottenring
Polizeidirektion
Börse
Börse-Platz
Amtsgericht
Schottentor
Universitätsstrasse
Alserstr.
Landesgericht
Univ.-Inst.
Universität
Landesgerichtsstr.
Felderstr.
Rathaus
Rathaus-Platz
Rathauspark
Fr.-Schmidt-Platz
Dr.-K.-Lueger-Ring
Burgtheater
Pasqualati-Haus
Schottenstift
Schottenkirche
Palais Harrach
Palais Kinsky
Palais Ferstel
Juden-Platz
Am Hof
Uhrenmuseum
Kirche am Hof
BM f. Unterr. und Kunst
Landhaus
Minoriten-Pl.
Minor.-k.
Landesregierung Museum
Herrengasse
Josef-Meinrad-Pl.
Elisabeth
Theseustempel
Bundeskanzleramt
Innenmin.
Loos-Haus
Michaelerkirche
Michaeler-Platz
Ballhauspl.
Alte Hofburg
Hofburg
Spanische Hofreitschule
Volksgarten
Parlament
Dr.-K.-Renner-Ring
Schmerling-Platz
Palais Auersperg
Lerchenf. Str.
Justizpalast
Justizmin.
Burgring
Erzherzog Karl
Heldenplatz
Schatzkammer
Josefs-Platz
Nationalbibliothek
Prinz Eugen
Dorotheum
Burgtor
Neue Hofburg
Augustinerkirche
Naturhist. Museum
Volkstheater
Ephesos-Museum
Völkerkundemuseum
Neue Galerie
Albertina
Palmenhaus
Maria-Theresien-Platz
Burggarten
Albertina-Platz
Museumsquartier
Kunsthist. Museum
Museumsplatz
Babenberger Str.
Opernring
Staatsoper
Stolz-Platz
Schiller-Platz
Getreidemarkt
Akad. d. bild. Künste
Stiftskaserne
Stiftskirche
Mariahilfer Str.
Technische Universität
Secession
Friedrichstr.
Karlsplatz
Festspielhaus
Theater an der Wien
Naschmarkt
Linke Wienzeile
Rechte Wienzeile
Gumpendorfer Str.
Karls-Platz
Technische Universität
Kärntner Ring
Operngasse

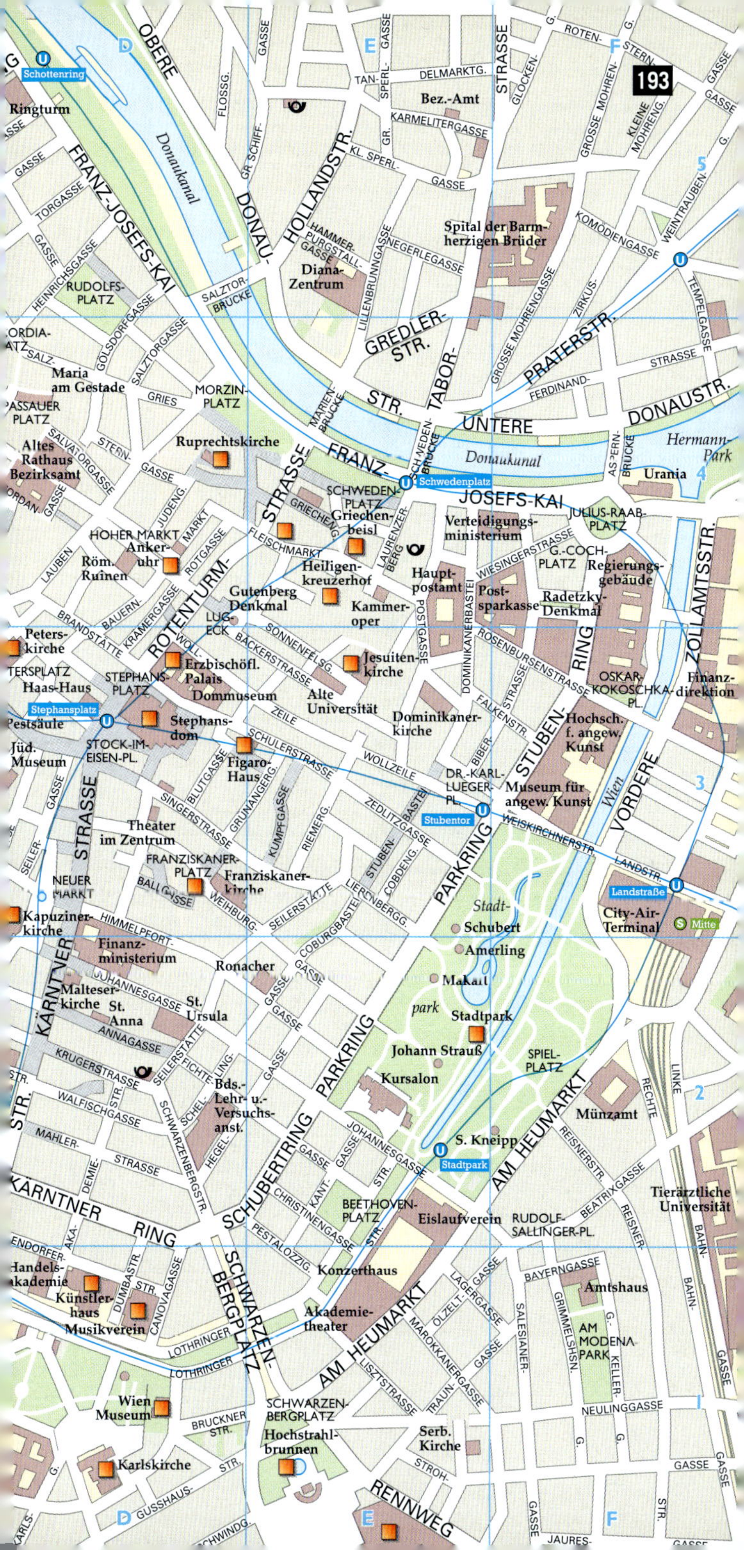
193
Schottenring
Ringturm
Donaukanal
Franz-Josefs-Kai
Obere Donaustrasse
Hollandstr.
Bez.-Amt
Karmelitergasse
Spital der Barmherzigen Brüder
Diana-Zentrum
Rudolfsplatz
Gredlerstr.
Taborstr.
Praterstr.
Untere Donaustr.
Hermann-Park
Urania
Maria am Gestade
Morzinplatz
Passauer Platz
Altes Rathaus Bezirksamt
Ruprechtskirche
Schwedenplatz
Griechenbeisl
Verteidigungsministerium
Julius-Raab-Platz
Hoher Markt
Ankeruhr
Röm. Ruinen
Heiligenkreuzerhof
Hauptpostamt
Postsparkasse
G.-Coch-Platz
Regierungsgebäude
Radetzky-Denkmal
Gutenberg Denkmal
Kammeroper
Peterskirche
Petersplatz
Haas-Haus
Stephansplatz
Erzbischöfl. Palais
Dommuseum
Jesuitenkirche
Alte Universität
Dominikanerkirche
Oskar-Kokoschka-Pl.
Finanzdirektion
Stubenring
Zollamtsstr.
Pestsäule
Stephansdom
Stock-im-Eisen-Pl.
Jüd. Museum
Figaro-Haus
Dr.-Karl-Lueger-Pl.
Hochsch. f. angew. Kunst
Museum für angew. Kunst
Stubentor
Wien
Theater im Zentrum
Franziskanerplatz
Franziskanerkirche
Neuer Markt
Kapuzinerkirche
Parkring
Landstraße
City-Air-Terminal
Mitte
Stadtpark
Schubert
Amerling
Makart
Finanzministerium
Ronacher
Malteserkirche
St. Anna
St. Ursula
Kärntner Strasse
Johann Strauß
Kursalon
Spielplatz
Bds.-Lehr- u. Versuchsanst.
Münzamt
S. Kneipp
Schubertring
Am Heumarkt
Tierärztliche Universität
Kärntner Ring
Beethovenplatz
Eislaufverein
Rudolf-Sallinger-Pl.
Konzerthaus
Handelsakademie
Künstlerhaus
Musikverein
Akademietheater
Amtshaus
Am Modena Park
Schwarzenbergplatz
Wien Museum
Hochstrahlbrunnen
Serb. Kirche
Karlskirche
Rennweg
Lothringer Str.
Neulinggasse
Jauresgasse

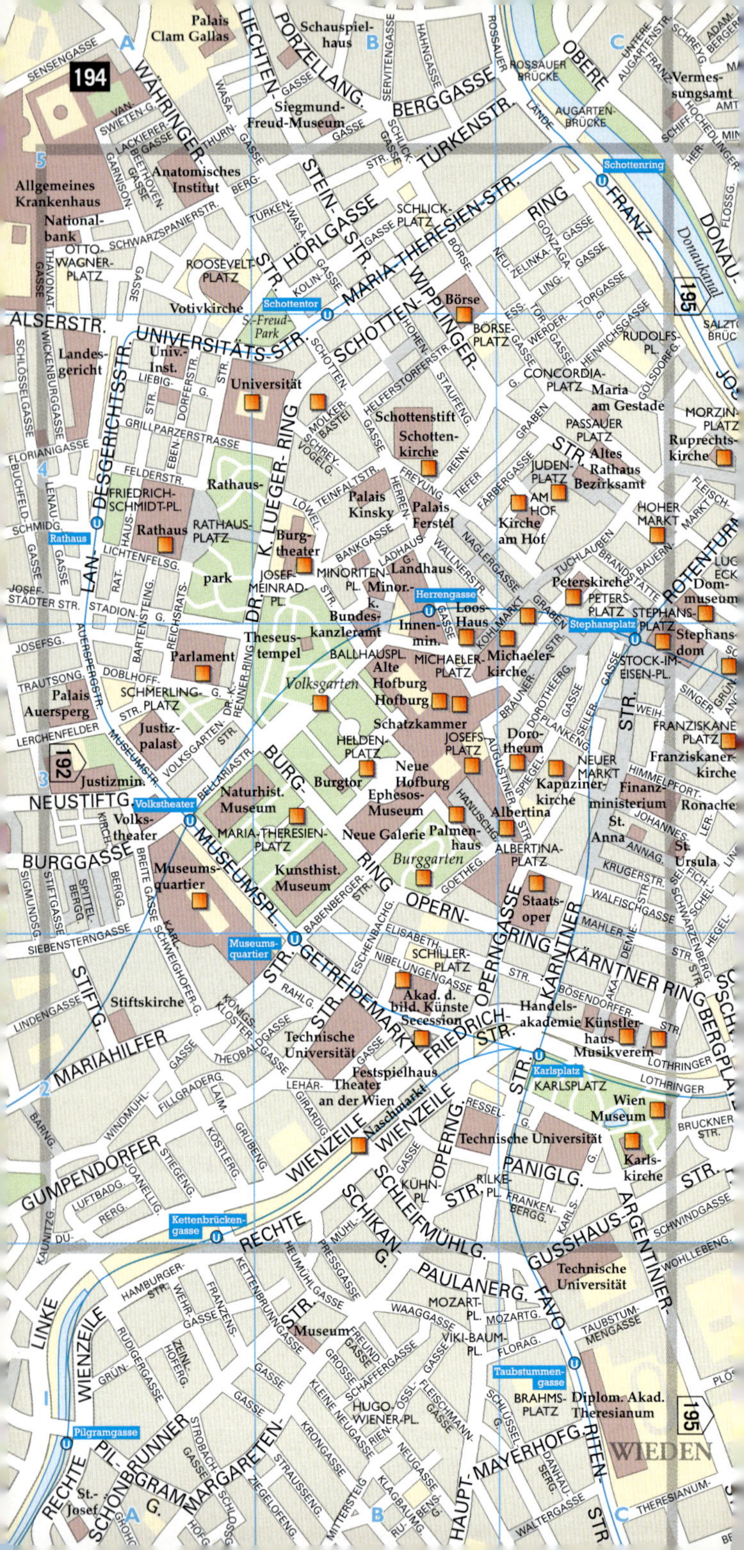
194
195
192
A
B
C
5
4
3
2
1
Palais Clam Gallas
Schauspielhaus
Sensengasse
Währinger Str.
Porzellang.
Liechtenstein
Servitengasse
Hahngasse
Rossauer
Rossauer Brücke
Obere
Untere Augartenstr.
Vermessungsamt
Van-Swieten-G.
Lackierergasse
Beethovengasse
Garnisong.
Thurngasse
Wasagasse
Siegmund-Freud-Museum
Berggasse
Schlickgasse
Türkenstr.
Augartenbrücke
Schiffamtsg.
Hochedlingergasse
Allgemeines Krankenhaus
Anatomisches Institut
Stein-Str.
Hörlgasse
Schlickplatz
Maria-Theresien-Str.
Ring
Schottenring
Franz
Donaukanal
Donau-
Nationalbank
Otto-Wagner-Platz
Schwarzspanierstr.
Roosevelt-Platz
Kolingasse
Börsegasse
Neutorgasse
Zelinkagasse
Gonzagagasse
Lingasse
Torgasse
Thavonatgasse
Votivkirche
Schottentor
S.-Freud-Park
Schotten-
Wipplinger-
Börse
Börseplatz
Esslinggasse
Werdertorgasse
Heinrichsgasse
Rudolfsplatz
Salztorbrücke
Alserstr.
Wickenburggasse
Landesgericht
Universitätsstr.
Univ.-Inst.
Universität
Helferstorferstr.
Concordiaplatz
Maria am Gestade
Gölsdorfg.
Schlösselgasse
Lenaugasse
Landesgerichtsstr.
Liebig-G.
Dorferstr.
Grillparzerstrasse
Mölkerbastei
Schottenstift
Schottenkirche
Passauer Platz
Morzinplatz
Ruprechtskirche
Florianigasse
Buchfeldgasse
Ebendorferstr.
Felderstr.
Friedrich-Schmidt-Pl.
Rathauspark
Dr.-K.-Lueger-Ring
Schreyvogelg.
Teinfaltstr.
Freyung
Judenplatz
Altes Rathaus
Bezirksamt
Rathaus
Rathausplatz
Löwelstr.
Burgtheater
Palais Kinsky
Palais Ferstel
Am Hof
Kirche am Hof
Hoher Markt
Fleischmarkt
Schmidgasse
Lichtenfelsg.
Bankgasse
Herrengasse
Landhaus
Färbergasse
Tuchlauben
Rotenturm
Josef-Meinrad-Pl.
Minoritenpl.
Minor.-K.
Naglergasse
Wallnerstr.
Peterskirche
Petersplatz
Dom-museum
Josefstädter Str.
Stadiong.
Bartensteing.
Reichsratsstr.
Bundeskanzleramt
Innen-min.
Loos-Haus
Kohlmarkt
Graben
Stephansplatz
Stephansdom
Josefsg.
Auerspergstr.
Parlament
Theseustempel
Ballhauspl.
Michaelerplatz
Michaelerkirche
Stock-im-Eisen-Pl.
Trautsong.
Doblhoffg.
Schmerlingplatz
Volksgarten
Alte Hofburg
Hofburg
Dorotheerg.
Singerstr.
Palais Auersperg
Lerchenfelder
Justizpalast
Volksgartenstr.
Museumstr.
Bellariastr.
Schatzkammer
Heldenplatz
Josefsplatz
Braunerstr.
Plankengasse
Seilerstätte
Dorotheum
Weihburgg.
Franziskanerplatz
Franziskanerkirche
Neuer Markt
Himmelpfortgasse
Justizmin.
Neustiftg.
Volkstheater
Burgring
Burgtor
Neue Hofburg
Ephesos-Museum
Augustinerstr.
Spiegelgasse
Kapuzinerkirche
Finanzministerium
Ronacher
Naturhist. Museum
Maria-Theresien-Platz
Neue Galerie
Palmenhaus
Albertina
Hanuschg.
St. Anna
Annag.
Johannesg.
St. Ursula
Burggasse
Kirchengasse
Breite Gasse
Museumsplatz
Kunsthist. Museum
Burggarten
Albertinaplatz
Krugerstr.
Museumsquartier
Babenbergerstr.
Goetheg.
Opernring
Staatsoper
Walfischgasse
Schwarzenbergstr.
Sigmundsg.
Stiftgasse
Spittelberg.
Berg.
Karl-Schweighofer-G.
Siebensterngasse
Museumsquartier
Elisabethstr.
Eschenbachg.
Schillerplatz
Mahlerstr.
Kärntner Ring
Kärntner Str.
Hegelg.
Nibelungengasse
Akad. d. bild. Künste
Secession
Bösendorferstr.
Handelsakademie
Künstlerhaus
Musikverein
Bergplatz
Schubertring
Lindengasse
Stiftskirche
Königsklostergasse
Rahlg.
Getreidemarkt
Friedrichstr.
Operngasse
Karlsplatz
Lothringer
Mariahilfer
Theobaldgasse
Technische Universität
Festspielhaus
Theater an der Wien
Lehárgasse
Girardig.
Naschmarkt
Wienzeile
Wien Museum
Bruckner Str.
Barnig.
Fillgraderg.
Laimgr.
Windmühlg.
Stiegeng.
Köstlerg.
Grabeng.
Gumpendorfer
Joanellig.
Luftbadg.
Rerg.
Schleifmühlg.
Opernг.
Resselg.
Karlskirche
Paniglg.
Kühnpl.
Rilkepl.
Frankenberg.
Argentinierstr.
Schwindgasse
Kettenbrückengasse
Kaunitzg.
Rechte
Mühlg.
Schikaneder
Pressgasse
Gusshausstr.
Wohllebeng.
Linke Wienzeile
Hamburgerstr.
Wehrgasse
Franzensgasse
Heumühlgasse
Kettenbrückengasse
Paulanerg.
Mozartpl.
Mozartg.
Favoritenstr.
Taubstummengasse
Museum
Waaggasse
Viki-Baum-Pl.
Floragasse
Rüdigergasse
Zeinlhoferg.
Grüngasse
Freundgasse
Schaffergasse
Grosse Neugasse
Kleine Neugasse
Hugo-Wiener-Pl.
Fleischmanngasse
Schlüsselg.
Brahmsplatz
Diplom. Akad.
Theresianum
Wieden
Pilgramgasse
Schönbrunner Str.
Pilgramg.
Strobachgasse
Margareten
Schlossgasse
Ziegelofeng.
Straussengasse
Krongasse
Mittersteig
Klagbaumg.
Rienösslgasse
Haupt-
Mayerhofg.
Danhausergasse
Waltergasse
Theresianumgasse
St.-Josef
Rechte Wienzeile

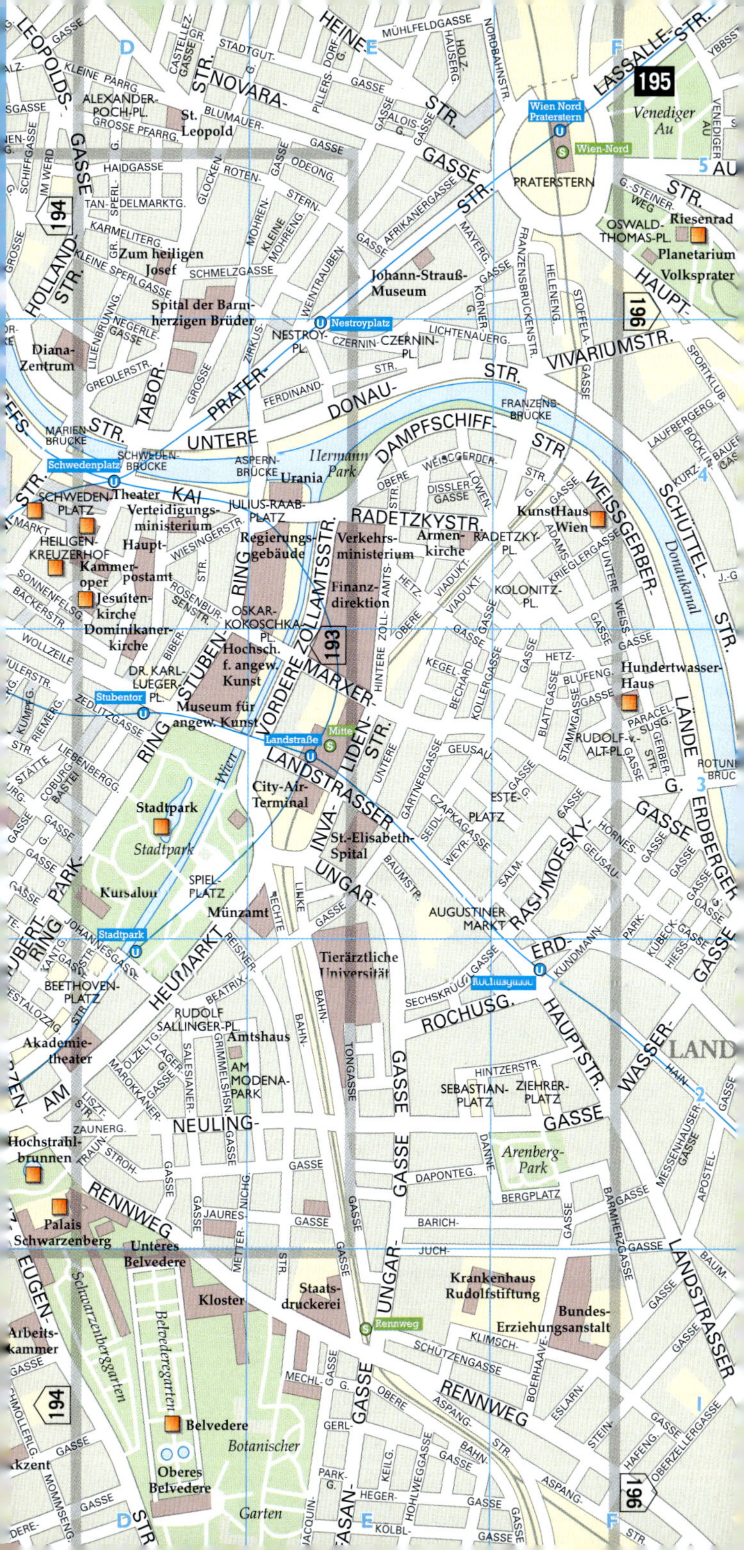
D
E
F
195
194
196
193
LEOPOLDS-GASSE
HOLLAND-STR.
NOVARA-STR.
HEINE-STR.
MÜHLFELDGASSE
LASSALLE-STR.
Wien Nord Praterstern
Wien-Nord
PRATERSTERN
Venediger Au
St. Leopold
ALEXANDER-POCH-PL.
GROSSE PFARRG.
KLEINE PFARRG.
BLUMAUER-GASSE
HAIDGASSE
TANDELMARKTG.
KARMELITERG.
Zum heiligen Josef
SCHMELZGASSE
Spital der Barmherzigen Brüder
Johann-Strauß-Museum
Nestroyplatz
NESTROY-PL.
CZERNIN-PL.
LICHTENAUERG.
VIVARIUMSTR.
Riesenrad
OSWALD-THOMAS-PL.
Planetarium
Volksprater
HAUPT-
Diana-Zentrum
TABOR-STR.
PRATER-STR.
UNTERE DONAU-STR.
FRANZENSBRÜCKE
MARIENBRÜCKE
Schwedenplatz
SCHWEDENBRÜCKE
ASPERNBRÜCKE
Hermann Park
Urania
DAMPFSCHIFF-STR.
WEISSGERBER-
SCHÜTTEL-STR.
Donaukanal
SCHWEDEN-PLATZ
Theater
KAI
Verteidigungsministerium
JULIUS-RAAB-PLATZ
RADETZKYSTR.
KunstHaus Wien
HEILIGENKREUZERHOF
Haupt-postamt
Kammeroper
Regierungsgebäude
Verkehrsministerium
Armenkirche
RADETZKY-PL.
Jesuitenkirche
Dominikanerkirche
OSKAR-KOKOSCHKA-PL.
Finanzdirektion
KOLONITZ-PL.
Hochsch. f. angew. Kunst
VORDERE ZOLLAMTSSTR.
MARXER-
Hundertwasser-Haus
DR. KARL-LUEGER-PL.
Stubentor
STUBEN-RING
Museum für angew. Kunst
Landstraße
Mitte
LANDSTRASSER
LIDEN-STR.
RUDOLF-v.-ALT-PL.
LÄNDE
City-Air-Terminal
ESTE-PLATZ
Stadtpark
INVA-
St.-Elisabeth-Spital
UNGAR-
RASUMOFSKY-GASSE
ERDBERGER
Kursalon
SPIELPLATZ
Münzamt
AUGUSTINER MARKT
PARK-RING
Stadtpark
Rochusgasse
ERD-
HEUMARKT
Tierärztliche Universität
BEETHOVEN-PLATZ
ROCHUSG.
HAUPTSTR.
RUDOLF SALLINGER-PL.
Amtshaus
Akademietheater
AM MODENA-PARK
SEBASTIAN-PLATZ
ZIEHRER-PLATZ
WASSER-
LAND
NEULING-GASSE
Hochstrahlbrunnen
Arenberg-Park
DAPONTEG.
BERGPLATZ
RENNWEG
Palais Schwarzenberg
Unteres Belvedere
Staatsdruckerei
Krankenhaus Rudolfstiftung
Bundes-Erziehungsanstalt
Kloster
EUGEN-
Rennweg
UNGAR-GASSE
LANDSTRASSER
Arbeitskammer
Schwarzenberggarten
Belvederegarten
SCHÜTZENGASSE
RENNWEG
Belvedere
Botanischer Garten
Oberes Belvedere
STR

196
197
195
A
B
C
1
2
3
4
5
Donau
LEOPOLD
STADT
LAND-
STRASSE
Venediger Au
Riesenrad
Planetarium
Volksprater
MAX-WINTER-PL.
OBERMÜLLNERSTR.
ILLGPL.
AUSSTELLUNGS-STR.
VORGARTEN-STR.
ENGERTH-STR.
HANDELSKAI
MACH-STR.
ELDERSCH-PLATZ
W.-Kössner-Park
CALAFATTI-PL.
PERSPEKTIVSTR.
NORDPORTALSTR.
MESSE-STR.
RONDEAU
DES ERSTEN MAI
Messegelände
HAUPTALLEE
Prater
Bowlinghalle
Jubiläumshalle
Trabrennbahn
Liliputbahn
KAISERALLEE
RUSTENSCHACHER-ALLEE
SCHÜTTEL-STR.
Donaukanal
Hundertwasser-Haus
ROTUNDEN-ALLEE
ROTUNDENBRÜCKE
WITTELSBACH-STR.
Jesuitenwiese
LUSTHAUS
ERDBERGER LÄNDE
WEISSGERBER-LÄNDE
St.-Peter und Paul
Kardinal-Nagl-Platz
Straßenbaumuseum
STADION-BRÜCKE
L.-KOESSLER-PLATZ
FIAKER-PLATZ
KLOPSTEIN-PLATZ
PAULUS-PLATZ
Kinderspital
Schlachthausgasse
Zollamt
Bundesamt für Zivilluftfahrt
Bundeszoll
Staatsarchiv
Forschungsreaktor der Hochschulen
STADION-ALLEE
LANDSTRASSER HAUPTSTR.
SCHLACHTHAUS-GASSE
BAUMGASSE
ERDBERGSTR.
ERDBERGER BRÜCKE
A 23

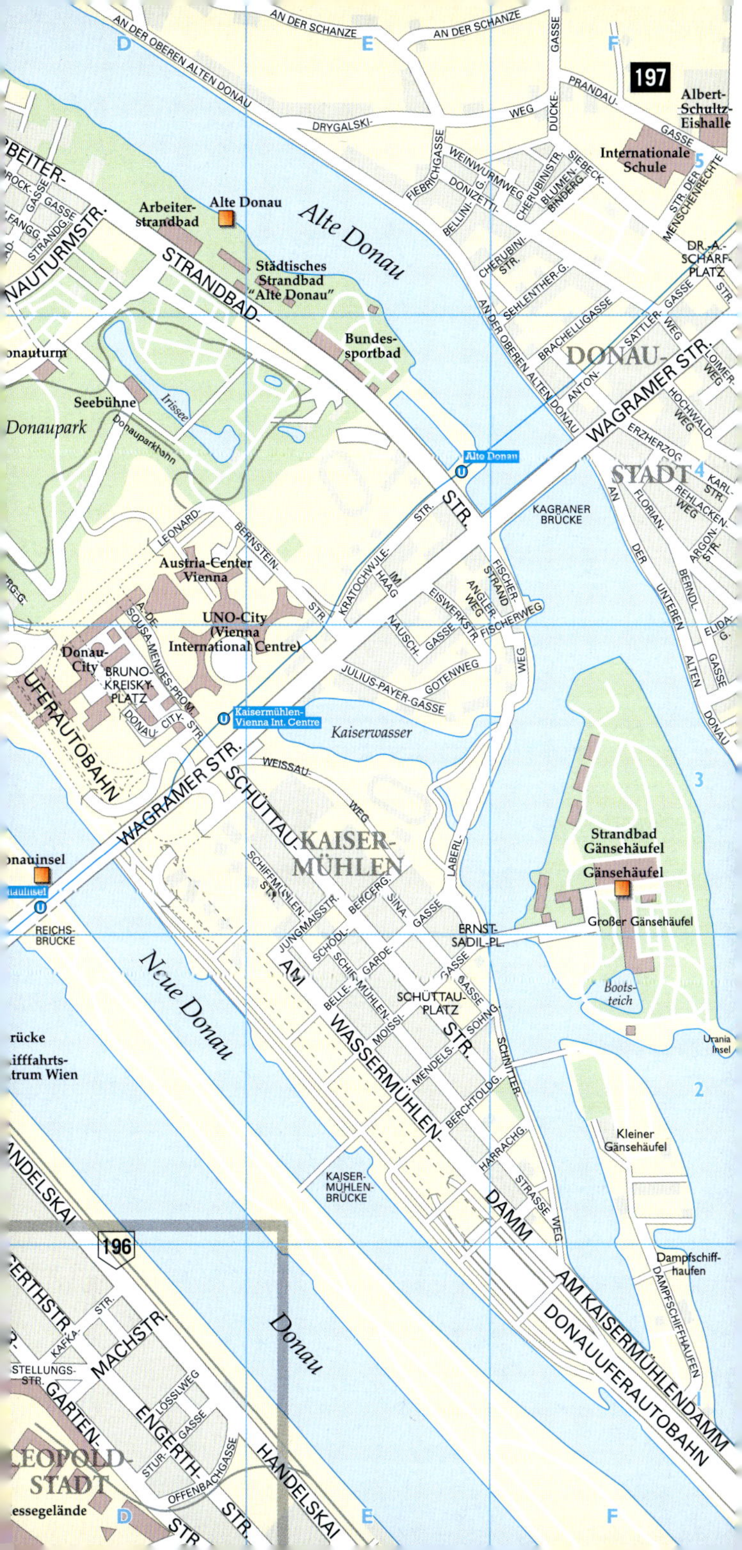
197
196
Alte Donau
Neue Donau
Donau
Donaupark
Albert-Schultz-Eishalle
Internationale Schule
Arbeiterstrandbad
Alte Donau
Städtisches Strandbad "Alte Donau"
Bundessportbad
Seebühne
Irissee
Donauparkbahn
Austria-Center Vienna
UNO-City (Vienna International Centre)
Donau-City
BRUNO-KREISKY-PLATZ
Kaiserwasser
Kaisermühlen-Vienna Int. Centre
KAISERMÜHLEN
DONAUSTADT
Strandbad Gänsehäufel
Gänsehäufel
Großer Gänsehäufel
Bootsteich
Urania Insel
Kleiner Gänsehäufel
Dampfschiffhaufen
KAGRANER BRÜCKE
REICHSBRÜCKE
KAISERMÜHLENBRÜCKE
SCHÜTTAUPLATZ
ERNST-SADIL-PL.
DR.-A.-SCHARF-PLATZ
WAGRAMER STR.
STRANDBAD-STR.
AN DER OBEREN ALTEN DONAU
AN DER SCHANZE
AM KAISERMÜHLENDAMM
DONAUUFERAUTOBAHN
AM WASSERMÜHLEN-DAMM
SCHÜTTAU-STR.
HANDELSKAI
ENGERTH-STR.
MACHSTR.
LEOPOLDSTADT
D
E
F
1
2
3
4
5

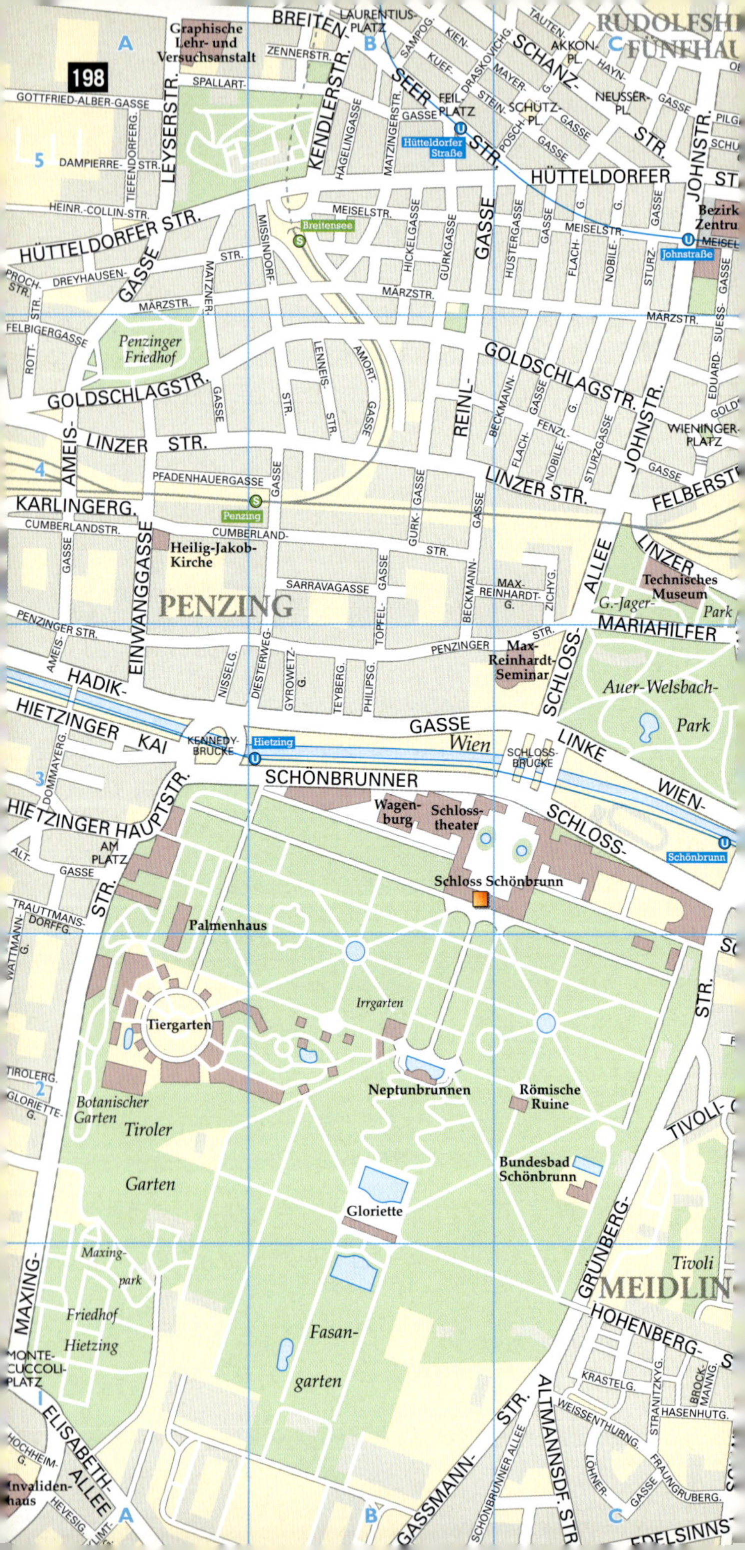
198
A
B
C
1
2
3
4
5
Graphische Lehr- und Versuchsanstalt
BREITEN-
LAURENTIUS-PLATZ
ZENNERSTR.
SPALLART-
GOTTFRIED-ALBER-GASSE
DAMPIERRE-STR.
TIEFENDORFERG.
LEYSERSTR.
KENDLERSTR.
HAGELINGASSE
MATZINGERSTR.
SEER-STR.
FEIL-PLATZ
GASSE
Hütteldorfer Straße
SAMPOG.
KIEN-
KUEF-
DRASKOVICHG.
MAYER-G.
STEIN-
SCHÜTZ-PL.
POSCH-
GASSE
TAUTEN-
AKKON-PL.
SCHANZ-STR.
HAYN-
NEUSSER-PL.
GASSE
RUDOLFSHE
FÜNFHAU
JOHNSTR.
PILG
SCHU
HÜTTELDORFER ST
HEINR.-COLLIN-STR.
HÜTTELDORFER STR.
MEISELSTR.
Breitensee
MISSINDORF-STR.
HICKELGASSE
GURKGASSE
GASSE
HUSTERGASSE
GASSE
FLACH-G.
NOBILE-G.
STURZ-GASSE
Bezirk Zentru
MEISEL
Johnstraße
GASSE
PROCH-STR.
DREYHAUSEN-
GASSE
MATZNER-
MÄRZSTR.
MÄRZSTR.
MÄRZSTR.
FELBIGERGASSE
STR.
ROTT-
Penzinger Friedhof
GOLDSCHLAGSTR.
GASSE
STR.
LENNEIS-STR.
AMORT-GASSE
REINL-GASSE
GOLDSCHLAGSTR.
BECKMANN-GASSE
FENZL-G.
SUESS-GASSE
EDUARD-
GOLD
WIENINGER-PLATZ
AMEIS-
LINZER STR.
FLACH-
NOBILE-
STURZGASSE
JOHNSTR.
GASSE
PFADENHAUERGASSE
GASSE
GURK-GASSE
LINZER STR.
FELBERST
KARLINGERG.
Penzing
CUMBERLANDSTR.
CUMBERLAND-STR.
GASSE
EINWANGGASSE
Heilig-Jakob-Kirche
GASSE
BECKMANN-
MAX-REINHARDT-G.
ZICHYG.
ALLEE
LINZER
Technisches Museum
G.-Jager-Park
SARRAVAGASSE
PENZING
TOPFEL-GASSE
PENZINGER STR.
PENZINGER STR.
MARIAHILFER
AMEIS-
NISSELG.
DIESTERWEG-
GYROWETZ-G.
TEYBERG.
PHILIPSG.
Max-Reinhardt-Seminar
SCHLOSS-
Auer-Welsbach-Park
HADIK-GASSE
HIETZINGER KAI
KENNEDY-BRÜCKE
Hietzing
Wien
SCHLOSS-BRÜCKE
LINKE WIEN-
DOMMAYERG.
SCHÖNBRUNNER SCHLOSS-STR.
HIETZINGER HAUPTSTR.
Wagen-burg
Schloss-theater
Schönbrunn
AM PLATZ
ALT-GASSE
STR.
TRAUTTMANS-DORFFG.
WATTMANN-G.
Schloss Schönbrunn
Palmenhaus
Irrgarten
Tiergarten
STR.
TIROLERG.
GLORIETTE-G.
Botanischer Garten
Tiroler Garten
Neptunbrunnen
Römische Ruine
TIVOLI-
Bundesbad Schönbrunn
Gloriette
GRÜNBERG-
Tivoli
MEIDLIN
Maxing-park
MAXING-
Friedhof Hietzing
Fasan-garten
HOHENBERG-
MONTE-CUCCOLI-PLATZ
KRASTELG.
STRANITZKYG.
BROCK-MANNG.
HASENHUTG.
WEISSENTHURNG.
ELISABETH-ALLEE
HOCHHEIM-G.
Invaliden-haus
HEVESIG.
GASSMANN-STR.
SCHÖNBRUNNER ALLEE
ALTMANNSDF. STR.
LOHNER-GASSE
FRAUNGRUBERG.
EDELSINNS

Straßen-register

Register

Abbildungsnachweis

Abkürzungen: (o) oben; (u) unten; r (rechts); (l) links; (m) Mitte

Umschlag: (o) Werner Dieterich, (m) Rainer Hackenberg, (u) Ralf Freyer

AKG Images, Berlin: 12/13 *Hintergrund Holzschnitt nach Zeichnung von Bartel Beham (1502–1540)*, 12/13m *Zeichnung „The Relief of Vienna", um 1688 von Franz Geffels*, 13ol *„Die Entführung aus dem Serail" von Wolfgang Amadeus Mozart*, 14or *„Maria Theresia", Gemälde von Martin van Meytens d. J.*, 15 *„Die Thronbesteigung des Kaisers Franz Josef I", Holzstich*, 16ul *„Kaiser Franz Joseph zeichnet die Generäle und Offiziere des Krieges von 1848 aus", Gemälde von Anton Straßgeschwandthner*, 16/17o *„Assassinat a Sarajevo", Farbdruck aus: Le Petit Journal, Suppl. Illust.*, 20ul *Thomáš Masaryk*, 20m *Rekonstruktion des Behandlungszimmers von Sigmund Freud in der Berggasse 19 in Wien nach Angaben von Freuds Tochter Anna*, 20r *Sigmund Freud*, 20mr *Skulptur von Johann Scherpe von 1908*, 22om *„Joseph Haydn", Gemälde von Thomas Hardy, London 1792*, 22ml *„Beethoven mit dem Manuskript der Missa solemnis", Gemälde von Joseph Karl Stieler*, 22u *Porträt von Wolfgang Amadeus Mozart, Gemälde von Barbara Krafft*, 22mu *Watercolour von Richard Moser von 1905*, 23r *„Joseph Lanner und Johann Strauß", Gemälde von Charles Wilda von 1906*, 28/29m *„Cafe Griensteidl am Michaelerplatz", Aquarell von R. Völkel um 1900*, 121o *„Der junge Mozart wird Kaiserin Maria Theresia durch Joseph II vorgestellt", Gemälde von Eduard Ender von 1869*, 146 *„Praterstern", Bildpostkarte nach Gemälde von Jindrich Tomec um 1910*, 148ml *„Russische Schaukel" Holzstich nach Zeichnung von Leo von Elliot*, 148ur *„Das neue Wiener Ringspiel im Prater", Radierung von Karl Postl;* Werner Dieterich, Stuttgart: 2lII, 2V, 3l, 3lI, 3lII, 10u, 18/19m, 19or, 20ml, 20o, 21u, 24/25, 25o, 25u, 28u, 29o, 31o, 32ml, 32or, 33o, 47, 48, 49, 50m, 50/51u, 51ol, 51m, 53o, 54, 56, 57or, 57ml, 58, 59, 60o, 60ur, 61m, 62ol, 63ul, 63or, 72m, 76/77, 77o, 93, 94, 95, 96, 97o, 97u, 99, 100, 101or, 101mr, 102ml, 102ur, 103m, 103ur, 104ol, 104ul, 104/105, 105or, 106, 107, 108, 113, 123, 126, 127, 137, 145o, 159, 160, 161or, 161ml, 163u, 165, 166, 169ur, 179, 180/181, 187ol, 187or, 187mr; Ralf Freyer, Freiburg: 3lV, 3V, 8o, 9u, 11or, 13or, 14ul, 27o, 28/29, 30o, 30lm, 31u, 33u, 70/71, 73ur, 86, 128, 129, 140, 142, 148/149m, 149ol, 149or, 150, 152, 153, 171, 172l, 172r, 174ol, 174ml, 174ur, 175, 177or, 178/179, 178r, 183; Rainer Hackenberg, Köln: 2lI, 2lV, 6l, 6/7, 7m, 11ur, 13mr, 19ur, 21ml, 22/23 Hintergrund, 26om, 26lm, 26rm, 29u, 30mr, 32u, 35, 69, 71u, 72ur, 74, 75o, 75u, 78, 79mr, 80, 81, 83o, 83u, 114ol, 116, 117o, 120/121m, 124ul, 125o, 125mr, 141o, 141m, 141ur, 143, 144, 147o, 147m, 151, 164ol, 167ol, 167mr, 167ul, 168, 176, 180m, 181u; HB Verlag, Ostfildern: 9o, 10/11, 98/99m, 117u, 122, 130, 162/163, 163o, 164mr (Axel Krause); Peter Hautzinger, Wien: 2l, 5, 52/53, 55, 169ol, 170or, 170ml; Thomas Stankiewicz, München: 182; Martin Thomas, Aachen: 6r, 7r, 8u, 10/11, 16/17 Hintergrund, 18ol, 18ul, 22ol, 70u, 73o, 79or, 82, 84, 85, 115, 118/119, 121ur, 124o, 131, 139, 145mr; Schloss Schönbrunn Kultur- und Betriebsges.m.b.H.: 17u (E. Knaack)

Falk spirallo REISEFÜHRER

Leserbefragung

Ihre Ratschläge, Urteile und Empfehlungen sind für uns sehr wichtig. Wir bemühen uns, unsere Reiseführer ständig zu verbessern. Wenn Sie sich ein paar Minuten Zeit nehmen, diesen kleinen Fragebogen auszufüllen, könnten Sie uns sehr dabei helfen.

Wenn Sie diese Seite nicht herausreißen möchten, können Sie uns auch eine Kopie schicken, oder Sie notieren Ihre Hinweise einfach auf einem separaten Blatt.

Bitte senden Sie Ihre Antwort an:
Spirallo Reiseführer, Falk Verlag, Postfach 31 51, D-73751 Ostfildern
E-Mail: spirallo@mairs.de

Über dieses Buch …
spirallo Reiseführer **WIEN**

Wo haben Sie das Buch gekauft? ______

Wann? Monat __ __ / Jahr __ __

Warum haben Sie sich für einen Titel dieser Reihe entschieden? ______

______

Wie fanden Sie das Buch?

Hervorragend ☐ Genau richtig ☐ Weitgehend gelungen ☐ Enttäuschend ☐

Können Sie uns Gründe angeben?

______

Bitte umblättern …

Hat Ihnen etwas an diesem Führer ganz besonders gut gefallen?

____

____

____

____

____

Was hätten wir besser machen können?

____

____

____

____

____

____

Persönliche Angaben

Name ______________________________

Adresse ______________________________

____

____

Zu welcher Altersgruppe gehören Sie?
Unter 25 ☐ **25–34** ☐ **35–44** ☐ **45–54** ☐ **55–64** ☐ **Über 65** ☐

Wie oft im Jahr fahren Sie in Urlaub?
Seltener als einmal ☐ **Einmal** ☐ **Zweimal** ☐ **Dreimal oder öfter** ☐

Wie sind Sie verreist?
Allein ☐ **Mit Partner** ☐ **Mit Freunden** ☐ **Mit Familie** ☐

Wie alt sind Ihre Kinder? _____

Über Ihre Reise …

Wann haben Sie die Reise gebucht? Monat / Jahr

Wann sind Sie verreist? Monat / Jahr

Wie lange waren Sie verreist? ______________________________

War es eine Urlaubsreise oder ein beruflicher Aufenthalt? ______________________________

Haben Sie noch weitere Reiseführer gekauft? ☐ **Ja** ☐ **Nein**

Wenn ja, welche? ______________________________

____

Herzlichen Dank dafür, dass Sie sich die Zeit genommen haben, diesen Fragebogen auszufüllen.